Prof. Dr. Volker Wilhelmi

C. Grosscurth, J. Hamann, H.-G. Herrnleben, C. Hussong, P. Meisinger, Y. Meyer, T. Neunzig, M. Perabo, H. Reymann, C. Wittlich, K. Wolter

TERRA

Erdkunde 2
Gymnasium

Lehrerband

Ernst Klett Verlag
Stuttgart · Leipzig

Inhaltsverzeichnis

Verwendete Abkürzungen

aGA	arbeitsteilige Gruppenarbeit	HA	Hausaufgabe
Aufg.	Aufgabe	L	Lehrerin/Lehrer
aPA	arbeitsteilige Partnerarbeit	M	Material
		PA	Partnerarbeit
DS	Didaktische Struktur	SB	Schülerbuch
DUA	Digitaler Unterrichtsassistent	SuS	Schülerinnen und Schüler
EA	Einzelarbeit	TB	Tafelbild
GA	Gruppenarbeit	UG	Unterrichtsgespräch

TERRA Geographie Gymnasium Rheinland-Pfalz

Ihr Planer für die Doppeljahrgangsstufe 7/8

Lernfelder und ihre Inhalte	TERRA 2 Gym Rheinland-Pfalz	Kompetenzen	Grundbegriffe	Mein Schulcurriculum
1. Geofaktoren als Lebensgrundlage	**Themenblock 1:** **Geofaktoren als Lebensgrundlage**			**Stundenumfang:** 20
Leitfragen: Worin besteht die Einzigartigkeit des blauen Planeten? Wie wirken die Geofaktoren zusammen, sodass Leben auf der Erde möglich ist? Welche Rolle übernimmt der Mensch in diesem Gleichgewicht?				
Basis: – Sonnenstände und Geozonen – Die Lufthülle der Erde und der natürliche Treibhauseffekt – Zusammenwirken von Klima, Boden, Vegetation an einem zonalen Beispiel – Der anthropogene Treibhauseffekt als eine Gefahr und Herausforderung für das Leben auf der Erde	Unser Planet ist einzigartig (S. 6/7) Die Erde im Weltall (S. 8/9) Planet Wasser (S. 10/11) Methode: Eine Exkursion durchführen: Expedition Umwelt (S. 14/15) Der Boden lebt (S. 16/17) Methode: Messungen durchführen (S. 18/19) Wetterküche Atmosphäre (S. 20/21) Tageslängen und Jahreszeiten (S. 22/23) Licht und Wärme (S. 24/25) Luftdruck und Wind (S. 26/27) Windgürtel (S. 28/29) Wahl-Differenzierung: Über den Boden ins Wasser (S. 30/31) Den Geofaktoren auf der Spur: eine Lernaufgabe (S. 32/33) Orientierung: Zwischen Äquator und Pol (S. 34/35) Orientierung: Geozonen der Erde (S. 36/37) Gemäßigt ist nicht gleich gemäßigt (S. 38/39) Globale Perspektive: unser Treibhaus (S. 42/43)	Fachkompetenz: SuS erläutern die elementaren naturgeographischen Faktoren in ihrem Zusammenspiel als Grundlage für das Leben auf der Erde und erkennen Gefahren und Herausforderungen. Methodenkompetenz: SuS entwickeln ein Wirkungsgefüge der Geofaktoren in seinen wesentlichen Zügen. Kommunikationskompetenz: SuS verbalisieren Karten zu den Geozonen, Modelle und/oder Diagramme und verwenden hierbei eigenständig und angemessen Fachbegriffe. Urteilskompetenz: SuS wertschätzen das Potenzial des Planeten Erde und erkennen die Störungen natürlicher Gleichgewichte durch den Menschen.	Atmosphäre Boden Emissionen Geozone Jahreszeiten Klimawandel Klimazone Treibhauseffekt Treibhausgase Vegetation Vegetationszone Wasserkreislauf Zenitstand	

Lernfelder und ihre Inhalte	TERRA 2 Gym Rheinland-Pfalz	Kompetenzen	Grundbegriffe	Mein Schul-curriculum
1. Geofaktoren als Lebensgrundlage	Themenblock 1: Geofaktoren als Lebensgrundlage			Stundenumfang: 20
Leitfragen: Worin besteht die Einzigartigkeit des blauen Planeten? Wie wirken die Geofaktoren zusammen, sodass Leben auf der Erde möglich ist? Welche Rolle übernimmt der Mensch in diesem Gleichgewicht?				
	Plan B – Leben im Klimawandel (S. 44/45) $O + O + O = O_3 = $ Ozon (S. 46/47)			
Erweiterung: – Transfer: Zusammenwirken der Geofaktoren an einem weiteren zonalen Beispiel	Wahl-Differenzierung: Getreide aus der Steppe (S. 40/41) Wahl-Differenzierung: Dauerproblem Waldsterben (S. 48/49) TERRA FÜR DICH (S. 52/53)			
Vertiefung: – Bedeutung und Verletzbarkeit der Weltmeere	Wahl-Differenzierung: Verletzliche Weltmeere (S. 12/13)			

Lernfelder und ihre Inhalte	TERRA 2 Gym Rheinland-Pfalz	Kompetenzen	Grundbegriffe	Mein Schulcurriculum
2. Endogene Naturkräfte verändern Räume	**Themenblock 2:** **Endogene Naturkräfte verändern die Erde**			**Stundenumfang:** **15**
Leitfragen: Wo liegen die für Menschen gefährlichen Räume der Erde? Welche Potenziale und Risiken sind mit endogenen Kräften verbunden? Wie leben Menschen mit ihnen?				
Basis: – Vulkanismus – Erscheinungsformen und Verbreitung – Leben und Wirtschaften in Vulkanregionen – Von der Kontinentalverschiebung zur Plattentektonik – Entstehung von Erdbeben – Leben und Überleben in Erdbebenregionen	Reise zum Mittelpunkt der Erde (S. 56/57) Wahl-Differenzierung: Wenn Steine erzählen (S. 58/59) Methode: Ein Profil zeichnen (S. 60/61) Wenn sich die Erde rührt, … (S. 62/63) Still und starr ruht der See? (S. 64/65) Die Erde bebt … (S. 66/67) Wahl-Differenzierung: Leben und Überleben in Erdbebenregionen (S. 68/69) Den Ursachen auf der Spur (S. 70/71) Platten in Bewegung (S. 72–75) Methode: Eine thematische Karte auswerten (S. 76/77) Wahl-Differenzierung: Leben mit dem Vulkan (S. 80/81)	Fachkompetenz: SuS erläutern Verbreitung, Entstehung und Auswirkungen von Vulkanismus und Erdbeben und beurteilen Potenziale und Risiken endogener Kräfte für das Leben und Wirtschaften der Menschen. Methodenkompetenz: SuS zeichnen Querschnitte, z. B. Vulkantypen, Schalenbau der Erde, und werten thematische Karten auf verschiedenen Maßstabsebenen aus. Kommunikationskompetenz: SuS verbalisieren Modelle und Karten und veranschaulichen dabei adressatengerecht geologische Zeiträume. Urteilskompetenz: SuS erkennen und schätzen, was es für Menschen bedeutet, in einem Risikoraum zu leben und zu wirtschaften.	endogene Kräfte Erdbeben Erdzeitalter Geologie Kontinentalverschiebung Plattentektonik Schalenbau der Erde Verwitterung Vulkan	
Erweiterung: – Tsunami	Die Erde bebt … (S. 66/67) Platten in Bewegung (S. 72–75)			
Vertiefung: – Geothermie	Geothermie im Oberrheingraben (S. 78/79)			

Lernfelder und ihre Inhalte	TERRA 2 Gym Rheinland-Pfalz	Kompetenzen	Grundbegriffe	Mein Schul-curriculum
3. Exogene Naturkräfte verändern Räume	**Themenblock 3:** **Exogene Naturkräfte verändern Räume**			**Stundenumfang:** **15**
Leitfragen: Welchen Formenschatz schaffen exogene Naturkräfte? Welche Potenziale und Risiken ergeben sich für den Menschen? Wie geht der Mensch damit um?				
Basis: – Flussabschnitte und Talformen, z. B. Rhein – Vielfältige Nutzungsmöglichkeiten einer Flussregion anhand eines Raumbeispiels – Bedrohung durch Hochwasser und Hochwasserschutz	Gedrückt, gefaltet, gebrochen, geglättet (S. 88/89) Methode: Untersuchen und experimentieren (S. 90/91) Ein Fluss bei der Arbeit (S. 92/93) Gefährlicher Rhein (S. 94/95) „Hochwasserlage weiter angespannt" (S. 96/97) Welterbe Mittelrheintal (S. 98/99) Orientierung: Naturgefahren weltweit (S. 116/117) TERRA FÜR DICH: Hochwasser (S. 120/121)	Fachkompetenz: SuS erklären die formende Kraft des Wassers und die Nutzungsmöglichkeiten einer Flussregion und untersuchen die Folgen von menschlichen Eingriffen im Hinblick auf Nutzen und Schaden. Methodenkompetenz: SuS führen einfache Versuche zur formenden Kraft des Wassers durch und werten diese aus. Kommunikationskompetenz: SuS verbalisieren Schaubilder zur Entwicklung des Formenschatzes und seiner Nutzung unter Verwendung von Fachbegriffen. Urteilskompetenz: SuS reflektieren Berichterstattungen, z. B. zu einem aktuellen Hochwasserereignis, kritisch.	Erosion exogene Kräfte Fluss Hochwasserschutz Mäander Renaturierung Sedimentation Tal	
Erweiterung: – Transfer: Wind als exogene Kraft	Wahl-Differenzierung: Landschaften lesen (S. 108/109) Wahl-Differenzierung: Tornados und Hurrikans (S. 114/115)			

Lernfelder und ihre Inhalte	TERRA 2 Gym Rheinland-Pfalz	Kompetenzen	Grundbegriffe	Mein Schulcurriculum
3. Exogene Naturkräfte verändern Räume	Themenblock 3: Exogene Naturkräfte verändern Räume			Stundenumfang: 15
Leitfragen: Welchen Formenschatz schaffen exogene Naturkräfte? Welche Potenziale und Risiken ergeben sich für den Menschen? Wie geht der Mensch damit um?				
Vertiefung: – Gletscher – Küstenformen und Küstenschutz – Karstformen	Gletscher – Ströme aus Eis (S. 100/101) Spuren der Eiszeit (S. 102/103) Eiszeiten im Mittelgebirge – Periglazial (S. 104/105) Wo sind die Flüsse geblieben? (S. 106/107) Wahl-Differenzierung: Landschaften lesen (S. 108/109) An der Ostseeküste unterwegs (S. 110/111) Wahl-Differenzierung: Küstenschutz an Nordsee und Ostsee (S. 112/113)			

Lernfelder und ihre Inhalte	TERRA 2 Gym Rheinland-Pfalz	Kompetenzen	Grundbegriffe	Mein Schul-curriculum
				Stundenumfang: 15
4. Grenzen der Raumnutzung	**Themenblock 4: Grenzen der Raumnutzung**			
Leitfragen: Warum und wie nutzt der Mensch besonders verwundbare Räume? Welche ökologischen, ökonomischen und sozialen Folgen sind damit verbunden? Wie sehen zukunftsfähige Handlungsweisen aus?				
Basis: – Leben und Wirtschaften an der Trockengrenze – Wasser und Boden als limitierende Faktoren – Zusammenwirken von Natur- und Humanfaktoren am Beispiel der Bewässerungslandwirtschaft – Zukunftsfähige Wirtschaftsweisen in semiariden Räumen	Savanne ist nicht gleich Savanne (S. 124/125) Bei den Massai in der Savanne (S. 126/127) Die Wüste wächst (S. 128/129) Methode: Ein Wirkungsgefüge erstellen (S. 130/131) Bewässerung macht's möglich (S. 134/135) Orientierung: Grenzen der Lebensräume (S. 142/143)	Fachkompetenz: SuS untersuchen das naturräumliche Potenzial semiarider Räume und beurteilen Eingriffe des Menschen mit deren ökologischen, ökonomischen und sozialen Auswirkungen. Methodenkompetenz: SuS strukturieren Nutzungsweisen mit Blick auf Umwelt, Wirtschaft und Gesellschaft, erstellen ein Ursache-Wirkungs-Gefüge und reflektieren dieses. Kommunikationskompetenz: SuS präsentieren ihre Ergebnisse unter Verwendung geeigneter Medien und Fachbegriffe. Sie nehmen unterschiedliche Perspektiven im Nutzungskonflikt wahr und vertreten sie argumentativ. Urteilskompetenz: SuS wägen Handlungsalternativen nach möglichen Konsequenzen für eine zukunftsfähige Entwicklung ab.	arid Bewässerungs-landwirtschaft Bodenversalzung Desertifikation humid Regenfeldbau Trockengrenze Verdunstung	

Lernfelder und ihre Inhalte	TERRA 2 Gym Rheinland-Pfalz	Kompetenzen	Grundbegriffe	Mein Schul-curriculum
4. Grenzen der Raumnutzung	**Themenblock 4: Grenzen der Raumnutzung**			**Stundenumfang: 15**
Leitfragen: Warum und wie nutzt der Mensch besonders verwundbare Räume? Welche ökologischen, ökonomischen und sozialen Folgen sind damit verbunden? Wie sehen zukunftsfähige Handlungsweisen aus?				
Erweiterung:				
– Entstehung von Regen- und Trockenzeiten	Savanne ist nicht gleich Savanne (S. 124/125)			
	Leben in der Kalten Zone (S. 138/139)			
– Transfer: Leben und Wirtschaften an der Kältegrenze	Norilsk – die nördlichste Großstadt der Welt (S. 140/141)			
Vertiefung:	Wahl-Differenzierung: Mit einfachen Mitteln gegen die Wüste (S. 132/133)			
– Desertifikation – Bodenschutzmaß-nahmen	Begehrtes Wasser (S. 136/137)			
– Wassergewinnung – Wasserkonflikte	TERRA FÜR DICH: Wasserkraft (S. 146/147)			

Lernfelder und ihre Inhalte	TERRA 2 Gym Rheinland-Pfalz	Kompetenzen	Grundbegriffe	Mein Schulcurriculum
5. Welternährung zwischen Überfluss und Mangel	**Themenblock 5: Welternährung zwischen Überfluss und Mangel**			**Stundenumfang: 15**
Leitfragen: Wie ist die Ernährungssituation bei uns und anderswo? Welche Faktoren sind hierfür verantwortlich? Welche Wege zu einer gerechteren Verteilung und nachhaltigeren Ernährungssicherung gibt es?				
Basis: – Die Ernährungssituation bei uns im Vergleich zu derjenigen in anderen Regionen – Ursachen von Problemen der Ernährungssicherung an einem Raumbeispiel – Maßnahmen zur Verbesserung der Ernährungssituation	Hunger – trotz Nahrung im Überfluss? (S. 150/151) Genug Nahrung für alle – aber wie? (S. 152/153) Südsudan – Hunger durch Krieg (S. 154/155) Methode: Ein Dilemma bearbeiten: grüne Gentechnik (S. 156/157) Wahl-Differenzierung: Mit Erdnüssen gegen den Hunger der Welt? (S. 158/159) Wahl-Differenzierung: Nahrungsmittelverschwendung (S. 160/161) Methode: Eine Karikatur auswerten (S. 164/165) Orientierung: Herausforderungen globaler Ernährung (S. 170/171)	Fachkompetenz: SuS analysieren die eigene Ernährungssituation und die von Menschen in anderen Regionen und erörtern Lösungsansätze für eine gerechtere und nachhaltigere Ernährungssicherung. Methodenkompetenz: SuS skizzieren die Wechselwirkungen der Hungerproblematik in einem Ursache-Wirkungsgefüge und erläutern die Abhängigkeiten. Kommunikationskompetenz: SuS ermitteln und präsentieren die natur- und humangeographischen Voraussetzungen einer Region mit Blick auf die Probleme der Ernährungssicherung. Urteilskompetenz: SuS bewerten das eigene Ernährungsverhalten und ziehen Schlussfolgerungen mit Blick auf eine nachhaltigere und gerechtere Entwicklung.	Cash Crop Dürre Export Fehlernährung Food Crop Hunger Import Mangelernährung Subsistenzproduktion Weltagrarmarkt Welternährung	

Lernfelder und ihre Inhalte	Kompetenzen	Grundbegriffe	Mein Schul-curriculum
TERRA 2 Gym Rheinland-Pfalz			**Stundenumfang:** 15
5. Welternährung zwischen Überfluss und Mangel			
Themenblock 5: **Welternährung zwischen Überfluss und Mangel**			
Leitfragen: Wie ist die Ernährungssituation bei uns und anderswo? Welche Faktoren sind hierfür verantwortlich? Welche Wege zu einer gerechteren Verteilung und nachhaltigeren Ernährungssicherung gibt es?			
Erweiterung:			
– Versorgung aus dem Meer: Chancen und Risiken	Nahrung aus dem Meer (S. 162/163)		
– Fleischkonsum und seine Auswirkungen	Fleischkonsum und Fast Food (S. 168/169)		
Vertiefung:			
– Ressourcennutzung und Ernährungssicherheit, z. B. Hunger durch Bioenergien	Biokraftstoffe – Treib- oder Zündstoff? (S. 166/167)		
– Fastfood – Produktion und Konsum	Fleischkonsum und Fast Food (S. 168/169)		

Lernfelder und ihre Inhalte	TERRA 2 Gym Rheinland-Pfalz	Kompetenzen	Grundbegriffe	Mein Schul-curriculum
6. Nachhaltigkeit	**Themenblock 6: Herausforderung Nachhaltigkeit**			**Stundenumfang: 20**

Leitfragen: Was kennzeichnet unseren Lebensstil und unser Konsumverhalten? Wie wirken sich diese lokal bzw. global aus? Welchen nachhaltigen Beitrag kann ich und können wir leisten?

Lernfelder und ihre Inhalte	TERRA 2 Gym Rheinland-Pfalz	Kompetenzen	Grundbegriffe	Mein Schul-curriculum
Basis: – soziale, ökonomische und ökologische Auswirkungen des eigenen Lebensstils auf lokaler und globaler Ebene an ausgewählten Beispielen, z.B. Ernährung, Konsumgüter, Verkehr, Energie – Lokale Projekte nachhaltigen Handelns	Nachhaltigkeit als globale Verpflichtung (S. 178/179) Methode: Ein Mystery entschlüsseln: „Was haben Elenas Rosen mit Darias Leben zu tun?" (S. 180 – 183) Methode: Ein Projekt planen (S. 190/191) Methode: Informationen gewinnen, verarbeiten und dokumentieren (S. 192/193) Methode: Ein Projekt präsentieren (S. 194/195) Wahl-Differenzierung: Nachhaltigkeit konkret: Künstler engagieren sich (S. 196/197) Wahl-Differenzierung: Nachhaltigkeit konkret: Baumpflanzaktion (S. 198/199)	Fachkompetenz: SuS analysieren verschiedene Lebensstile aus der Perspektive der Nachhaltigkeit auf lokaler als auch auf globaler Ebene und unterscheiden zukunftsfähige von nicht zukunftsfähigen Handlungsweisen. Methodenkompetenz: SuS führen zielgerichtet Recherchen zu Nachhaltigkeitsprojekten vor Ort durch, strukturieren die gewonnenen Informationen und präsentieren diese mediengestützt. Sie reflektieren angeleitet ihre hierbei angewandten Methoden und das eigene methodische Vorgehen. Kommunikationskompetenz: SuS treffen Absprachen und Entscheidungen für ihr Projekt im Team. Urteilskompetenz: SuS setzen sich kritisch mit eigenen und fremden Lebensstilen auseinander und ziehen Konsequenzen für ein zukunftsfähiges und global gerechtes Handeln.	Agenda 21 Fairer Handel global lokal nachhaltige Entwicklung	

Lernfelder und ihre Inhalte	TERRA 2 Gym Rheinland-Pfalz	Kompetenzen	Grundbegriffe	Mein Schulcurriculum
6. Nachhaltigkeit	**Themenblock 6:** **Herausforderung Nachhaltigkeit**			**Stundenumfang:** **20**
Leitfragen: Was kennzeichnet unseren Lebensstil und unser Konsumverhalten? Wie wirken sich diese lokal bzw. global aus? Welchen nachhaltigen Beitrag kann ich und können wir leisten?				
Erweiterung: – Ökologischer Fußabdruck – Ausgewählte Recycling-Projekte	Virtuelles Wasser (S. 184/185) Leben auf großem Fuß! (S. 186/187) Wahl-Differenzierung: Reisen wir auf zu großem Fuß? (S. 188/189) Recycling (S. 200/201)			
Vertiefung: – Virtuelles Wasser und Wasserfußabdruck	Virtuelles Wasser (S. 184/185) Leben auf großem Fuß! (S. 186/187) Wahl-Differenzierung: Nachhaltigkeit konkret: Künstler engagieren sich (S. 196/197) Wahl-Differenzierung: Nachhaltigkeit konkret: Baumpflanzaktion (S. 198/199)			

Geofaktoren als Lebensgrundlage

Zum Themenblock

Der Themenblock „Geofaktoren als Lebensgrundlage" orientiert sich in weiten Teilen an den drei im Lehrplan formulierten Leitfragen:
- Worin besteht die Einzigartigkeit des blauen Planeten?
- Wie wirken die Geofaktoren zusammen, sodass Leben auf der Erde möglich ist?
- Welche Rolle übernimmt der Mensch in diesem Gleichgewicht?

Eingangs wird das Vorwissen der Schüler zu dieser Thematik abgerufen (SB S.6/7) und die mediale Darstellung kritisch hinterfragt. Alternativ bietet sich als Einstieg in den Themenblock die „klassische" Herangehensweise an: Auf der Doppelseite „Die Erde im Weltall" (SB S.8/9) werden himmelsmechanische Grundlagen vermittelt. Eine handlungsorientierte Alternative wäre der Einstieg mit der Methodenseite „Messungen durchführen" (SB S.18/19). In diesem Falle würde die in Aufgabe 1 geforderte Langzeitaufgabe am Anfang der Unterrichtsreihe stehen.

Im Folgenden werden die Geofaktoren Wasser (SB S.10–13), Boden (SB S.16/17) und Klima (SB S.20–29) zunächst getrennt behandelt, bevor auf den Doppelseiten „Über den Boden ins Wasser" (SB S.30/31) und „Den Geofaktoren auf der Spur: eine Lernaufgabe" (SB S.32/33) das Zusammenwirken der Geofaktoren im Mittelpunkt steht.

Am Beispiel der gemäßigten Zone (SB S.38/39) sowie konkret der winterkalten Steppe (SB S.40/41) wird dieses Zusammenwirken weiter vertieft. Abschließend werden die Gefährdungen thematisiert (anthropogener Treibhauseffekt SB S.42–45, Ozonloch SB S.46/47, Waldsterben SB S.48/49).

Als wesentliche Fachmethode wird die Durchführung einer Exkursion angeregt (SB S.14/15). Schließlich soll der Themenblock auch grundlegendes topografisches Orientierungswissen zur Lage der Geozonen vermitteln (SB S.34–37).

Aufgaben zur Sicherung bietet die Doppelseite TERRA Training (SB S.50/51).

Zur Binnendifferenzierung enthält das Kapitel Angebote zur Differenzierung nach Interesse (SB S.12/13 und 30/31), nach Lernprodukt (SB S.40/41), nach Lerntyp (SB S.48/49) sowie zur Leistungsdifferenzierung (SB S.52/53).

Zur Auftaktdoppelseite

Die Auftaktdoppelseite soll durch das großformatige Foto motivierenden Charakter haben. Für den Themenblock tragende Fragestellungen können hier bereits aufgeworfen werden: Worin besteht die Einzigartigkeit, aber auch die Verletzlichkeit des blauen Planeten?

Die Schülerinnen und Schüler können ihr Vorwissen aus Erdkunde und aus anderen Schulfächern rekapitulieren und für die Inhalte des Themenblocks sensibilisiert werden.

Didaktische Struktur

Bezüge zum Lehrplan / Kompetenzübersicht
Die Schülerinnen und Schüler erwerben …
- **Fachkompetenz:** Sie können die elementaren naturgeographischen Faktoren in ihrem Zusammenspiel als Grundlage für das Leben auf der Erde erläutern und Gefahren und Herausforderungen für das Leben auf der Erde erkennen;
- **Methodenkompetenz:** Sie können ein Wirkungsgefüge der Geofaktoren in seinen wesentlichen Zügen entwickeln (M5, M7);
- **Kommunikationskompetenz:** Sie können Karten zu den Geozonen, Modelle und Diagramme unter Verwendung wesentlicher Fachbegriffe verbalisieren (K1, K3);
- **Urteilskompetenz:** Sie können das Potenzial des Planeten Erde wertschätzen und Störungen des natürlichen Gleichgewichts durch den Menschen erkennen (U2).

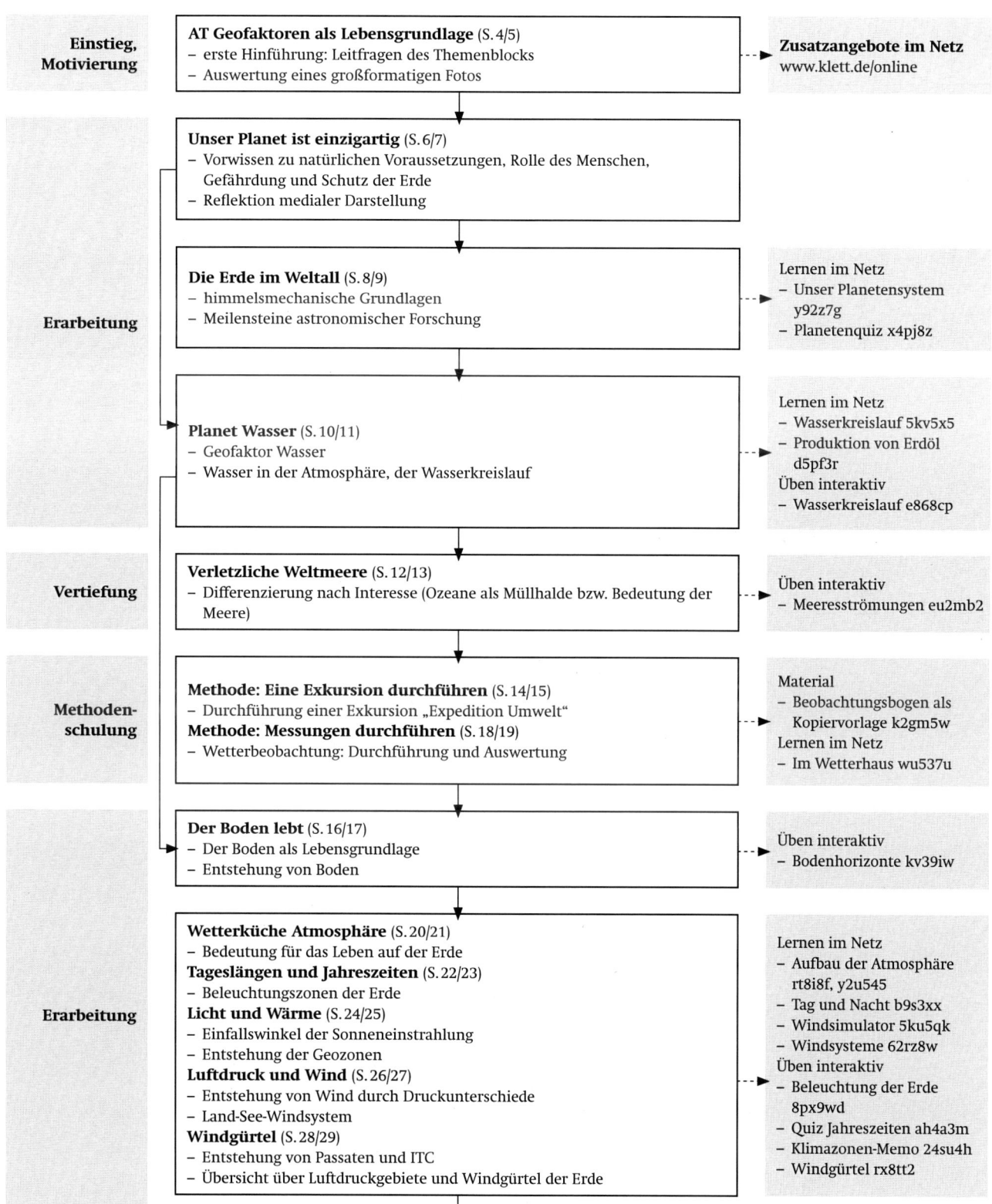

Einstieg, Motivierung

AT Geofaktoren als Lebensgrundlage (S. 4/5)
- erste Hinführung: Leitfragen des Themenblocks
- Auswertung eines großformatigen Fotos

Zusatzangebote im Netz
www.klett.de/online

Erarbeitung

Unser Planet ist einzigartig (S. 6/7)
- Vorwissen zu natürlichen Voraussetzungen, Rolle des Menschen, Gefährdung und Schutz der Erde
- Reflektion medialer Darstellung

Die Erde im Weltall (S. 8/9)
- himmelsmechanische Grundlagen
- Meilensteine astronomischer Forschung

Lernen im Netz
- Unser Planetensystem y92z7g
- Planetenquiz x4pj8z

Planet Wasser (S. 10/11)
- Geofaktor Wasser
- Wasser in der Atmosphäre, der Wasserkreislauf

Lernen im Netz
- Wasserkreislauf 5kv5x5
- Produktion von Erdöl d5pf3r
Üben interaktiv
- Wasserkreislauf e868cp

Vertiefung

Verletzliche Weltmeere (S. 12/13)
- Differenzierung nach Interesse (Ozeane als Müllhalde bzw. Bedeutung der Meere)

Üben interaktiv
- Meeresströmungen eu2mb2

Methodenschulung

Methode: Eine Exkursion durchführen (S. 14/15)
- Durchführung einer Exkursion „Expedition Umwelt"
Methode: Messungen durchführen (S. 18/19)
- Wetterbeobachtung: Durchführung und Auswertung

Material
- Beobachtungsbogen als Kopiervorlage k2gm5w
Lernen im Netz
- Im Wetterhaus wu537u

Der Boden lebt (S. 16/17)
- Der Boden als Lebensgrundlage
- Entstehung von Boden

Üben interaktiv
- Bodenhorizonte kv39iw

Erarbeitung

Wetterküche Atmosphäre (S. 20/21)
- Bedeutung für das Leben auf der Erde
Tageslängen und Jahreszeiten (S. 22/23)
- Beleuchtungszonen der Erde
Licht und Wärme (S. 24/25)
- Einfallswinkel der Sonneneinstrahlung
- Entstehung der Geozonen
Luftdruck und Wind (S. 26/27)
- Entstehung von Wind durch Druckunterschiede
- Land-See-Windsystem
Windgürtel (S. 28/29)
- Entstehung von Passaten und ITC
- Übersicht über Luftdruckgebiete und Windgürtel der Erde

Lernen im Netz
- Aufbau der Atmosphäre rt8i8f, y2u545
- Tag und Nacht b9s3xx
- Windsimulator 5ku5qk
- Windsysteme 62rz8w
Üben interaktiv
- Beleuchtung der Erde 8px9wd
- Quiz Jahreszeiten ah4a3m
- Klimazonen-Memo 24su4h
- Windgürtel rx8tt2

Didaktische Struktur (Fortsetzung)

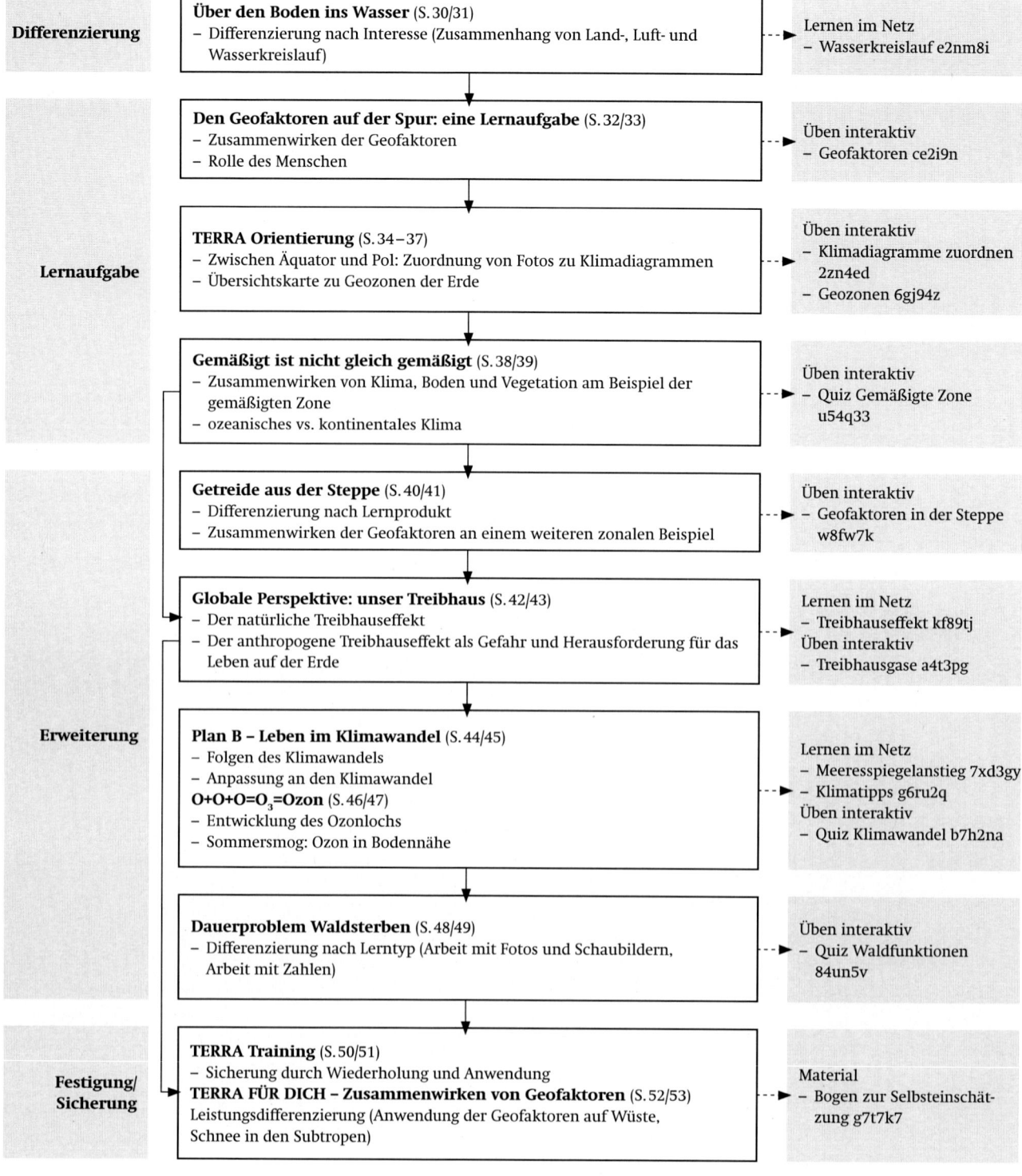

Differenzierung

Über den Boden ins Wasser (S. 30/31)
– Differenzierung nach Interesse (Zusammenhang von Land-, Luft- und Wasserkreislauf)

Lernen im Netz
– Wasserkreislauf e2nm8i

Den Geofaktoren auf der Spur: eine Lernaufgabe (S. 32/33)
– Zusammenwirken der Geofaktoren
– Rolle des Menschen

Üben interaktiv
– Geofaktoren ce2i9n

Lernaufgabe

TERRA Orientierung (S. 34–37)
– Zwischen Äquator und Pol: Zuordnung von Fotos zu Klimadiagrammen
– Übersichtskarte zu Geozonen der Erde

Üben interaktiv
– Klimadiagramme zuordnen 2zn4ed
– Geozonen 6gj94z

Gemäßigt ist nicht gleich gemäßigt (S. 38/39)
– Zusammenwirken von Klima, Boden und Vegetation am Beispiel der gemäßigten Zone
– ozeanisches vs. kontinentales Klima

Üben interaktiv
– Quiz Gemäßigte Zone u54q33

Getreide aus der Steppe (S. 40/41)
– Differenzierung nach Lernprodukt
– Zusammenwirken der Geofaktoren an einem weiteren zonalen Beispiel

Üben interaktiv
– Geofaktoren in der Steppe w8fw7k

Globale Perspektive: unser Treibhaus (S. 42/43)
– Der natürliche Treibhauseffekt
– Der anthropogene Treibhauseffekt als Gefahr und Herausforderung für das Leben auf der Erde

Lernen im Netz
– Treibhauseffekt kf89tj
Üben interaktiv
– Treibhausgase a4t3pg

Erweiterung

Plan B – Leben im Klimawandel (S. 44/45)
– Folgen des Klimawandels
– Anpassung an den Klimawandel
O+O+O=O$_3$=Ozon (S. 46/47)
– Entwicklung des Ozonlochs
– Sommersmog: Ozon in Bodennähe

Lernen im Netz
– Meeresspiegelanstieg 7xd3gy
– Klimatipps g6ru2q
Üben interaktiv
– Quiz Klimawandel b7h2na

Dauerproblem Waldsterben (S. 48/49)
– Differenzierung nach Lerntyp (Arbeit mit Fotos und Schaubildern, Arbeit mit Zahlen)

Üben interaktiv
– Quiz Waldfunktionen 84un5v

Festigung/ Sicherung

TERRA Training (S. 50/51)
– Sicherung durch Wiederholung und Anwendung
TERRA FÜR DICH – Zusammenwirken von Geofaktoren (S. 52/53)
Leistungsdifferenzierung (Anwendung der Geofaktoren auf Wüste, Schnee in den Subtropen)

Material
– Bogen zur Selbsteinschätzung g7t7k7

Unser Planet ist einzigartig

Kompetenzen

Die Schülerinnen und Schüler können …
- eigenes Vorwissen zum Planeten Erde aktivieren, artikulieren und nach verschiedenen Kategorien sortieren;
- Beziehungen und Wechselwirkungen zwischen einzelnen Wissensbausteinen fest- und grafisch darstellen, sodass sie die Komplexität des Systems Mensch-Erde-Mensch veranschaulichen und verstehen;
- ihre Ergebnisse übersichtlich in einem Lexikonartikel zusammenfassen.

Sachinformationen

Die Erde ist der bislang einzig bekannte Himmelskörper, der die notwendigen Voraussetzungen für das Leben von Menschen, Tieren und Pflanzen bietet. Dies ist eine Tatsache, die den Kindern dieser Altersstufe durchaus bekannt ist. Diese Doppelseite soll daher Vorwissen aktivieren und unterschiedliche Sichtweisen bewusst machen. Die Rolle der Medien ist derart zentral in unserer Gesellschaft verankert, dass die Darstellung von Informationen mitunter kaum noch hinterfragt wird. In einer Zeit der medialen Reizüberflutung gilt es daher umso mehr, den Blick der Schülerinnen und Schüler für den „gemachten Raum" zu schärfen. Es ist besonders wichtig, sich das Ziel hinter der Vermittlung von Informationen bewusst zu machen. So sind Schreckensnachrichten deutlich verkaufsfördernder als positive Schlagzeilen. Das gilt auch für Informationen zur und über die Erde. Die Präsenz negativer Schlagzeilen beispielsweise zu Wetterkapriolen u. Ä. ist nicht zu leugnen. Hingegen finden sich Meldungen zu Umweltschutzmaßnahmen oder positiven Entwicklungen wie beispielsweise die Verkleinerung des Ozonlochs deutlich reduziert und oft auch weniger werbewirksam positioniert.

Hinweise zum Unterricht

Das Ziel der Doppelseite soll nicht in der Verteufelung der Medien liegen, sondern in einer Sensibilisierung der Schülerinnen und Schüler im Umgang mit Informationen. Dies betrifft alle Informationen, die wir im Alltag sammeln. Tatsächlich objektive Informationen kann es nicht geben, da bereits durch die Auswahl jener eine Fokussierung und Schwerpunktsetzung erfolgt. Außerdem gilt es, das Ziel der Vermittlung zu berücksichtigen. In diesem Zusammenhang kann auch das Schülerbuch selbst kritisch hinterfragt werden, schließlich vermittelt auch dieses Information zu „gemachten Räumen" und verfolgt bestimmte Ziele (Erfüllung der Vorgaben des verbindlichen Lehrplans, Einführung an Schulen und damit Verkauf möglichst vieler Exemplare, Schwerpunktsetzungen der Autoren und der Redaktion etc.). Die Schülerinnen und Schüler können durch diese kritische Herangehensweise in ihrer Beurteilungskompetenz gefördert werden.

Hinweise zu Vorwissen

Das Vorwissen der Schülerinnen und Schüler soll weder in der Erarbeitungs- noch in der Sicherungsphase kommentiert oder korrigiert werden. Lediglich am Ende der Bearbeitung ist eine Überprüfung hinsichtlich der Relevanz möglich, aber nicht unbedingt nötig. Das entstandene Wirkungsgefüge, das Beziehungen und Wechselwirkungen verdeutlicht, kann während der gesamten Unterrichtsarbeit an entsprechenden Stellen immer wieder in die Überlegungen einbezogen werden. Auch Erweiterungen sind möglich, sodass die Schülerinnen und Schüler ihren Lernfortschritt auf diese Weise visualisieren.

Lösung der Basisaufgaben

1 Notiert euer Vorwissen zu folgenden Themen stichpunktartig auf Karteikarten: **(AFB I/II)**
a) Natürliche Voraussetzungen für das Leben auf der Erde,
   Individuelle Schülerlösungen; mögliche Aspekte: Atmosphäre, Sauerstoff, Niederschlag, Wärme, Sonne, Relief, Boden, Rohstoffe etc.
b) Rolle des Menschen für die Erde,
   Individuelle Schülerlösungen; mögliche Aspekte: Abbau von Rohstoffen, Verursacher des Klimawandels, Landwirtschaft, Besiedlung, Müllproduktion, Umweltschutz etc.
c) Gefahren für die Erde,
   Individuelle Schülerlösungen, mögliche Aspekte: Klimawandel, Wasser-, Boden- und Luftverschmutzung, Ausrottung von Tier- und Pflanzenarten, Müllproduktion etc.
d) Maßnahmen zum Schutz der Erde.
   Individuelle Schülerlösungen, mögliche Aspekte: Vorgaben zur Verringerung von Abgasemissionen, Aufforstung, geringere Müllproduktion, Nutzung alternativer Energien, Umweltschutzmaßnahmen etc.

2 Befestigt eure Karteikarten nach den Kategorien sortiert an der Tafel.
a) Verschafft euch einen Überblick und entfernt dann alle Karten, die mehrfach vorhanden sind. **(AFB I)**
   Hier wird zunächst eine Sortierung nach den vorgegebenen Kategorien vorgenommen. Gleichzeitig können aber auch schon weitere Differenzierungskategorien notwendig erscheinen und von den Schülerinnen und Schülern eingefordert werden.
b) Stellt Beziehungen und Wechselwirkungen zwischen den einzelnen Vorstellungen grafisch dar. **(AFB III)**
   Individuelle Schülerlösungen. Dabei ist darauf zu achten, dass die jeweilige Wirkungsrichtung deutlich durch Pfeile dargestellt wird. Diese gilt es zu beschriften, um möglichst konkrete Beziehungen darstellen zu können. Dies ist durch die Anlage einer Legende nicht zu leisten. Das Ergebnis wirkt in der Regel unübersichtlich und kann Frustration auf Schülerseite hervorrufen. In diesem Fall ist es wichtig, die Unübersichtlichkeit in der Komplexität des Systems Mensch-Erde-Mensch zu begründen, dem man sich auf diese Weise angenähert hat. Dass es sich nur um eine

Annäherung handelt, sollte wiederum unter dem Aspekt der Informationsauswahl und Informationsdarstellung (vgl. Inhalt der vorliegenden Doppelseite, „gemachter Raum") thematisiert und kritisch hinterfragt werden.

3 Fasst die Ergebnisse der Diskussion mit euren Mitschülern in einem Lexikonartikel „Die Erde" zusammen. **(AFB II)**
Individuelle Schülerlösung. In diesem Artikel sollen besonders die Beziehungen und Wechselwirkungen des Wirkungsgefüges berücksichtigt werden, wobei der Artikel nicht zu umfangreich ausfallen soll. Während der Erarbeitung wird deutlich, dass eine Zusammenfassung immer mit einer Schwerpunktsetzung und einer weiteren Reduktion der Informationsaspekte einhergeht. Die Schülerinnen und Schüler werden damit weiter für die Subjektivität von Informationen sensibilisiert.

Unterrichtsvorschlag

Unterrichtsphase	Inhaltlicher Schwerpunkt	Methodisches Vorgehen / Sozialform	Medien / Materialien
Einstieg	Begegnung mit dem Thema	UG: Assoziationen zum Planeten Erde	SB S.6, Foto 1
Erarbeitung I	Einzigartiger Planet	EA	SB S.6/7, Text, Aufg. 1; Karteikarten
Ergebnissicherung I	Einzigartiger Planet	EA, UG: Ergebnispräsentation	SB S.6/7, Text, Aufg. 2a; Karteikarten, Tafel
Erarbeitung und Ergebnissicherung II	Einzigartiger Planet	UG: Diskussion	SB S.6/7, Aufg. 2b Karteikarten, Tafel, Foto des fertigen Wirkungsgefüges
Vertiefung	Das System Mensch-Erde-Mensch	UG: Unübersichtlichkeit des Wirkungsgefüges als Ergebnis der Komplexität des Systems	Tafel
Hausaufgabe	„Die Erde"	EA	SB S.6/7, Aufg. 3

Die Erde im Weltall

Kompetenzen

Die Schülerinnen und Schüler können …
- einen Einblick in die Entwicklung astronomischer Forschung und daraus resultierender Weltbilder erhalten;
- reflektieren, dass neue Erkenntnisse zu Konflikten mit bestehenden Weltbildern führten;
- die Stellung der Erde in unserem Sonnensystem beschreiben;
- eine Vorstellung von Größen und Entfernungen im Weltall bzw. in unserem Sonnensystem entwickeln;
- die Wirkung von Anziehungskraft und Fliehkraft kennen lernen.

Grundbegriffe

Weltall, Sonnensystem, Planet, Anziehungskraft, Fliehkraft, Umlaufbahn, Lichtjahr

Hinweise zum Unterricht

Die maßstäblich richtige Zeichnung des Sonnensystems in einer einzigen Darstellung ist im Schulbuch nicht möglich (siehe Hinweise zu den Materialien). Deshalb ist es notwendig, die Anschaulichkeit zu erhöhen. Bei einem Unterrichtsgang kann die Sonne mit einem Meter Durchmesser an eine Wand gezeichnet werden. Dann werden mit einer Erbse in der Hand 110 m abgeschritten. In diesem Modell wäre der Mond ein Stecknadelkopf in knapp 30 cm Abstand von der Erbse.
Eine andere denkbare Herangehensweise wäre die Herstellung eines aktuellen Bezugs. Gerade die in regelmäßigen Abständen in den Medien auftauchenden Spekulationen über eine Rückkehr der bemannten Raumfahrt zum Mond oder eine Expedition zum Mars wecken die Neugier der Schülerinnen und Schüler.
Die Thematik ermöglicht auch einen Einblick in die Dimensionen unseres Sonnensystems. Ein Marsflug würde nach derzeitigen Prognosen mindestens sechs Monate Flugzeit benötigen; unbemannte Sonden erreichen den Jupiter nach drei, den Saturn nach sieben Jahren. Diese Zahlen verdeutlichen, weshalb der Mond bis heute der einzige Himmelskörper ist, auf dem Menschen gelandet sind.

Einen weiteren interessanten Gesprächsanlass bietet die Aussage in der rechten Randspalte. Ein Blick in den Sternenhimmel ist im Grunde ein Blick in die Vergangenheit. So wird im Schülerbuch erwähnt, dass das Licht des Sirius bereits über acht Jahre alt ist. Umgekehrt – so das interessante Gedankenexperiment – könnte man von diesem Stern aus den Zustand der Erde vor acht Jahren betrachten.

Hinweise zu den Materialien

Die maßstäblich richtige Zeichnung des Sonnensystems in einer einzigen Darstellung ist im Schulbuch nicht möglich. In zwei Abbildungen wurden deshalb die Größenverhältnisse der Sonne und ihrer Planeten (Material 1) sowie die Bahnen der Planeten und die Entfernungen zwischen Sonne und Planeten (Material 5) getrennt dargestellt.

Lösung der Basisaufgaben

1 Beschreibe die Vorstellungen von der Erde und die Position der Erde in den Grafiken 2, 3, 4 und 5. **(AFB I)**
Material 2: Die Erde als flache Scheibe, als Insel in einem Ozean, findet sich in den Schöpfungsmythen vieler ursprünglicher Völker.
Material 3: Im geozentrischen Weltbild steht die Erde im Mittelpunkt des Universums und wird von Mond, Sonne und Planeten umkreist.
Material 4: Im heliozentrischen Weltbild rückt die Sonne in den Mittelpunkt des Weltalls. Die Erde und die anderen Planeten umkreisen die Sonne.
Material 5: Tatsächlich umkreisen die Planeten die Sonne, die aber ihrerseits nur ein Stern von vielen ist, die gemeinsam die Milchstraße bilden.

2 Erkläre, weshalb die Planeten auf ihrer Umlaufbahn um die Sonne bleiben. **(AFB II)**
Anziehungskraft und Fliehkraft gleichen sich aus.

3 Wir sagen: „Die Sonne geht auf, die Sonne geht unter". Ist dies so richtig? **(AFB II)**
Durch die Erdrotation wird der Standort, an dem ein Mensch diese Aussage trifft, zur Sonne hin oder von der Sonne weggedreht.

Anwendungsaufgabe

4> Schon immer waren die Menschen von dem Ereignis der totalen Sonnenfinsternis besonders beeindruckt. Erkläre dieses Phänomen mithilfe einer Skizze. (AFB II/III)

Bei einer totalen Sonnenfinsternis kreuzt der Mond die direkte Strecke zwischen der Sonne und einem Punkt auf der Erde. Aus Sicht der Menschen verfinstert sich somit die Sonne. Dieser Vorgang kann zwischen drei und sieben Minuten dauern.

Tafelbild

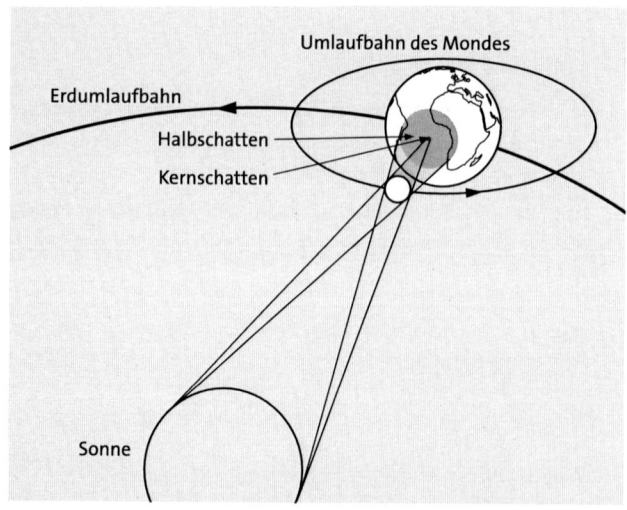

Die Entstehung einer totalen Sonnenfinsternis

Tipp

Die Bewegungen von Mond und Erde können an einem Tellurium besonders einprägsam nachempfunden werden.

Medientipps

Lernen im Netz
- Unser Planetensystem (Online-Code y92z7g)
- Planetenquiz (Online-Code x4pj8z)

Unterrichtsvorschlag

Unterrichtsphase	Inhaltlicher Schwerpunkt	Methodisches Vorgehen / Sozialform	Medien / Materialien
Einstieg	Bemannte Raumfahrt	UG	
Erarbeitung I	Weltbilder im Wandel	PA	SB S. 8/9, Aufg. 1
Erarbeitung II	Entfernungen und Größenverhältnisse im Sonnensystem	Unterrichtsgang	Kreide, Erbse, Stecknadel (siehe Hinweise zum Unterricht)
Erarbeitung III	Die Bewegungen von Mond und Erde	Schülerdemonstration	Tellurium
Sicherung	Die Bewegungen von Mond und Erde	PA	SB S. 8/9, Aufg. 2, 3
Anwendung	Totale Sonnenfinsternis	GA	SB S. 9, Aufg. 4

Planet Wasser

Kompetenzen

Die Schülerinnen und Schüler können …
- Wasser als einen Geofaktor interpretieren und seine Bedeutung für das Leben auf unserem Planeten erläutern.
- die einzelnen Bestandteile, aus denen sich der Wasserhaushalt der Erde zusammensetzt, nennen.
- den Wasserkreislauf als ein geschlossenes, atmosphärisches System erklären.
- das Weltraumbild mithilfe des Atlas auswerten.

Grundbegriffe

Geofaktor, Atmosphäre, Wasserkreislauf

Sachinformationen

Wasser ist ein Grundbaustein des Lebens und formschaffender Geofaktor. Unser Planet besteht zu zwei Dritteln aus dieser Verbindung. Trotz dieser gigantischen Menge von circa 1384 Mio. km^3 liegt nur ein relativ kleiner Teil von in etwa 2,7% als Süßwasser vor. Damit verbleiben 97,3% als Salzwasser. Wasser ist demnach ein kostbares Gut, sind die meisten Organismen doch auf Süßwasser angewiesen. Gerade das Wasser, in Verbindung mit anderen Faktoren, ermöglicht das Leben und die ungeheure Artenvielfalt auf unserem einzigartigen Planeten.

Hinweise zum Unterricht

Es eignet sich sehr, mit dem weltberühmten Bild namens „Blue Marble" („Blaue Murmel") einzusteigen. Es knüpft an Inhalte aus dem Naturwissenschaften-Unterricht an, bringt aber viele neue Aspekte mit sich.
Das Foto trägt die offizielle Bezeichnung AS17-148-22727. Es wurde im Dezember 1972 währen der Appollo 17–Mission aus einer Entfernung von circa 45 000 km vom Astronauten Harrison Schmitt mit einer 70-Millimeter-Hasselblad-Mittelformatkamera aufgenommen. Die Originalaufnahme zeigt den Südpol am oberen Bildrand. Die um 180° gedrehte Variante von diesem Bild (wie hier im Schülerbuch) avancierte zu einem der populärsten Bilder der Mediengeschichte. Viele Umweltbewegungen der 1970er-Jahre sahen in diesem Bild einen Ausdruck für die Verletzlichkeit, Schönheit und Einzigartigkeit unseres Planeten. Durch sie wurde es populär.
Zum Einstieg eignet sich auch bildbegleitend der Text 4 (SB S.7).

Lösung der Basisaufgaben

1 Stell dir vor, du würdest in einem Raumschiff zum Mond fliegen und ein Bild von der Erde aufnehmen. Beschreibe deine Gedanken bei diesem Anblick. (AFB I)
Individuelle Schülerlösung, die für die Einzigartigkeit und Schönheit unseres Planeten sensibilisieren soll.

2 „Blue Marble" zeigt einen sehr großen Teil der Erdoberfläche. Werte das Foto mithilfe des Atlas aus. (AFB II)
Im Zentrum der Aufnahme erscheint uns Südafrika als erste Landmasse von oben aus gesehen. Man sieht einen fast ungetrübten Blick auf den Indischen Ozean sowie den Südatlantik. Weiße Wolkenbänder ziehen durch die Westwindzonen. Der Südpol ist im unteren Bildrand deutlich zu erkennen. Gletscher und das Eisschelf der Antarktis blitzen weißlich durch die wirbelnden Zyklonen hindurch. Der afrikanische Kontinent ist deutlich erkennbar. Im oberen Teil des Bildes erkennt man das Nildelta, die arabische Halbinsel sowie das östliche Mittelmeer. Das Grün des tropischen Regenwaldes dringt nur schwach durch, ist es doch sehr von den hohen Wolken der ITC gürtelartig verdeckt. Über der Sahara sind keine Wolken zu sehen. Musterhaft könnte man hier auch für leistungsstarke Schülerinnen und Schüler die Passatzirkulation thematisieren.

3 Innerhalb des Sonnensystems wird unser Planet als „Planet Erde" bezeichnet. Erkläre, weshalb die Bezeichnung „Planet Wasser" sogar zutreffender wäre. (AFB II)
Unser Planet besteht zu circa zwei Dritteln aus Wasser. Alleine diese Tatsache würde die Bezeichnung „Planet Wasser" rechtfertigen. Siehe dazu auch M4 und M5.

4 Erläutere die Zwischenüberschrift „Wasser ist Leben". (AFB II)
Wasser gilt als Grundvoraussetzung des Lebens. In dieser sauerstoffreichen Verbindung aus zwei Wasserstoffatomen und einem Sauerstoffatom (H_2O) soll sich vor Milliarden von Jahren das Leben entwickelt haben. Ohne Wasser wäre das Leben (pflanzlich, tierisch und menschlich) nicht in dieser Ausprägung, wie wir es heute erleben können, möglich. Auch der menschliche Organismus besteht zu circa 60% aus Wasser.

Anwendungsaufgabe

5 Grafik 3 stellt den Wasserkreislauf der Erde dar. Erläutere die Rolle der Sonne in diesem System. (AFB II/III)
Die Sonne nimmt eine zentrale Rolle ein. Sie ist Motor und damit Antreiber dieses Kreislaufs. Ihre Wärmeenergie überführt Wasser vom flüssigen in den gasförmigen Zustand (Verdunstung). Damit übernimmt sie eine aktive Rolle beim Entstehen von Wasserdampf. Durch die unterschiedliche Erwärmung von Flächen treibt sie auch regionale wie globale Windsysteme an und sorgt damit für die Bewegung großer Wolkenbänder und den Austausch von verschiedenen Luftmassen.

Medientipps

Lernen im Netz: Wasserkreislauf (Online-Code 5kv5x5)
Üben interaktiv: Wasserkreislauf (Online-Code e868cp)
Homepage der NASA: www.nasa.gov/
Satellitenbild-Navigator: www.blue-marble.de

Unterrichtsvorschlag

Unterrichtsphase	Inhaltlicher Schwerpunkt	Methodisches Vorgehen / Sozialform	Medien / Materialien
Einstieg	Planet Erde	UG	SB S. 10, Bild und Text 1
Erarbeitung I	Einzigartigkeit und Schönheit unserer Erde	UG	SB S. 11, Aufg. 1
Ergebnissicherung I	Einzigartigkeit und Schönheit unserer Erde	SV	Tafel
Erarbeitung II	„Blue Marble"	PA: Bildauswertung	SB S. 10/11, M1, Aufg. 2, Atlas
Ergebnissicherung II	„Blue Marble"	SV	Tafel
Erarbeitung III	„Planet Wasser" – Wasser ist Leben	aGA	SB S. 10/11, M4, 5; Aufg. 3, 4
Ergebnissicherung III	„Planet Wasser" – Wasser ist Leben	UG	Tafel
Hausaufgabe	Wasserkreislauf	EA	SB S. 11, Aufg. 5 Animation zum Wasserkreislauf (Online-Code)

Verletzliche Weltmeere

Kompetenzen

Die Schülerinnen und Schüler können ...
- die ökonomische und ökologische Bedeutung der Meere nennen;
- die Methode der Mindmap auf beide Themen anwenden;
- Meeresströmungen als ein zusammenhängendes, weltweites System interpretieren;
- die Entstehung von Müllstrudeln erklären;
- die Verletzlichkeit der Meere an ausgewählten Beispielen verdeutlichen;
- die Nahrungskette erklären und damit verbundene Probleme nennen.

Grundbegriffe

Weltmeer, Ozeanzirkulation, Meeresströmungen

Sachinformationen

Die Weltmeere haben eine enorme ökonomische Bedeutung, die nur ansatzweise aus dieser Doppelseite hervorgeht. Numerisch-rational gesehen wird sie auf jährlich über 90 Milliarden Euro geschätzt. In dieser astronomischen Summe stecken auch Einnahmen durch Fischerei, Tourismus, Frachttransport und Erdölförderung. Dabei wird die ökologische Bedeutung der Meere vielfach unterschätzt. Die Meere und ihre zugehörigen Küsten bieten für eine gigantische Vielzahl von kleinen und großen Organismen pflanzlicher und tierischer Art Lebensraum. Ganz zu schweigen von fragilen Ökosystemen wie Korallenriffen, Mangrovenwäldern oder Feuchtgebieten (Wetlands), die nicht selten auch effektive, natürliche Hochwasserschutzsysteme bilden. Umso drastischer ist die Tatsache, dass mit unseren Meeren erschreckend umgegangen wird. Ganz nach dem Motto „was man nicht weiß, macht auch niemanden heiß" verschwinden jährlich Tonnen von Müll aus der Zivilisation in die Meere. Angaben zufolge finden sich global riesige Müllteppiche aus überwiegend Plastikmüll in allen Weltmeeren. Der berühmteste bewegt sich auf einer Fläche Europas im Nordostpazifik, nicht unweit der hawaiianischen Inselgruppe. Gerade Umweltchemiker sind besorgt, denn Plastik selbst gilt mit seinen Weichmachern als bedenklich. Zudem wirken diese organischen Makromoleküle (Plastik) wie Magneten auf organische Giftstoffe im Meer. Diese haften auf den Oberflächen und reichern sich dort an, sodass regelrechter Giftmüll entsteht. Es ist äußerst problematisch, wenn Tiere kleine Stücke davon mit Nahrung verwechseln. Dies schadet nicht nur ihnen selbst. Über die Nahrungskette reichern auch wir unseren Organismus mit bedenklichen Substanzen an. Umweltschützer auf der ganzen Welt sind empört und versuchen durch Aufräumaktionen an Land wie an den Stränden etwas zu bewegen. Dabei versucht gerade ein junges Team mit seinem „Ocean Cleanup-Projekt" das größte Müllbeseitigungsprojekt in der Geschichte der Menschheit voranzutreiben.

Hinweise zum Unterricht

Die Doppelseite soll zum einen Kenntnisse über die Meeresströmungen vermitteln, zum anderen für die Müllproblematik sensibilisieren. Dabei sollte man die Schülerinnen und Schüler in ihrer Lebenswelt abholen. Das kann mit einer Strandaufnahme (Foto) geschehen, in der Plastikmüll zu erkennen ist. Dies kann aber auch über den Umweg von Bleaching-Zahnpastas oder Peelingprodukten (siehe SB) geschehen. Auch das Foto der Schildkröte, die mit dem Plastikmüll zu kämpfen hat (SB S.12, M2) eignet sich gut, um einen motivierenden Einstieg in die Stunde zu finden. Im Anschluss sollten Sie die Schülerinnen und Schüler nach Interesse wählen lassen, ob sie sich eher mit der Bedeutung oder der Verletzlichkeit der Meere beschäftigen möchten. Auf jeden Fall sollten auch Lösungsmöglichkeiten diskutiert und bewertet werden, um positive Wege aus der Misere aufzuzeigen.

Lösung der Basisaufgaben

1 Verletzlichkeit der Meere (Text „Die Ozeane als Müllhalde", Materialien 1–4)
a) Erstelle eine Mindmap, welche die Verletzlichkeit der Meere und Küsten aufzeigt. (AFB II/III)
Lösungsvorschlag siehe nächste Seite
b) Erläutere, wie Müllstrudel in Ozeanen entstehen können. (AFB II)
Aufgrund unterschiedlicher Wassertemperaturen sowie Salz- und Nährstoffgehalten entstehen Wassermassen unterschiedlicher Dichte. Dabei taucht in der Regel kaltes, salzhaltiges Wasser aufgrund seiner höheren Dichte in Richtung Meeresboden ab und zieht durch diese Abwärtsbewegung Wasser nach (M1). Diese abtauchenden, kalten Wassermassen bewegen sich ozeanübergreifend über große Distanzen hinweg und werden in subtropisch/tropischen Gebieten stark erwärmt, bis sie erneut abkühlen und abtauchen. So entsteht, ganz ähnlich zu globalen Windsystemen, ein sich über alle Ozeane der Erde hinweg bewegendes Wasserband. Da es sich in einer Art Kreislauf bewegt, wird es auch mit dem Begriff der ozeanischen Zirkulation bezeichnet. Gerade in den Gebieten, in denen sich warme und kalte Meeresströmungen auf kleinem Raum befinden, entstehen Strudel. Finden Festkörper wie Plastik nun hinein, können sie sich über lange Zeiträume dort oberflächennah aufhalten. Da Plastik sehr beständig ist, geht man von mehreren hundert Jahren aus.

2 Bedeutung der Meere (Text „Bedeutung der Meere", Materialien 1, 4, 5 und 6)
a) Erstelle eine Mindmap, welche die Bedeutung der Meere und Küsten aufzeigt. (AFB II/III)
Lösungsvorschlag siehe übernächste Seite

b) Erläutere die Aussage „eine Meeresströmung ist die Heizung für Nord- und Westeuropa". (AFB II)

Aufgrund unterschiedlicher Wassertemperaturen sowie Salz- und Nährstoffgehalten entstehen Wassermassen unterschiedlicher Dichte. Dabei taucht in der Regel kaltes, salzhaltiges Wasser aufgrund seiner höheren Dichte in Richtung Meeresboden ab und zieht durch diese Abwärtsbewegung Wasser nach (M1). Diese abtauchenden, kalten Wassermassen bewegen sich ozeanübergreifend über große Distanzen hinweg und werden in subtropisch/tropischen Gebieten stark erwärmt, bis sie erneut abkühlen und abtauchen. So entsteht, ganz ähnlich zu globalen Windsystemen, ein sich über alle Ozeane der Erde hinweg bewegendes Wasserband. Da es sich in einer Art Kreislauf bewegt, wird es auch mit dem Begriff der ozeanischen Zirkulation bezeichnet. Auf Europa bezogen taucht das kalte, salzhaltigere und damit dichtere Wasser im Nordatlantik ab. Auf seinem weiten Weg gen Süden erwärmt sich dieses Wasser, vor allem beim Durchqueren der Karibik erneut, bevor es nah an West- und Nordeuropa vorbeifliesst und uns ein insgesamt mildes, maritimes Klima bringt. Ohne diese Strömung, die wir auch abschnittsweise als den Golfstrom kennen, wäre Europa ein viel kälterer Kontinent mit rauherem Klima.

Medientipps

Üben interaktiv: Meeresströmungen (Online-Code eu2mb2)
Film „Plastic Planet": www.plastic-planet.de

Plastic Oceans (Film & Organisation): www.plasticoceans.net

The Ocean Cleanup-Projekt – das größte Müllbeseitigungsprojekt in der Geschichte der Menschheit: www.theoceancleanup.com

Sea Shepherd Conservation Society: www.seashepherd.org

Surfrider Foundation:
www.surfrider.org/programs/entry/rise-above-plastics

Blue Ocean Society: www.blueoceansociety.org

WWF, Thema Plastikmüll: www.wwf.de/themen-projekte/meere-kuesten/unsere-ozeane-versinken-im-plastikmuell

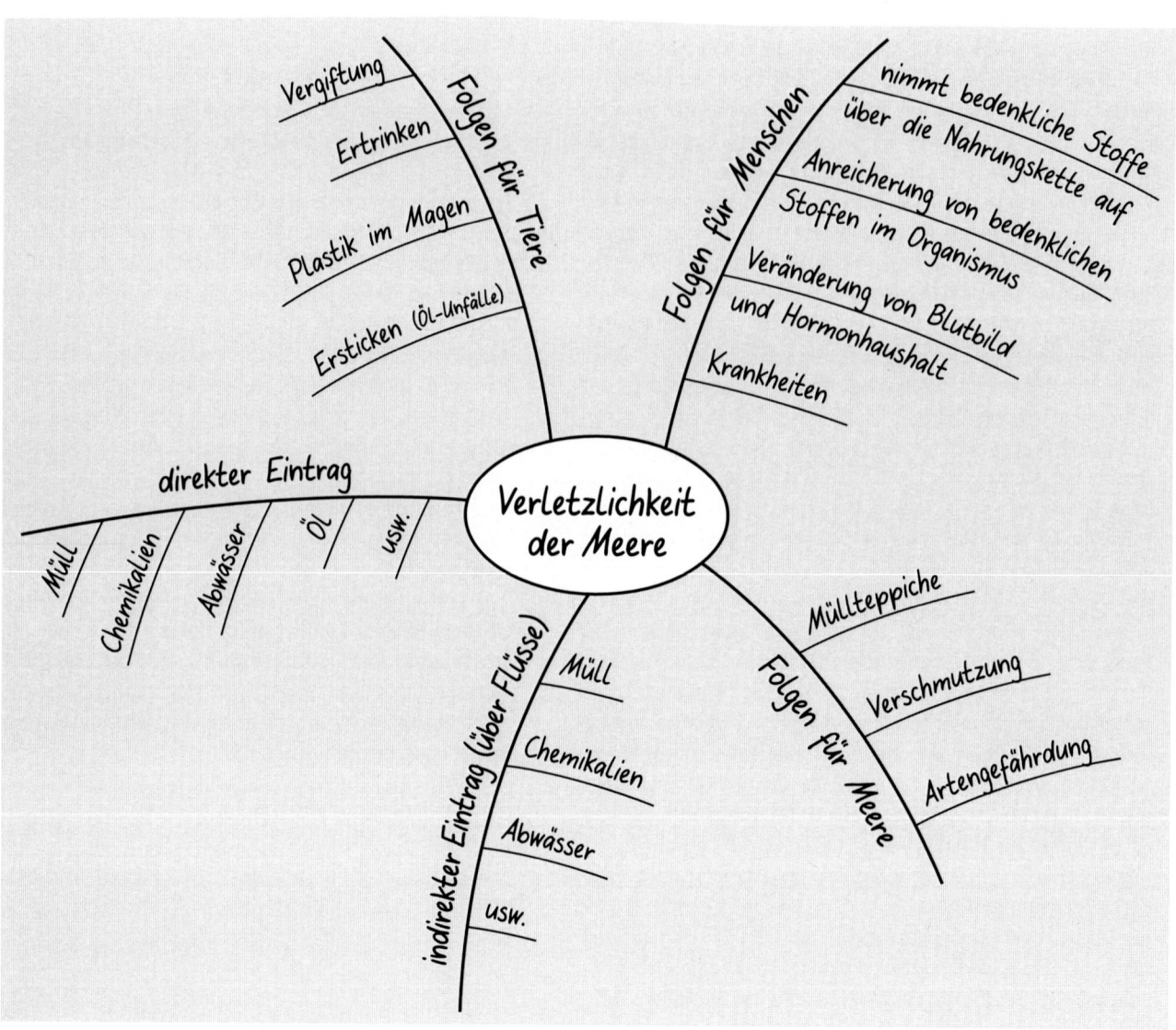

Lösungsvorschlag zu Aufgabe 1a: Verletzlichkeit der Meere

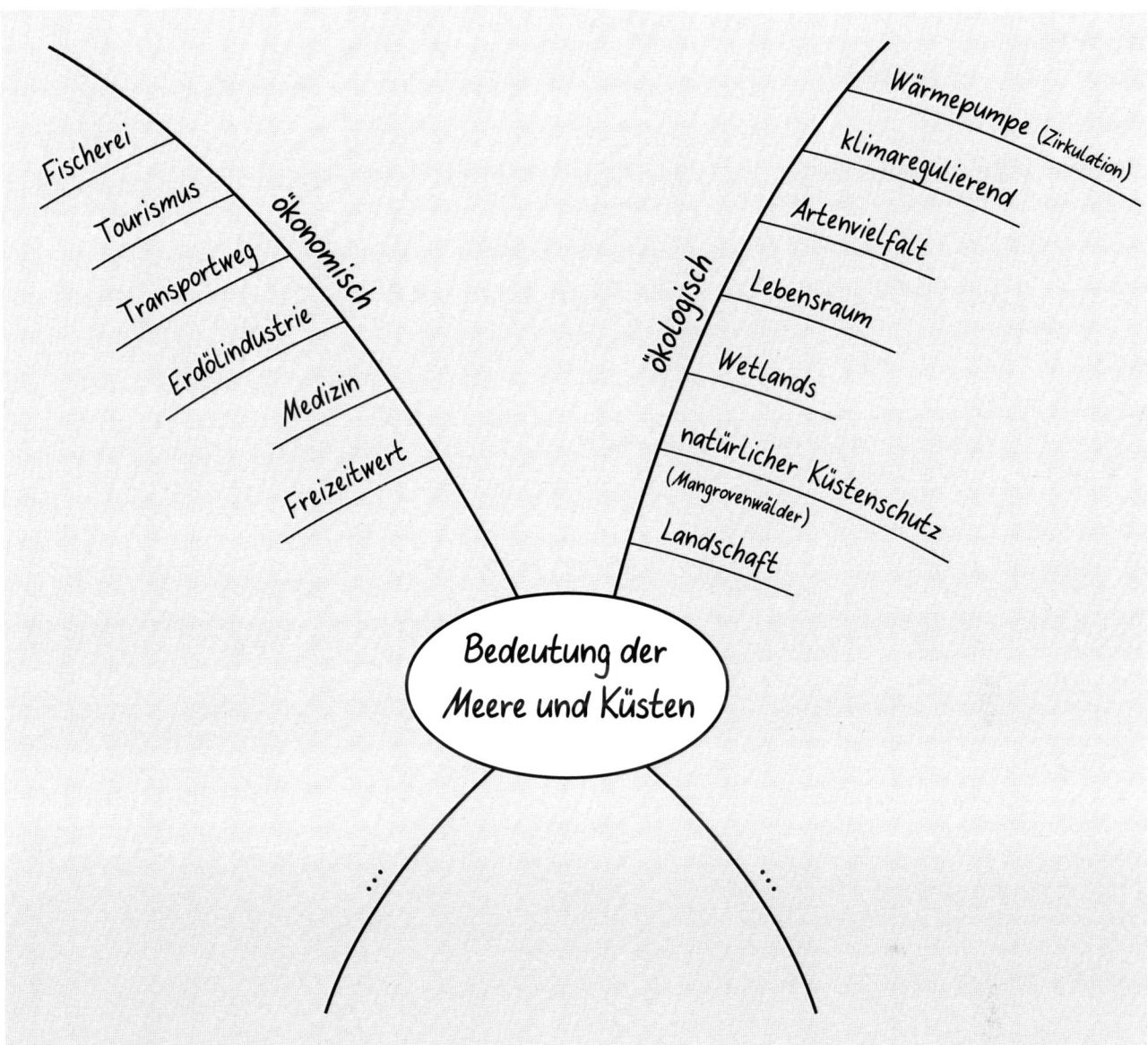

Lösungsvorschlag zu Aufgabe 2a: Bedeutung der Meere

Unterrichtsvorschlag

Unterrichtsphase	Inhaltlicher Schwerpunkt	Methodisches Vorgehen / Sozialform	Medien / Materialien
Einstieg	Ebbe und Flut: Vermutungen und Hypothesen	UG: SuS berichten über ihre Erfahrungen und/oder Comic „Lukas" (M 1)	SB S. 60, M 1
Erarbeitung I	Was sind Ebbe und Flut? Was sind Hoch- und Niedrigwasser?	Kooperatives lernen (EA/PA)	SB S. 60, Text, M 2, Aufg. 1 und 2
Ergebnissicherung I	Begriffsklärung	UG: Besprechung der Lösungen im Plenum	Tafel/OHP
Erarbeitung II	Gezeiten im Bereich der Nordsee und ihre Auswirkungen (Natur, Mensch, Wirtschaft)	aGA	SB S. 60/61, Text, M 3, 4, Aufg. 3
Auswertung	Präsentation der Ergebnisse; Verdeutlichung der Konsequenzen von Ebbe und Flut	Ergänzung Tafelbild, UG	Tafel/OHP
Hausaufgabe	Anwendung des Tidekalenders	EA/HA	SB S. 61, Aufg. 4

Eine Exkursion durchführen: Expedition Umwelt

Kompetenzen

Die Schülerinnen und Schüler können …
- ihre Umgebung bewusst wahrnehmen und daraus Fragen entwickeln;
- Problemstellungen bzw. Interessen formulieren, daraus mit Hilfen eine Exkursion entwickeln und durchführen;
- die Exkursion nach Durchführung kritisch auswerten.

Sachinformationen

Der neue Lehrplan sieht die Großmethode Exkursion selbstverständlich vor, nimmt sie für viele Themen der Orientierungsstufe und Sekundarstufe I als Empfehlung auf (z. B. Erkundung im Nahraum).

Exkursionen sind für unser Fach das Salz in der Suppe; viele sagen auch, dass sie im Studium vor allem hier gelernt haben. Deshalb ist es so wichtig, diese Methode mehr in der Schule einzusetzen.
Zu den Vorteilen: Effizienzsteigerung des Unterrichts, unmittelbare und anschauliche Darbietung des geographischen Gegenstandes, Handlungsorientierung und forschendes Lernen, Einübung geographischer Arbeitsweisen, hohe Motivation.
Zu den Problemen: meist größerer Zeitaufwand, ausfallender Unterricht muss vertreten werden.
Es geht also darum, möglichst effizient im Schulnahraum die Exkursion stattfinden zu lassen, daraus dann eher eine methodische Kleinform zu entwickeln. Genaue Planung ist wichtig, ebenso die Berücksichtigung der Altersstufe, Leistungsmöglichkeiten und der besonderen Interessen. Neben den fachlichen Anforderungen muss viel Organisatorisches und meist auch eine Vorexkursion berücksichtigt werden.
Es geht nicht um eine lehrerzentrierte Vortragsform! Die Schülerinnen und Schüler stehen im Mittelpunkt der vier Phasen der Exkursion: Problemstellung – Planung – Durchführung – Auswertung. Je mehr sie involviert sind, desto mehr Verantwortung übernehmen sie, desto mehr wird der Erfolg der Exkursion ihr Anliegen!
Neuere Tendenzen in der Exkursionsdidaktik: die konstruktive bzw. moderat konstruktivistische Didaktik schlägt eine schülerzentrierte Erweiterung der klassischen Exkursion vor, indem folgende Methoden zum Einsatz kommen: Spurensuche, interkulturelle Begegnung, Spiel, Erzählungen etc. Diese Ansätze kosten z. T. Zeit (offener Einstieg und Themenfindung, Diskussion), sind aber sicher wichtig und interessant im Sinne der Öffnung für die Schülerinnen und Schüler, der Integration ihrer Vorstellungen in den Unterricht.
Der Lehrplan sieht beim Schwerpunkt Methodenkompetenz vor: Die Schüler entwickeln ein Wirkungsgefüge der Geofaktoren in seinen wesentlichen Zügen. Der Weg dorthin kann ideal über die Methode Exkursion im Nahraum laufen: Hier entdecken die Schülerinnen und Schüler von Beginn an die Vernetzung der Geofaktoren Boden – Wasser – Luft und können von dieser Erfahrung die abstrakten, theorielastigen Kreislaufzusammenhänge besser verstehen.

Hinweise zum Unterricht

Wie oben bereits aufgezeigt, geht es um kleinere Ansätze, die auch machbar sind. Planung und Vorbereitung können gut im normalen Unterricht laufen, die Auswertung ebenfalls. Im Rahmen eines Wandertages ist natürlich eine längere Exkursion möglich, ebenso bei Projekttagen. Am Beispiel Wald können viele einzelne Schulbuchseiten integriert werden, es kann daraus eine Exkursion mit Stationenlernen entstehen (Bodenaufschluss, Bodenbiologie, Bodenphysik und -chemie in Ansätzen). Die notwendigen Materialien können aus dem Lehrerband zusammengestellt werden.
Ergänzend kann auch eine virtuelle Exkursion zu Zielen gemacht werden, die nicht einfach erreichbar sind (Bergwerk, Stromboli etc.). Hierzu gibt es ein immer größeres und besseres Angebot im Internet. Dabei gibt es lohnende Beispiele, die z. B. am Whiteboard gemeinsam erarbeitet werden können (z. B. Wanderungen auf den Kilimandscharo, den Vesuv, aber auch zunehmend Stadtexkursionen). Die Verwendung von Google Street View etc. wird sicher zunehmend auch an Bedeutung gewinnen, kann man mit diesem Medium direkt in Städte auf der ganzen Welt eintauchen und diese virtuell besichtigen.

Hinweise zu den Materialien

Die Exkursion kann zur Aufnahme von geographischen Untersuchungen dienen. Deshalb sollte im Vorfeld überlegt werden, welche Ausstattung berücksichtigt werden muss: angemessene Kleidung, Fotoausrüstung, Karten, Klemmbrett und Stift, bei Bedarf Schaufel, Zollstock und Tüten etc.
Unbedingt sollte auf ausreichende Versorgung der Schülerinnen und Schüler mit Getränken und Essen geachtet werden, Pausen und Erholung sind sehr wichtig für das Gelingen der Exkursion.

Virtuelle Exkursion: Whiteboard-Ausstattung oder zumindest Internetanschluss, Computer und Beamer erforderlich.

Literatur

Böing, Maik, Ursula Sachs: Exkursionsdidaktik zwischen Tradition und Innovation – eine Bestandsaufnahme. In: Geographie und Schule, H. 167/2007: Konfliktstoff Wasser. Halbergmoos: Aulis

Wilhelmi, Volker: Praxisorientierte Umwelterziehung: Geographie-Studenten machen Projektunterricht an Gymnasien. In: Geographie und ihre Didaktik, 4/97, S. 177 – 200, Hannover

Wilhelmi, Volker: Vernetzungen auf der Spur, Erdkundeunterricht im Wald. In: Geographie und Schule , H. 132/2001: Vernetztes Denken. Halbergmoos: Aulis

1

Der Boden lebt

Kompetenzen

Die Schülerinnen und Schüler können …
- Bodenaufbau und Entstehung erklären;
- Einflussfaktoren der Bodengenese erklären;
- die Bodenart bestimmen;
- durch Selbsttätigkeit vor Ort (Beobachten, Zeichnen, Proben nehmen) motiviert werden zur intensiven Bearbeitung des Bodens.

Grundbegriff

Boden

Sachinformationen

Unsere Böden sind in den meisten Fällen nach der letzten Vereisung entstanden, also vor ca. 10 000 Jahren bis heute. Die Prozesse halten an, und gerade dieser Aspekt wird interessant: Schüler können nachvollziehen, wie der B-Horizont aus Zersetzungsprozessen der organischen Auflage und Verwitterungsanteilen des Ausgangsgesteins aufbereitet werden. Ausgangsgestein, Lage, Relief, Klima und Vegetation nehmen direkt Einfluss auf die rezente Bodengenese. Indem die Schülerinnen und Schüler nach Möglichkeit selbst ein Bodenprofil graben oder zumindest ansehen und bearbeiten können, wächst ihr Interesse, sich auch mit komplexeren Sachverhalten zu beschäftigen, Fragen zu stellen. Hier greift die wissenschaftliche Methode: Warum gibt es Bodenhorizonte, wie sind die verschiedenen Farben zu erklären, wo verlaufen Wurzeln etc.?

Der Lehrplan fordert die Bearbeitung des Zusammenwirkens von Klima, Boden und Vegetation in den Basisanforderungen. Boden wird dann noch gesondert als Vertiefungsaspekt vorgesehen. Dabei ist die fundierte, altersgemäße Bearbeitung wichtig. Aus fachlicher Perspektive stellt der Boden – im wahrsten Sinne des Wortes – die Basis für das Verständnis natürlicher Kreisläufe dar.

Materialtipp

Das Bodenprofil kann vor Ort auf einer Tapete aufgeklebt werden und so für die weitere Bearbeitung als Anschauungsprodukt mit in den Klassenraum genommen werden.

Hinweise zum Unterricht

- Die Unterscheidung von physikalischer und chemischer Verwitterung sollte im Rahmen dieses Themas bearbeitet werden, möglichst praktisch. Es wird dabei Fachwissen aus der Klassenstufe 5/6 (Wüste, Gesteinsverwitterung) aufgegriffen und auf die Bodenbildung übertragen.

- Die Untersuchung von Bodenbiologie und -art sollten, wenn irgend möglich, draußen stattfinden. Gerade die Lupenarbeit zur Faunabestimmung ist hoch motivierend und kann mit dem Bestimmungsschlüssel – gerne auch fächerübergreifend mit der Biologie – gut geleistet werden. Nach der Außenarbeit kann im Klassenraum die wiederholende Vertiefung stattfinden.

Lösung der Basisaufgaben

1 Bodenuntersuchung im Gelände: (AFB I/II)
a) Zeichnet eine Skizze eures Bodenprofils und tragt die Beobachtungen ein (Horizonte, Steine, Humus, Durchwurzelung, Farbe, Feuchtigkeit …).
b) Entnehmt aus den Horizonten Proben und notiert dabei die genaue Tiefe.
c) Untersucht mit einer Lupe das Profil nach Organismen. Der Bestimmungsschlüssel hilft.
d) Untersucht genau den Humus. Klebt Proben unterschiedlicher Zersetzungsstufen nebeneinander auf und beschriftet sie.
e) Bestimmt die Bodenart. Nehmt eine Probe des B-Horizontes in die Hand, presst sie zusammen und beobachtet:
- rieselt durch die Finger: Sand,
- krümelt: Gemisch aus Sand und Lehm,
- formbar mit Rissen: Lehm-Ton-Gemisch,
- zu Würsten formbar: Ton.
Individuelle Schülerlösung.

2 Erläutere das Blockbild 5 und charakterisiere die einzelnen Horizonte. Welche Unterschiede zum untersuchten Profil ergeben sich? (AFB II)
Der Humus wird aus Blättern und Nadeln mit unterschiedlichem Zersetzungsgrad gebildet. Unzählige Bakterien, Pilze, Würmer und Insekten sind hier zu finden. Der nach unten anschließende hellbraune Oberboden mit Mineralteilchen ist der A-Horizont. Das Ausgangsgestein ist der C-Horizont. Dazwischen liegt der B-Horizont: hier gibt es Humusstoffe und Gesteinsminerale.
Besonders wichtig: Unterschiede herausstellen zum Profil im Schulbuch.

Anwendungsaufgabe

3 Bodengüte und Landwirtschaft in Deutschland: Erläutere jeweils zwei Beispiele für gute und schlechte Böden und ihre Nutzung. Arbeite mit dem Atlas. (AFB II)
schlechte Böden: Rohböden bzw. Ranker in Mittelgebirgen Hunsrück und Harz – Wald
gute Böden: Lössböden in Rheinhessen – Sonderkulturen Schwarzerden bei Hannover – Bördenzonen mit z. B. Zuckerrübenanbau

Medientipps

Üben interaktiv: Bodenhorizonte (Online-Code kv39iw)

Beck, Hermann; Christina Hoffmann; Volker Wilhelmi: Ein Bodenpraktikum im schulnahen Gelände. In: Praxis Geographie, H. 2/2011: Umweltbildung – Kleine Schritte zur Nachhaltigkeit. Braunschweig: Westermann

Unterrichtsvorschlag

Unterrichtsphase	Inhaltlicher Schwerpunkt	Methodisches Vorgehen / Sozialform	Medien / Materialien
Einstieg	Bodenprofilansprache vor Ort	Unterrichtsgang: UG, EA	Spaten
Erarbeitung I	Bodenuntersuchung	Untersuchung im Gelände EA/PA/GA	SB S. 17, Aufg. 1
Ergebnissicherung I	Zusammenführen der Ergebnisse	EA/PA/GA/UG (u. U. im Klassenraum)	SB S. 17, M5, Aufg. 2
Alternative I	Bodenproben von SuS mitbringen lassen und im Klassenraum gemeinsam untersuchen.		
Alternative II	Arbeit ohne originale Medien mit genauer Beschreibung und Erklärung der Abbildungen		SB S. 16/17, M3–5

1

Messungen durchführen

Kompetenzen

Die Schülerinnen und Schüler können …
- einfache Messgeräte wie Thermometer und Regenmesser aufstellen und Messwerte ablesen;
- Messergebnisse in einem Beobachtungsbogen festhalten;
- die Messungen auswerten und vergleichen.

Grundbegriff

Atmosphäre, Wetter, Klima, Temperatur, Niederschlag, Wind

Hinweise zum Unterricht

Bei Aufgabe 1a) handelt es sich um eine Langzeitaufgabe. Die Schülerinnen und Schüler benötigen 14 Tage Vorlauf vor Beginn der Unterrichtsreihe, um die geforderten Messungen vorzunehmen.

Es bietet sich an, dass nicht nur jeder Schüler individuell am Wohnort Temperatur und Niederschlag misst, das Wettergeschehen beschreibt und Besonderheiten notiert, sondern dass auch eine Kontrollgruppe morgens und mittags in der Schule Messungen vornimmt.

Hinweise zu den Materialien

Material 1: Das Foto zeigt eine Wetterwarte. Ins Auge fällt die Wetter- bzw. Thermometerhütte auf der linken Seite, die sich in standardisierte Bauweise an allen Wetterstationen befindet. Es handelt sich immer um einen weiß lackierten Kasten, der die darin befindlichen Messgeräte vor störenden Einflüssen schützt. Die Lamellenbauweise dient dabei der erforderlichen Durchlüftung; der weiße Anstrich erhöht die Reflexion von Sonnenstrahlung. In der Wetterhütte befinden sich Psychrometer (zur Messung der Luftfeuchtigkeit), Maximum- und Minimumthermometer und Thermohygrograph (zur Messung von Temperatur und relativer Luftfeuchte).
Niederschlagsmesser, Anemoskop (zur Ermittlung der Windrichtung) und Anemometer (zur Messung der Windgeschwindigkeit) befinden sich außerhalb der Wetterhütte.

Lösung der Basisaufgaben

1 Langzeitaufgabe:
a) Beobachte 14 Tage lang das Wetter deines Wohnortes. Notiere deine Beobachtungen im Beobachtungsbogen. (AFB II)
b) Präsentiere deine Ergebnisse. (AFB II) Individuelle Schülerlösung.

Medientipps

Material: Beobachtungsbogen als Kopiervorlage (Online-Code k2gm5w)
Lernen im Netz: Im Wetterhaus (Online-Code wu537u)

PL-Information 18/2005: Wetter und Klima.
Hier finden sich u. a. weitere Anleitungen zur Herstellung einfacher Messgeräte.
http://bildung-rp.de/unterricht/materialien

Unterrichtsvorschlag

Unterrichtsphase	Inhaltlicher Schwerpunkt	Methodisches Vorgehen / Sozialform	Medien / Materialien
14 Tage vorher	Beginn der täglichen Wetteraufzeichnungen	evtl. Bau eigener Messgeräte	SB S. 18/19; M3–5; Aufg. 1a
Einstieg	Ergebnispräsentationen	SV	SB S. 18/19, Aufg. 1b
Erarbeitung	Auffälligkeiten: abweichende Werte, Regelmäßigkeiten, …	GA	
Sicherung	Mögliche Erklärungen: Unterschiedliche Höhenlagen der Wohnstandorte, Messungenauigkeiten, …	Erarbeiten im UG	

Wetterküche Atmosphäre

Kompetenzen

Die Schülerinnen und Schüler können …
- den Aufbau der Atmosphäre beschreiben;
- die Bedeutung der einzelnen Schichten der Atmosphäre für das Leben auf der Erde beschreiben;
- die Veränderungen mit zunehmender Höhe in der Troposphäre beschreiben.

Grundbegriffe

Atmosphäre, Klima

Sachinformationen

Die Atmosphäre umgibt die Erde aufgrund der Erdanziehungskraft. Im Verhältnis zum Planeten ist sie sehr dünn. Vergleicht man die Erde mit einem Luftballon, kann die Atmosphäre mit der dünnen, den Ballon umgebenden Gummihaut verglichen werden. In ihrem Aufbau zeigt sie unterschiedliche Eigenschaften. Die Unterteilung der verschiedenen Schichten der Atmosphäre in Troposphäre, Stratosphäre, Mesosphäre, Thermosphäre und Exosphäre ergibt sich aus der vertikalen Veränderung der Temperatur. Die Wendepunkte des Temperaturverlaufs werden als Pausen bezeichnet.

Über diese Einteilung hinaus ist die Einteilung gemäß der chemischen Gegebenheiten gebräuchlich. Da die prozentuale Aufteilung der chemischen Zusammensetzung bis ca. 100 Kilometer Höhe gleich ist, bezeichnet man diese auch als Homosphäre. Darüber liegt die Heterosphäre. Die Ionosphäre beginnt ab etwa 70 Kilometern Höhe. Hier findet man zunehmend elektrisch geladene Gasteilchen.

Die Atmosphäre schützt die Erde ähnlich wie die menschliche Haut den Körper. Dabei sind die Schutzfunktionen vielfältig. Einerseits wird die mögliche Schädigung der Erde durch Festkörper aus dem Weltall verhindert. Bei Eintritt in die Atmosphäre verglühen diese Festkörper durch den Widerstand, was in der Regel in der Mesosphäre geschieht. Andererseits übernimmt die Atmosphäre die Wärmeregulation der Erde. Nur durch diese schützende Hülle ist Leben auf der Erde möglich, da die Kälte des Weltalls abgehalten wird. Dass die Luft innerhalb der Atmosphäre erwärmt werden kann, wird durch die Gase verursacht, die es innerhalb der Schutzhülle der Erde gibt. Hervorzuheben sind hier Wasserdampf, Kohlendioxid, Stickoxid und Methan. Das Sonnenlicht, das seinerseits allerdings in seiner ultravioletten Strahlung lebensfeindlich ist, wird durch die Atmosphäre gefiltert. Hier kommt der Ozonschicht in der Stratosphäre eine besondere Bedeutung zu, die jedoch an anderer Stelle thematisiert wird (SB S. 46/47).

Hinweise zum Unterricht

Der Einstieg kann auf unterschiedliche Weise erfolgen. Eine Fantasiereise ist ebenso denkbar wie eine Bildbeschreibung.

Lösung der Basisaufgaben

1 Beschreibe den Aufbau der Atmosphäre mithilfe des Textes und der Grafik 2. (AFB I)

Troposphäre: Ablauf des Wettergeschehens. Hier bilden sich Wolken, die zu Niederschlag führen. An der Obergrenze herrschen bis zu – 60 °C, das bedeutet, dass die Temperatur mit zunehmender Höhe sinkt. Fast der gesamte Wasserdampf der Atmosphäre befindet sich in dieser Sphäre.

Stratosphäre: Hier verläuft die Ozonschicht und es gibt kaum noch Wasserdampf innerhalb dieser Schicht. Durch die Ozonschicht wird die gefährliche ultraviolette Sonnenstrahlung gefiltert, sodass Leben auf der Erde möglich wird.

Mesosphäre: In dieser Schicht verglühen in die Atmosphäre eindringende Festkörper wie Meteoriten und erzeugen dabei Sternschnuppen.

Thermosphäre: Hier umkreisen Raumfähren die Erde. Es treten Polarlichter auf.

Exosphäre: Übergang zwischen Atmosphäre und Weltall. Sie weist keine feste Grenze auf und geht in den luftleeren Bereich des Weltalls über.

2 Zeige die Bedeutung der einzelnen Schichten für das Leben auf der Erde auf. (AFB I/II)

Für das Leben auf der Erde sind prinzipiell alle Schichten bedeutend, da erst ihre Zusammensetzung die schützende Funktion der Hülle erzeugt. Dennoch lassen sich deutlich Abstufungen erkennen. Hervorzuheben in ihrer Bedeutung ist besonders die Troposphäre, da hier das Wettergeschehen zu verorten ist. Der Geofaktor Klima wird in dieser Schicht geprägt, was direkten Einfluss auf unser Leben hat und auch die Unterschiedlichkeit der verschiedenen Regionen der Erde bewirkt. Die hier mögliche Erderwärmung macht Leben möglich. Ebenfalls sehr bedeutsam ist die Stratosphäre, die mit der Ozonschicht die lebensfeindliche ultraviolette Strahlung filtert. Auch dieser Umstand ist zwingend erforderlich, um Leben auf dem Planeten überhaupt erst zu ermöglichen. Die darüber liegenden Schichten der Atmosphäre haben im Vergleich zu Troposphäre und Stratosphäre geringere Auswirkungen auf das Leben. Doch schützt die Mesosphäre vor dem Eindringen von Festkörpern aus dem All. Die Thermosphäre ist für die Telekommunikation auf der Erde heute unerlässlich, wie interessierte Schülerinnen und Schüler feststellen könnten, da die elektrisch leitenden Schichten Rundfunkwellen reflektieren und Nachrichtenverbindungen über weite Distanzen ermöglichen (diese Erkenntnis ist nicht aus der Bearbeitung dieser Doppelseite abzuleiten). Ansonsten kommt dieser Schicht für das Leben auf der Erde eine geringere Bedeutung zu, ebenso wie der Exosphäre.

Anwendungsaufgabe

3〉 Ein Höhenbergsteiger will den Mount Everest besteigen.
In seiner Ausrüstung finden sich Sonnencreme, eine Sonnenbrille, Thermobekleidung, eine Schneebrille, eine Mütze und
eine Sauerstoffmaske. Begründe die Notwendigkeit dieser
Gegenstände. **(AFB II/III)**

Sonnencreme und Sonnenbrille: Mit zunehmender Höhe steigt
die Intensität der UV-Strahlung. Außerdem reflektiert Schnee
bis zu 80 % der ultravioletten Sonnenstrahlung.
Thermobekleidung, Schneebrille, Mütze: Mit zunehmender
Höhe sinkt die Temperatur. Auch im Juli, dem wärmsten
Sommermonat, herrschen auf dem Gipfel des Mount Everest
im Durchschnitt nur extrem kalte −19 °C (Januar als kältester
Monat weist eine Durchschnittstemperatur von −36 °C auf).
Sauerstoffmaske: Das Atmen wird mit zunehmender Höhe
immer schwieriger, weil der Luftdruck sinkt. Dadurch wird der
Sauerstoff nicht mehr so stark in die Lunge gepresst, sodass es
zu einer Mangelversorgung mit Sauerstoff, besonders in Kombination mit der körperlichen Anstrengung des Bergsteigens,
kommen kann.

Medientipps

Lernen im Netz: Aufbau der Atmosphäre (Online-Code rt8i8f)
Üben interaktiv: Aufbau der Atmosphäre (Online-Code y2u545)

Unterrichtsvorschlag

Unterrichtsphase	Inhaltlicher Schwerpunkt	Methodisches Vorgehen / Sozialform	Medien / Materialien
Einstieg	Begegnung mit dem Thema	UG: Eindrücke der SuS, Aktivierung von Vorwissen	OHF für Vorwissen SB S. 20, M1
Erarbeitung I	Aufbau und Bedeutung der Atmosphäre	EA	SB S. 20/21, Aufg. 1 und 2
Ergebnissicherung I	Aufbau und Bedeutung der Atmosphäre	UG: Ergebnispräsentation	
Erarbeitung II	Aufbau der Atmosphäre	PA	SB S. 20/21, Aufg. 3
Ergebnissicherung II	Aufbau der Atmosphäre	UG: Ergebnispräsentation Erweiterung des Vorwissens	

Tageslängen und Jahreszeiten

Kompetenzen

Die Schülerinnen und Schüler können ...
- die Auswirkungen der Bewegung der Erde um die Sonne erklären;
- die unterschiedlichen Tageslängen auf der Erde erklären;
- die Entstehung von Jahreszeiten und Beleuchtungszonen als Folge der Bewegung der Erde um die Sonne bei gleich bleibender Neigung der Erdachse zur Bahnebene erklären.

Grundbegriffe

Erdrevolution, Erdrotation, Jahreszeiten, Zenit, Geofaktor

Sachinformationen

Die Erdrevolution, die Umlaufbahn der Erde um die Sonne, hat die Form einer Ellipse. Bei einer Bahnlänge von 936 Mio. km und einer mittleren Geschwindigkeit von 29,76 km/s erreicht die Erde die größte Sonnennähe (Perihel) etwa am 2. Januar mit ca. 147 Mio. km und die größte Sonnenferne (Aphel) etwa am 3. Juli mit circa 152 Mio. km. Wegen dieser elliptischen Umlaufbahn ist das Sommerhalbjahr auf der Nordhalbkugel um etwa 7 Tage und 16 Stunden länger als das Winterhalbjahr. Die Zeitdauer eines Erdumlaufs um die Sonne heißt (tropisches) Jahr. Es dauert 365,2422 Sonnentage.

Die Erdachse steht in einem Winkel von 66,5° zur Erdbahnebene. Da die Ebene des Erdäquators in der Ebene des Himmelsäquators liegt, bilden diese Ebenen mit der Erdbahnebene einen Winkel von 23,5°. Dieser Winkel heißt Schiefe der Ekliptik. Die Rotationsachse der Erde ist damit um 23,5° gegenüber der Senkrechten auf der Umlaufebene und damit der Ekliptikebene geneigt (vgl. Abb. 3 im SB). Aus dieser Schrägstellung der Erdachse resultieren die unterschiedliche Beleuchtungsdauer vor allem in den mittleren und höheren Breiten sowie Polartag und Polarnacht. Der unterschiedliche Einfallswinkel der Sonnenstrahlen im Jahresverlauf bedingt dabei die Jahreszeiten. Auch der wandernde Zenitstand der Sonne zwischen den Wendekreisen ist eine Folge der Schrägstellung der Erdachse. Der Zenitstand der Sonne ist relevant für die atmosphärische Zirkulation. Steht die Sonne im Zenit, treffen ihre Sonnenstrahlen im rechten Winkel auf die Erdoberfläche. Es ergibt sich daraus die maximale Erwärmung. Die ITC folgt dem Zenitalstand, woraus eine regelmäßige Verlagerung der Druck- und Windsysteme resultiert. Diese Zusammenhänge werden den Schülerinnen und Schülern auf Seite 28/29 im SB vermittelt („Windgürtel"). Der Geofaktor Klima wird somit maßgeblich durch die Erdrevolution beeinflusst.

Als Erdrotation bezeichnet man die Drehung der Erde um ihre eigene Achse, was innerhalb eines Tages geschieht. Durch die Beleuchtung nur einer Halbkugel entstehen Tag und Nacht. Die Schrägstellung der Erdachse bewirkt in diesem Zusammenhang, dass Tag und Nacht nicht exakt im 12-Stunden-Takt wechseln.

Hinweise zum Unterricht

Mit einem Globus und einer starken Lichtquelle (z. B. einer Taschenlampe oder einem Overheadprojektor) lassen sich die für die Schülerinnen und Schüler abstrakten und schwer verständlichen Vorgänge veranschaulichen. Hierzu fordert die Aufgabe 3 im SB auf. Die Lernenden können selbstständig die Schiefe der Ekliptik und ihre Auswirkungen erkennen und durch Ausprobieren auch erläutern, welche Veränderungen sich ergäben, wäre die Erdachse in einem anderen Winkel geneigt. Dabei sollte die Lerngruppe zu einer genauen schriftlichen Fixierung der Beobachtungen angehalten werden.

Lösung der Basisaufgaben

1 Die Grafik 1 enthält vier Datumsangaben. Stelle die Gegebenheiten zu diesen Zeitpunkten innerhalb der drei Beleuchtungszonen der Erde (Grafik 4) dar. **(AFB II)**

Am 21.06. steht die Sonne am nördlichen Wendekreis im Zenit. Auf der Nordhalbkugel beginnt der Sommer. Für die Südhalbkugel hingegen beginnt der Winter. Am 23.09. steht die Sonne über dem Äquator im Zenit. Während auf der Nordhalbkugel der Herbst beginnt, ist dieses Datum für die Südhalbkugel der Frühlingsbeginn. Am 21.12. herrschen umgekehrte Verhältnisse wie am 21.06. Auf der Nordhalbkugel ist Winteranfang, für die Südhalbkugel beginnt der Sommer. Der 21.03. markiert den Frühlingsanfang, jetzt aber für die Nordhalbkugel, während der Tag für die Südhalbkugel den Herbstbeginn bedeutet.

Für die Tageslängen der Polarzonen ergeben sich daraus Polartag und Polarnacht – je nachdem, ob die jeweilige Halbkugel der Sonne zugeneigt oder abgewandt ist. Die Beleuchtungszone zwischen den Wendekreisen, die Tropenzone, weist demgegenüber die geringsten Schwankungen im Bereich der Tageszeiten auf. Steht die Sonne am 21.06. über dem nördlichen Wendekreis im Zenit, dauert der längste Tag hier 13,5 Stunden, während auf der Südhalbkugel über dem südlichen Wendekreis an diesem Tag die kürzeste Dauer von 10,5 Stunden zu verzeichnen ist. Umgekehrte Verhältnisse findet man am 21.12. Am Äquator selbst dauern Tag und Nacht jeweils 12 Stunden, wobei es im Jahresverlauf keine Änderungen zu verzeichnen gibt. Je weiter man über den nördlichen Wendekreis hinaus nach Norden bzw. über den südlichen Wendekreis hinaus nach Süden in die gemäßigte Beleuchtungszone geht, desto stärker schwanken die Tages- und Nachtzeiten. In Höhe des 45. Breitengrades dauert der kürzeste Tag im Winterhalbjahr 8,5 Stunden (21.12. bzw. 21.06.), der längste im Sommerhalbjahr dagegen 15,5 Stunden (21.12 bzw. 21.06).

2 Erkläre die gleiche Länge von Tag und Nacht am 21. März und am 23. September mithilfe des Textes sowie der Grafiken 1 und 3. **(AFB II)**

Am 21.03. und am 23.09. herrschen Tagundnachtgleiche auf der gesamten Erde. Tag und Nacht dauern dann 12 Stunden. Dieser Zustand kann aufgrund der Schrägstellung der Erdachse nur an diesen zwei Tagen erreicht werden, wenn keine der beiden Halbkugeln der Sonne zu- bzw. abgeneigt ist. Beide Halbkugeln werden gleichmäßig beschienen.

3 Überlegt, wie man den Lauf der Erde um die Sonne mithilfe eines Globus und einer Taschenlampe veranschaulichen kann. Entwerft einen Versuchsaufbau, führt den Versuch durch und notiert eure Beobachtungen. **(AFB II/III)**

Individuelle Schülerlösung. Vgl. dazu die Ausführungen unter „Hinweise zum Unterricht".

4 Unterschiedliche Sonnenstände:

a) Begründe das Zustandekommen der unterschiedlichen Sonnenstände am 21.06. und am 21.12. in Berlin (Grafik 2). **(AFB II)**

Die Grafik 2 zeigt, dass die Sonne im Sommer am 21.06. den höchsten Tagesbogen in Berlin verzeichnet. Sie scheint am längsten, von 5.05 Uhr bis 21.40 Uhr. Den niedrigsten Tagesbogen legt sie am 21.12. zurück. An diesem Tag steigt sie nur in geringer Höhe über den Horizont und ist nur zwischen 8.21 Uhr und 16.14 Uhr sichtbar.

b) Erkläre das Zustandekommen der unterschiedlichen Tageslängen. **(AFB II)**

Die Erde ist während der Erdrevolution immer gleich geneigt. Vom 21.03. bis 23.09. ist die Nordhalbkugel der Sonne zugeneigt. Vom 21.12. bis zum 21.06. werden die Tage in Berlin länger, im anschließenden Halbjahr werden sie kürzer. Weitere entscheidende Daten sind die beiden Tage der Tagundnachtgleiche am 21.03. und am 23.09. Ab dem 23.09. ist die Südhalbkugel der Sonne zugeneigt.

c) Erläutere, warum der Zenitstand in Berlin nicht erreicht werden kann. **(AFB II)**

Die Sonne kann in Berlin niemals den Zenitstand erreichen, weil Berlin außerhalb der Tropenzone in der nördlichen gemäßigten Beleuchtungszone liegt.

Anwendungsaufgabe

5 Erkläre den Begriff Jahreszeitenklima in Abgrenzung zum Begriff Tageszeitenklima. **(AFB II)**

In einem Tageszeitenklima bringen die Temperaturunterschiede im Tagesverlauf die größten Differenzen hervor. Die Monatstemperaturen unterscheiden sich im Jahresverlauf dagegen kaum. Ein solches Tageszeitenklima kann nur in der Tropenzone entstehen, wo der Sonnenstand ganzjährig hoch ist. Ganz anders ausgeprägt sind die Temperaturunterschiede in einem Jahreszeitenklima. Hier ergeben sich die größten Differenzen zwischen den Sommer- und Wintermonaten. In der gemäßigten Zone und der Polarzone herrscht Jahreszeitenklima.

Medientipps

Lernen im Netz: Tag und Nacht (Online-Code b9s3xx)
Üben interaktiv: Beleuchtung der Erde (Online-Code 8px9wd)

Zeiten des Sonnenaufgangs und des Sonnenuntergangs für jeden beliebigen Ort: www.sonnenaufgang-sonnenuntergang.de

Unterrichtsvorschlag

Unterrichtsphase	Inhaltlicher Schwerpunkt	Methodisches Vorgehen / Sozialform	Medien / Materialien
Einstieg	Begegnung mit dem Thema	UG: Zeiten des Sonnenaufgang/-untergangs	
Erarbeitung I	Versuch zum Lauf der Erde um die Sonne	GA	SB S. 22/23, Aufg. 3, Versuchsmaterialien (Globus, Lichtquelle)
Erarbeitung II	Zenitstände der Sonne im Jahresverlauf	PA	SB S. 22/23, Aufg. 4
Ergebnissicherung	Zenitstände der Sonne im Jahresverlauf/ Tagundnachtgleiche	UG: Ergebnispräsentation; Sicherung durch Aufg. 2	Ergebnisse, SB S. 22/23, Aufg. 2
Hausaufgabe	Jahreszeitenklima/Tageszeitenklima	EA	SB S. 22/23, Aufg. 5

Licht und Wärme

Kompetenzen

Die Schülerinnen und Schüler können ...
- die Abhängigkeit der Erwärmung der Erdoberfläche von der Breitenlage und dem Einfallswinkel der Sonnenstrahlen erklären;
- Zusammenhänge zwischen der Breitenlage und den Jahresdurchschnittstemperaturen auf der Erde erkennen;
- weitere Einflussfaktoren auf die Temperaturverteilung erläutern.

Grundbegriffe

Klimazone, Vegetationszone, Geozone

Sachinformationen

Das Sonnenlicht benötigt 8 Minuten und 17 Sekunden, um zur Erde zu gelangen (Lichtgeschwindigkeit 300 000 km/s). Die Sonnenstrahlung liefert die Energie für alle Wettervorgänge in der Troposphäre. Beim Eintritt in die Atmosphäre verliert die Sonnenstrahlung durch Absorption, Reflexion und Streuung an Energie. Etwa 30 % der Strahlung werden reflektiert. Die restlichen 70 % werden absorbiert: etwa 19 % von der Atmosphäre und etwa 51 % vom Erdboden. Die vom Erdboden absorbierte Strahlung erwärmt zunächst die oberen Erd- und Wasserschichten, d. h., es findet eine Umwandlung der Solarstrahlung in Wärmestrahlung statt (Thermalisierung). Von der Erd- und Wasseroberfläche werden diese wieder ausgestrahlt und „erwärmen" die darüber liegenden Luftschichten. Die Temperatur der unteren Atmosphäre wird so durch ein Strahlungsgleichgewicht zwischen eingestrahlter Sonnenenergie und abgestrahlter Wärmestrahlung geregelt. Der natürliche Treibhauseffekt (die Eigenschaft der Atmosphäre, die von der Erdoberfläche ausgehende langwellige Wärmestrahlung zurückzureflektieren) kompensiert dabei die strahlungsbedingten Energieverluste der Erdoberfläche.

Hinweise zum Unterricht

Zur Veranschaulichung der Sonneneinstrahlung kann ein Schülerversuch mit geringem Aufwand durchgeführt werden. Die Schüler beleuchten dunklen Karton mit einer Taschenlampe aus verschiedenen Winkeln und beschreiben ihre Beobachtungen.

Hinweise zu den Materialien

Material 4: Die mathematische Einteilung der Erde in Beleuchtungszonen hat für eine den tatsächlichen Klimaverhältnissen entsprechende Klimaeinteilung nur geringen Wert. Nicht am Äquator, wo der Einfallswinkel am höchsten ist, sondern in den Trockengebieten der Wendekreise finden wir die höchsten Temperaturen. Auf die Temperaturen der unteren Atmosphäre haben mehrere Faktoren Einfluss:

- Einfallswinkel der Sonnenstrahlung in Abhängigkeit von der geographischen Breite und dem Relief;
- Höhenlage über NN;
- Bewölkungsverhältnisse und Luftfeuchtigkeit;
- Verteilung von Festlands- und Meeresoberfläche, denn Wasser wirkt wegen der höheren spezifischen Wärme auf den Temperaturverlauf ausgleichend;
- Meeresströmungen;
- Beschaffenheit der Erdoberfläche, vor allem Vegetationsdecke, Gesteinsoberfläche und Bodenfeuchtigkeit.

Diese Faktoren werden im Schulbuchtext bewusst nicht vollständig genannt, können aber teilweise im Unterrichtsgespräch erarbeitet werden (vgl. Aufgabe 3).

Lösung der Basisaufgaben

1 Foto 1: Schon oft gesehen, aber auch verstanden? Beschreibe und erkläre die Verteilung des Schnees. (AFB I/II)
Foto 1 zeigt einen Wall, bei dem eine Seite noch vollständig mit Schnee bedeckt ist, während auf der anderen Seite der Schnee bereits geschmolzen ist. Dieses Phänomen kann nur mit der Lage zur Sonne erklärt werden. Der schneebedeckte Teil zeigt in nördliche Richtung, sodass hier der Einfallswinkel der Sonnenstrahlen und damit auch die Erwärmung geringer ist. Die Seite ohne Schnee zeigt dagegen in südliche Richtung.

2 Sonneneinstrahlung und Wärme:
Erkläre mithilfe des Textes sowie der Grafiken 2 und 3 das Zustandekommen der unterschiedlichen Jahresdurchschnittstemperaturen auf der Erde. (AFB II)
In der Polarzone ist der Einfallswinkel am kleinsten und somit die beleuchtete Fläche derselben Menge an Sonnenstrahlen (alle Strahlungsfenster sind gleich groß) am größten (Strecke E – F in Abbildung 2 ist am längsten). Somit ist hier die Erwärmung am niedrigsten (niedrigste durchschnittliche Jahrestemperatur). Umgekehrt lässt sich mit derselben Abbildung auch die hohe Erwärmung der Tropenzone erkläre – nicht jedoch, warum die höchste Jahresdurchschnittstemperatur nicht am Äquator erreicht wird.

3 Werte die Temperaturkarte 4 aus.
a) Beschreibe zunächst die Verteilung der Temperaturzonen. (AFB I)
Die Temperaturzonen erstrecken sich ungefähr breitenkreisparallel über die Erde. Am heißesten ist es in Äquatornähe, die Temperaturen nehmen dann polwärts ab.
b) Erläutere dann die unterschiedliche Erwärmung von Orten gleicher geographischer Breite. (AFB II)
Die Temperaturzonen kommen durch die unterschiedlichen Einstrahlungswinkel zustande. Durch die Kugelgestalt der Erde treffen die Sonnenstrahlen am Äquator fast senkrecht auf die Erdoberfläche. Zu den Polen hin wird dieser Einstrahlungswinkel kleiner. Die Polargebiete werden also nicht so stark erwärmt, weil sich die eingestrahlte Sonnenenergie auf eine größere Fläche verteilt.

Dennoch werden Orten gleicher geographischer Breite unterschiedlich erwärmt. Einige Ursachen hierfür lassen sich in Material 4 ableiten. Es ist erkennbar, dass die weltweit höchsten Jahresdurchschnittstemperaturen in Nordafrika erreicht werden. Hier wirken die kontinentale Lage und die in Sahara und Sahel weitgehende Abwesenheit von Bewölkung zusammen.

Erkennbar sind weiterhin relativ hohe Temperaturen in Nordeuropa, was Schüler dieser Altersstufe häufig bereits mit dem Golfstrom erklären können. Erklärungen für diese Phänomene (globale Windsysteme oder bspw. die Wirkung von Maritimität und Kontinentalität) brauchen an dieser Stelle noch nicht gegeben zu werden.

Anwendungsaufgabe

4> Nehmen wir an, die Erdachse hätte eine Neigung von null Grad. Erläutere die Auswirkungen auf das Klima in den verschiedenen Beleuchtungszonen. **(AFB II/III)**

Hätte die Erdachse eine Neigung von 0°, so gäbe es keine Jahreszeiten. Der Einfallswinkel der Sonnenstrahlen bliebe ganzjährig unverändert. Dementsprechend wären die Temperaturunterschiede zwischen den Temperaturzonen noch ausgeprägter. Die Tageslängen wären überall immer genau gleich.

Medientipps

Üben interaktiv
- Quiz Jahreszeiten (Online-Code ah4a3m)
- Klimazonen-Memo (Online-Code 24su4h)

Unterrichtsvorschlag

Unterrichtsphase	Inhaltlicher Schwerpunkt	Methodisches Vorgehen / Sozialform	Medien / Materialien
Einstieg	Ein Hang im Februar	UG: Bild 1 beschreiben, Ursachensuche	SB S. 24, M1
Erarbeitung I	Versuch zur Sonneneinstrahlung	PA/GA: vgl. Hinweise zum Unterricht	Taschenlampe, Globus, dunkler Karton
Erarbeitung II	Zusammenhang zwischen Einfallswinkel und Erwärmung	EA	SB S. 24/25, Aufg. 2; M2, 3
Sicherung	Erwärmung der Erde und Temperaturzonen, Abweichung von der zonalen Temperaturverteilung und deren Ursachen	UG	SB S. 24/25, Aufg. 3, M4
Hausaufgabe	Die Neigung der Erdachse	EA	SB S. 24/25, Aufg. 4

Luftdruck und Wind

Kompetenzen

Die Schülerinnen und Schüler können ...
- die Bedeutung des Luftdrucks für das Wettergeschehen erklären;
- erläutern, dass Wind immer vom Hochdruckgebiet zum Tiefdruckgebiet weht;
- sich mithilfe der erworbenen Kenntnisse das Land-See-Windsystem erschließen;
- Texte und Abbildungen zielgerichtet auswerten;
- Modelle verbalisieren und hierbei eigenständig und angemessen Fachbegriffe verwenden.

Grundbegriffe

Luftdruck, Hochdruckgebiet, Tiefdruckgebiet, Wind

Sachinformationen

Der Mensch hat kein Sinnesorgan für die Wahrnehmung des Luftdrucks (von besonders sensiblen Ausnahmen abgesehen). Entsprechend schwierig ist der Zugang zu diesem Thema. Aber es ist ein notwendiges Thema, wenn man erreichen möchte, dass die Schülerinnen und Schüler Wetterphänomene nicht nur benennen können, sondern auch in ihrer Ursache verstehen.

Hinweise zu den Materialien

Material 6 und 7: Die Doppelseite ist bewusst als Arbeitsseite aufgebaut: Die Texte geben Impulse, erklären aber nicht vollständig das Land-See-Windsystem. Dieses sollen sich die Schülerinnen und Schüler mithilfe der Hinweise des Surflehrers im Autorentext und der Abbildungen 6 und 7 selbstständig erschließen (vgl. Aufgabe 2).

Lösung der Basisaufgaben

1 Erläutere den auf dieser Seite dargestellten Versuch. (AFB II)
Die Kerzenflammen erwärmen die Luft. Da warme Luft eine geringere Dichte als kalte Luft hat, steigt sie auf (Konvektion).

Der Luftdruck am Boden verringert sich und es entsteht ein „Bodentief". Von den Seiten her strömt zum Ausgleich Luft heran – deshalb zeigen die Flammen nach innen.

2 Surflehrer Jochen beschreibt regelmäßig wiederkehrende Windsysteme:
a) Erkläre die Windrichtungen bei Tag und bei Nacht mithilfe der Grafiken 6 und 7. (AFB II)
Die Aufgabe kann analog zu Aufgabe 1 bearbeitet werden: Durch Absorption der Sonnenstrahlen erwärmt sich die Erdoberfläche und damit auch die bodennahe Luft. Da warme Luft eine geringere Dichte als kalte Luft hat, steigt sie auf (Konvektion). Der Luftdruck am Boden verringert sich und es entsteht ein „Bodentief" sowie ein „Höhenhoch". Über dem Wasser, das sich nicht so stark erwärmt, herrschen umgekehrte Druckverhältnisse, sodass sich in der Höhe ein Landwind, am Boden Seewind einstellt.
Der Kreislauf wird erst durch die nächtliche Abkühlung unterbrochen. Nun kühlt sich das Land schneller ab als das Wasser, am Boden entsteht ein Kältehoch. Ein bodennaher Landwind setzt ein, der umgekehrte Kreislauf beginnt.
b) Erläutere, welcher „Motor" diese Winde antreibt. (AFB II)
Der Motor ist die Sonneneinstrahlung bzw. die nächtliche Ausstrahlung. Durch die Sonne wird der Untergrund unterschiedlich schnell erwärmt: Der Strand erwärmt sich schneller als das Meer. In der heißen Mittagshitze kann man barfuß nicht mehr über den heißen Sand laufen, das Meer ist hingegen angenehm kühl geblieben. Die unterschiedlichen Erwärmungen der beiden Oberflächen sind Auslöser für Druckunterschiede und somit für die Winde.

3 Joghurtbecher, Chipstüten oder luftdichte Folienverpackungen wirken im Hochgebirge aufgebläht. Erkläre. (AFB II/III)
Aufgrund des geringeren Luftdrucks in der Höhe dehnt sich die in den Chipstüten oder Joghurtbechern vorhandene Luft aus.

Medientipps

Lernen im Netz: Windsimulator (Online-Code 5ku5qk)

Unterrichtsvorschlag

Unterrichtsphase	Inhaltlicher Schwerpunkt	Methodisches Vorgehen / Sozialform	Medien / Materialien
Einstieg	Surflehrer Jochen beschreibt regelmäßige Windverhältnisse	UG	SB S. 27, Text
Erarbeitung I	Wie entsteht Wind?	PA: Bildung von Hypothesen, dabei Klärung der Bedeutung von Luftdruck	SB S. 26, M2
Erarbeitung II	Wie entsteht Wind?	GA: Überprüfung der Hypothesen mithilfe geeigneter Versuche	SB S. 27, M4, Aufg. 1 Streichhölzer, Teelichter oder Kerzen
Sicherung	Das Land-See-Windsystem	EA	SB S. 27, M6, 7, Aufg. 2

1

Windgürtel

Grundbegriffe

Passat, Innertropische Konvergenzzone (ITC), Zenitalregen

Sachinformationen

Der Norden Afrikas wird durch den NO-Passat beeinflusst. Da die Luftmassen zum Großteil über Europa (aus dem Bereich der Westwindzone) nach Afrika ziehen, bringen sie kaum/keine Niederschläge mit sich und Nordafrika ist daher durch ein großes Wüstengebiet (Sahara) gekennzeichnet. Es handelt sich hier um einen recht schwachen, aber mittelmäßig beständig wehenden Wind. Die Niederschläge in Nordafrika bis ca. zum 5. nördl. Breitengrad liegen daher auch unter 25 mm/Januar. Nur im Mittelmeerraum sind aufgrund der Westwinde leicht höhere (bis 100 mm) Niederschläge zu verzeichnen.

Der Süden Afrikas wird vom SO-Passat beeinflusst. Da seine Luftmassen vom Meer her kommen, bringen sie im Winter viel Feuchtigkeit mit. Diese Winde sind sehr beständig und über dem Ozean relativ stark, während sie über dem Kontinent aufgrund der Reibung deutlich an Stärke verlieren.

Die beiden Passate treffen sich an der ITC; diese liegt im Winter über dem Atlantik leicht nördlich des Äquators (also am Rande der äquatorialen Tiefdruckrinne) bis sie auf die Westküste Afrikas trifft. Dann verlagert sie sich abrupt bis ca. 20° südliche Breite und über dem Indischen Ozean befindet sie sich ca. auf dem 10. südlichen Breitengrad. Der Grund für diese nicht auf einem einheitlichen Breitengrad liegende Konvergenzzone ist die Zone der äquatorialen Westwinde. Sie wehen aufgrund des Tiefs am Äquator und der südlich liegenden ITC, deren Druck noch tiefer ist. Die Unterschiede in der Druckdifferenz resultieren aus der unterschiedlichen geographischen Verteilung der Ozeane und Kontinente. Durch die Verlagerung der ITC auf die Südhalbkugel erhalten die Winde entsprechend der Corioliskraft eine Ablenkung: Da der Wind eine südwestliche Komponente aufweist und über den Äquator hinwegweht, wird er auch als äquatorialer Westwind bezeichnet. Es ist ein relativ schwacher Wind, der aber größere Mengen von Niederschlag mit sich bringt (bis zu 300 mm). Während die SO-Spitze und Madagaskar im Januar Niederschläge von bis zu 200 mm durch den vom Meer kommenden SO-Passat erhalten, ist die SW-Küste Südafrikas sehr trocken; hier findet man eine Küstenwüste vor.

Im Juli hat sich das Bild der Niederschläge und der Windverhältnisse über Afrika deutlich verändert. Zwar wehen noch immer der NO- und SO-Passat in Richtung Äquator und treffen sich in der ITC, doch diese hat sich im Nordsommer durch den geänderten Sonnenstand deutlich nach Norden verschoben: sie liegt nun bei ca. 10 – 15° nördlicher Breite und verläuft dabei von West nach Ost betrachtet relativ gerade, knickt aber über der Südspitze Saudi-Arabiens steil nach Nordosten ab.

Der Nordost-Passat ist im Sommer ein relativ schwacher, aber beständiger Wind. Da er von Europa kommt (ehemalige Westwind-Luftmassen), bringt er keinen Niederschlag mit sich; der gesamte Bereich Afrikas nördlich der ITC ist daher sehr trocken mit Niederschlägen < 25 mm. Erst kurz vor der ITC werden aufgrund der beginnenden Konvektion Niederschlagswerte von bis zu 50 mm im Juli erreicht. Südlich des Äquators ergibt sich im Vergleich zum (Nord-)Winter ein ganz anderes Bild bezüglich der Niederschläge und Winde. Fast der gesamte südlich des Äquators liegende Kontinent erhält im Juni weniger als 25 mm Niederschlag. Nur äquatornahe Gebiete weisen Niederschläge bis zu 50 mm auf, da es hier durch den Übertritt der SO-Passate über den Äquator zu einer Ablenkung kommt und dort die äquatorialen Westwinde wehen. Ansonsten ist der Kontinent beeinflusst durch den über dem Festland eher mittelmäßig starken aber beständigen SO-Passat, der über den Ozeanen sowohl an Beständigkeit als auch an Stärke zunimmt. Zwei bezüglich der Niederschläge auffallende Gebiete sind die Südspitze Afrikas und Madagaskar. Südafrika wird durch die Westwinde der Südhalbkugel mit mäßigen Niederschlägen versorgt, die sich an den Küstengebirgen abregnen, während die Niederschläge auf Madagaskar aus dem Südost-Passat resultieren, der über dem Indischen Ozean Feuchtigkeit aufgenommen hat, die sich auf der Luvseite der Insel abregnet (deshalb ist die Westseite im Juli ebenfalls sehr trocken).

Auch bezüglich des Windsystems ist im Gebiet des Indischen Ozeans eine Veränderung zum Winter eingetreten: Der starke und beständig wehende SO-Passat überquert aufgrund der nördlich liegenden ITC den Äquator, wird von der Corioliskraft abgelenkt und wird so zum Südwest-Monsun auf der Nordhalbkugel. Der Monsun ist ein beständiger Wind, der halbjährliche Richtungswechsel durchführt (im Winter ist er identisch mit dem NO-Passat, der über das Land kommt). Er entsteht durch das extrem große Druckgefälle, was zwischen dem Ozean (subtropisches Hoch über dem Ozean) und dem im Sommer aufgeheizten südostasiatischen Kontinent (Hitzetief) herrscht. Dieser Zustand setzt ungefähr ab Mai ein; als dessen Folge gelangen große Regenmengen nach SO-Asien.

Auch an der Westküste Afrikas fallen im Gebiet zwischen der Senegal- und der Nigermündung höhere Niederschläge, da dort ebenfalls ein Südwest-Monsun (abgelenkter SO-Passat) vom Meer her Feuchtigkeit mitbringt, sodass Werte bis über 400 mm im Juli erreicht werden können. Nur das Kongo-Becken, die Südwestseite Madagaskars und der Bereich um das Nigerdelta erhalten ganzjährig Niederschläge. Der Grund liegt allein in der Verlagerung der ITC, die zu sich ändernden Passatverhältnissen führt.

Hinweise zum Unterricht

Hilfreich für die Veranschaulichung der Verschiebung des Passatkreislaufs im Laufe eines Jahres ist die Verwendung folgender Overlay-Folie (siehe Abbildung unten).
Auf die Einführung der Corioliskraft wurde an dieser Stelle bewusst verzichtet. Lediglich ein Verweis auf die Ablenkung der Winde durch Erdrotation wurde im Autorentext vorgenommen.

Lösung der Basisaufgaben

1 Bewölkung und Ursachen:
a) Beschreibe die Verteilung der Bewölkung auf dem Satellitenbild 1. (AFB I)
Satellitenbild 1 zeigt im Wesentlichen den Kontinent Afrika sowie den Atlantischen Ozean. Bewölkung findet sich in Äquatornähe zwischen den Wendekreisen. Nördlich und südlich dieser Zone ist absolute Wolkenlosigkeit erkennbar.
b) Erkläre mithilfe der Grafik 2 die Verteilung der Bewölkung über Afrika. (AFB II)
In Äquatornähe, im Bereich des Zenitstandes der Sonne, steigt ständig stark erwärmte Luft auf. Mit zunehmender Höhe kühlt sie sich ab, wobei der Wasserdampf kondensiert. Dann fallen ergiebige Niederschläge. Mit dem Aufstieg der erwärmten Luft kommt es am Boden zu einer Abnahme und in der Höhe zu einer Zunahme des Luftdrucks. So entstehen am Boden in Nähe des Äquators Tiefdruckgebiete. In der Höhe strömen die abgekühlten Luftmassen nach Norden und Süden ab. Im Bereich der Wendekreise sinkt die Luft dann zu Boden. Absinkende Luft bedeutet Erwärmung, Auflösung der Wolken und damit Ausbleiben der Niederschläge.

2 Erkläre die Entstehung und Richtung der Passatwinde. (AFB II)
Passatwinde entstehen durch den Luftdruckgegensatz zwischen dem Bodenhoch im Bereich der Wendekreise und dem Tiefdruck im Bereich der ITC. Eigentlich müsste es sich also um Nord- und Südwinde handeln. Durch die Erdrotation werden diese jedoch abgelenkt. So entstehen Nordostpassat und Südostpassat.

3 Arbeite mit dem Atlas. Lokalisiere drei weitere Wendekreiswüsten. (AFB II)
Weitere Wendekreiswüsten wären beispielsweise die Große Arabische Wüste (Saudi-Arabien), die Wüste Lut (Iran), die Wüste Tharr (Indien), aber auch die australischen Wüsten sowie die Kalahari.

Anwendungsaufgabe

4 Erstelle eine Skizze des Passatkreislaufes für die Monate März und September. (AFB III)
Individuelle Schülerlösung.

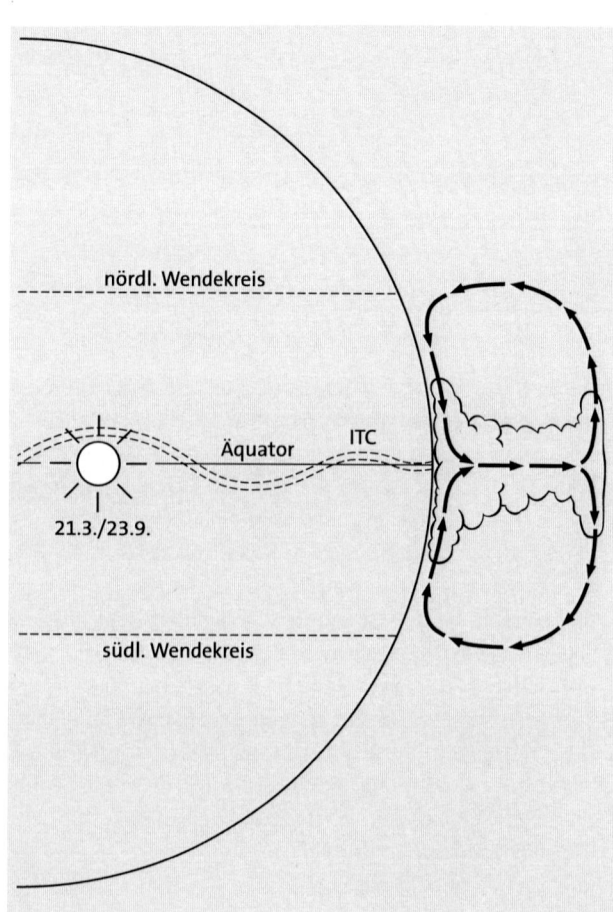

Medientipps

Lernen im Netz: Windsysteme (Online-Code 62rz8w)
Üben interaktiv: Windgürtel (Online-Code rx8tt2)

Tafelbild

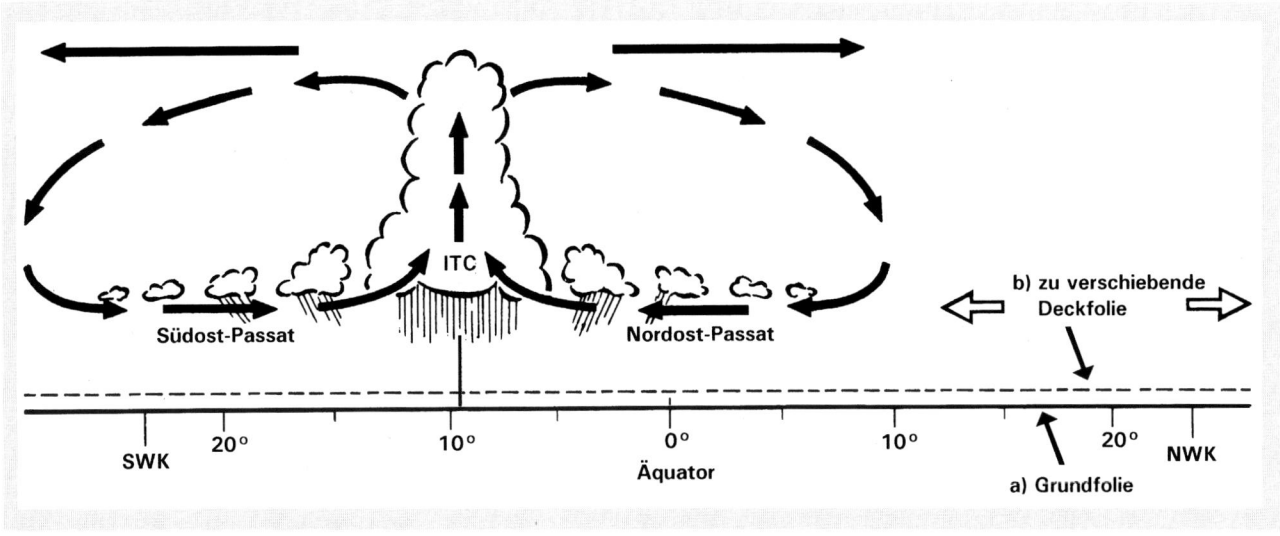

Unterrichtsvorschlag

Unterrichtsphase	Inhaltlicher Schwerpunkt	Methodisches Vorgehen / Sozialform	Medien / Materialien
Einstieg	Bildbeschreibung	UG: Hypothesenbildung zur Bewölkungsverteilung	SB S. 28, M1, Aufg. 1a
Erarbeitung I	Die ITC und die Entstehung der Niederschläge im Bereich der ITC	PA	SB S. 28 Autorentext bis „Windgürtel"; evtl. M4, Aufg. 1b
Sicherung I	Die ITC und die Entstehung der Niederschläge im Bereich der ITC	UG	Ergebnisse
Erarbeitung II	Die Verlagerung der ITC	PA	SB S. 28 Autorentext, M2, 3
Sicherung II	Die Verlagerung der ITC	UG	Overlay-Folie (vgl. Hinweise zum Unterricht)
Hausaufgabe	Verortung von Wendekreiswüsten Der Passatkreislauf im September und März	EA	SB S. 29, Aufg. 3, 4

Über den Boden ins Wasser

Kompetenzen

Die Schülerinnen und Schüler können …
- die Verknüpfung der globalen Kreisläufe beschreiben und erklären;
- die Filterfunktion des Bodens und damit Folgen seiner möglichen Schädigung beschreiben und erklären;
- die Wirkungswege von Schadstoffen und Puffersubstanzen am Blockmodell erarbeiten.

Grundbegriffe

Emission, Ökosystem

Sachinformationen

Die Belastung der Gewässer ist nach wie vor ein großes Problem der Trinkwassergewinnung: Ungeklärte Abwässer, Düngemittel und Pestizidrückstände aus der Landwirtschaft, Sickerwässer aus Mülldeponien und die Schadstoffeinträge aus der Luft führen zu immer aufwendigeren Filteranlagen und damit zu steigenden Trinkwasserpreisen.

Die Filterwirkung des Bodens ist nicht mehr gewährleistet: Puffersubstanzen sind aufgebraucht, Tonminerale geschädigt und mit Protonen übersetzt. Die Versauerungsfront kann immer weiter in die Tiefe vordringen, und erst das flache Grundwasser weist einen „normalen" pH-Wert auf. Kalkungen können nur die obersten Bodenzonen mit zeitlicher Einwirkungsdauer von 5 bis 10 Jahren erreichen, die tieferen Zonen (unter ein bis zwei Meter) sind kaum noch beeinflussbar. Somit können Kalkungen nur die noch zusätzlich auftretenden Säuren neutralisieren, um so nach und nach die Versauerung von oben nach unten zu stoppen.

Derzeit wird überall die Trinkwasseraufbereitung aufwendiger und teurer, da nach wie vor Schadstoffe akkumulativ ungefiltert eingetragen werden, der Boden damit seine wichtige Funktion zu verlieren droht. Jeder spürt es auch: Wasser wird teurer. Dieses Problem wird uns noch Jahrzehnte nach dem Waldsterben beschäftigen. Wie problematisch die Situation in manchen Regionen ist, macht der Laacher See deutlich: Im Januar 2009 wird ein Bericht in Zeitungen publiziert, nach dem der Wasserzustand durch landwirtschaftliche Einleitungen nicht gut ist; es wird darauf hingearbeitet, dass zum Jahr 2027 (!!) der Zustand der Güteklasse 2 erreicht wird; und das bei einem See, der von Natur aus extrem nährstoffarm und sauber ist.

Aber auch der Klimawandel bringt mit seinen Extremwerten ungewisse Perspektiven: Lange Trockenzeiten könnten im Sommer auch in Deutschland zu Trinkwasserverknappung führen.

Der Blick soll aber auch auf die globale Sicht gewendet werden: Vor allem am Beispiel Afrika kann gezeigt werden, wie ungleich die Ressourcen und damit der Zugang zu Hygiene und Gesundheit verteilt sind.

Hinweise zum Unterricht

Hier sind Verbindungen der naturwissenschaftlichen Fakten mit menschlichen Dimensionen anzustreben. Damit wird die Dritte-Welt-Problematik in dieser Klassenstufe erstmals konkret angegangen. Die Reflexion des eigenen Lebensstandards sollte hier auch wichtig sein und diskutiert werden.

Ein Besuch einer Trinkwassergewinnungsanlage ist interessant, aber auch der Förster kann über Trinkwassereinzugsgebiete und ihre Restabilisierung mittels Kalkung berichten. Die Schüler können sich in der Gemeinde erkundigen, woher das Trinkwasser kommt und welche Probleme es u. U. gibt.

Lösung der Basisaufgaben

1 Arbeite mit dem Text sowie den Grafiken 1 und 2.

a) Beschreibe am abgebildeten Modell den Weg eines Wassertropfens. (AFB I)

Niederschlag trifft auf den Boden, ein Teil verdunstet bereits auf der Oberfläche wieder (Verlust) oder fließt oberflächlich ab, ein Teil wird vom Boden aufgenommen und sickert auch in tiefere Schichten ein bis hin zum Grundwasser.

b) Die drei Kreisläufe: Erkläre die Abbildung am Beispiel des Pausenhofs deiner Schule. (AFB II)

Alle drei Kreisläufe sind mit einander verknüpft. Wenn es regnet, fließt das Wasser über den Pausenhof in die Kanalisation weiter hin zum Vorfluter und am Ende ins Meer. Oder es sickert in die Böden rund um den Hof, auf denen Pflanzen stehen. Diese nehmen das Wasser mit Nährstoffen dann auf. Oder es sickert weiter abwärts zum Grundwasser.

c) Ein Lastwagen verliert Öl vor der Schule. Erläutere das Problem. (AFB II)

Das Öl ist von Bodenorganismen nicht abbaubar und sickert ungefiltert durch den Boden ins Grundwasser. Dadurch kommt es zu einer Schädigung bzw. Vergiftung des Grundwassers. Beheben kann man das Problem nur, indem die Bodenschichten abgetragen werden.

2 Arbeite mit dem Text, dem Zeitungsartikel und dem Blockbild 3.

a) Beschreibe die drei unterschiedlichen Messungen von 1940, 1990 und heute. (AFB I)

Der pH-Wert vom Bestandsniederschlag von 5,5 wird im Humus stark erniedrigt, um dann vom Bodenwasser über das Sickerwasser bei einer Tiefe ab zwei Meter im flachen Grundwasser einen nur noch schwach sauren pH-Wert von 6,0 zu haben.

Im Humus entstehen infolge der Zersetzung starke Säuren, die den pH-Wert erniedrigen. Erst langsam neutralisieren die Bodenhorizonte die Säuren. Auch das Bachwasser ist in Mitleidenschaft gezogen. Der Niederschlag ist in unserem Beispiel 1940 nicht stark mit Säuren belastet: Er ist hier ohne menschliche Schadstoffe und nur von der natürlichen Kohlensäure leicht angesäuert.

Bis 1990 hat sich der Bodenzustand stark verschlechtert: Starke Säuren sind in den Unterboden eingedrungen, die Versauerungsfront geht bis unter einen Meter Bodentiefe. Heute ist eine langsame Normalisierung feststellbar, v. a. in den oberen Horizonten.

Stickstoffproblematik: Nach wie vor geraten vor allem aus der Landwirtschaft hohe Konzentrationen von Stickstoff auf den Waldboden und werden dann bis ins Grundwasser ausgewaschen. Die Gülle versauert die Böden, das Trinkwasser ist gefährdet. Durch die starke Nachfrage nach Fleisch wird diese Entwicklung noch beschleunigt. Zuviel Stickstoff in der Luft, im Boden und damit dann auch in den Bächen, Flüssen und Seen führt zur sog. Eutrophierung, der Sauerstoffgehalt nimmt ab und die Organismen können sterben. Grenzwerte der Stickstoffabgabe durch die Landwirtschaft sollen von der EU festgelegt werden, die nicht überschritten werden dürfen.

b) Erkläre die Filterfunktion des Bodens. (AFB II)

Neutralisation von Säuren, Festhalten von Schwermetallen, Reinigung des Regenwassers und damit des Trinkwassers in Wassereinzugsgebieten

c) Erkläre die Wirkung der Bodenkalkung. (AFB II)

Kalkungen helfen. Eine Kalkung neutralisiert die Säuren und füllt die Mineralstoffteilchen (in Umgangssprache: Nährstoffionen) an den Tonmineralen wieder auf. Dies ist besonders wichtig in Trinkwassereinzugsgebieten.

Gemeinsame Aufgabe

3 „Bodenschutz ist Trinkwasserschutz". Erklärt diese Aussage und nehmt Stellung dazu. (AFB II/III)

Die Filterwirkung des Bodens ist entscheidend für die Erhaltung einer guten Qualität des Trinkwassers. Wird der Boden z. B. durch Säureeintrag geschädigt, können Schadstoffe ungehindert in tiefe Grundwasserschichten vordringen.

Es sind vor allem die Waldgebiete der Mittelgebirge, die gefährdet sind. Hier fallen die höchsten Niederschläge, hier wird das Trinkwasser für die Ballungsgebiete gesammelt und gefördert.

Medientipps

Lernen im Netz: Wasserkreislauf (Online-Code e2nm8i)

Unterrichtsvorschlag

Unterrichtsphase	Inhaltlicher Schwerpunkt	Methodisches Vorgehen / Sozialform	Medien / Materialien
Einstieg	Aktuelle Entwicklung des Trinkwasserpreises	UG	Internet
Erarbeitung II	Arbeit nach Differenzierung: Kreisläufe erklären oder Filterfunktion des Bodens erklären	EA/PA	SB S. 30/31, Aufg. 1 oder 2 gemeinsam: Aufg. 3
Ergebnissicherung II	Präsentation der Ergebnisse	PA/EA/GA	TB, Heft

Den Geofaktoren auf der Spur: eine Lernaufgabe

Kompetenzen

Die Schülerinnen und Schüler können …
- die elementaren naturgeographischen Faktoren als Grundlage für das Leben auf der Erde erläutern;
- die verschiedenen Geofaktoren beim Betrachten einer Landschaft erkennen und erklären, inwiefern diese landschaftsbildend sind;
- die gegenseitige Abhängigkeit und die Wechselwirkungen zwischen den Geofaktoren verstehen;
- die Rolle des Menschen als Geofaktor diskutieren;
- ein Wirkungsgefüge der Geofaktoren in seinen wesentlichen Zügen entwickeln und erläutern.

Sachinformationen

Man unterscheidet die Geofaktoren Wasser, Relief, Klima, geologischer Bau/Bodenschätze, Boden, Bios (Pflanzen und Tiere). Die Geofaktorenmodelle unterscheiden sich dabei teilweise in ihren Begrifflichkeiten. Auch gibt es Modelle, die zusätzlich die Zeit und/oder den Menschen als Geofaktor aufzeigen. Die Geofaktoren in ihrem Zusammenwirken ergeben ein Landschaftsökosystem. Sie bedingen den Aufbau, die Eigenschaften und die Funktionen der Geosphäre mit ihren jeweiligen Subsystemen. Landschaften werden häufig unterschieden in physische Naturlandschaften und anthropogen geprägte Kulturlandschaften. Letztere werden in ihrer Ausbildung auch hinsichtlich der Landnutzung, der Verkehrswege und der Siedlungsstruktur untersucht. Landschaften können vertikal und horizontal strukturiert werden. Die Horizontalstruktur ergibt sich aus der Kombination von Merkmalen der Geosphäre, welche die Landschaft charakterisieren. Die Vertikalstruktur fokussiert die stoffliche Zusammensetzung einer Landschaft. Zwischen den einzelnen Geofaktoren bestehen keine scharfen Abgrenzungen.

Betrachtet man den Menschen ebenfalls als Geofaktor, der wiederum mit den übrigen Geofaktoren in Wechselwirkung steht, sind tatsächliche physische Naturlandschaften nicht mehr existent. Der Mensch muss spätestens mit dem Beginn des Industriezeitalters als bedeutender Faktor gesehen werden. Schließlich nimmt er tief greifende Veränderungen an nahezu allen anderen Geofaktoren vor. Reinhard F. Hüttl (deutscher Forst- und Bodenwissenschaftler) sagte in einem Vortrag am 13.07.2014 an der Österreichischen Akademie der Wissenschaften: „Der wirtschaftende Mensch ist inzwischen selbst zum Geofaktor geworden." Dessen Bedeutung ist nach Hüttls Ansicht nicht zu unterschätzen: „Nur wenn wir das System Erde heute als System Erde – Mensch verstehen, können wir technologische Konzepte und nachhaltige Handlungsempfehlungen zum Umgang mit dem globalen Wandel bereitstellen." Mit seinen Einflussmöglichkeiten ist auch zu erklären, warum der Mensch nicht im Bereich des Geofaktors Bios eingeordnet werden sollte. Pflanzen und Tiere sind vital, aber nicht geistbestimmt. Der Mensch hingegen ist vital und geistbestimmt, worin seine große Bedeutsamkeit begründet liegt.

In Wechselwirkung mit dem Menschen ergeben sich unterschiedlich stabile Geofaktoren. Relief und der geologische Bau lassen sich als sehr stabil charakterisieren. Sie sind gegenüber anthropogenen Einflüssen recht resistent, es sei denn, es handelt sich um massive mechanische Eingriffe wie im Bereich des Bergbaus. Diese beiden Geofaktoren verändern sich ansonsten nur über sehr lange Zeiträume. Klima und Wasser stellen variable Geofaktoren dar. Sie sind gekennzeichnet von periodischen Schwankungen. Die Geofaktoren Bios und Boden können in ihrer Empfindlichkeit gegenüber Veränderungen als labile Geofaktoren gelten. Ihre Reaktion ist i. d. R. zeitlich kurzfristig und sehr empfindlich, wie sich am Beispiel unangepasster Landwirtschaft erkennen lässt. Tief greifende Veränderungen regenerieren sich nur über sehr lange Zeiträume oder bleiben irreversibel verändert.

Hinweise zum Unterricht

Die Schülerinnen und Schüler sollten zunächst an das Thema Geofaktoren herangeführt werden. Dazu können sie auf ihr Vorwissen, welches sie auf den vorherigen Doppelseiten erworben haben, zurückgreifen. In einem kurzen Lehrervortrag sollte dann die weitere Vorgehensweise vorgestellt werden, sodass den Schülerinnen und Schülern bewusst ist, dass sie durch die Anwendung ihres Wissens einen Transfer leisten werden, für den sie ausreichend Zeit (mind. 30 Minuten) zur Verfügung gestellt bekommen. Eine abschließende Diskussion und Sicherung der Ergebnisse sollte daher auf eine weitere Unterrichtsstunde verlegt werden. Liegen diese beiden Unterrichtsstunden zeitlich getrennt, ist ein Wiedereinstieg in die Sicherungsstunde beispielsweise durch Material 2 (SB S. 33) möglich, anhand dessen die Unterrichtsarbeit der vorangegangenen Stunde noch einmal vergegenwärtigt werden kann.

Hinweise zu den Materialien

Das Foto 1 stellt die Materialgrundlage der Lernaufgabe dar. Daher sollte es in ausreichender Größe zur Verfügung stehen. Zwar ist eine Bearbeitung mit der hier dargestellten Größe möglich, doch entzerrt eine Vergrößerung vor allem die Erstellung des Wirkungsgefüges. Insofern ist die Vorbereitung einer DIN-A4-Fotovorlage zu empfehlen. Dabei kann auf einen Buntdruck verzichtet werden, der Ausdruck in Graustufen erscheint ausreichend.

Hinweise zu Vorwissen

Ein Einstieg über das Vorwissen der Schülerinnen und Schüler erscheint für diese Lernaufgabe besonders gewinnbringend. So wird verdeutlicht, dass bereits erworbenes Wissen künftig genutzt werden kann. Außerdem wird für die Schülerinnen und Schüler durch die Erstellung eines Wirkungsgefüges eine Methode gezeigt, auch in der weiteren Unterrichtsarbeit gesammeltes Vorwissen zu strukturieren und in seiner Komplexität zu durchdringen.

Lösung der Basisaufgaben

1 Entwirf auf einer ganzen Seite deines Heftes eine Skizze zur Bildauswertung. Ordne der Skizze die fehlenden Geofaktoren in Grafik 2 zu, indem du entsprechende Beschriftungen einfügst. **(AFB I/II)**

2 Zeige Wechselwirkungen zwischen den einzelnen Geofaktoren auf. Nutze dazu Pfeile, um die Beziehungen zu veranschaulichen, und beschrifte diese. **(AFB II/III)**
Individuelle Schülerlösung, vgl. Lösungsbeispiel (siehe unten).

3 Mit der Skizze arbeiten:
a) Markiere in deiner Skizze alle Geofaktoren, auf die der Mensch Einfluss nimmt. **(AFB II)**
Individuelle Schülerlösung, vgl. Lösungsbeispiel unten.
b) Erläutere in einem kurzen, aber präzisen Text, warum der Mensch in Grafik 2 zwar als Geofaktor aufgenommen wurde, aber außerhalb der Kugel steht. **(AFB III)**
Der Mensch ist der Geofaktor, dessen Einflussnahme bewusst erfolgt. Dabei ist seine Bedeutung nicht zu unter-schätzen, da die Einflussnahme des Menschen nicht selten sehr tief greifende Veränderungen nach sich zieht (Veränderung des Reliefs und des geologischen Baus durch Bergbau, anthropogene Komponente des Klimawandels etc.). Auch in kleinerem Umfang beeinflusst der Mensch die Geosphäre, indem er beispielsweise durch Landwirtschaft den Wasserhaushalt und die Vegetation verändert. Daher muss der Mensch als Geofaktor verstanden werden. Dass dieser außerhalb der Kugel platziert wird, ist durch den i.d.R. störenden Einfluss des Geofaktoren Mensch zu erklären. Die übrigen Geofaktoren entwickeln ein natürliches Gleichgewicht. Wird dieses durch einen Geofaktor innerhalb der Kugel gestört, bedingt diese Veränderung eine Anpassung der übrigen Geofaktoren. Diese Anpassung an Veränderungen, die der Mensch verursacht, ist oft nur langfristig oder auch gar nicht möglich (z.B. Rodung des Regenwaldes).

Medientipps

Üben interaktiv: Geofaktoren (Online-Code ce2i9n)

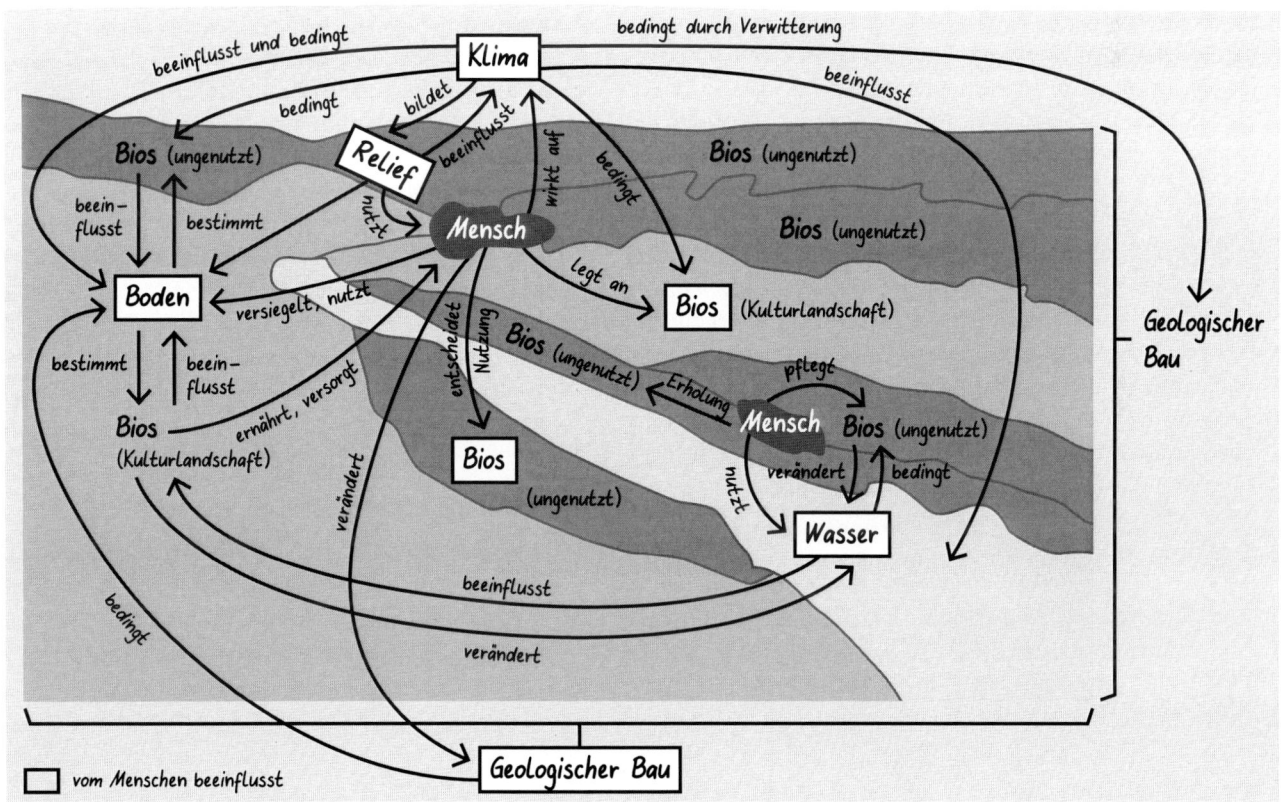

Lösungsvorschlag zu Aufgabe 1 – 3

Unterrichtsvorschlag

Unterrichtsphase	Inhaltlicher Schwerpunkt	Methodisches Vorgehen / Sozialform	Medien / Materialien
Einstieg	Begegnung mit dem Thema, Aktivierung des Vorwissens, Vorgehensweise	UG: Vorwissen aktivieren LV: Darlegung der Vorgehensweise	Auftaktseite SB S.4/5
Erarbeitung	Den Geofaktoren auf der Spur	EA, PA	SB S.32/33; v.a. Foto 1; Aufg. 1–3
Ergebnissicherung	Den Geofaktoren auf der Spur	UG: Diskussion der Ergebnisse	Schülerergebnisse

Zwischen Äquator und Pol und Geozonen der Erde

Kompetenzen

Die Schülerinnen und Schüler können ...
- die geozonale Gliederung der Erde beschreiben und begründen;
- ausgewählte Klimadiagramme begründet einer Klimazone zuordnen und verorten und daraus Rückschlüsse auf die dort herrschende natürliche Vegetation sowie auf die Lebensweise der Menschen ziehen;
- ausgewählte Fotos den Klimadiagrammen begründet zuordnen.

Grundbegriffe
Geozone, Klimazone, Vegetationszone

Hinweise zu den Materialien

Material 1 auf Seite 36/37: Die Karte dient als Bezugspunkt für das ganze Kapitel „Geofaktoren als Lebensgrundlage". Grundsätzlich lässt sie sich an verschiedenen Stellen der Unterrichtseinheit einsetzen, so eher am Anfang, um einen Gesamtüberblick über die Klimate der Erde und deren zonale Gliederung zu erarbeiten, oder auch am Ende, um die Kenntnisse zusammenzufassen.

Sinnvoller erscheint es jedoch, die Karte durchgängig zur Einordnung, Verortung und Systematisierung der Raumbeispiele zu verwenden.

Außerdem eignet sie sich besonders gut, um mit Schülerinnen und Schülern die Zuordnung, Auswertung und den Vergleich von ausgewählten Klimadiagrammen zu üben und den selbstständigen und selbstverständlichen Umgang damit zu fördern.

Über die thermischen und hygrischen Verhältnisse, wie sie der Karte zu entnehmen sind, lassen sich dabei immer Rückschlüsse auf die dort herrschende Vegetation sowie die Wachstumsbedingungen (Vegetationszeit, fehlende Niederschläge und damit Notwendigkeit zur Bewässerung etc.) und teilweise sogar mögliche Nutzungskonflikte und Herausforderungen des Mensch-Umwelt-Systems ableiten.

Lösung der Basisaufgaben

1 Ordne die Fotos den passenden Klimadiagrammen begründet zu. Verorte die Stationen in der Karte auf der folgenden Doppelseite. (AFB II)

Bild 1 zeigt einen Ausschnitt des Tropischen Regenwalds. Hierzu passt Klimadiagramm 12. Schon die Koordinaten (Lage am Äquator) geben einen eindeutigen Hinweis, ebenso die Anzahl der humiden Monate sowie die hohe Niederschlagssumme.

Bild 2 zeigt einen Ausschnitt der Eiswüste am Franz-Josef-Land (Diagramm 8). Mögliche Begründungen: Koordinaten, Temperaturverlauf, Jahresdurchschnittstemperatur.

Bild 3 zeigt die Tundra bei Tromsø (Diagramm 11). Mögliche Begründungen: Temperaturverlauf, geringe Vegetationszeit.

Bild 4 zeigt die Dornsavanne (Diagramm 9). Mögliche Begründungen: erkennbare Trockenheit im Bild, Anzahl der humiden Monate des Diagramms.

Bild 5 zeigt mediterrane Vegetation bei Palermo (Diagramm 7). Mögliche Begründungen: erkennbare Hartlaubgewächse, charakteristischer Temperatur- und Niederschlagsverlauf.

Bild 6 ist schließlich der gemäßigten Zone mit ihren charakteristischen sommergrünen Laub- und Mischwäldern zuzuordnen, also dem Diagramm 10 (Köln).

2 Wähle eine Station aus, die dich besonders interessiert.
a) Vergleiche mithilfe geeigneter Atlaskarten die natürliche Vegetation und die tatsächliche Landnutzung. (AFB II)
Individuelle Schülerlösung.
b) Beschreibe, welche Auswirkungen Klima und Vegetation auf die Lebensweise der dortigen Einwohner haben. (AFB III)
Individuelle Schülerlösung.

Medientipps

Üben interaktiv:
- Klimadiagramme zuordnen (Online-Code 2zn4ed)
- Geozonen (Online-Code 6gj94z)

Klimadiagramme weltweit: www.klimadiagramme.de

Gemäßigt ist nicht gleich gemäßigt

Kompetenzen

Die Schülerinnen und Schüler können …
- die Begriffe kontinentales und ozeanisches Klima definieren und unterscheiden;
- Klimadiagramme auswerten und die Veränderungen des Klimas mit zunehmender Maritimität bzw. Kontinentalität darstellen;
- die Veränderungen anderer Geofaktoren (Boden, Vegetation, Mensch) beschreiben und erklären;
- eine Karikatur auswerten und auf die Erkenntnisse beziehen. Anschließend sind sie in der Lage, die Gemäßigte Zone als eine in sich differenzierte Klimazone zu erkennen.

Grundbegriffe

Gemäßigte Zone, ozeanisches und kontinentales Klima

Sachinformationen

Die Gemäßigte Zone erscheint Schülern auf den ersten Blick oft als die langweiligste der Klimazonen. Dass diese Zone, obwohl ihr Klima gemäßigt ist, dennoch Extreme hervorbringen kann, ist den Schülerinnen und Schülern nicht bewusst. Eben diese Extreme, die sich sowohl in der Einzelbetrachtung (Irkutsk) als auch im Vergleich eines ozeanischen und hochkontinentalen Klimas (Shannon – Irkutsk) ergeben, können das Interesse der Lernenden erwecken.

Eine wirklich griffige und eindeutige Definition der Gemäßigten Zone findet sich in der wissenschaftlichen Literatur nicht. Zu groß sind die klimatischen, und hieraus resultierend auch die landschaftlichen Unterschiede, zu schwammig ihre Übergänge zu angrenzenden Zonen.

Trotz gleicher Breitenlage und somit gleicher Sonneneinstrahlung verändert sich das Klima zwischen den ozeanischen Randlagen und dem Inneren des Kontinents erheblich. Die Ursache ist in fehlenden ausgleichenden Wasserflächen und deren Einfluss auf das Klima zu erkennen. Die sich verändernden klimatischen Gegebenheiten lassen sich aus den Klimadiagrammen in M1 ableiten, die Ursachen und weitere Charakteristika aus dem Text erarbeiten. Dabei werden die Geofaktoren Boden, Vegetation und Mensch in den Fokus der Betrachtung gerückt.

Bei allen Unterschieden gibt es aber auch verbindende Elemente. So sei hier die geographische Lage genannt: Die Gemäßigte Zone gestaltet sich in den mittleren Breiten rund um den 40. Breitengrad. Auf der Nordhalbkugel liegt sie größtenteils zwischen dem 30. und 50. Grad nördlicher Breite, nur in Europa überschreitet sie (verursacht durch den Einfluss des Golfstroms) auch den 60. Breitengrad. Auch die Jahresdurchschnittstemperatur von etwa 8° Celsius stellt eine Gemeinsamkeit dar, die wiederum jedoch nur in einem moderaten, nicht allzu kontinentalen Bereich erreicht wird.

Hinweise zum Unterricht

Die Stunde kann eröffnet werden mit einem Versuch zu Maritimität und Kontinentalität. Dazu benötigt man eine Heizplatte, ein Becherglas mit Wasser, ein Becherglas mit Sand und einen Cold Pack sowie ein Thermometer. Die beiden Bechergläser werden mit identisch schweren Proben bestückt und bei gleicher Heizdauer und Heiztemperatur erhitzt. Anschließend werden die Bechergläser auf einen Cold Pack gestellt. Die Schülerinnen und Schüler notieren ihre Beobachtungen. Dabei wird deutlich, dass sich der Sand schneller und intensiver erhitzt hat als die gleiche Menge Wasser in gleicher Zeit. Auf dem Cold Pack jedoch kühlt sich der Sand schneller ab. Diese Beobachtung lässt sich mit der unterschiedlichen Wärmekapazität von Wasser und Sand erklären. Wasser benötigt für seine Erwärmung eine größere Wärmemenge als Gestein/Sand/Landmasse. Umgekehrt ist Wasser ein guter Wärmespeicher und gibt sie einmal gespeicherte Wärme nur langsam wieder ab.

Die Vorgehensweise ist naturwissenschaftlich exakt (gleiche Mengen, gleiche Bedingungen, geeignetes Material für den Versuch) und sie ist geeignet, um die Unterschiede zwischen ozeanischem und kontinentalem Klima altersgemäß erfahrbar zu machen. Unterstützt werden können die Beobachtungen des Versuchs durch die Anbindung der Ergebnisse an die Lebenswelt der Schülerinnen und Schüler. Dazu wird in einem Unterrichtsgespräch beispielsweise erarbeitet, dass der Boden sich unter Einfluss der Sonneneinstrahlung recht zügig erwärmt, während sich Wasser auch in heißen Sommern nur langsam und deutlich weniger erhitzt, dafür die Wärme aber auch lange speichert (Nachttemperatur).

Alternativ kann ein Einstieg in die Unterrichtsreihe gewählt werden, der auf Realerfahrungen der Schülerinnen und Schüler beruht. Hier könnte ein Foto eines Sandstrandes mit Meer gewählt werden, das ein Gespräch zur unterschiedlichen Wärmekapazität anregt.

Unabhängig vom Einstieg muss daraufhin eine Überleitung zur Maritimität bzw. Kontinentalität geleistet werden. Dazu könnten die Schülerinnen und Schüler Hypothesen aufstellen, wie sich diese unterschiedliche Wärmekapazität auf die klimatischen Bedingungen auswirkt.

Die Schülerinnen und Schüler können die Wirkungen und die Verteilung von ozeanisch und kontinental geprägten Regionen der Gemäßigten Zone auch für andere Kontinente nachweisen. Entsprechende Klimatabellen finden Sie im Anhang des Schülerbuchs. Ebenso lohnenswert ist der Vergleich zweier Städte in Deutschland wie etwa Aachen im äußersten Westen und Berlin im Osten des Landes. In Aachen ist es in den Wintermonaten etwa 2 bis 3 °C wärmer als in Berlin, in den Sommermonaten weist Aachen jedoch etwas kühlere Temperaturen auf. Diese Beobachtungen des ozeanisch bzw. kontinental geprägten Klimas werden durch den Vergleich der Niederschläge noch untermauert: Aachen weist 840 mm Niederschlag im Jahr auf, während Berlin „nur" eine Niederschlagssumme von 581 mm erreicht.

Lösung der Basisaufgaben

1 Werte das Klimadiagramm von Irkutsk aus. (AFB I)

durchschnittliche Jahrestemperatur: 0 °C;

kältester Monat: Januar mit −19 °C;

wärmster Monat: Juli mit 18 °C;

Amplitude (= Temperaturunterschied zwischen kältestem und wärmsten Monat): 37 °C;

Vegetationszeit: ca. 4 Monate (135 Tage);

Abschnitt der Gemäßigten Zone: Steppe der Gemäßigten Zone

2 Vergleiche die Geofaktoren von Shannon und Aldan, nachdem du deren Klimadiagramme ausgewertet hast. (AFB II)

Shannon:

durchschnittliche Jahrestemperatur: 10 °C;

kältester Monat: Januar mit 7 °C;

wärmster Monat: August mit 17 °C;

Amplitude: 10 °C;

Vegetationszeit: 365 Tage;

Abschnitt der Gemäßigten Zone: feuchtgemäßigtes Klima;

Geofaktor Boden: hoher Grad chemischer Verwitterung aufgrund der hohen Feuchtigkeit, kaum physikalische Verwitterung;

Geofaktor Vegetation: sommergrüne Laub- und Mischwälder; Pflanzen müssen mit hohen Niederschlagsmengen zurechtkommen, ozeanisch geprägt;

Geofaktor Mensch: Landwirtschaft ganzjährig möglich; Dünger könnte ausgespült werden; Pflanzen müssen an hohe Niederschlagssummen angepasst sein.

Aldan:

durchschnittliche Jahrestemperatur: −6 °C;

kältester Monat: Januar mit −27 °C;

wärmster Monat: Juli mit 17 °C;

Amplitude: 44 °C;

Vegetationszeit: max. 4 Monate (100 – 120 Tage);

Abschnitt der Gemäßigten Zone: Steppe der Gemäßigten Zone;

Geofaktor Boden: chemische Verwitterung aufgrund der Feuchtigkeit besonders im Sommer, physikalische Verwitterung im Winter durch niedrige Temperaturen;

Geofaktor Vegetation: Steppe; Pflanzen müssen mit extremen Temperaturschwankungen zurechtkommen, kurze Vegetationszeit;

Geofaktor Mensch: Landwirtschaft nur im Sommer (100 – 120 Tage) möglich.

Anwendungsaufgabe

3 Mit Karikaturen arbeiten:
Erkläre anhand der Karikaturen 2 die Seitenüberschrift. (AFB II/III)

Die Karikaturen A und B stellen überspitzt die Merkmale des ozeanischen Klimas bzw. unsere Vorstellung davon dar, dass es im Sommer und im Winter gleich kühl ist und sich die Jahreszeiten nur geringfügig unterscheiden. Dies ist hier durch die Hand- und Winterschuhe bzw. keine Handschuhe und Ballerinas dargestellt. In beiden Jahreszeiten regnet es und ein Schirm ist unbedingt notwendig. Der Gesichtsausdruck der Frau zeigt Unzufriedenheit, die wohl auf das „schlechte Wetter" zurückzuführen ist.

Die Karikatur C stellt überspitzt den Temperaturwechsel dar, der mit den Jahreszeiten in einem kontinentalen Klima einhergeht. Der Frühling in der Ukraine bewirkt, dass der dicke Pelzmantel des Winters nahezu übergangslos der Bademode Platz macht, was auch eine Gewöhnung an die extreme Kälte während der Wintermonate symbolisiert. Der schnelle Wechsel der Kleidung kann auch damit erklärt werden, dass die Temperatur nur ein halbes Jahr über dem Gefrierpunkt liegt, sodass diese Zeit unbedingt in vollen Zügen genutzt werden muss.

Kritisch sollen die Schülerinnen und Schüler anmerken, dass die Karikatur zwar die klimatischen Bedingungen zeigt, die aus den Klimadiagrammen und dem Text ableitbar sind, jedoch nicht die tatsächlich möglichen realen Bedingungen einzelner Tage/Wochen, die in den Durchschnittswerten nicht ablesbar sind, erfasst.

Medientipps

Üben interaktiv: Quiz Gemäßigte Zone (Online-Code u54q33)

Unterrichtsvorschlag

Unterrichtsphase	Inhaltlicher Schwerpunkt	Methodisches Vorgehen / Sozialform	Medien / Materialien
Einstieg	Begegnung mit dem Thema	UG: Beobachtungen der SuS, Anbindung an eigene Erfahrungen, Hypothesenbildung	Versuchsmaterialien (s. Hinweise zum Unterricht)
Erarbeitung I	Klima Irkutsk	PA	SB S. 38/39, Aufg. 1
Ergebnissicherung I	Klima Irkutsk	UG: Ergebnispräsentation	Ergebnisse, SB S. 38/39
Erarbeitung II	Shannon und Aldan im Vergleich	PA (ggf. arbeitsteilig)	SB S. 38/39, Aufg. 2, Text
Ergebnissicherung II	Shannon und Aldan im Vergleich	UG: Ergebnispräsentation Überprüfung der Hypothesen	Ergebnisse, Hypothesen
Hausaufgabe	Gemäßigt ist nicht gleich gemäßigt	EA	SB S. 38/39, Aufg. 3

Getreide aus der Steppe

Kompetenzen

Die Schülerinnen und Schüler können …
- grundlegende Merkmale der Steppe benennen;
- begründen, warum Steppen der Gemäßigten Zone als landwirtschaftliche Gunsträume gelten;
- die Anbaubedingungen von Weizen allgemein und dessen Unterscheidung in Sommer- und Winterweizen erläutern;
- naturräumliche Ungunstfaktoren (Risiken) nennen und Erosionsschutzmaßnahmen erarbeiten. Außerdem sind sie in der Lage, sinnvolle Einsatzmöglichkeiten zu erläutern.

Grundbegriffe

Steppe

Sachinformationen

Die Ukraine ist nach Russland das flächenmäßig größte Land Europas. Sie zählt aufgrund ihrer klimatischen, pedologischen und geomorphologischen Ausstattung zu einem landwirtschaftlichen Gunstraum innerhalb der Gemäßigten Zone. Die weiten Ebenen, die fruchtbaren Böden (Tschernoseme) und das zwar bereits recht kontinentale, aber dennoch für das Wachstum vieler Kulturpflanzen gut geeignete Klima ermöglichen den Anbau einer Vielzahl von Feldfrüchten. Getreide, Zuckerrüben, Sonnenblumen und Kartoffeln sind die vier Eckpfeiler der ukrainischen Landwirtschaft, die nicht nur als Quelle für die einheimische Versorgung fungieren, sondern auch bedeutsam für den Export sind.

Bezüglich des Getreides sind Winterweizen, Sommergerste und Mais von besonderem Belang. Während Winterweizen, die dominierende Feldfrucht des ukrainischen landwirtschaftlichen Anbaus, sowohl dem Eigenbedarf als auch als Exportware dient, stellt Sommergerste seit etwa zehn Jahren die bedeutendste Ware für den Eigenbedarf dar. Der Anteil der Braugerste steigt dabei allmählich. Auch die Anbauflächen von Mais nehmen zu, obwohl die Maschinenausstattung schlecht und die Produktionskosten hoch sind. Überwiegend werden Maiskörner als Silage für die Geflügel- und Schweinemast verwendet, dienen so also der Veredelung. Aber auch zum Eigenbedarf und für den Export wird Mais angebaut.

Je nach Grad der Kontinentalität lassen sich verschiedene Steppenformen voneinander unterscheiden, wobei die Übergänge zwischen den einzelnen Landschaftstypen fließend verlaufen. Im Norden der Ukraine erstreckten sich potenziell natürliche Waldbestände, die heutzutage aber größtenteils abgeholzt wurden und landwirtschaftlich genutzt werden. In der Waldsteppe durchdringen sich bei kontinentaler werdendem Klima, das jedoch noch als ganzjährig humid bezeichnet werden kann, Wald- und Grasflächen mosaikartig. Die Langgrassteppe oder Feuchtsteppe weist ein bis drei aride Monate auf, während die Kurzgras- oder Trockensteppe vier bis sechs aride Monate verzeichnet. Diese Steppen schließen sich an die Waldsteppe an. Für die Ukraine sind vorwiegend die Wald- und die Feuchtsteppe dominierend.

Charakteristisch für Steppengebiete ist die hohe Variabilität der Niederschläge: Dürren, aber auch Starkniederschläge sind keine Seltenheit. Dabei kann durchaus ein Drittel des gesamten Jahresniederschlags an einem Tag fallen. Dieser Aspekt stellt für die Bewahrung des Bodens ein großes Problem dar.

Die meisten der uns bekannten Getreidearten sind ursprünglich typische Steppenpflanzen. Kennzeichnend für die überaus artenreiche Steppenflora ist das ungewöhnlich ausgeprägte Verhältnis aus oberflächlich sichtbaren Teilen der Pflanze und ihrem Wurzelwerk (vgl. Darstellung in M4). Etwa 90 % einer Steppenpflanze besteht aus Wurzelwerk (Rhizomen) und lediglich ca. 10 % aus sichtbaren Teilen. Es handelt sich um eine Anpassung an den insgesamt als trocken zu charakterisierenden Standort. Neben den geringen Niederschlägen ist hier auch die hohe Evapotranspiration ausschlaggebend.

Die traditionelle Nutzung der Steppe durch nicht sesshafte Reitervölker wie die Tartaren wurde mit der sesshaften Ansiedlung zugunsten einer intensiv betriebenen Landwirtschaft aufgegeben. Die Anbaubedingungen von Weizen und die Unterscheidung von Sommer- und Winterweizen erscheint in diesem Zusammenhang wichtig, da der Weizen nicht nur aus globaler Perspektive zu den bedeutendsten Kulturpflanzen überhaupt zählt, sondern eben auch die wichtigste Feldfrucht der Ukraine darstellt.

Hinweise zum Unterricht

Auf dieser Doppelseite können die Schülerinnen und Schüler wählen, auf welche Art sie die Ergebnisse ihrer Erarbeitung präsentieren wollen. Die Aufgaben bleiben dabei gleich. Schülerinnen und Schüler, denen es leichter fällt, Texte zu formulieren, formulieren Pro- und Kontra-Argumente in einem Zeitungsartikel. Diejenigen, die gerne Tabellen entwerfen, zeigen die Vor- und Nachteile in einer stichpunktartigen Tabelle auf.

Lösung der Basisaufgaben

Gemeinsame Aufgaben

1 Erkläre, warum die Steppengebiete landwirtschaftliche Gunstgebiete sind. Zeige dabei die Bedeutung der Geofaktoren Klima und Boden auf. **(AFB II)**

Die Steppengebiete eignen sich besonders für die landwirtschaftliche Nutzung wegen …
- der großen, ebenen Flächen, die mit effizienten Landmaschinen einfach zu bearbeiten sind;
- der sehr fruchtbaren Böden (Tschernosemen oder Schwarzerden);
- des für den Weizenanbau idealen Klimas mit ausreichenden Niederschlägen während der Hauptwachstumszeit und relativ trockenen Bedingungen zur Erntezeit. Die Vegetationszeit ist für den Anbau von Weizen geeignet.

Die extrem kalten Wintertemperaturen sollten als Einschränkung genannt werden, eignen sich diese doch aufgrund der Frostanfälligkeit des Weizens nicht gut für den Anbau.

2 Erläutere mithilfe der Tabelle 7 und des Klimadiagramms von Odessa die Vor- und Nachteile von Winter- und Sommerweizen und gib eine begründete Empfehlung, was du in dieser Region anbauen würdest. **(AFB II/III)**

Aufgrund der klimatischen Verhältnisse in Odessa ist zu erkennen, dass beide Formen den klimatischen Bedingungen genügen, geht man allein von der Vegetationszeit aus. Ebenso ist für beide Formen der Erntezeitpunkt ideal, da hier jeweils trockene Bedingungen vorherrschen. Der Sommerweizen benötigt mit 300 bis 900 mm deutlich mehr Niederschlag als der Winterweizen mit 250 bis 500 mm, sodass in diesem Punkt der Winterweizen als bessere Wahl erscheint. Dieser bringt mit 50 bis 110 dt/ha auch eine deutlich höhere Erntemenge ein als der Sommerweizen mit 40 bis 70 dt/ha. Der Eiweißgehalt und somit die Qualität der Körner liegt für den Winterweizen höher als für den Sommerweizen.

Allerdings sollten die Schülerinnen und Schüler bei ihrer Wahl auch beachten, dass der Winterweizen recht anfällig gegenüber tiefen Temperaturen ist. Durch Frostschäden verringert sich die Ernte nahezu jährlich um 15 %. Harte Winter sind aufgrund der Kontinentalität des Klimas keine Seltenheit und sollten in die Überlegungen des Anbaus von Winterweizen einbezogen werden.

Tatsächlich wird in der Ukraine zu knapp 95 % Winterweizen angebaut.

3 Erarbeite Möglichkeiten von Erosionsschutzmaßnahmen und stelle dar, wo diese zum Einsatz kommen müssten. **(AFB II/III)**

Die Schülerinnen und Schüler sollten hier beispielsweise die Anlage von Waldschutzstreifen nennen. Auch die Errichtung von einfachen Steinwällen wäre eine denkbare Möglichkeit. Wichtig ist, dass grundsätzlich Flächen genutzt werden, die dem Wind nicht zu stark und ungeschützt ausgeliefert sind. Die Flächen sollten stets mit Pflanzen bedeckt sein, sodass das Wurzelwerk nach der Ernte im Boden verbleibend als Verankerung dienen könnte. Die Bearbeitung des Bodens durch große und schwere Maschinen begünstigt die Bodenerosion zwar, kann aber nicht umgangen werden. Damit die Erosion durch abfließendes Wasser gering gehalten werden kann, ist die Anlage eines Drainagesystems denkbar.

Du schreibst gern Texte

4 Schreibe einen Zeitungsartikel mit Pro-Kontra-Argumenten zum Weizenanbau in der Steppe. **(AFB III)**

Individuelle Schülerlösung.

Du erstellst gern Tabellen

5 Entwirf eine Pro-Kontra-Tabelle zum Weizenanbau in der Steppe. **(AFB II/III)**

Individuelle Schülerlösung.

Medientipps

Üben interaktiv: Geofaktoren in der Steppe
(Online-Code w8fw7k)

Unterrichtsvorschlag

Unterrichtsphase	Inhaltlicher Schwerpunkt	Methodisches Vorgehen / Sozialform	Medien / Materialien
Einstieg	Begegnung mit dem Thema	UG: gleichzeitige Projektion der Fotos; Hypothesenbildung: Zusammenhang?	SB S. 40/41, M2, 5 auf OHF/Beamer
Erarbeitung II	Getreide aus der Steppe	EA/PA/GA	SB S. 40/41, Aufg. 1–3
Ergebnissicherung II	Getreide aus der Steppe	EA: individuelle Ergebnissicherung nach Interesse UG: Ergebnispräsentation	SB S. 40/41, Aufg. 4 oder 5

Globale Perspektive: unser Treibhaus

Grundbegriffe

Treibhauseffekt, Klimawandel, Emission, Treibhausgas

Sachinformationen

Als globale Erwärmung bezeichnet man den seit Mitte des 19. Jahrhunderts beobachteten Anstieg der Durchschnittstemperatur der erdnahen Atmosphäre und der Meere. Oft werden die Bezeichnungen „Klimawandel" und „globale Erwärmung" synonym verwendet, obwohl die Gleichsetzung missverständlich ist: Der natürliche Klimawandel – also natürliche Klimaschwankungen – ist vom anthropogenen Einfluss überlagert. Die Klimaforschung sucht zu klären, welcher Anteil des beobachteten Temperaturanstiegs natürliche Ursachen hat und welcher Anteil vom Menschen verursacht wurde und weiterhin wird. Die fortdauernde anthropogene Anreicherung der Erdatmosphäre mit Treibhausgasen (Kohlenstoffdioxid, Methan und Distickstoffmonoxid), die vor allem durch die Nutzung fossiler Energie (Brennstoffe), durch weltumfassende Entwaldung sowie Land- und insbesondere Viehwirtschaft freigesetzt werden, erhöht das Rückhaltevermögen für infrarote Wärmestrahlung in der Troposphäre. Diese Treibhausgase lassen nun die von der Sonne kommende kurzwellige Strahlung weitgehend ungehindert auf die Erde durch, absorbieren aber einen Großteil der von der Erde ausgestrahlten Infrarotstrahlung. Dadurch erwärmen sie sich und emittieren selbst Strahlung im längerwelligen Bereich. Nach Modellrechnungen trägt Kohlenstoffdioxid am meisten zur globalen Erwärmung bei. Die ersten wissenschaftlichen Erkenntnisse zum menschengemachten (anthropogenen) Treibhauseffekt stammen vom Ende des 19. Jahrhunderts. Etwa ab den 1960er-Jahren gab es auf internationaler Ebene erste Gespräche zu dem Thema und spätestens seit den 1980er-Jahren einen wissenschaftsbasierten Konsens und politische Maßnahmen. Dazu gehörte die Schaffung des Weltklimarats (IPCC), der den politischen Entscheidungsträgern und Regierungen zuarbeiten soll. Im IPCC wird der wissenschaftliche Erkenntnisstand zur globalen Erwärmung und zum anthropogenen Anteil diskutiert und in Berichten zusammengefasst. Zu den laut Klimaforschung erwarteten und teils bereits beobachtbaren Folgen der globalen Erwärmung gehören je nach Erdregion: Meereis- und Gletscherschmelze, Meeresspiegelanstieg, das Auftauen von Permafrostböden, wachsende Dürrezonen und zunehmende Wetterextreme mit entsprechenden Rückwirkungen auf die Lebens- und Überlebenssituation von Menschen und Tieren (Artensterben). Nationale und internationale Klimapolitik zielt sowohl auf die Abschwächung des Klimawandels wie auch auf eine Anpassung an die zu erwartende Erwärmung.

Hinweise zum Unterricht

Es besteht unter Wissenschaftlern weitgehend Einigkeit, dass sich die Erde gegenwärtig erwärmt. Allerdings gibt es unterschiedliche Auffassungen zu den Gründen. Den menschlichen Anteil durch Emission der Treibhausgase sehen einige als viel geringer an. Alle diskutierten Modelle basieren auf einer Fülle von Messwerten und nach Meinung der Kritiker seien diese fehlerhaft. Heutige Messverfahren liefern genauere Daten als noch vor 30 Jahren. Die Prozesse in der Atmosphäre sind äußerst komplex und die Modellvorstellungen dazu letztlich nur eine Interpretation der vorliegenden Daten. Hypothesenbildung, Kritiküben an ihr und eventuelle Verwerfung der gemachten Hypothese sind die Grundlage naturwissenschaftlichen Arbeitens. Dies sollten die Schülerinnen und Schüler in dieser Unterrichtsstunde unbedingt erkennen. Dazu eignet sich vor allem die Aufgabe 4.

Lösung der Basisaufgaben

1 Beschreibe das Foto 1. Vergleiche die abgebildete Landschaft mit der heutigen Wirklichkeit. Begründe die Unterschiede. (AFB I/II)
Das Bild zeigt eine Eis- und Schneelandschaft der polaren Zone ohne Vegetation und Hinweise auf den Menschen. Ohne den natürlichen Treibhauseffekt läge die bodennahe Lufttemperatur bei ca. −18 °C und ließe das uns bekannte Leben in unseren Breiten nicht zu.

2 Arbeite mit der Zeichnung 4. Beschreibe und erkläre den natürlichen und den anthropogenen Treibhauseffekt. (AFB II)
Treibhausgase lassen die von der Sonne kommende kurzweilige Strahlung weitgehend ungehindert auf die Erde durch, absorbieren aber einen Großteil der von der Erde ausgestrahlten Infrarotstrahlung. Dadurch erwärmen sie sich und emittieren selbst Strahlung im längerwelligen Bereich. Nach Modellrechnungen trägt anthropogen erzeugtes Kohlenstoffdioxid am meisten zur globalen Erwärmung bei.

3 Erkläre die Veränderung der globalen Kohlendioxidkonzentration. (AFB II)
Nach unterschiedlichen Szenarien kann bis zum Jahr 2100 die CO_2-Konzentration von 280 ppm im Jahr 1860 auf minimal 480 ppm, maximal über 800 ppm ansteigen. Die Temperatur kann sich im gleichen Zeitraum um 1,5 bis 5 °C erhöhen. Diese Schwankungen resultieren aus den unterschiedlichen Modellen, welche zugrunde gelegt wurden.

4 Vergleiche die Texte 2, 5 und 6. Arbeite dabei mit den Begriffen Meinung und Sachtext. **(AFB II/III)**

Text 2 ist ein Sachtext. Er ist neutral formuliert, d.h. er nennt Fakten ohne diese zu kommentieren. Die Texte 5 und 6 spiegeln Meinungen von Experten wider. Um die fachliche Richtigkeit der Aussagen einschätzen zu können, ist es wichtig, mehr über die Autoren zu erfahren.

Anwendungsaufgabe

⑤ Erstelle ein Wirkungsgefüge zum Klimawandel unter Berücksichtigung von Ursachen und Folgen. **(AFB III)**

Individuelle Schülerlösung.

Medientipps

Lernen im Netz: Treibhauseffekt (Online-Code kf89tj)
Üben interaktiv: Treibhausgase (Online-Code a4t3pg)

Unterrichtsvorschlag

Unterrichtsphase	Inhaltlicher Schwerpunkt	Methodisches Vorgehen/Sozialform	Medien/Materialien
Einstieg	Klima in Deutschland	UG: Impuls mit Foto	SB S.42, M1
Erarbeitung I	Natürlicher Treibhauseffekt/ Klimaszenarien	EA	SB S.42
Ergebnissicherung I	Natürlicher Treibhauseffekt	EA	SB S.42/43, Aufg. 1
Erarbeitung II	Anthropogener Treibhauseffekt	PA: Auswertung der Abbildung	SB S.43, M4
Ergebnissicherung II	Anthropogener Treibhauseffekt	EA	SB S.42/43, Aufg. 2, 3
Übung/Festigung Hausaufgabe	Sachtext/Meinung	Vergleich zweier Texte Erarbeitung eines Wirkungsgefüges	SB S.43, Aufg. 4 SB S.42/43, Aufg. 5

Plan B – Leben im Klimawandel

Kompetenzen

Die Schülerinnen und Schüler können …
- konkrete Anpassungserscheinungen von heute an den Klimawandel nennen;
- Planungen zu Anpassungsstrategien an den Klimawandel beurteilen;
- die eigenen Lebensansprüche hinterfragen;
- einen vergleichenden Perspektivwechsel zu betroffenen Flüchtlingen entwickeln.

Grundbegriff

Klimawandel

Sachinformationen

Das Szenario 2050 erscheint heute noch zum Teil unrealistisch, aber es gibt bereits Erscheinungen in diese Richtung: die nördliche Anbaugrenze von Sonderkulturen wie z. B. Wein verschiebt sich, der Weinanbau bei uns konkret verändert sich aber auch. Die „Weinwelt" gerät aus den Fugen: In südlichen Gegenden, wo es heute schon zu heiß und trocken ist, wird es zu einen Kampf um Gebiete kommen, in denen noch kein Wein wächst, und heutige Weingebiete werden uninteressant werden. Tasmanien wird z. B. als interessanter Zukunftsstandort und Ausweichoption für Australien angesehen, Patagonien wird von Argentinien fokussiert, die Pyrenäenausläufer werden für Spanien interessant. Hier werden zurzeit große Landstriche aufgekauft in der Annahme, dass diese in wenigen Jahren wichtige Weinstandorte werden. Potenzielle Überschwemmungsgebiete werden analysiert, Zeitungsartikel beschreiben zunehmend aktuelle Veränderungen, die klimabedingt sind. Seit Jahren geht die Entwicklung in die Richtung: Umweltschutz ist Klimaschutz. Anpassung und Vermeidung sind zwei Wege, die beschritten werden. Ein in Deutschland einmaliges Zentrum für Klimafolgen in Hamburg beschäftigt sich mit konkreten Gegenmaßnahmen, auch wenn viele Fragen bleiben. Sind im Küstenschutz Folgen und Maßnahmen relativ absehbar, so sind regionale Temperatur-, Regen- und Windveränderungen schwer vorhersehbar.

Das gigantische Problem der Klimaflüchtlinge ist bereits aktuell und wird sich noch verschärfen, wenn ganze Landstriche und Inseln untergehen.

Hinweise zum Unterricht

Es ist ein Balanceakt, den diese Doppelseite versucht: Schadstoffreduktion und vor allem Verzicht, also die Änderung der eigenen Lebensvorstellungen, sind das oberste Ziel schulischer Umwelterziehung. Trotzdem ist vieles an den Entwicklungen für Schülerinnen und Schülern normal, vieles wird man auch nicht mehr verhindern können. So ist es logisch, sich mit Anpassungsstrategien zu beschäftigen. Es muss aber darauf geachtet werden, dass nicht die technische Machbarkeit falsche Schülervorstellungen entstehen lässt oder unterstützt.
Beide Aspekte sollten also in dieser Stunde abgewogen werden. In diesem Zusammenhang ist die Diskussion des Zitates von Al Gore sehr sinnvoll: „Anpassung ist eine Form von Faulheit. Sie ist arroganter Glauben an unsere Fähigkeit, rechtzeitig zu reagieren, um unsere Haut zu retten."

Lösung der Basisaufgaben

1 Beschreibe die Karte 1: Nenne die europäischen Länder, die vom Klimawandel besonders betroffen sind. **(AFB I)**
Großbritannien, Estland, Lettland, Litauen, Russland, Polen, Deutschland, Niederlande, Belgien, Frankreich, Portugal, Spanien, Italien

2 Ein Zeitsprung in das Jahr 2050. Arbeite mit Karte 1 und Grafik 4: Was verändert sich in unserem Leben? Welche Anpassungsstrategien gibt es? **(AFB II)**
Stelzenhäuser: Zusätzlich zu höheren Deichen werden in Gefahrenzonen Häuser auf Erdwälle oder Stelzen errichtet.
Klappdeiche: Barrieren, die bei Gefahr schnell aufgebaut werden können.
Windstopper: Baumstreifen stoppen den Wind, halten so Feuchtigkeit und verhindern Winderosion.
Energiequelle: Schnell wachsende Pappeln, Weiden und Robinien werden nach wenigen Jahren geerntet. Aus den Holzschnipseln wird Wärme, Strom oder Biokraftstoff produziert.
Lebensraum: Die Gehölzstreifen bieten vielen Tierarten Unterschlupf.
Wasserspeicher: Mit speziellen Stoffen lässt sich die Wasserhaltekapazität des Bodens verbessern. Polyacrylat, das auch in Windeln verarbeitet wird, kann in sandigen Gegenden (z. B. Brandenburg) gegen Dürren helfen.
Weiterhin: Risikoversicherung, gesicherte zentrale Gebäude, Schatten spendender Stockwerkbau in der Landwirtschaft.

3 Die europäische Weinbauzone verschiebt sich.

a) Beschreibe die Veränderungen in Trier. **(AFB I)**

   Die in Abbildung 3 aufgezeigten Ereignisse setzen aufgrund zunehmender Erwärmung immer früher ein.

b) Vergleiche die Perspektiven eines Winzers in Rheinhessen, in Sizilien und in Dänemark. **(AFB II)**

   Rheinhessen: Die wärmeren Sommer ermöglichen den Anbau mediterraner Rebsorten, vor allem Rotweine, insgesamt positiv;

   Sizilien: zunehmend schlechtere Bedingungen, zu heiß und zu trocken;

   Dänemark: Weinanbau wird möglich, vor allem Weißweine.

Anwendungsaufgaben

4 Du bist ein Klimaflüchtling von den Malediven im Jahr 2050. Vergleiche deine Situation mit der eines Kindes, das in Sicherheit lebt. **(AFB II/III)**

Individuelle Schülerlösung.

Medientipps

Lernen im Netz
- Meeresspiegelanstieg (Online-Code 7xd3gy)
- Klimatipps (Online-Code g6ru2q)

Üben interaktiv: Quiz Klimawandel (Online-Code b7h2na)

Unterrichtsvorschlag

Unterrichtsphase	Inhaltlicher Schwerpunkt	Methodisches Vorgehen / Sozialform	Medien / Materialien
Einstieg	Klimawandel	LV: Impuls (fiktiver Zeitungsartikel: Weinbau in Norwegen)	fiktiver Zeitungsartikel
Erarbeitung I	Klimatrends/klimatische Extreme: Sonderkultur Wein	PA	SB S. 44/45, M1, Aufg. 1 SB S. 45 M3, Aufg. 3
Ergebnissicherung I	Klimatrends/klimatische Extreme	SV/UG: Besprechung der Aufgaben	
Erarbeitung II	Vermeidungsstrategien/Anpassung	EA	SB S. 45, Aufg. 2
Übung/Festigung	Perspektivwechsel	HA	SB S. 45, Aufg. 4

O + O + O = O$_3$ = Ozon

Kompetenzen

Die Schülerinnen und Schüler können …
- Ozon als schützendes und aggressives Gas unterscheiden;
- FCKWs als „Ozonkiller" erkennen und die chemischen Prozesse in der Ozonschicht vereinfacht wiedergeben;
- die Wirksamkeit internationaler Vereinbarungen beurteilen.

Grundbegriff

Atmosphäre

Sachinformationen

Das Phänomen Ozonloch wird immer wieder mit dem Treibhauseffekt verwechselt bzw. verbunden. Schon deshalb sollte genau gearbeitet und unterschieden werden: Ein Ozonmolekül besteht aus drei Sauerstoffatomen. Die Ozonschicht befindet sich in etwa zwanzig bis dreißig Kilometer Höhe und der Ozonanteil wechselt je nach geographischer Breite. Die Ozonschicht schützt vor gefährlicher UV-Strahlung der Sonne, die Hautverbrennungen, Hauttumore und Veränderungen im Erbgut hervorrufen kann. Treffen die UV-Strahlen auf Ozonmoleküle, so zerfallen diese in ein Sauerstoffmolekül und ein Sauerstoffatom (Radikal). Die Energie, die zur Ozonspaltung benötigt wird, entspricht der Wellenlänge der UV-Strahlung. Seit 1977 stellen Wissenschaftler im Frühling über der Antarktis, seit zwanzig Jahren in geringem Umfang auch über der Arktis, ein größer werdendes „Loch" in der Ozonschicht fest. Diese Konzentrationsabnahme – an den Polen bis zu 95 % und bis zu 3 % in der übrigen Welt – alarmierten die Wissenschaftler. Seit 1974 weiß man, dass vor allem sogenannte Fluorchlorkohlenwasserstoffe (FCKW) für den Ozonabbau verantwortlich sind. Diese Druckgase wurden weltweit lange in Sprühdosen, Kühlschränken und Klimaanlagen verwendet, mittlerweile aber in den Industrieländern verboten. Der Mainzer Forscher Prof. Dr. Crutzen erhielt 1995 für seine Grundlagenforschung zum Ozonabbau den Chemie-Nobelpreis. Er erkannte, dass die chemischen Teilreaktionen, die letztlich zum Abbau des Ozons führen, stark verzweigt und somit als Gesamtsystem höchst komplex sind. Vorgänge, die in solch großer Höhe stattfinden, lassen sich nur schwer auf einen Modellmaßstab im Labor übertragen. Es galt aber auch eine Erklärung zu finden, weshalb gerade der antarktische Raum, der weitab von den Industriestaaten Europas und Nordamerikas als Verursacher der FCKW-Gase liegt, stärker betroffen war als die Arktis. Der Hauptgrund liegt in der unterschiedlichen Landverteilung der beiden polaren Regionen. Die isolierte Lage der Antarktis begünstigt eine Ausbildung starker zirkularer Ostwindströmungen (auch aufgrund ozeanischer Wasserströmungen), welche die antarktischen Luftmassen von der troposphärischen globalen Zirkulation abschnüren. Dadurch wird der Import weiterer Ozon-Moleküle aus niederen Breiten gehindert.

Das Montreal-Protokoll hat bereits 1987 mit einer internationalen Vereinbarung eine drastische Verminderung der FCKW-Produktion bewirkt und zeigt erste Erfolge. Ohne diese Ergebnisse wäre diese Situation unvergleichlich problematischer. Damit ist die Ozonproblematik ein positives Beispiel für die internationale Reaktion auf ein globales Klimaproblem.

Der Sommersmog in den Städten entsteht in Folge bodennaher Auto- und Industrieabgase. Hohe Ozonkonzentrationen reizen Schleimhäute und Atemwege. Kleinkinder in Kinderwagen, Jogger und alte Menschen sind stark gefährdet. Ein Verbot des Autoverkehrs an Sommertagen mit starker Sonneneinstrahlung konnte nicht durchgesetzt werden. Dafür wurden ab 2008 nach und nach sogenannte Reinluftzonen in den Innenstädten eingerichtet, in die nur noch Autos mit einer gültigen Plakette einfahren dürfen.

Lösung der Basisaufgaben

1 Beschreibe die Entwicklung der Ozonkonzentration in Grafik 1. (AFB I)

In allen drei Abbildungen liegt ein bandhaftes Konzentrationsmaximum zwischen südlichem Wendekreis und südlichem Polarkreis. Es ist 2008 jedoch am schwächsten ausgebildet. Deutlich sichtbar ist die Konzentrationsabnahme im Bereich des Südpols. 1983 befindet sich das Minimum noch in direkter Polumgebung. 2008 erstreckt es sich dagegen bis zum Polarkreis.

2 Arbeite mit Grafik 4.

a) Beschreibe die Bedeutung der Ozonschicht. (AFB I)

Ozon wird unter Energieaufnahme in ein Sauerstoffmolekül und ein Sauerstoffatom (Radikal) gespalten. Die dazu benötigte Energie entspricht der Wellenlänge der UV-Strahlung. Folglich wird diese aus der Gesamtstrahlung absorbiert und gelangt nicht zur Erdoberfläche.

b) Erkläre die Entstehung des Ozonlochs. (AFB II)

Vor allem sogenannte Fluorchlorkohlenwasserstoffe (FCKW) sind für den Ozonabbau verantwortlich. Diese Gase verringern den Ozongehalt in der Ozonschicht. Da sie eine Langzeitwirkung haben, zerstören die FCKW-Gase noch nach Jahrzehnten Ozon in der Atmosphäre.

3 Ozon wird erzeugt, wo es schädlich ist, und wird zerstört, wo es schützt. Erkläre. (AFB II)

An der Erdoberfläche wirkt es als aggressives Gas schädigend. Am Boden wird es durch Luftschadstoffe erzeugt, v.a. im Sommer. Bodennah ist Ozon besonders für den Menschen schädlich. In der Atmosphäre, wo es äußerst nützlich ist, wird es abgebaut und steht nicht mehr in vollem Umfang zur Verfügung.

Anwendungsaufgabe

4 „Die Bekämpfung des Ozonlochs ist eine Erfolgsgeschichte."
Nimm Stellung zu dieser Aussage. **(AFB III)**
Der Rückgang des Ozonlochs, d.h. der Wiederanstieg der Ozonkonzentration wäre ein positives Zeichen für die internationalen Bemühungen der letzten Jahre. Es würde einen Zusammenhang zwischen dem Verbot der Nutzung von FCKWs und
dem Rückgang des Ozonabbaus zeigen.

Medientipps

aktuelle Bilder der atmosphärischen Ozonkonzentration aus
dem Internet einsetzen, z.B. www.umweltbundesamt.de/daten/
luftbelastung/aktuelle-luftdaten

Unterrichtsvorschlag

Unterrichtsphase	Inhaltlicher Schwerpunkt	Methodisches Vorgehen/Sozialform	Medien/Materialien
Einstieg	Phänomen Ozonloch	UG: Veränderung der Ozonkonzentration in der Stratosphäre	SB S.46, M1
Erarbeitung I	Funktion der Ozonschicht	EA: Textarbeit	SB S.46
Ergebnissicherung I	Funktion der Ozonschicht	EA/SV	SB S.47, Aufg. 2
Erarbeitung II	Bodennahes Ozon	Widerspruch? (Ozon in der Stratosphäre und die Bildung in Bodennähe)	SB S.47, Aufg. 3
(fächerübergreifend)	Problem der Messung in der Stratosphäre	Bezug zum Fach Chemie	
Übung/Festigung	Bekämpfung des Ozonlochs	EA	SB S.47, Aufg. 4

Dauerproblem Waldsterben

Kompetenzen

Die Schülerinnen und Schüler können …
- Kennzeichen des Waldsterbens beschreiben;
- Ursachen für Oberflächen- und Bodenschäden nennen und erklären;
- sich der schleichenden Entwicklung bewusst werden.

Sachinformationen

Waldsterben ist nach wie vor aktuell, wenn auch in den Medien nicht mehr so präsent. Zwar sind die Emissionen zurückgegangen, Filter und Katalysatoren haben aber nicht die nach wie vor hohen Stickstoffabgaben z. B. aus der Landwirtschaft reduzieren können. Die N-Einträge sind derzeit die hauptsächlichen Luftschadstoffe, die dem Wald zusetzen. Seit ca. 40 Jahren wird von der Vegetations- und Bodenschädigung berichtet, zuerst sind in den 1970er- und 1980er-Jahren die Nadel-, dann auch die wertvolleren Laubwaldbestände stark dezimiert worden. Sind die Pflanzenschäden mittelfristig durch Aufforstungen regenerierbar, so sind die Bodenschäden langfristiger Natur. Die Vegetationsschäden sind über Verfärbungen, Verkümmerungen und natürlich das Absterben sichtbar. Das alles ist aber eigentlich nur noch für erfahrene ältere Beobachter wirklich sichtbar, da die meisten Schäden eben beseitigt sind. Das neue Gesicht unserer Wälder ist für viele jetzt normal, vor allem auch – mangels Vergleichsmöglichkeit – für Schülerinnen und Schüler: Immer weniger alte große Bäume, immer mehr Jungwuchs bestimmen das Bild.

Die gestörte Bodenbiologie ist an mächtigen, akkumulierenden Humuspolstern, die nicht ausreichend zersetzt werden, nachvollziehbar; der Nährstoffkreislauf ist empfindlich gestört, mancherorts fast entkoppelt. Symbiosen zwischen Baumwurzel und Pilz – die sogenannte Mykorrhiza – sind dezimiert.

Die Bodenchemie wird nach wie vor charakterisiert von Tonmineralzerstörung und Auswaschung wichtiger Nährstoffkationen: Toxische Aluminiumionen gelangen so ins Bodenwasser. Die Neutralisation bzw. Pufferung von eingetragenen Säuren kann – je nach Ausgangsgestein und Kalkgehalt des Bodens – nicht mehr geleistet werden.

Restabilisierungsmaßnahmen mithilfe von Kalkungen können in den oberen Bodenhorizonten die Säuren binden und dem Boden wichtige Nährstoffe auf Zeit zurückgeben, sie werden vor allem aber als Mittel zur Verbesserung der Trinkwassereinzugsgebiete erfolgreich genutzt.

Hinzu kommt aktuell im Rahmen der Diskussion und Sorge um eine mögliche Klimaveränderung der Stress höherer Temperaturen für die Wälder. Dies wird sogar momentan als größte Gefahr angesehen; wahrscheinlich ist es aber die Kombination alter Schadfaktoren mit diesen neuen, die dem Wald auch in Zukunft schwer zu schaffen machen wird.

Hinweise zum Unterricht

Ideal wäre es, im Rahmen der im Themenblock anfangs beschriebenen Exkursion einen benachbarten Wald aufzusuchen und dort von einem Förster fachkundig Auskunft zu bekommen. Vor Ort könnten dann viele Aspekte besichtigt, aber auch aktiv erforscht werden. Auch hier lassen sich Bodenuntersuchungen sinnvoll integrieren.

Die in Rheinland-Pfalz eingeführten Waldjugendspiele sind an dieser Stelle als sehr gute Möglichkeit für die Klassenstufe zu nennen, viele Inhalte der Thematik mit unterschiedlichen Methoden schülernah und aktiv zu bearbeiten.

Zentrale Abbildung als Arbeitsblatt ist Abb. 5: Hier können von oben nach unten die sichtbaren Veränderungen mit den unsichtbaren in direkte Verbindung gesetzt werden. Dabei nimmt die Tonmineralzerstörung eine zentrale Stellung ein und kann anschaulich erklärt werden.

Lösung der Basisaufgaben

1 Arbeite mit dem Text und den Materialien 1, 2 und 4.

a) Erkläre die Entstehung des sauren Regens mithilfe der Grafik 4. (AFB II)

Emissionen aus Industrie (hohe Schornsteine!), Hausbrand und Autoverkehr gelangen mittels Ferntransport in sogenannte Reinluftgebiete/Mittelgebirge mit Wäldern; auf diesem Weg erfolgt eine Säurebildung in den Wolken (Transmission) sowie Immission bzw. Deposition der Schadstoffe/Säuren mit Folgewirkungen.

b) Beschreibe die sichtbaren und weniger sichtbaren Schäden im Wald. (AFB I)

Buchenwald: Tonminerale geschädigt, Boden versauert, Nährstoffkreislauf beeinträchtig, sichtbare oberflächliche Schäden, Wurzeln ziehen sich zurück

Fichtenwald: zerstörte Tonminerale, Nährstoffe oft ausgewaschen, Boden verdichtet, Humus an Bodenoberfläche stark angehäuft, Nährstoffkreislauf entkoppelt, Wurzeln verkümmern, starke visuelle Schädigung bis zum Absterben von Bäumen; Fichtennadeln haben starke Gerbsäuren, die bei der Zersetzung frei werden.

c) Erkläre: Wie verändert sich das Erscheinungsbild des Waldes? (AFB II)

Es gibt vor allem junge Waldbestände, die nach dem Waldsterben des vorigen Jahrhunderts gepflanzt wurden.

Die sichtbaren Waldschäden können kaum wahrgenommen werden: Vergilbte oder verkleinerte Blätter, geänderte Wuchsformen sind nur dem Fachmann bekannt; viel wichtiger aber: Die Schäden im Boden, die ja einen großen Anteil am Gesamtschaden ausmachen, sind nicht einzusehen und nur indirekt über Untersuchungen nachzuweisen. Auch haben junge Schüler keine Vergleichsmöglichkeiten zum Waldzustand vor Jahrzehnten, sodass sie den Ist-Zustand als normal annehmen müssen.

2 Arbeite mit dem Text und den Materialien 3, 5 und 6.

a) Beschreibe die Entwicklung der Waldschäden in Rheinland-Pfalz. **(AFB I)**

Eine deutliche Verbesserung des Waldzustandes ist nicht zu erkennen: nur noch ca. 30 % der Bäume sind gesund, die deutlichen Schäden steigen auf über 30 % an, die leichten Schädigungen stagnieren bei ca. 40 %. Nach Baumarten getrennt ist zu erkennen, dass v. a. die Eiche stark betroffen ist, während die Nadelbaumarten mittlerweile bis über 40 % gesund sind. Die nachhaltige Schädigung der langsam wachsenden Laubbäume bedeutet nicht nur eine starke Veränderung der Waldlandschaft Deutschlands, sondern auch starke finanzielle Verluste für die Waldwirtschaft.

b) Waldzustandserfassung: Erkläre die Entwicklung der Schädigung anhand der Untersuchungspfade in Grafik 5. **(AFB II)**

unbelasteter Boden: gesunde Vegetation, tiefe Durchwurzelung, intakte Tonminerale, pH-Wert schwach sauer ca. 6.

belasteter Boden: geschädigte Vegetation, Wurzeln ziehen nach oben, Boden verdichtet, Humusakkumulation, langsame Zerstörung der Tonminerale, Auswaschung wichtiger Nährstoffe, Absinken des pH-Wertes auf Werte zwischen 5 und 4.

stark belasteter Boden: stark geschädigte bzw. absterbende Vegetation, Wurzelschäden, Tonmineralzerstörung, pH-Werte unter 4, Säuresteppe.

c) Bei einer Bodenuntersuchung wurde unter Buche der pH-Wert von 4,8 und unter Fichte der pH-Wert von 3,6 gemessen. Ordne die Ergebnisse mithilfe der Grafik 5 ein und bewerte den Waldzustand. **(AFB III)**

Buche: geschädigter Bestand, Versauerung, Auswaschung von Nährstoffen

Fichte: stark geschädigt, starke Versauerung, Tonminerale werden zerstört, starke Nährstoffauswaschung

Gemeinsame Aufgabe

3 Bereitet gemeinsam einen kurzen Vortrag zum Thema „Waldsterben – nur noch ein Thema der Geschichte?" vor. **(AFB II/III)**

Individuelle Schülerlösung, hier sollten unbedingt die Ergebnisse beider Interessengebiete zusammengeführt und vorgestellt werden.

Medientipps

Üben interaktiv: Quiz Waldfunktionen (Online-Code 84un5v)

Wilhelmi, Volker: Waldsterben in Deutschland – vergessen, vorbei? Alexander Ideenpool 3, Klett-Perthes, 2002

Beck, Hermann; Christina Hoffmann; Volker Wilhelmi: Ein Bodenpraktikum im schulnahen Gelände. In: Praxis Geographie, H. 2/2011: Umweltbildung – Kleine Schritte zur Nachhaltigkeit. Braunschweig: Westermann
Hier Vorstellung und Durchführung einfacher Versuche zum Boden vor Ort.

Unterrichtsvorschlag

Unterrichtsphase	Inhaltlicher Schwerpunkt	Methodisches Vorgehen / Sozialform	Medien / Materialien
Einstieg	Alles im Wald in Ordnung, oder?	Bildauswertung	SB S. 49, M1
Erarbeitung	Dauerproblem Waldsterben	EA/PA: Arbeit mit den Materialien (alternativ zur Exkursion)	SB S. 48/49, M1–6; Aufg. 1 oder 2, Aufg. 3
Ergebnissicherung	Waldsterben – Ursachen und Folgen	PA/UG: Entwicklung einer Concept-Map	Tafel/Heft

TERRA TRAINING

Wichtige Begriffe

Atmosphäre, Boden, Emissionen, Gemäßigte Zone, Geofaktoren, Geozone, Innertropische Konvergenzzone (ITC), Jahreszeiten, Klima, Klimawandel, Klimazone, Passate, Treibhauseffekt, Treibhausgase, Vegetationszone, Wasserkreislauf, Zenit

Lösung der Aufgaben

Sich orientieren

1 Jahreszeiten (AFB I)

Erstelle eine Tabelle zu den Jahreszeiten auf der Nord- und Südhalbkugel.

Datum	Nordhalbkugel	Südhalbkugel
28. März	Frühling	Herbst
28. Juni	Sommer	Winter
28. Sept.	Herbst	Frühling
28. Dez.	Winter	Sommer

2 Tag und Nacht im Jahresverlauf (AFB II)

a) „Die Erde steht schief". Erkläre diese Aussage mithilfe der Grafik 1.

Die Erdachse ist in einem Winkel von 23,5° geneigt. Sie bleibt während des Umlaufs um die Sonne immer gleich (Schiefe der Ekliptik).

b) Wie entstehen die Jahreszeiten?

Im Laufe des Jahres verändern sich deshalb auch die Einfallswinkel der Sonnenstrahlen. Es ergeben sich wechselnde Tageslängen und Temperaturen – Jahreszeiten.

Kennen und verstehen

3 Findest du die Begriffe? (AFB I)

a) Die Lufthülle unserer Erde.

Atmosphäre

b) Der ständige Transport von Wasser zwischen Meeren, Landflächen und der Atmosphäre. Die wichtigsten Teilphasen bestehen in Verdunstung, Niederschlag und Abfluss.

Wasserkreislauf

c) Der Punkt am Himmel, der sich senkrecht über dem Beobachter auf der Erdoberfläche befindet. Wenn die Sonne an diesem Punkt steht, dann treffen ihre Strahlen im rechten Winkel auf die Erdoberfläche auf. Die Sonne kann nur zwischen den beiden Wendekreisen dort stehen.

Zenit

d) Natürliche Gegebenheiten, die das Aussehen einer Landschaft bestimmen (z. B. Relief, Klima, Vegetation); im weiteren Sinne auch Gegebenheiten, die vom Menschen geschaffen wurden (z. B. Siedlungen, Verkehrswege).

Geofaktoren

e) Die Eigenschaft der Atmosphäre, von der Erdoberfläche ausgehende Wärmestrahlung zurückzureflektieren.

natürlicher Treibhauseffekt

f) Langfristige Erhöhung der Lufttemperatur in vielen Regionen der Erde, hervorgerufen durch die Freisetzung von Treibhausgasen.

Klimawandel

g) Bereich der äquatorialen Tiefdruckrinne, in dem die Passatwinde der Nord- und Südhalbkugel der Erde zusammenströmen. Dieser verlagert sich jahreszeitlich mit dem Sonnenstand.

ITC (Innertropische Konvergenzzone)

4 Bilderrätsel (AFB II)

Löse das Bilderrätsel und erkläre den Begriff.

Treibhauseffekt: die Eigenschaft der Atmosphäre, von der Erdoberfläche ausgehende Wärmestrahlung zurückzureflektieren.

5 Zusammenspiel der Geofaktoren (AFB II/III)

a) Erläutere das Zusammenwirken der Geofaktoren am Beispiel der Entstehung eines Tschernosem-Bodens in einer Steppenlandschaft (Grafik 4 und Seiten 40/41).

Im Frühjahr entwickelt sich unter günstigen Feuchtigkeits- und Temperaturbedingungen eine üppige Steppenvegetation (vor allem Gräser), die viel organisches Material für die Humusbildung liefert. Im trockenen, warmen Sommer geht die Produktion organischer Substanz zurück. Gleichzeitig ist aber der Abbau (Mineralisierung) durch die Trockenheit gehemmt. Dem kurzen, feuchten Herbst folgt ein langer, sehr kalter Winter, in dem die Umsetzung der organischen Substanz ruht. Damit wird langfristig mehr organische Masse produziert als abgebaut, wodurch sich Humus im Boden akkumuliert.

b) Beurteile den Einfluss des Geofaktors Mensch auf die Böden der Steppe durch die Landwirtschaft.

Infolge des hohen Tongehalts besteht bei landwirtschaftlicher Nutzung die Gefahr der Bodenverdichtung. Außerdem kommt es durch die Verdrängung der natürlichen Vegetation zur erhöhten Winderosion.

Fachmethoden anwenden

6 Eine thematische Karte auswerten (AFB II/III)

Werte mithilfe des Atlas die Karte 4 aus:

a) Wieso sind die Messwerte an den Stationen so unterschiedlich?

Es kommt je nach Grad der Schadstoffeinleitung aus Siedlungs- oder Landwirtsgebieten zu unterschiedlichen Belastungen.

b) Stelle Zusammenhänge zur Landnutzung her und beurteile die Situation in unterschiedlichen Regionen des Landes.

Die Landnutzung hat starken Einfluss auf die Belastung des Grundwassers mit Nitrat. Intensiver Weinanbau führt zu hohen Werten, Waldflächen sind eher unbelastet. Im Ballungsgebiet Mainz sind die Werte durch den intensiven Anbau von Sonderkulturen und der hohen Bevölkerungsdichte sehr hoch.

Beurteilen und bewerten

7 Entwicklung der Jahresmitteltemperatur in Deutschland (Karte 2) (AFB III)

Beurteile die Aussage der Karte.

Die Zunahme der Jahresmitteltemperatur aufgrund des angenommen Klimawandels wirkt sich im Südwesten Deutschlands stärker aus als im Nordosten. Weite Teile Deutschlands hätten demnach Mittelmeerklima (nach Köppen: Csa) oder im Sommer sogar ein tropisches Klima (Aw).

Anschließend Beurteilung der Aussage durch SuS.

8 Globaler Wasserkreislauf (AFB III)

a) Erstelle mithilfe der Begriffe Niederschlag, Verdunstung, Rückfluss, Versickerung, Oberflächenabfluss, Wasserdampftransport, Seen, Flüsse ein Schema zur Erklärung des globalen Wasserkreislaufes.

siehe unten

b) Bewerte den Einfluss des Menschen auf den globalen Wasserkreislauf.

Der natürliche Wasserkreislauf wird durch das Eingreifen des Menschen nachhaltig beeinflusst. Durch die Abfallprobleme des Menschen kommt es immer häufiger vor, dass das Wasser im Boden nicht gereinigt, sondern kontaminiert wird. Weiterhin greift der Mensch durch die steigende Oberflächenversiegelung, durch die Kanalisation oder durch die Verrohrung von Flüssen nachhaltig in den Oberflächenabfluss ein. Eine negative Beeinflussung der Grundwasserneubildung ist die Folge. Durch die Entnahme von Wasser aus dem natürlichen Wasserkreislauf für verschiedenste Zwecke wird dieser ebenso verändert, da das zurückgeleitete Wasser in der Regel in irgendeiner Form kontaminiert oder verändert (z. B. erwärmt) ist. Weitere Einflussnahmen des Menschen auf den Wasserkreislauf sind z. B. die Rodung von großen Waldflächen, die große Wasserspeicher darstellen und Luftverunreinigungen, die wie der „saure Regen" die Chemie des Wassers nachhaltig verändern.

Medientipps

Material: Bogen zur Selbsteinschätzung (Online-Code g7t7k7)

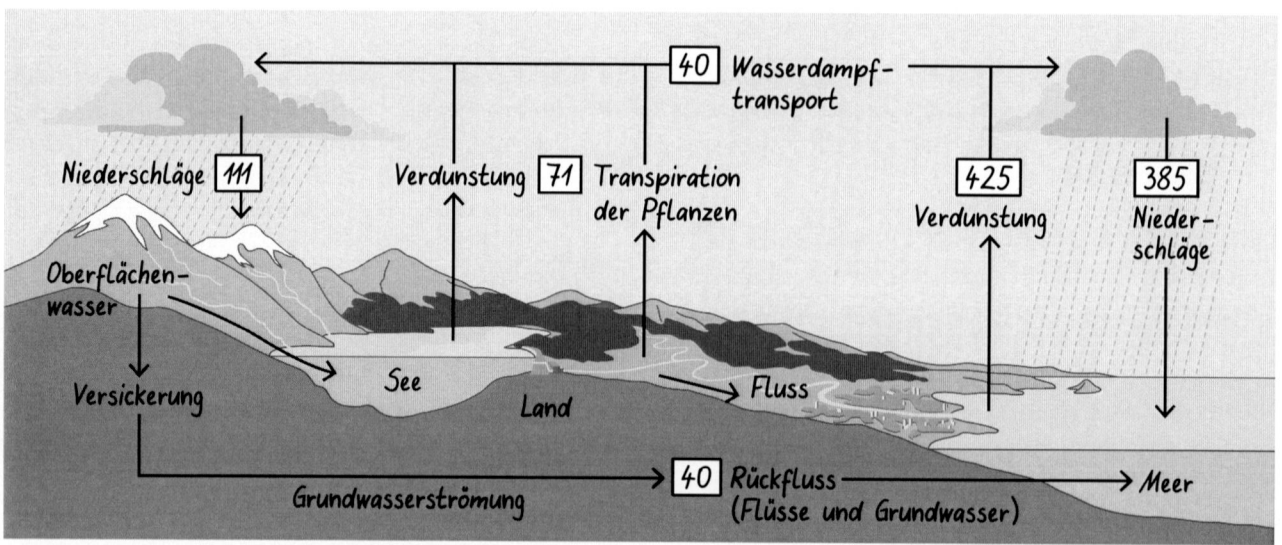

Lösung zu Aufgabe 8a: Globaler Wasserkreislauf

TERRA FÜR DICH: Geofaktoren

Kompetenzen

Die Schülerinnen und Schüler können …
- Geofaktoren als Landschaftsgestalter nennen und die Auswirkung auf diese beschreiben;
- einen Steckbrief zu Geozonen erstellen;
- die Auswirkung der geographischen Breite auf die Höhenstufen der Vegetation erklären;
- anhand geeigneter Materialien bekannte klimatische Sachverhalte der Nordhalbkugel auf die Südhalbkugel übertragen.

Grundbegriff

Geozone

Sachinformationen

Unter Geofaktoren versteht man zum einen physisch-geographische Größen wie z. B. Relief, Klima, Boden und zum anderen vom Mensch verursachte Eingriffe. Je nach Ausmaß spricht man von einer Natur- oder Kulturlandschaft. Da kein Faktor alleine betrachtet werden kann, entsteht im Gesamten ein komplexes Wirkungsgefüge, welches auch Geoökosystem genannt wird. Verändert der Mensch durch sein Handeln einen Faktor, kommt es zu einer Verschiebung im gesamten System.

Die Höhenlage und das Relief beeinflussen im Gebirge maßgeblich die Vegetation. Der steile Einfallswinkel der Sonnenstrahlen und die geringere Dichte der in der Luft enthaltenen Gasmoleküle sorgen für eine Abnahme der Temperatur mit steigender Höhe. Durch die Veränderung des Einfallswinkels in Abhängigkeit der geographischen Breite kommt es zu einer größeren Temperaturabnahme mit zunehmender Höhe in höheren geographischen Breiten als in Äquatornähe. Das Königreich Lesotho liegt in den Subtropen, das Klima ist semihumid und die Jahreszeiten sind den europäischen entgegengesetzt. 85 % der Niederschläge fallen im Sommer. In den Höhenlagen der Drakensberge sind ganzjährliche Niederschläge möglich. Seit 2006 gibt es – mit starker Unterstützung der Königs von Lesotho Letsie III. – das von ausländischen Investoren errichtete Skigebiet Afri-Ski. Um die Skisaison zu garantieren, gibt es Schneekanonen, die von einer Firma aus Österreich betreut werden. Von dort stammen auch die Liftanlagen. Die Holzhütten stammen beispielsweise aus Lettland.

Hinweise zum Unterricht

Diese Doppelseite ist als Leistungsdifferenzierungsangebot aufgebaut. Auf Seite 52 wird Basiswissen vertieft. Anhand eines Auswertungsbeispiels kann eine weitere Geozone von den Schülern beschrieben werden. Seite 53 thematisiert dagegen mit den Höhenstufen der Vegetation einen neuen klimatologischen Aspekt. Die Schülerinnen und Schüler sollen durch das gewählte Beispiel „Skifahren in Afrika" motiviert werden und Transferaufgaben lösen.

Lösung der Aufgaben „Werde sicher!"

1 Erläutere die Zusammenhänge in Grafik 1. (AFB II)
Siehe Sachinformationen.

2 Stelle das Zusammenwirken verschiedener Geofaktoren am Beispiel der Landschaft in Foto 2 dar. Orientiere dich dabei am Beispiel 3 (Zusammenwirken der Geofaktoren am Beispiel der Steppe). (AFB II)
Geozone:
- (Wendekreis-)Wüste
- Nordafrika/nördl. Wendekreis
- heiß-trockenes Klima
- hohe tageszeitliche Schwankung der Temperatur
- fast kein Niederschlag (Passatzone)
- sandige, nährstoffarme Böden
- z. T. welliges Relief (Sanddünen)
- keine natürliche Vegetation

Lösung der Aufgaben „Fordere dich!"

1 Schnee in den Subtropen? Erkläre, wie dies möglich ist. (AFB II)
Siehe Sachinformationen.

2 Beschreibe die Dauer der Skisaison in Lesotho. (AFB I)
Die Skisaison ist im Südwinter, d. h. von Juli bis August.

3 Erkläre, warum die Skipisten in Lesotho nach Süden zeigen. (AFB II/III)
Im Gegensatz zur Nordhalbkugel liegt die Südseite auf der Südhalbkugel im Schatten. So taut der Schnee dort erheblich langsamer als am zur Sonne weisenden Nordhang eines Berges.

Endogene Naturkräfte verändern die Erde

Zum Themenblock

Endogene Kräfte nehmen weltweit starken Einfluss auf das menschliche Leben. Dabei sollen den Fragen nachgegangen werden:
- Wo liegen die für Menschen gefährlichen Räume der Erde?
- Inwiefern verursachen endogene Kräfte Risiken, aber auch Potenziale?
- Welche leben die Menschen mit diesen Risiken und Potenzialen?

So ist der Ausgangspunkt für die Bearbeitung der Fachinhalte der physischen Geographie immer der Mensch. Untersuchungen der Interessenforschung beschrieben Anfang des Jahrtausends eine Verlagerung der Interessenfelder von Schülerinnen und Schülern von reinen Umweltthemen wie dem Waldsterben hin zu Naturkatastrophen, die meist oben auf der „Hitliste" stehen (z. B. Vulkanausbruch, Erdbeben). Allerdings wird mittlerweile die Umweltdiskussion von Fragen der Klimaveränderung dominiert, sodass hier die Schülerinteressen bzw. die Vorkenntnisse aus den Medien stark vertreten sind. Außerdem hat die Reaktorkatastrophe von Fukushima Einfluss auf die Wahrnehmung und das Interesse an Umweltthemen. Trotzdem: Katastrophen, v. a. endogenen Ursprungs, sind geographisch interessant und relevant für den aktuellen Unterricht. Es ist wichtig, hier die menschliche Dimension aufzuzeigen. Der Faszination über die gewaltigen Naturkräfte sollte die Sorge um menschliche Gesundheit folgen, ebenso die Information über das Leben mit der Bedrohung, die Nutzbarmachung von z. B. Erdwärme usw.

Selbst wenn die Vorhersagen von Katastrophen verbessert werden: Umfassender Schutz kann nach wie vor nicht gewährleistet werden.

Aktualitätsprinzip und Handlungsorientierung sollten in diesem Block hervorgehoben werden.

Zur Auftaktdoppelseite

Kompetenzen

Die Schülerinnen und Schüler können …
- für das Kapitel „Endogene Kräfte …" motiviert werden;
- bereits vorhandenes Vorwissen und Vorstellungen mobilisieren.

Hinweise zu den Materialien

Das ganzseitige Bild beschreibt exemplarisch das Nebeneinander von Naturgewalt und Lebensraum der Menschen: der Ätna und an seinem Fuße die Besiedlung der Region Catania.

Unterrichtsvorschlag

Als Einstieg in die Unterrichtsreihe kann mit diesem Bild ein Brainstorming erfolgen, die Schülermeldungen werden an der Tafel notiert, u. U. ergibt sich sogar eine Mindmap, das die Themen der Reihe bereits aufnimmt. Zentral sollte das Nebeneinander von Bedrohung und Leben herausgestellt werden.

Didaktische Struktur

Bezüge zum Lehrplan / Kompetenzübersicht
Die Schülerinnen und Schüler erwerben …
- **Fachkompetenz:** Sie erläutern Verbreitung, Entstehung und Auswirkungen von Vulkanismus und Erdbeben und beurteilen Risiken und Potenziale endogener Kräfte für das Leben und Wirtschaften der Menschen;
- **Methodenkompetenz:** Sie zeichnen Querschnitte, z. B. Vulkantypen, Schalenbau der Erde, und werten thematische Karten auf verschiedenen Maßstabsebenen, z. B. Landnutzung am Vesuv, pazifischer Feuerring, aus (M4, M7);

- **Kommunikationskompetenz:** Sie verbalisieren Modelle und Karten. Sie nehmen verschiedene Perspektiven wahr, respektieren sie und vertreten sie argumentativ (K3, K7);
- **Urteilskompetenz:** Sie erkennen und schätzen, was es für Menschen bedeutet, in einem Risikoraum zu leben und zu wirtschaften (U4, U6).

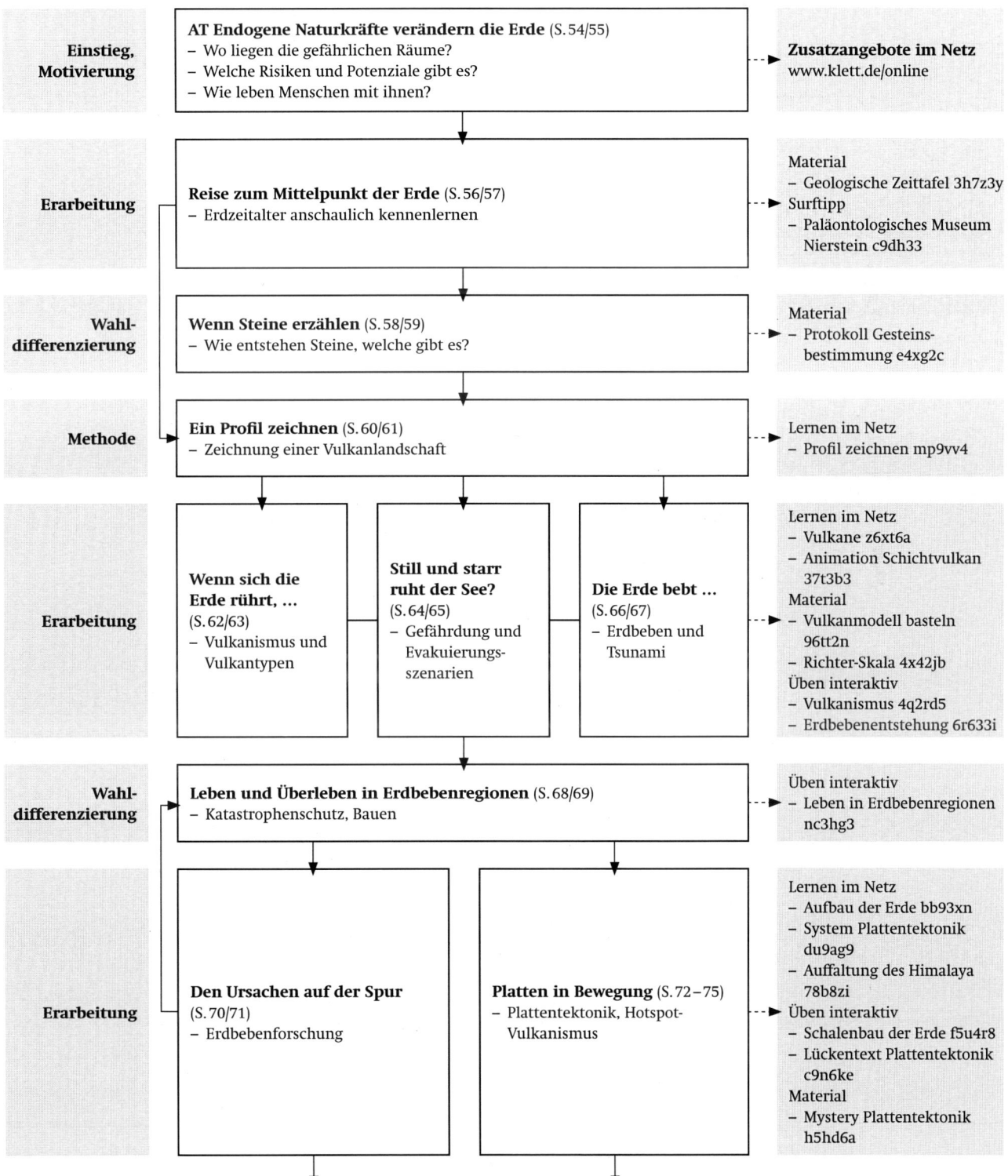

Einstieg, Motivierung	**AT Endogene Naturkräfte verändern die Erde** (S. 54/55) – Wo liegen die gefährlichen Räume? – Welche Risiken und Potenziale gibt es? – Wie leben Menschen mit ihnen?	**Zusatzangebote im Netz** www.klett.de/online
Erarbeitung	**Reise zum Mittelpunkt der Erde** (S. 56/57) – Erdzeitalter anschaulich kennenlernen	Material – Geologische Zeittafel 3h7z3y Surftipp – Paläontologisches Museum Nierstein c9dh33
Wahl-differenzierung	**Wenn Steine erzählen** (S. 58/59) – Wie entstehen Steine, welche gibt es?	Material – Protokoll Gesteins-bestimmung e4xg2c
Methode	**Ein Profil zeichnen** (S. 60/61) – Zeichnung einer Vulkanlandschaft	Lernen im Netz – Profil zeichnen mp9vv4
Erarbeitung	**Wenn sich die Erde rührt, …** (S. 62/63) – Vulkanismus und Vulkantypen **Still und starr ruht der See?** (S. 64/65) – Gefährdung und Evakuierungs-szenarien **Die Erde bebt …** (S. 66/67) – Erdbeben und Tsunami	Lernen im Netz – Vulkane z6xt6a – Animation Schichtvulkan 37t3b3 Material – Vulkanmodell basteln 96tt2n – Richter-Skala 4x42jb Üben interaktiv – Vulkanismus 4q2rd5 – Erdbebenentstehung 6r633i
Wahl-differenzierung	**Leben und Überleben in Erdbebenregionen** (S. 68/69) – Katastrophenschutz, Bauen	Üben interaktiv – Leben in Erdbebenregionen nc3hg3
Erarbeitung	**Den Ursachen auf der Spur** (S. 70/71) – Erdbebenforschung **Platten in Bewegung** (S. 72–75) – Plattentektonik, Hotspot-Vulkanismus	Lernen im Netz – Aufbau der Erde bb93xn – System Plattentektonik du9ag9 – Auffaltung des Himalaya 78b8zi Üben interaktiv – Schalenbau der Erde f5u4r8 – Lückentext Plattentektonik c9n6ke Material – Mystery Plattentektonik h5hd6a

2

Didaktische Struktur (Fortsetzung)

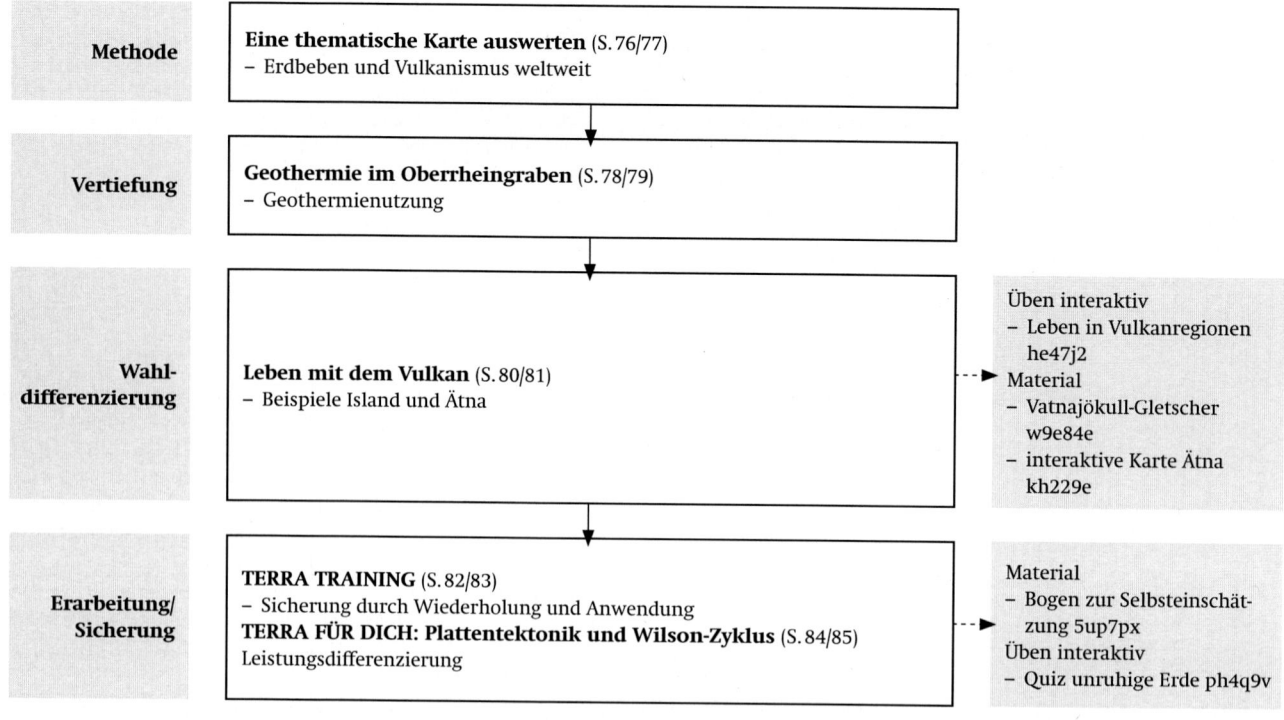

Methode

Eine thematische Karte auswerten (S. 76/77)
– Erdbeben und Vulkanismus weltweit

Vertiefung

Geothermie im Oberrheingraben (S. 78/79)
– Geothermienutzung

**Wahl-
differenzierung**

Leben mit dem Vulkan (S. 80/81)
– Beispiele Island und Ätna

Üben interaktiv
– Leben in Vulkanregionen
he47j2
Material
– Vatnajökull-Gletscher
w9e84e
– interaktive Karte Ätna
kh229e

**Erarbeitung/
Sicherung**

TERRA TRAINING (S. 82/83)
– Sicherung durch Wiederholung und Anwendung
TERRA FÜR DICH: Plattentektonik und Wilson-Zyklus (S. 84/85)
Leistungsdifferenzierung

Material
– Bogen zur Selbsteinschät-
zung 5up7px
Üben interaktiv
– Quiz unruhige Erde ph4q9v

Reise zum Mittelpunkt der Erde

Kompetenzen

Die Schülerinnen und Schüler können …
- Altersbestimmungen mit der geologischen Zeittafel vornehmen;
- eine Textanalyse vornehmen;
- Originalmedien beschreiben und einordnen.

Grundbegriffe

exogene und endogene Kräfte, Geologie, Erdzeitalter

Hinweise zum Unterricht

In jeder Schule sollte eine Sammlung existieren oder aufgebaut werden, die Gesteine und Fossilien der wichtigsten Erdzeitalter anschaulich macht. Diese können unterrichtswirksam eingesetzt werden. Aber auch der eingesetzte Textausschnitt von Jules Verne soll motivieren und Interesse wecken bei den Schülerinnen und Schülern. Viele Aussagen und Fachtermini werden unklar sein; diese sollten dann möglichst von den Schülerinnen und Schülern recherchiert werden.

Lösung der Basisaufgaben

1 Arbeite mit der geologischen Zeittafel:
a) Bestimme das Alter der Tiere in Abbildung 3 und 5. **(AFB I/II)**
   Abbildung 3: zwischen 416 und 444 Mio. Jahre (Silur)
   Abbildung 5: zwischen 359 und 416 Mio. Jahre (Devon)
b) Bestimme deren Ära und Äon. **(AFB I/II)**
   Devon – Paläozoikum (Erdaltertum) – Phanerozoikum (belebte Welt),
   Silur – Paläozoikum (Erdaltertum) – Phanerozoikum (belebte Welt)
c) Bestimme die Epoche, in der du lebst. **(AFB I/II)**
   Holozän

2 Werte den Text 2 aus. Liste alle Begriffe zur Erdgeschichte in einer Tabelle auf und erkläre ihre Bedeutung (Lexikon, Internet). **(AFB II)**

Begriff	Erklärung
silurische Periode	Das Silur ist in der Erdgeschichte die dritte Periode in der Geochronologie des Paläozoikums.
Devonshire	Grafschaft im Südwesten Englands
rudimentäre Trilobite	(in Teilen vorhandene Versteinerungen): Trilobiten bevölkerten die urzeitlichen Meere während eines Zeitraums von fast 300 Millionen Jahren (Kambrium – Perm, vor 545–250 Mio. Jahren). Diese urtümliche Klasse der Gliederfüßer (Arthropoda) zeichnet sich durch einen großen Formenreichtum aus, sodass man heute über 15 000 Arten, die sich auf etwa 1 500 Gattungen in acht Ordnungen verteilen, unterscheiden kann.
Sauropoide	größte landlebende Tiere aller Zeiten, die Dinosaurier aus der Gruppe der Sauropoden
Paläontologe	Wissenschaftler, der sich mit dem Erdaltertum beschäftigt
devonische Meere	Verbreitung von Ozeanen/Meeren im Devon
Formation	In der Geologie bezeichnet es gut erkennbare Schichtungen oder typische Gesteinskörper einer Zeitepoche der Erdgeschichte.

Anwendungsaufgabe

3 Arbeitet mit der Gesteinssammlung der Schule: Zeichnet eine Zeittafel der Erdgeschichte und ordnet die Fossilien und Steine ein. **(AFB II/III)**
Individuelle Schüler- bzw. Klassenlösung je nach Schulausstattung, u. U. auch der Start einer Sammlung!

Medientipps

Material: Geologische Zeittafel (Online-Code 3h7z3y)
Surftipp: Paläontologisches Museum Nierstein (Online-Code c9dh33)

Unterrichtsvorschlag

Unterrichtsphase	Inhaltlicher Schwerpunkt	Methodisches Vorgehen / Sozialform	Medien / Materialien
Einstieg	Jules Verne: Reise zum Mittelpunkt der Erde	UG: Wie alt ist die Erde?	SB S. 56, Text 2
Erarbeitung I	Wie alt ist die Erde? Die geologische Zeittafel	PA: möglichst Originale aus der Sammlung durchgeben, bearbeiten, Gesteinsbestimmung vornehmen	SB S. 56/57, Aufg. 1, 2; originale Medien bzw. Handstücke
Ergebnissicherung I	Wie alt ist die Erde? Die geologische Zeittafel	Präsentation	
Erarbeitung II	Gesteinssammlung der Schule	PA/GA: Sichtung und Arbeit in der Schulsammlung bzw. Erstellung einer solchen	

Wenn Steine erzählen

Kompetenzen

Die Schülerinnen und Schüler können …
- verschiedene Gesteinsarten benennen;
- Gesteine ihrer Genese zuordnen;
- Modelle erstellen und verbalisieren.

Grundbegriffe

Tiefengestein, Ergussgestein, Sedimente, Ablagerungsgestein, Umwandlungsgestein, Verwitterung, Gesteinskreislauf

Sachinformationen

Gesteine geben einen unmittelbaren Einblick in die Wechselhaftigkeit unserer Erde und ihrer Erdkruste. Für den Menschen stellen sie oft Bau- und Gestaltungsmaterial dar und sind, je nach Vorkommen, für ganze Landstriche stilprägendes Element. Gesteine werden nach ihrem Entstehungsprozess klassifiziert. Im Wesentlichen unterteilt man Gesteine daher in magmatische (Erstarrungsgesteine/Plutonite/Ergussgesteine/Vulkanite), sedimentäre und metamorphe (Umwandlungs-)Gesteine. Sedimentäre Gesteine lassen sich in klastische (durch Verpressen oder Zementation veränderte Sedimente) wie bspw. Tonsteine, Sandsteine oder Konglomerate und nichtklastische Sedimentgesteine (chemische wie Gips oder Steinsalz oder biogene Ablagerungsgesteine wie bspw. Kohle oder Ölschiefer) unterteilen. Werden magmatische oder sedimentäre Gesteine durch hohen Druck und/oder hohe Temperatur verändert, spricht man von einem metamorphen Gestein (z. B. Marmor). Sedimentgesteine werden auf der Erde nicht neu gebildet, sondern entstehen durch Umwandlungs- und Verwitterungsprozesse aus vorhandenen Gesteinen. Sie befinden sich in einem kontinuierlichen Kreislauf.

Hinweise zum Unterricht

Diese Wahldifferenzierungsseite bietet den Schülerinnen und Schülern die Möglichkeit nach Interessenlage den ersten Erarbeitungsschritt zu wählen. Die Sprechblasen geben dabei die methodische Herangehensweise an. Es sollte darauf geachtet werden, dass die Geschichten in Aufgabe 2 detailreich ausgestaltet werden.
Die gemeinsame Aufgabe 3 soll von beiden Wahlgruppen bearbeitet werden. Aufgabe 4 eignet sich als Hausaufgabe. Hier kann gerne auch fotografisch die Verwendung der entdeckten Natursteinarten eingebunden werden.

Lösung der Basisaufgaben

1 Du hast bereits verschiedene Darstellungen von Kreisläufen kennengelernt. Erstelle mithilfe des Textes und der Übersicht 2 einen „Kreislauf der Gesteine". Nenne dabei für jeden Gesteinstyp mindestens ein Beispiel. (AFB II)

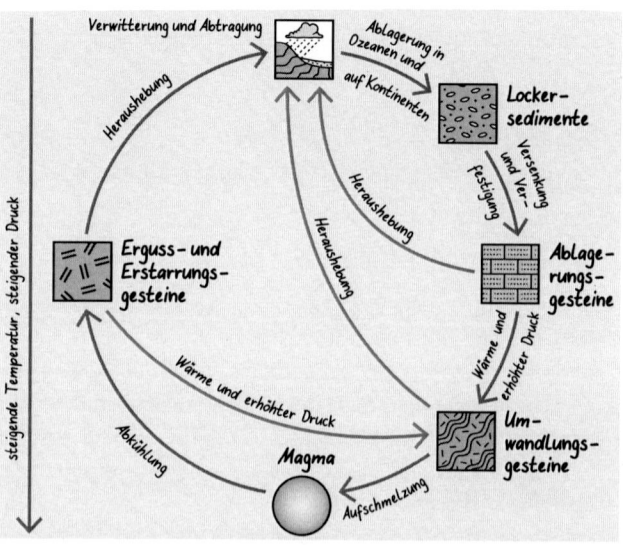

Hinweis: Für lernschwache SuS empfiehlt sich folgendes Vorgehen: Zunächst aus dem Text alle fett gedruckten Begriffe auf Kärtchen schreiben. Diese in eine sachlogische Reihenfolge bringen lassen. In einem zweiten Durchgang die entsprechenden Beschriftungen für die Pfeile im Kreislauf aus dem Text erarbeiten lassen, danach die Beispiele ergänzen lassen.

2 Beschreibe mithilfe des Textes und der Übersicht 2 die Geschichte eines
a) Sandsteins,
b) Marmors,
c) Basalts. (AFB II/III)
   Individuelle Schülerlösung. Beispiellösungen:
   Sandstein: Sedimentgestein, bestand einst aus lockerem Sand, der durch fließendes Wasser oder Wind transportiert wurde, dann in einem Meeresbecken zusammen mit kalkschaligen Meereslebewesen abgelagert wurde. Das Meeresbecken fällt durch Klimawandel, Plattentektonik o. Ä. trocken, der Sandstein wird gehoben und vom Mensch z. B. als Baumaterial für Häuser und Burgen gefördert.
   Marmor: In einem Meeresbecken lagern sich Muschelbänke oder sonstige kalkschalige Meeresbewohner in großer Zahl ab. Die Ablagerungen werden von verschiedenen Schichten (zumeist wassersperrende, feine Tonsedimente oder Sand) überlagert und somit zusammengepresst. Durch tektonische Bewegungen wird das Ablagerungsgestein in tiefere, heißere Erdschichten verbracht, wo unter hohem Druck und hoher Temperatur die Metamorphose zum Marmor erfolgt. Das Gestein wird anschließend durch weitere tektonische Bewegung gehoben. Vom Mensch wird Marmor hauptsächlich im Innenausbau und zur Bildhauerei verwandt.

Basalt: Der Basalt entsteht beim Vulkanausbruch, wenn dünnflüssige, SiO_2-arme Magma recht schnell abkühlt. Dabei entsteht ein dichtes, gleichförmig erscheinendes, hartes Gestein. Je nach Abkühlungsgeschwindigkeit ordnen sich die Minerale im Basalt gleichförmig an und bilden die charakteristischen Säulen aus. Basalt wird aufgrund seiner Härte und vergleichsweisen Verwitterungsbeständigkeit im Straßen und Gleisbau, in einzelnen Regionen Deutschlands als Hausbaumaterial benutzt.

Gemeinsame Aufgaben

3 Du sollst für einen Bildhauer einen geeigneten Rohstoff für eine Statue auswählen. Der Stein soll gut bearbeitbar sein, aber dennoch lange halten. Begründe deine Entscheidung. **(AFB II/III)**
Individuelle Schülerlösung unter Einbeziehung sachlogischer Argumente möglich.
Leicht bearbeitbar sind aus dieser Auswahl: Kalk- und Sandstein; Umwandlungsgesteine sind i.d.R. etwas witterungsbeständiger, Ergussgesteine sind schwer zu bearbeiten, allerdings witterungsbeständig.

4 Gehe mit offenen Augen durch deine Stadt. Welche Gesteinstypen aus der Übersicht 2 kannst du vor Ort bestimmen? Wie werden die Eigenschaften der Gesteine genutzt? Lege eine Tabelle an. **(AFB II)**
Individuelle Schülerlösung. Hinweise s. Lösung Aufgabe 3.

Medientipps

Material: Protokoll Gesteinsbestimmung (Online-Code e4xg2c)

Die Landesämter für Geologie und Bergbau stehen i.d.R. gerne als Ansprechpartner zur Verfügung und kommen auf Anfrage auch in den Unterricht. Alternativ bietet der Industrieverband Steine und Erden Baden-Württemberg e.V. mit dem „Geokoffer" (unter www.geokoffer.de) Anschauungs- und Unterrichtsmaterial an.

Unterrichtsvorschlag

Unterrichtsphase	Inhaltlicher Schwerpunkt	Methodisches Vorgehen / Sozialform	Medien / Materialien
Einstieg	Gesteine sind Baumaterial, doch welche Geschichte würden sie uns erzählen, wenn sie könnten?	UG: Bild 1, Wahldifferenzierung klären	SB S. 58, M1
Erarbeitung I	Kreislaufprozesse	EA/PA: Wahldifferenzierung	SB S. 58, Aufg. 1 oder 2
Ergebnissicherung I	Zusammenfassung, Vergleich	UG	
Erarbeitung II	begründete Auswahl eines Gesteins zu künstlerischen Gestaltung	PA/GA, spätestens hier die Wahldifferenzierungsgruppen mischen	SB S. 58, Aufg. 3
Ergebnissicherung II	Zusammenfassung	UG	
Hausaufgabe	Gesteine in meinem Ort	EA/PA	SB S. 58, Aufg. 4

Ein Profil zeichnen

Kompetenzen

Die Schülerinnen und Schüler können …
- die Methode des Profilzeichnens anwenden;
- ihre Fähigkeiten im Kartenlesen ausbauen;
- ein „Gefühl" für den Wechsel der Perspektive bekommen und hierdurch die dreidimensionalen Inhalte einer zweidimensionalen Karte erkennen.

Grundbegriffe

Vulkan, endogene Kräfte

Sachinformationen

Als Profil bezeichnet man einen Vertikalschnitt durch einen ausgewählten Teil der Erdoberfläche. Es dient dem einfacheren Verständnis eines räumlichen Reliefs, vor allem wenn es quer zu den Grundzügen des Reliefs angelegt wird.
Profile gibt es in verschiedenen Formen:
- das **Linien- oder Höhenprofil**, welches ausschließlich das Relief in vereinfachter Form wiedergibt;
- das **Kausalprofil**, welches die Ergänzung zum Linien- und Höhenprofil darstellt und zusätzliche Informationen über den Zusammenhang zwischen der Oberflächengestalt und mensch- bzw. naturbedingten Sachverhalten liefert;
- das **synoptische Profil**, welches das Kausalprofil durch stichwortartige Angaben (z. B. Tabellen oder weiterführende Grafiken) ergänzt und sich somit vom eigentlichen Profilcharakter abhebt;
- das **Flächenprofil**, in dem nicht nur der vertikale Schnitt, sondern auch, mittels einer Parallelperspektive, ein Abbild der Erdoberfläche und der sich auf ihr befindlichen geographischen Erscheinungen zu finden sind;
- das **Blockprofil**, welches – im Vergleich zum Flächenprofil – zusätzlich eine integrierte Darstellung des Querprofils beinhaltet.

Hinweise zum Unterricht

Der Lehrplan fordert für die Entwicklung der Methodenkompetenzen: Schüler zeichnen Querschnitte. Vielen Schülerinnen und Schülern fällt die Umsetzung und das Umdenken von der zweidimensionalen Kartenansicht hin zur entwickelten Draufsicht sehr schwer. Aus diesem Grund sollte darauf geachtet werden, ein ausreichendes Maß an Zeit und zusätzliche Aufgaben für schnellere Schülerinnen und Schüler zur Verfügung zu haben.

Tafelbild

Das Profil entsteht ideal an der Tafel oder am Whiteboard in gemeinsamer Arbeit (mit Korrekturen durch Schüler und Lehrer).

Lösung der Basisaufgaben

1 Zeichne ein Profil der eingezeichneten Strecken AB und CD und beschreibe die Oberflächenform. **(AFB I/II)**
Hilfe: Schau dir bei Problemen erneut die Schritte im SB S. 60/61 an.
Achte darauf, dass sich der Papierstreifen beim Einzeichnen nicht verschiebt. Zeichne mit einem spitzen Bleistift.
Vergleiche dein Vorgehen mit dem deines Nachbarn.

Lösung: siehe Abbildungen auf der folgenden Seite: Zu erkennen ist eine Vertiefung, die durch steil abfallende Wände umschlossen ist.

Anwendungsaufgabe

2 Landschaftsnutzung:
a) Beschreibe die Nutzung der Landschaft durch den Menschen. **(AFB I)**
Steile Hänge wie die Maarschultern sind bewaldet, hier ist Landwirtschaft nicht möglich, die Bewirtschaftung zu schwierig. Sowie allerdings das Relief flacher wird, erkennt man Felder.
b) Analysiere die Abhängigkeit der Nutzung vom Profil. **(AFB II)**
Boden und Relief bedingen die Nutzung durch den Menschen. Steile Hänge und karge Böden eignen sich nur zur Waldnutzung, hingegen sind die flacheren Gebiete mit den zumeist fruchtbaren (aschehaltigen) Böden ideal für die intensive landwirtschaftliche Nutzung.

Tipp

Das Modell eines Maares kann sehr anschaulich in einem Kasten mit Sand nachgebildet werden, auf den eine Glasscheibe gelegt wird. Auf dieser können dann die Höhenlinien von oben nachgezeichnet und dann auf die Tafel projiziert werden. So werden nicht nur Höhenlinien (Jahrgangsstufe 5/6), sondern auch Profillinien der anzufertigenden Zeichnung klar.
Die abgebildeten Profile können auch auf eine Folie kopiert und so zum einfachen Vergleich der Ergebnisse herangezogen werden. Das Profil C – D zeigt noch einmal die einzelnen Schritte zum Zeichnen eines Profils.

Medientipps

Lernen im Netz: Profil zeichnen (Online-Code mp9vv4)

Profil A – B

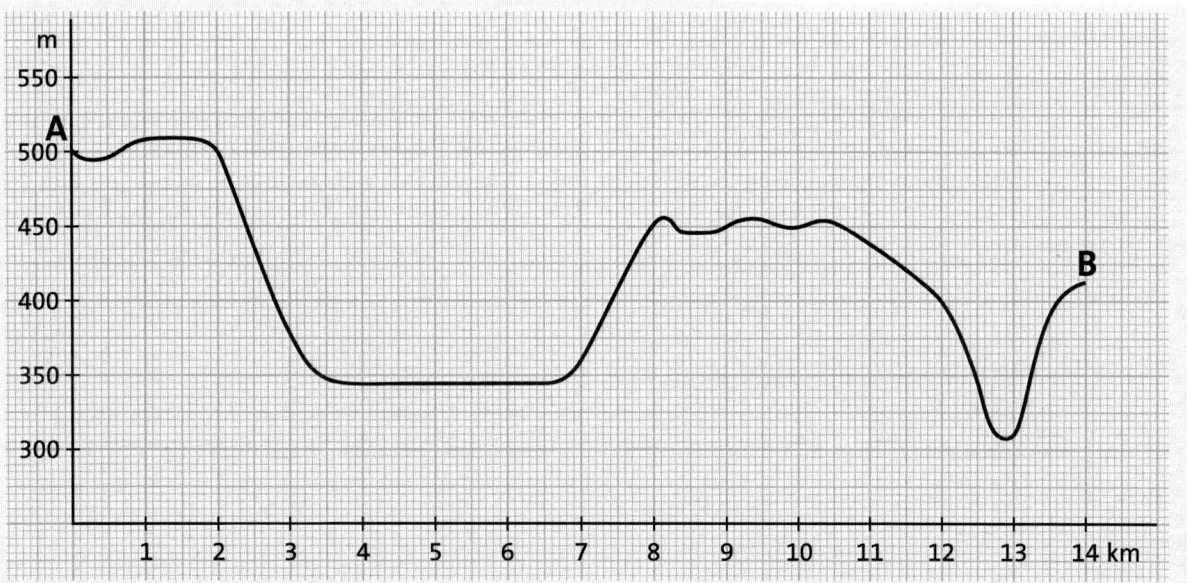

Profil C – D

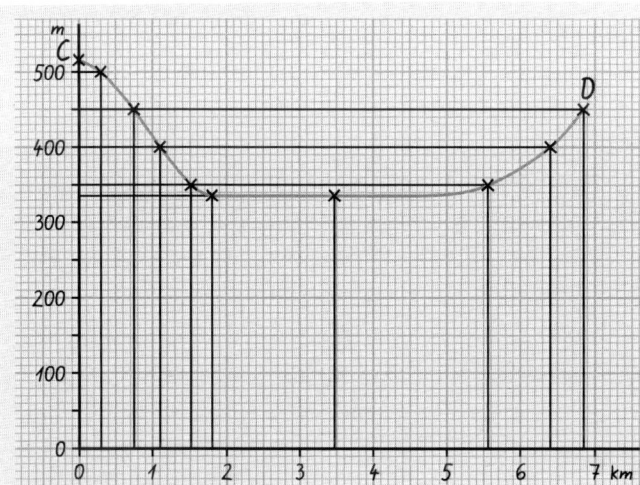

Lösung zu Aufgabe 1

Unterrichtsvorschlag

Unterrichtsphase	Inhaltlicher Schwerpunkt	Methodisches Vorgehen / Sozialform	Medien / Materialien
Einstieg	Flug über die Eifel – Vulkanismus	UG	SB S. 60, M1
Erarbeitung	Profilzeichnung alternativ: Maar modellieren	EA/GA	SB S. 60/61, Schritte 1–6; Aufg. 1; Folie, Sandkasten
Ergebnissicherung	Profilentwicklung an Tafel/Whiteboard Übernahme ins Heft	EA/PA/UG EA	Tafel/Whiteboard Heft

Wenn sich die Erde rührt, ...

Kompetenzen

Die Schülerinnen und Schüler können ...
- den Aufbau eines Vulkans erklären;
- Schicht- und Schildvulkan anhand ihrer Charakteristika unterscheiden und mit Beispielen benennen;
- Gefahren beim Ausbruch eines Vulkans beschreiben.

Grundbegriffe

Vulkan, Schichtvulkan, Schildvulkan, Eruption, Lava, Magma

Sachinformationen

Vulkane können nach ihrer äußeren Form in Schichtvulkane (Stratovulkan) und Schildvulkane unterteilt werden. Auf dieser Doppelseite wird am Beispiel des Eyjafjallajökull ein Stratovulkan vorgestellt. Bei diesem explosiven Vulkantyp, zu dem etwa 90 % der weltweiten Vulkane gezählt werden, haben sich Lava und Ascheausbrüche abgewechselt. Die Flanken sind daher im Gipfelbereich relativ steil und die Hänge laufen konkav, zur Basis hin flach aus. Die Flanken älterer Vulkane sind häufig durch Nebenkrater besetzt, aus denen während einer Ausbruchsphase Lava fließt, obwohl der Hauptkrater kein Material mehr fördert. Am Eyjafjallajökull kommt durch die Überdeckung des Vulkans durch einen Gletscher eine Verstärkung der Explosionsleistung des Vulkans hinzu. Beim Kontakt zwischen glutflüssigem Magma und Schmelzwasser entsteht explosionsartig Wasserdampf. Durch die Volumenänderung können große Gesteinsmengen (mehrere km³) gesprengt werden. Man spricht hierbei von einer „phreatomagmatischen" Explosion.

Hinweise zum Unterricht

Zum Einstieg der Stunde kann das Bild 1 „Ausbruch des Vulkans Eyjafjallajökull" projiziert werden. Die Schülerinnen und Schüler werden aufgefordert, das Bild zu beschreiben. Zur Verstärkung der Problematik kann zusätzlich ein Bild am Flughafen festsitzender Passagiere gezeigt werden. Die Schülerinnen und Schüler werden aufgefordert, eine Verbindung zwischen beiden Bildern herzustellen. Daraus kann die Leitfrage der Stunde erwachsen: Wieso bringt ein Vulkanausbruch den Flugverkehr zum Erliegen?
In einem ersten Unterrichtsschritt sollen daher die Ausbruchseigenschaften eines Vulkans verdeutlicht werden. Auch sollen die Schüler zwischen Schicht- und Schildvulkan unterscheiden und aufgrund der starken Explosionsleistung (erkennbar im Bild 1 und Abb. 2) erkennen, dass es sich beim Eyjafjallajökull um einen Schichtvulkan handelt. In einem zweiten Schritt werden die Besonderheiten (Gletscherüberlagerung, Schmelzwasserkontakt mit Magma und die Folgen) mithilfe des Textes erarbeitet. Auch die möglichen Gefährdungen für den Luftverkehr, die von einem solchen Ausbruch ausgehen, sollen mithilfe des Textes und Abbildung 2 verdeutlicht werden.

Zur Vertiefung oder zum Transfer stehen anschließend verschiedene Optionen zur Verfügung: Zur Verdeutlichung der Bedrohung menschlicher Siedlungsräume durch Vulkanausbrüche in Europa (bspw. am Ätna in Sizilien) kann Aufgabe 5 dienen. Die Anfertigung eines Modells setzt eine Durchdringung der Funktionsweise eines Vulkans voraus und ermöglicht eine bessere Vorstellung von Vulkanen. Die Arbeitsergebnisse sollten dabei verglichen und entsprechend gewürdigt werden. Die Anwendungsaufgabe eignet sich als Hausaufgabe und entlastet spätere Stunden vor.

Hinweise zu den Materialien

Das Thema ist sehr gut geeignet, Blockmodelle (mit Längsschnitt) von den Schülern (z. B. aus Styropor, Pappe oder Salzteig) anfertigen zu lassen.

Lösung der Basisaufgaben

1 Ordne den Buchstaben im Blockbild die richtigen Begriffe aus dem Text zu. (AFB I)

A – Lava
B – Bomben
C – Asche und Lapilli
D – Krater
E – Lavaschicht
F – Ascheschicht
G – Magmakammer
H – Eruptionssäule/Aschewolke

2 Beschreibe mithilfe des Textes und der Abbildungen, warum sich der Vulkanausbruch des Eyjafjallajökull so stark auf die Luftfahrt auswirken konnte. (AFB I)
Durch das Aufeinandertreffen von heißem Magma mit Gletschereis und Wasser entsteht eine mächtige Eruptionssäule aus Aschepartikeln und Wasserdampf. Aschepartikel in der Luft können erhebliche Schäden/Störungen an Triebwerken (bis hin zum Ausfall), Außenhülle und Instrumentenflug verursachen. Die rasche und durch den Einfluss der Höhenwindsysteme flächenmäßig weit ausgedehnte Aschewolke (von Nordamerika über weite Teile Europas bis nach Russland) führte zum Erliegen des kompletten europäischen Luftverkehrs.

3 Vergleiche Schicht- und Schildvulkane nach folgenden Aspekten: Art des Ausbruchs, Lavaeigenschaft, Form, Ausdehnung. (AFB II)

	Schichtvulkan	Schildvulkan
Ausbruch	explosionsartig	ruhig fließend
Lava	dickflüssig	dünnflüssig
Form	kegelförmig	schildförmig
Ausdehnung	gering	weit

Die Fließfähigkeit der Lava wird durch ihre chemische Zusammensetzung bestimmt. Generell gilt, dass basische (SiO_2-arme) Lava dünnflüssig, hingegen saure (SiO_2-reiche) Lava dickflüssig ist.

4 Partnerarbeit: Fertigt jeweils ein Modell der beiden Vulkantypen aus Pappe, Knete oder Salzteig an. (AFB III)
Individuelle Schülerlösung. Bei der Besprechung auf idealtypischen Modellcharakter hinweisen.

5 Lokalisiere mithilfe des Atlas Beispiele innerhalb Europas, in denen dicht besiedelte Gebiete durch Vulkane bedroht sind. (AFB II)
Lösungen abhängig vom eingeführten Schulatlas. Im Haack Weltatlas finden sich auf S. 91 Karten vom Ätna. Weitere Beispiele: Vesuv, Stromboli, Kanarische Inseln.

Anwendungsaufgabe

6 Recherchiere, ob bzw. wie sich Vulkanausbrüche vorhersagen lassen. (AFB II)
Grundsätzlich lassen sich Vulkanausbrüche nicht präzise vorhersagen, jedoch lässt sich die Wahrscheinlichkeit anhand beobachtbarer Faktoren berechnen. Anhand seismischer Aktivität (Seismometer), verstärkte Ausgasung schwefelhaltiger Gase in Vulkannähe oder gesteigerte Förderleistung von (heißen) Quellen in Vulkannähe lassen sich mögliche Vulkanausbrüche vorhersagen.

Medientipps

Lernen im Netz:
– Vulkane (Online-Code z6xt6a)
– Animation Schichtvulkan (Online-Code 37t3b3)
Material: Vulkanmodell basteln (Online-Code 96tt2n)

Unterrichtsvorschlag

Unterrichtsphase	Inhaltlicher Schwerpunkt	Methodisches Vorgehen / Sozialform	Medien / Materialien
Einstieg	Ein Vulkanausbruch	UG: Bild 1 beschreiben	SB S. 62. Bild 1 (Alternative: Auftaktfoto SB S. 54/55)
Erarbeitung I	Vorgänge beim Ausbruch unterschiedlicher Vulkantypen	EA/PA	SB S. 63, Aufg. 1, 3, M3
Ergebnissicherung I	Zusammenfassung	UG (evtl. mit Folie Blockbild)	OHP
Erarbeitung II	Auswirkungen von Vulkanausbrüchen und Gefahrenzonen	PA/GA	SB S. 63, Aufg. 2, 5, M2, Atlas
Ergebnissicherung II	Zusammenfassung	UG	
Hausaufgabe	Modell eines Vulkans	PA/EA	SB S. 62/63, Aufg. 4

Still und starr ruht der See?

Kompetenzen

Die Schülerinnen und Schüler können …
- Gefahren durch einen Vulkanausbruch benennen und nach ihrer Reichweite ordnen;
- einer thematischen Karte gezielt Informationen entnehmen;
- eine Kartenskizze erstellen;
- ausgewiesene Evakuierungszonen sachlogisch begründen.

Grundbegriffe

Maar, Gefahrenzone, Gaseruption, pyroklastischer Strom

Sachinformationen

Der Laacher See ist Teil des Vulkanfelds der Osteifel. Zusammen mit der Westeifel markieren die 350 hier vorhandenen Intraplattenvulkane eine Störungslinie im europäischen Plattengefüge. Bei seinem letzten Ausbruch vor ca. 13 000 Jahren, einem der heftigsten Vulkanausbrüche der jüngeren Erdgeschichte, wurden Schätzungen zufolge zwischen 6 und 24 km³ Gestein verlagert. Diese Explosivität lässt sich auf den Eruptionstyp, eine sog. phreatomagmatische Eruption, bei der Grundwasser mit aufsteigendem Magma in Berührung kommt, erklären. Das Grundwasser ändert beim Kontakt mit der ca. 1 000 °C heißen Gesteinsschmelze plötzlich seinen Aggregatzustand und vervielfacht sein Volumen dadurch. Umgebendes Gestein wird dabei regelrecht gesprengt. Neben den ohnehin am Vulkan vorhandenen Gefahren (Bomben, Lapilli, Lavaströme) kommen mit gewaltigen Aschewolken, Druckwellen, Gasexplosionen und pyroklastischen Strömen (Mischung aus brennenden Gasen, Asche- und Staubpartikeln) weitere Gefährdungen hinzu. Am Laacher See spielt die Lage in unmittelbarer Nähe zum deutlich tiefer liegenden Mittelrheintal eine große Rolle, da bspw. Lava- wie auch pyroklastische Ströme dem Relief folgen. Beim letztmaligen Ausbruch entstand durch ein Gemisch aus Lava und Asche ein Damm im Rheintal, der den Rhein bis etwa auf Höhe des heutigen Rhein-Main-Gebiets aufgestaut hat.
Die Aktivität der Störungslinie, die sich durch das Vulkanfeld der Osteifel zieht, lässt sich durch Ausgasung nachweisen. Am Laacher See treten solche Ausgasungen an den Mofetten des Ostufers auch für Schülerinnen und Schüler erfahrbar hervor.
Hinweise auf ein Ansteigen der vulkanischen Aktivität würde eine Hebung des Geländes, gesteigerte seismische Aktivität, verstärkte Ausgasung CO_2- und SO_2-haltiger Gase und eine Erhöhung der Temperatur und Schüttung von Quellen in der Region geben.

Hinweise zum Unterricht

Mithilfe der Bildsequenz 2, 4, 5 und 7 werden die Schülerinnen und Schüler aufgefordert, über mögliche Verbindungen und Zusammenhänge zwischen den einzelnen Fotos zu spekulieren. Zu Bild 4 sollte erläuternd kurz beschrieben werden, dass es an den Stellen der sprudelnden Ausgasung am Ostufer des Laacher Sees auch stark nach Schwefel riecht und diese Ausgasung auf eine mögliche vulkanische Aktivität im Untergrund hindeuten kann. Eine kurze Bewusstmachung der Lage des Laacher Sees als Intraplattenvulkan inmitten einer dicht besiedelten Region ist hilfreich. In Kombination zwischen dem beschriebenen Ausbruch vor 13 000 Jahren, der beschriebenen Ausgasung am Ostufer und den auffordernden Bildern 5 und 7 soll die Problematisierung der Stunde erwachsen: Wie würde man die Menschen im Umfeld des Laacher Sees bei einem erneuten Vulkanausbruch in Sicherheit bringen? Ein bereits ausgearbeiteter Evakuierungsplan für dieses Szenario existiert nicht.
Diese Aufgabe lässt sich am besten in einer arbeitsteiligen Gruppenarbeit erledigen. In einem ersten Schritt erfassen die Schülerinnen und Schüler die betroffenen Gebiete und die Anzahl der potenziell bedrohten Einwohner. In Aufgabe 2 können sie ihr Vorwissen mit einbringen und fehlende Informationen aus dem Text herausarbeiten. Die somit erfassten Daten werden in einer Karte visualisiert. Alternativ hat sich auch ein Layer-Aufbau mittels Folien bewährt. Die Schülerinnen und Schüler können auf einer Folie beispielsweise die Entfernungsradien um den Laacher See einzeichnen, auf einer weiteren die potenziellen Gefahrenzonen ausweisen und, im Hinblick auf die Vertiefung, auf einer dritten Folie die Evakuierungsrouten markieren. Alternativ kann hier bei entsprechenden Vorkenntnissen und Ausstattungen mit einem GIS gearbeitet werden.
Durch die Folien können auch Arbeitsergebnisse einzelner Gruppen durch Übereinanderlegen schnell verglichen werden. Entscheidend ist es, die Schüler zum Begründen ihrer jeweiligen Entscheidungen aufzufordern und sie anzuregen, mögliche Szenarien (bspw. Straßen durch Erdbeben unpassierbar; Luftrettung aufgrund von Ascheregen unmöglich) zu durchdenken. Die Gruppenarbeit bleibt weitgehend ergebnisoffen, da der Planungsprozess im Mittelpunkt steht. Wichtig ist eine sachlogische Begründung der getroffenen Entscheidungen.
Insbesondere die Ausweisung von Zonen, in die evakuiert werden soll, kann sich als schwierig gestalten, da viele Faktoren (z. B. vorgehaltene Einrichtungen und Unterkünfte) nur in sehr zeitintensiven Recherchen erarbeitet werden können. Hier muss im Sinne einer didaktischen Reduktion generalisiert werden.

Hinweise zu den Materialien

In der Gruppenarbeitsphase werden Grundkarten, Folien und geeignete Schreibutensilien benötigt. Für eine erste Erarbeitung sind Vergrößerungen der Karte 6 (bspw. auf DIN A4) und DIN-A4-Transparentfolien ausreichend. Für eine abschließende Präsentation hat sich eine größere Karte des Untersuchungsraums bewährt. Hier können im Baumarkt erhältliche Malerfolien als Layer zurechtgeschnitten werden.

Lösung der Basisaufgaben

1 Arbeite mit der Karte 6:

a) Benenne Städte, die in 20 und 50 Kilometer Umkreis um den Laacher See liegen. (AFB I)

20 km-Umkreis: Mendig, Mayen, Andernach, Sinzig, Linz, Remagen, Bad Neuenahr-Ahrweiler, Neuwied sowie Außenbezirke von Koblenz

50 km-Umkreis: alle Orte in 20 km-Umkreis, des weiteren Neustadt (Wied), Altenkirchen, Hachenburg, Selters, Montabaur, Nassau, Bad Ems, Lahnstein, Boppard, St. Goar, Kaub, Emmelshausen, Treis-Karden, Cochem, Zell, Daun, Gerolstein, Adenau, Ahrbruck, Bad Münstereifel, Mechernich, Rheinbach, Bad Honnef, Bad Hönningen, Bad Breisig, Außenbezirke von Bonn

b) Ermittle die ungefähre Mindestanzahl der gefährdeten Menschen.

20 km-Umkreis: ca. 250 000 Einwohner (Städte und Gemeinden)

50 km-Umkreis: ca. 1 Mio. Einwohner

2 Erstelle eine tabellarische Übersicht über die Gefahren, die von einem erneuten Vulkanausbruch des Laacher Sees ausgehen können. Ordne deine Listen nach Entfernungen. (AFB II)

Reichweite vulkanischer Gefahren (vereinfacht)

Bomben	unmittelbares Umfeld – 6 km
Lapilli	bis zu 10 km
Asche (hohe Intensität, windabhängig)	bis zu 45 km
pyroklastische Ströme	bis zu 40 km
Lavaströme (reliefgebunden)	bis zu 15 km (keine Angabe im Text)
Druckwelle	bis zu 5 km
Gaseruption	bis zu 5 km

Bitte beachten Sie, dass zur Erstellung dieser Tabelle aus Gründen der didaktischen Reduktion statistische Daten vereinfacht wurden.

3 Erkläre Folgegefahren, die sich aus Karte und Text noch ableiten lassen. (AFB II)

Durch die Aufstauung des Rheins durch einen Damm aus vulkanischen Materialien, wie es laut Rekonstruktionen des letzten Ausbruch des Laacher-See-Vulkans der Fall war, kann der Rhein im Mittelrheintal aufgestaut werden. Dies führt zu einer Verschärfung der Evakuierungsproblematik, da v. a. die Stadt Koblenz und alle Siedlungen im Mittelrhein-, Mosel- und Lahntal evakuiert werden müssten. In Folge eines Dammbruchs besteht eine Gefährdung der rheinabwärts gelegenen Metropolen.

4 Erstelle eine Kartenskizze der bei einem erneuten Ausbruch des Laacher Sees gefährdeten Bereiche. (AFB II)

Individuelle Schülerlösung. Als Kartengrundlagen eignen sich vergrößerte Kopien aus M6, sowie geeignete topografische Karten (Maßstab ca. 1:100 000). Methodische Hinweise s. o.

5 Unterteile die Region rund um den Laacher See in mindestens drei Bereiche und weise jedem begründet eine Evakuierungsrichtung zu. Großräume oder Großstädte eignen sich als Richtungsangaben. (AFB III)

Individuelle Schülerlösung. Vorherrschende Windrichtung beachten.

Zonierungsvorschlag (Szenario Wind aus W/SW):
Zone 1: unmittelbares Umfeld (ca. 7-km-Kreis) des Laacher Sees, höchste Gefährdung. Bei plötzlichem, unerwartetem Ausbruch ist keine Rettung/Evakuierung möglich, No-go-Area.
Zone 2: bis ca. 20–25 km Entfernung um den Laacher See. Evakuierung vorrangig in südliche (Rhein-Main-Region) und südwestliche Richtung (Trier, Saarbrücken)
Zone 3: …

6 Gestaltet ein Lernplakat zum Thema „Der Laacher See – eine mögliche Katastrophe". (AFB III)

Individuelle Schülerlösung. Methodische Hinweise zur Erstellung eines Lernplakats SB S. 214.

Medientipps

Üben interaktiv: Vulkanismus (Online-Code 4q2rd5)

Unterrichtsvorschlag

Unterrichtsphase	Inhaltlicher Schwerpunkt	Methodisches Vorgehen / Sozialform	Medien / Materialien
Einstieg	Problemstellung: Vulkanausbruch steht bevor, Menschen müssen in Sicherheit gebracht werden	UG: Bildersequenz beschreiben, evtl. kurzer LV: Ausbruch des Laacher Sees vor 13 000 Jahren, Hypothesen aufstellen	SB S. 64/65, M2, 4, 5, 7 sowie Einführungstext
Erarbeitung I	Gefahren beim Vulkanausbruch, potenziell gefährdete Gebiete und ihre Einwohner	aGA	SB S. 65, Aufg. 1, 2
Ergebnissicherung I	Gefahren beim Vulkanausbruch, potenziell gefährdete Gebiete und ihre Einwohner	aGA: Erstellen einer Kartenskizze (s. Hinweise zum Unterricht und Material)	M6 oder Grundkarten in Kopie, Folien und geeignete Stifte
Erarbeitung II	Evakuierungszonen	aGA	SB S. 65, Aufg. 5
Ergebnissicherung II	Zusammenfassung/Diskussion		
Vertiefung	Methodenkritik/Besprechung/Präsentation der Ergebnisse	UG/Plakate	evtl. Plakate, Arbeitsergebnisse

Die Erde bebt ...

Kompetenzen

Die Schülerinnen und Schüler können ...
- die Entstehung von Erdbeben beschreiben;
- Plattenbewegungen als Ursachen am Raumbeispiel identifizieren;
- die Entstehung eines Tsunamis erklären.

Grundbegriffe

Erdbeben, Richterskala, Seismograf, Tsunami

Sachinformationen

Erdbeben sind Erschütterungen der Erdoberfläche, die durch Vorgänge in der festen Erdkruste ausgelöst werden. Einsturzbeben entstehen beim Einsturz größerer, unterirdischer Hohlräumen und haben dabei nur lokalräumliche Reichweite. Vulkanische Beben treten häufig im Zusammenhang mit Vulkanausbrüchen durch die Verlagerung von festen und flüssigen Gesteinsmassen und den daraus resultierenden veränderten Gewichtsverhältnissen auf. Die mit ca. 90% weitaus häufigsten tektonischen Beben entstehen durch das Auflösen gewaltiger Druckspannungen in den Gesteinsformationen des Untergrunds. Die Entstehung deckt sich mit den Schwächezonen der Erdkruste an den Plattengrenzen, besonders an destruktiven und konservierenden Plattengrenzen. Durch Verhakungen beim Vorbeigleiten oder Abtauchen einzelner Platten werden die Spannungen erzeugt, die sich dann durch plötzliche Bruchverformung mit Erschütterungen entladen.

Tsunamis (jap.: Flut im Hafen) können durch im Verlaufe eines Erdbebens ausgelöste Plattenstöße oder gravitative Massenbewegungen (z. B. große untermeerische Rutschungen) ausgelöst werden. Die Wellenbewegung erfolgt vom Initialort aus in konzentrischen Kreisen oder als Wellenwand in aufeinanderfolgenden Wellen. Auf dem offenen Meer sind die Wellenbewegungen nur leicht wahrnehmbar, im ansteigenden Küstenbereich behält die Welle ihre Energie und Amplitude bei und türmt sich dabei zu ihrer zerstörerischen Höhe auf. Die hohe Geschwindigkeit der Wellen und der durch die fehlende Reibung im Wasser hohe Energieerhalt verstärken die Zerstörungskraft.

Im konkreten Beispiel des Tokohu-Erdbebens erfolgte aufgrund der Intensität des Erdbebens eine massive Schädigung an Gebäuden (trotz erdbebensicherer Bauweise im hoch technisierten Japan) und Infrastruktur (bspw. die Autobahn-Hochtrassen in Ballungszentren). Die extrem dichte Besiedlung Japans verstärkte die Auswirkung des Bebens mit über 18500 Toten. Beim Beben riss die Erdkruste auf 400 km Länge bis in 70 km Tiefe auf. Die Platten bewegten sich dabei um ca. 27 m horizontal und 7 m vertikal, versetzen Japan um 2,40 m nach Osten und senkten die Küsten an einigen Stellen um 1,20 m herab. Der folgende Tsunami erreichte die Küste Japans nur wenige Minuten nach dem Erdbeben und überflutete weite Teile Japans.

Hinweise zum Unterricht

Da Erdbeben in vielen Teilen der Welt immer wieder gravierende Schäden anrichten, sollte hier wenn möglich ein tagesaktuelles Beispiel zur Behandlung von Erdbeben gewählt werden.

Lösung der Basisaufgaben

1 Beschreibe die Entstehung eines Erdbebens. (AFB I)
Erdbeben entstehen durch Vorgänge in der festen Erdkruste. Die häufigsten Beben entstehen durch das Auflösen gewaltiger Druckspannungen in den Gesteinsformationen des Untergrunds. Die Entstehung deckt sich mit den Schwächezonen der Erdkruste an den Plattengrenzen. Durch Verhakungen beim Vorbeigleiten oder Abtauchen einzelner Platten werden Spannungen erzeugt, die sich dann durch plötzliche Bruchverformung mit Erschütterungen entladen.

2 Erkläre mithilfe der Karte 5, wie sich die Platten vor Ost-Japan bewegen. (AFB II)
Das Aufeinandertreffen von Pazifischer, Philippinischer, Chinesischer, Ochotskischer und Nordamerikanischer Platte führt zu erheblichen Spannungs- und Stresszonen in dieser Region. Die treibende Kraft ist die Pazifische Platte, welche ostwärts unter die übrigen Platten subduziert. Dabei schiebt sie die Philippinische Platte mit gesteigertem Druck ostwärts in die Chinesische Platte.

3 Erläutere, warum im Falle des Erdbebens vom 11. März 2011 in Japan eine Flucht kaum möglich war. Bedenke dabei die Abfolge der Ereignisse. (AFB II)
Durch das dem Tsunami vorausgegangene Beben wurden große Teile der Verkehrsinfrastruktur und damit der Fluchtwege unpassierbar. Die hohe Besiedlungsdichte Japans verhindert ein Aufsteigen in höher gelegene Bereiche auf anderen Wegen als den zerstörten Straßen. (Hinweis auf Augenzeugenbericht, M3)

Erweiterungsaufgaben

4 Erkläre die Entstehung eines Tsunamis. (AFB II)
Tsunamis können durch Plattenstöße oder gravitative Massenbewegungen (z. B. große untermeerische Rutschungen) ausgelöst werden. Die Wellenbewegung erfolgt vom Initialort aus in konzentrischen Kreisen oder als Wellenwand in aufeinanderfolgenden Wellen. Auf dem offenen Meer sind die Wellenbewegungen nur leicht wahrnehmbar, im ansteigenden Küstenbereich behält die Welle ihre Energie und Amplitude bei und türmt sich dabei zu ihrer zerstörerischen Höhe auf.

⑤ Erkläre, welche Veränderungen ein Tsunamifrühwarnsystem überwachen muss, um eine verlässliche Warnung geben zu können. **(AFB II)**

Ein Frühwarnsystem muss in erster Linie die seismischen Aktivitäten in der Region überwachen. Weiterhin können auch Veränderungen vulkanischer Aktivitäten im Großraum (s. auch SB. S.64) Indikatoren eines bevorstehenden Bebens sein.

Medientipps

Material: Richter-Skala (Online-Code 4x42jb)
Üben interaktiv: Erdbebenentstehung (Online-Code 6r633i)

Unterrichtsvorschlag

Unterrichtsphase	Inhaltlicher Schwerpunkt	Methodisches Vorgehen / Sozialform	Medien / Materialien
Einstieg	Naturkatastrophe Erdbeben	UG	SB S.66, Bild 2
Erarbeitung I	Ursachen für Erdbeben	EA/PA	SB S.67, Aufg. 1, 2, Text, M5
Ergebnissicherung I	Ursachen für Erdbeben	UG: Zusammenfassung, Vergleich	
Erarbeitung II	Tsunami als Folgeerscheinung in Küstengebieten	EA/PA	SB S.67, Aufg. 4, 5, Text, M4
Ergebnissicherung II	Zusammenfassung	EA	SB S.67 Aufg. 3

Leben und Überleben in Erdbebenregionen

Kompetenzen

Die Schülerinnen und Schüler können …
- Maßnahmen der Erdbebenvorsorge nennen;
- im Text beschriebene Verhaltensmaßnahmen beim Erdbeben in ihre Lebenswelt übertragen;
- den Texten gezielt Sachinformationen entnehmen und in andere Darstellungsformen übertragen;
- erkennen und schätzen, was es für Menschen bedeutet, in einem Risikoraum zu leben und zu wirtschaften.

Grundbegriffe

erdbebensicheres Bauen, Katastrophenhilfe

Sachinformationen

In besonders durch Erdbeben gefährdeten Regionen, wie beispielsweise Japan, kommen der Vorsorge und dem Katastrophenschutz eine große Bedeutung zu. Regelmäßige Übungen zum richtigen Verhalten im Notfall werden von Kindesbeinen an durchgeführt. Auch die Koordinierung und der Vorhalt von Rettungs- und Suchteams werden permanent trainiert und geübt. In Krisenfällen sind solidarisches Handeln und gegenseitige Hilfe unabdingbar. So führt die deutsche Bundesanstalt Katastrophenhilfe (THW) mit über 80 000 ehrenamtlichen Helfern weltweit humanitäre Einsätze durch. Auch die Rettungsdienste leisten mit ihren ehrenamtlichen Verbänden oft dringend benötigte Hilfe im Krisenfall.

Hinweise zum Unterricht

Diese Wahldifferenzierungsseite bietet den Schülerinnen und Schülern die Möglichkeit, nach Interessenlage eine Herangehensweise an das Thema auszusuchen. Die Sprechblasen geben dabei die zu erarbeitenden inhaltlichen Schwerpunkte an.
Eine Vorstellung der jeweils erarbeiten Ergebnisse kann im Unterrichtsgespräch oder in methodisch-kommunikativen Verfahren wie bspw. einem Marktplatz oder Kugellagerverfahren erfolgen. Für lernschwache Gruppen kann es hilfreich sein, im gleichen Wahlbereich ein Think-Pair-Share Verfahren anzuwenden, um möglichst viel Eigenständigkeit bei der Erarbeitung zu erreichen.

Lösung der Basisaufgaben

Lebensalltag in Erdbebengebieten (S. 68)

1 Beschreibe das Schwingungsverhalten der Gebäude in Grafik 1. (AFB I)
Gebäude v. l. n. r.: Die Verstrebungen lassen ein Mitschwingen des Gebäudes in alle Achsenrichtungen zu, da Stoßkräfte von je einer Bewehrungsachse aufgefangen werden können. Verwindungen und Drehungen im Baukörper werden so mini-

miert. In der mittleren Abbildung gleicht das Gebäude die Horizontalbewegung im Erdbebenfall durch ein Nachschwingen höherer, flexibler Gebäudeteile (Massenträgheit) aus. Im letzten Fall ermöglichen flexible Grundpfeiler oder Lagerstützen im Fundament eine Gesamtbewegung des Baukörpers.

2 Erkläre das richtige Verhalten im Falle eines Erdbebens im Klassenraum. (AFB II)
siehe M2: Zunächst sollten möglichst viele überlebenswichtige Hohlräume (Baunischen, unter massiven Möbelstücken u. dgl.) aufgesucht werden. Damit wird auch der Kontakt zu splitterndem Fensterglas oder umfallenden Möbeln wie bspw. Schränken oder Tafeln minimiert. Mögliche Feuerquellen, die es abzuschalten gilt, können Gasleitungen oder elektrisches Licht und Anlagen sein. Um mögliche Fluchtwege offen zu halten, sollte die Tür geöffnet werden. Wenn ein geordneter Rückzug möglich ist, empfiehlt sich die Flucht ins Freie.

3 „Präventiver Erdbebenschutz ist nur etwas für Reiche." Nimm Stellung zu dieser Aussage. (AFB III)
Präventiver Erdbebenschutz durch Hochtechnologie (Frühwarnsysteme, dauerhaftes Monitoring etc.), Vorhalt von Rettungskräften und Vorgaben wie erdbebensicheres Bauen (s. Aufgabe 1) sind meist sehr teuer und daher hauptsächlich in entwickelten Ländern anzutreffen. Regelmäßige Übungen und Schulungen im korrekten Verhalten können aber grundsätzlich in allen Erdbebenregionen der Welt durchgeführt werden.

Erdbebenhilfe aus Deutschland (S. 69)

1 Beschreibe den Ablauf eines Rettungseinsatzes für ein Erdbeben, indem du ein Ablaufdiagramm zeichnest. (AFB I)
siehe Skizze unten

2 „Wir versuchen zunächst das Überleben mithilfe aller zur Verfügung stehenden Mittel zu sichern." Erkläre, was diese Aussage konkret bedeutet. (AFB II)
Zusatzinformation: Hilfe im Erdbebengebiet ist an einen engen zeitlichen Korridor gebunden. Rettungsorganisationen gehen davon aus, dass die Überlebensrate Verschütteter nach 72 Stunden drastisch absinkt.
Ein Rettungseinsatz beginnt daher mit der schnellen Entsendung von Suchhundeteams und dem benötigten technischen Bergungsgerät. Diese beginnen vor Ort mit der Koordination und der Durchführung der Suche. In einer zweiten Welle wird durch die Bereitstellung von Trinkwasseraufbereitungsanlagen (s. Ablaufschema) überlebenswichtiges Wasser hergestellt. Diese Versorgung kann bis zu mehreren Monaten in der Krisenregion verbleiben.

3 Beurteile die Bedeutung ehrenamtlicher Mitarbeit für die Rettungsdienste. (AFB III)

Da Erdbeben zwar häufig, aber nicht stetig auftreten, werden die meisten Rettungskräfte (bspw. THW, Rettungshundestaffel etc.) auf ehrenamtlicher Basis organisiert. Von den wenigen hauptamtlichen Stellen koordinieren meist Spezialisten die Hilfseinsätze, schulen ehrenamtliche Hilfskräfte und führen Wartungs- und Instandhaltungsmaßnahmen durch. Das Ehrenamt ist im Rettungswesen unerlässlich.

Hinweis: Diese Aufgabe eignet sich in Kombination mit einem Rechercheauftrag (Internetrecherche, Befragung von Ortsgruppen) als Hausaufgabe.

Medientipps

Üben interaktiv: Leben in Vulkanregionen (Online-Code he47j2)

aktuelle und vergangene Einsätze des THW: www.thw.de/DE/Aktion/Einsaetze/einsaetze_node.html

Bundesverband Rettungshunde:
www.bundesverband-rettungshunde.de

Infoblatt Erdbebensicheres Bauen:
www2.klett.de/sixcms/list.php?page=miniinfothek&miniinfothek=Geographie%20Infothek&article=Infoblatt+erdbebensicheres+Bauen+in+Peru

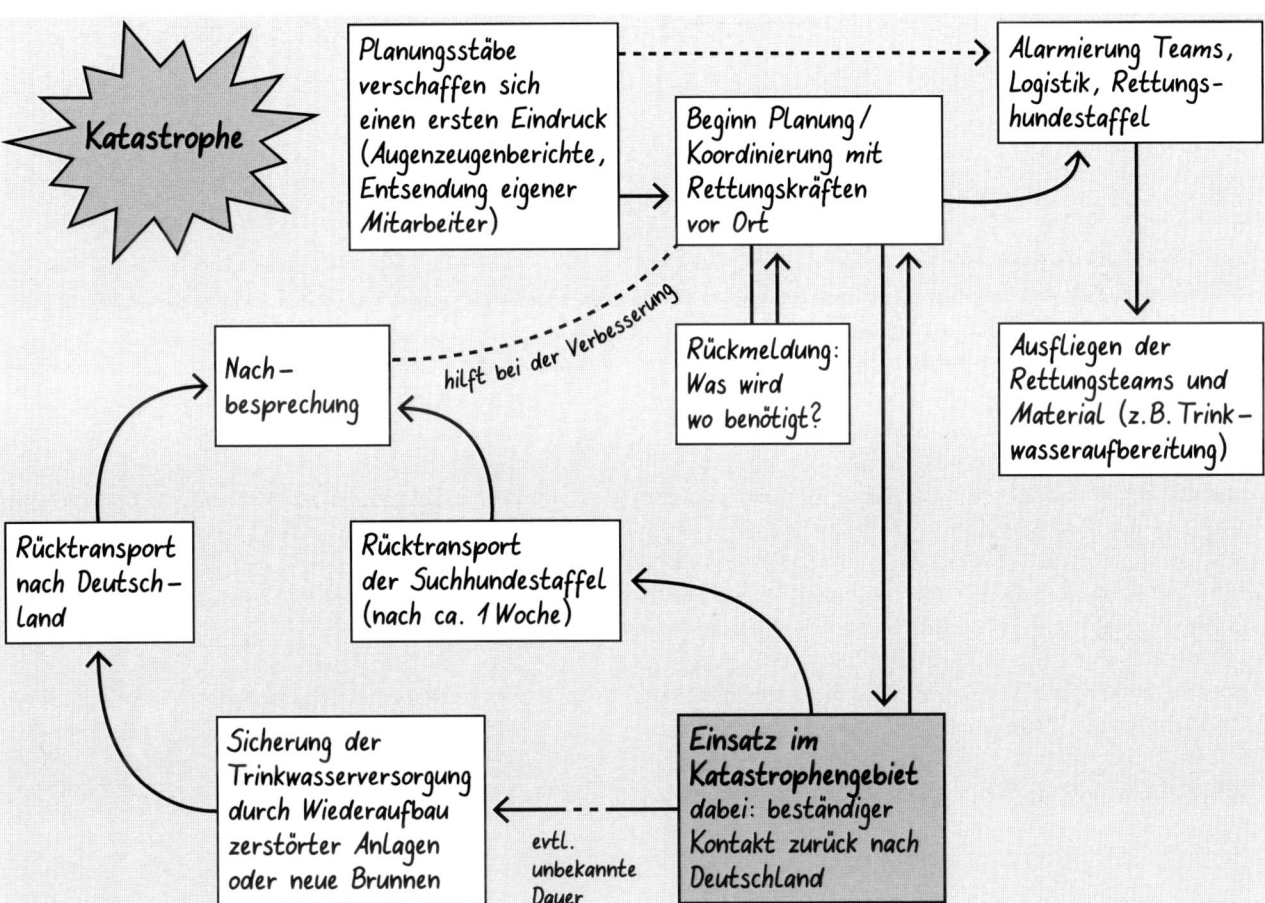

Lösung zu Aufgabe 1, S. 69: Ablaufdiagramm

Unterrichtsvorschlag

Unterrichtsphase	Inhaltlicher Schwerpunkt	Methodisches Vorgehen / Sozialform	Medien / Materialien
Einstieg (gemeinsam)	Wie kann man in Erdbebenregionen leben, nach einem Erdbebenereignis überleben?	UG: Erläuterung Wahldifferenzierung nach Interesse	
Erarbeitung (nach Interesse)	Lebensalltag in Erdbebengebieten/ Katastrophenhilfe	EA (Think) oder PA (Pair)	SB S. 68, Aufg. 1–3 oder SB S. 69, Aufg. 1–3
Ergebnissicherung I	Zusammenfassung, Vergleich	GA (Share) in Kleingruppen	
Ergebnissicherung II	Vorstellen der gewonnenen Erkenntnisse der jeweils anderen Gruppe	Marktplatz- oder Interviewverfahren	

Den Ursachen auf der Spur

Kompetenzen

Die Schülerinnen und Schüler können …
- den Schalenbau der Erde erklären;
- die Messung und Ausbreitung von seismischen Wellen erläutern;
- Unterschiede im Aufbau kontinentaler und ozeanischer Kruste nennen;
- ein Modell des Schalenbaus der Erde anfertigen.

Grundbegriffe

Schalenbau der Erde (Erdkruste, Erdmantel, Erdkern), Seismograf, Hypozentrum, Epizentrum

Sachinformationen

Die Entstehungspunkte eines Erdbebens (Herd oder Hypozentrum) liegen meist 5 – 30 km unter der Erdoberfläche, seltener in größeren Tiefen bis zu 700 km. Senkrecht darüber an der Erdoberfläche liegt das Epizentrum des Bebens. Vom Hypozentrum aus laufen P-Wellen (Druckwellen, Longitudalwellen) und S-Wellen (Scherwellen, Transversalwellen) als Oberflächen- oder als Raumwellen in ihrer jeweiligen Richtung aus. Ihre Reichweite richtet sich nach der Stärke des Erdbebens. Aus der unterschiedlichen Ausbreitungsgeschwindigkeit der Wellenarten kann man die Entfernung vom Erdbebenherd bestimmen. P-Wellen sind mit einer Durchschnittsgeschwindigkeit von 10,4 km/s die schnelleren gegenüber den S-Wellen mit 5,5 km/s. Die Stärke eines Erdbebens wird auf der nach oben offenen Richterskala gemessen. Sie basiert auf der seismografischen Messung eines Bebens. Es handelt sich um eine logarithmische Skala, sodass jeder Punkt mehr die zehnfache Stärke des vorherigen Werts hat. Ein Beben der Stärke 7 ist zehnmal stärker als ein Beben der Stärke 6 und hundertmal stärker als eines der Stärke 5. Erschütterungen bis etwa zur Stärke 3 werden vom Menschen nicht wahrgenommen, von schweren Beben spricht man ab Stärke 6. Jährlich werden mehr als 10 000 Beben gezählt, von denen aber die meisten Mikrobeben sind, welche nur von Seismografen registriert werden. Auch die meisten Makrobeben bleiben unter der Stärke 5 und richten nur geringen Schaden an.
Erdbebenwarten und Messstationen registrieren weltweit Veränderungen in der Erdkruste. Aus diesen Messdaten können bereits früh Warnungen für bestimmte Regionen ausgesprochen werden. Auch wird auffälliges Tierverhalten (Schlangen unterbrechen ihre Winterruhe, Haustiere werden unruhig, …) als Vorhersagemöglichkeit eingesetzt. Eine präzise Vorhersage ist allerdings nach wie vor nicht möglich.

Hinweise zum Unterricht

Hier bietet sich fächerverbindender Unterricht oder ein kooperatives Lernarrangement mit Physik oder Biologie an.
Ein möglicher Schülerversuch beruht auf zwei Piezo-Mikrofonen, die die Ausbreitung von Schallwellen (beispielsweise induziert durch das Schlagen auf die Tischplatte mit der flachen Hand) aufnehmen. So kann mit einem einfachen Versuchsaufbau mit dem Schallwellendurchgang durch verschiedene Materialien experimentiert werden.
Viele Smartphones benutzen einen Bewegungssensor zum automatischen Drehen des Bildschirms. Dieser kann von entsprechenden Apps auch als Seismograf genutzt werden. Somit kann man unkompliziert eigene Versuche entwickeln lassen.

Lösung der Basisaufgaben

1 Erkläre, wie Erdbebenmessungen zur Erkundung des Erdkörpers beitragen. (AFB II)
Die unterschiedliche Bewegungsgeschwindigkeit von Druck- und Scherwellen (Text, Abb. 3 und 4) lassen nicht nur die genaue Bestimmung von Hypo- und Epizentrum zu. Sie ermöglichen es, aufgrund von Verzögerungen und Unregelmäßigkeiten im Fortbewegungsablauf Rückschlüsse auf die Beschaffenheit von Erdmantel und Erdkern zu ziehen. Teile der Druckwellen werden an den Dichtesprüngen an den Schalengrenzen abgelenkt und legen somit eine längere Distanz zurück. Durch die Messung der Zeit kann man auch die Lage der Dichtesprünge im Erdinneren bestimmen.

2 Erläutere mithilfe des Textes und der Grafik 4 den Schalenbau der Erde. (AFB II)
An den festen Erdkern schließt sich nach außen der Erdmantel an. Der obere Erdmantel ist plastisch (Asthenosphäre), nur sein äußerer Teil ist aufgrund der abnehmenden Temperatur fest. Dieser bildet zusammen mit der Erdkruste die Gesteinshülle der Erde (Lithosphäre).

3 Erkläre die Begriffe Epizentrum und Hypozentrum. (AFB II)
Das Hypozentrum ist der eigentliche Erdbebenherd im Erdinneren, von welchem die Erschütterungen ausgehen. Das Epizentrum eines Erdbebens liegt senkrecht über dem Hypozentrum an der Oberfläche. Es ist in der Regel das am stärksten erschütterte Gebiet.

4 Vergleiche den Aufbau der Gesteinshülle im ozeanischen und kontinentalen Bereich. (AFB II)
kontinentale Kruste: dick (fast 50 km), sehr alt (4 Milliarden Jahre), überwiegend Granit
ozeanische Kruste: dünn (knapp 10 km), relativ jung (200 Millionen Jahre), überwiegend Basalt

Anwendungsaufgabe

5 Stelle den Schalenbau der Erde in einem Modell dar.
(AFB II/III)
Individuelle Schülerlösung gemäß Abb. 4 (geeignete
Materialien sind Styrodur, Knete, Salzteig).

Medientipps

Lernen im Netz: Aufbau der Erde (Online-Code bb93xn)
Üben interaktiv: Schalenbau der Erde (Online-Code f5u4r8)

Unterrichtsvorschlag

Unterrichtsphase	Inhaltlicher Schwerpunkt	Methodisches Vorgehen / Sozialform	Medien / Materialien
Einstieg	Leitfrage: Wie erforscht man Erdbeben?	UG	SB S. 70/71, M 1, 2
Erarbeitung	Schalenbau, Aufbau der Kruste, Ausbreitung von Erdbebenwellen, Hypo-/ Epizentrum nachvollziehen	EA oder PA	SB S. 70/71, Aufg. 1–4
Ergebnissicherung	Zusammenfassung, Vergleich	HA	SB S. 70/71, Aufg. 5

Platten in Bewegung

Kompetenzen

Die Schülerinnen und Schüler können …
- die Theorie der Kontinentalverschiebung von Alfred Wegener nachvollziehen;
- Begründungen für die Theorie nachvollziehen;
- die Phasen der Entstehung der Kontinente erkennen;
- die Verteilung der Erdbebengebiete erklären.

Grundbegriffe

Plattentektonik, Kontinentalverschiebung

Sachinformationen

Die von Alfred Wegener vorgetragene Theorie der Kontinentaldrift war revolutionär. Er wies z.B. auf die Umrisse der Kontinente hin, insbesondere die Westküste Afrikas und die Ostküste Südamerikas „passen" gut aneinander, sodass die Vermutung nahe lag, dass sie einmal eine gemeinsame Landmasse gebildet haben. Während Wegener den Bewegungsmechanismus als ein passives Treiben der Kontinente erklärte, betrachten die Anhänger der modernen Plattentektonik die Asthenosphäre (oberer Mantel) als Hauptförderband, auf dem die gesamte Lithosphäre (kontinentale und ozeanische Kruste) verschoben wird. Diese Theorie versucht die Entstehung von Vulkanismus und Erdbeben, von Faltengebirgen und Tiefseegräben zu erklären.

Mit Ausnahme weniger vulkanischer Inselgruppen (z.B. Hawaiianische Inselgruppe), deren Entstehung heute mithilfe der Hotspot-Theorie erklärt wird, treten Erdbeben und Vulkanismus dem plattentektonischen Modell entsprechend in räumlicher Nähe von Plattengrenzen auf.

Die Erdbeben entlang der mittelozeanischen Rückensysteme sind Flachbeben (Hypozentren 0–70 km) und in ihrer Ausprägung schwach; die Seafloor-Spreading-Theorie geht hier von einer vertikal aus dem Erdmantel hervortretenden Magma als kennzeichnendem Bewegungsvorgang aus. Die Erdbeben entlang der Transformationsstörungen (z.B. San-Andreas-Spalte/Kalifornien) sind an bis zu 50 km tiefe Hypozentren gekoppelt, weisen allerdings keinerlei vulkanische Begleiterscheinungen auf. Die Bewegungsvorgänge deuten auf eine seitliche Entlastungsverschiebung der Erdkrustenteile hin. Die stärkste seismische Aktivität kann im Bereich der Abtauchzonen, den Tiefseegräben, festgestellt werden: Es handelt sich hier um flach- bis tiefherdige Bebenzonen (Hypozentren bis 700 km Tiefe) mit Begleiterscheinungen inaktiver Vulkanketten, wie etwa entlang der peruanisch-chilenischen Küste und im Gebiet der Aleuten und Japans. Ein vierter Typ von Bebenzonen zeichnet sich durch breit gestreute, eher unregelmäßig verteilte Bebenherde mit mitteltiefen Hypozentren (bis 100 km Tiefe) aus und kann stets in kontinentalen Bereichen geologisch junger Falten- bzw. Kettengebirgsgürtel (z.B. südostasiatischer Bereich, über dem Himalaya und Kaukasus bis Südeuropa reichend) nachgewiesen werden.

Hinweise zum Unterricht

Wichtig sind bei der Theorie der Plattentektonik die Feststellungen,
- dass die Platten Kontinente und Meeresböden tragen,
- dass die Platten sich bewegen (und die darauf liegenden Kontinente mit ihnen),
- dass die Platten ständig in Bewegung sind.

Weiterhin ist wichtig, die Plattenbewegung durch die unterschiedliche Masse der ozeanischen und kontinentalen Kruste zu erklären und dabei zu betonen,
- dass die dünne ozeanische Kruste schwerer als die dicke kontinentale Kruste ist,
- dass das Absinken der ozeanischen Kruste unter die kontinentale Kruste die Ursache aller weiteren Phänomene ist.

Lösung der Basisaufgaben (S. 73)

1 Kontinentalverschiebung:

a) Erläutere Wegeners Theorie der Kontinentalverschiebung. **(AFB II)**

Die Form der Kontinente (Südamerika/Afrika), bestimmte Gebirgsstrukturen und Fossilienfunde legen nahe, dass die Kontinente einmal zusammengehört haben und nach einem Zerbrechen auseinanderdriften.

b) Einige Forscher waren von seiner Theorie nicht überzeugt. Nenne mögliche Gründe. **(AFB I)**

Es gab keine plausible Erklärung für die Driftbewegungen.

2 Stelle fest, welche heutigen Kontinente zu Gondwana und welche zu Laurasia gehört haben (siehe Karten 1). **(AFB II)**

Gondwana: Südamerika, Afrika, Indien, Australien, Antarktis
Laurasia: Nordamerika, Europa, Asien

3 Beschreibe mithilfe der Karten 1, wie die Erde vermutlich in 100 Millionen Jahren aussehen wird. **(AFB I)**

Nord- und Südamerika liegen weiter im Westen, Europa/Asien weiter im Osten, Afrika weiter im Norden, das Mittelmeer ist kleiner als heute

Anwendungsaufgaben

4 Werte die Karte 2 aus. Orientiere dich dabei an der Schrittigkeit auf Seite 76. **(AFB II)**

Die Karte zeigt Wegeners Untersuchungsergebnisse. Über die Legende können Informationen z.B. zu Gebirgsstrukturen, Vegetation, Gletscherspuren der Karte zugeordnet werden. Die Anordnung der frühen Kontinente kann durch die übereinstimmende Lage dieser Informationen verifiziert werden.

5 Stelle einen Zusammenhang zwischen Karte 4 und dem Auftreten von Vulkanen (siehe Seite 76) her. **(AFB II)**

Es besteht ein Zusammenhang zwischen den Plattengrenzen und den Hauptverbreitungsgebieten der Vulkane.

Lösung der Basisaufgaben (S.75)

6 Erläutere mithilfe des Textes sowie der Grafiken 5 und 6 die unterschiedlichen Plattenbewegungen und deren Folgen. **(AFB II)**

Absinken der ozeanischen Kruste, dabei Aufschmelzen der Kruste zu Magma, welches aufsteigt, gleichzeitig Entstehung von Tiefseegräben in der Abtauchzone (Subduktionszone), parallel zu Hochgebirgsketten (Aufstauchung). Absinken der ozeanischen Kruste führt zu Dehnung der Erdkruste in anderen Bereichen, sowohl im Bereich der Ozeanböden (Sea-Floor-Spreading), als auch im Kontinentalbereich (Grabenbruch). Zusammenstoßen kontinentaler Platten, Folge: Aufschiebung von Hochgebirgen. Scherung bewirkt Verhakungen mit Spannungsaufbau. Alle Bewegungen haben Vulkanismus und Erdbeben zur Folge.

7 Beschreibe die Bewegungen der Platten (Seite 73, Karte 4) und erläutere, was an den Plattenrändern geschieht. **(AFB II)**

Die Pazifische Platte wandert nach Westen, die Nazca-Platte nach Osten, die Nordamerikanische Platte nach Nordwesten, die Südamerikanische Platte nach Westen; Tiefseegraben und Hochgebirgsketten längs der amerikanischen Westküste, häufiges Auftreten von Erdbeben und Vulkanausbrüchen; Dehnungszonen im Bereich des Ostpazifischen Rückens. Auseinanderrücken der amerikanischen Platten (nach Westen) und der Eurasischen Platte (nach Osten) und der Afrikanischen Platte (nach Nordosten); Dehnungszone im Bereich des Mittelatlantischen Rückens (Erdbeben und Vulkanismus). Dehnungszone ebenfalls im Bereich der auseinanderrückenden Nachbarplatten der Antarktischen Platte (Erdbeben). Konvergierende Bewegungen vor allem an den Rändern der Eurasischen und Chinesischen Platte zur Pazifischen und zur Indisch-Australischen Platte (Erdbeben und Vulkanismus), aber auch in Bereichen kleinerer Platten (Iranische und Arabische Platte, einige

unbenannte). Grabenbrüche vor allem in Ostafrika und Westeuropa, ebenfalls verknüpft mit Erdbeben und Vulkanismus

8 Begründe, warum sich die Platten bewegen. **(AFB II)**

Bewegung der Platten durch Subduktionsvorgänge aufgrund unterschiedliche physikalischer Eigenschaften (Dichte) der beteiligten Platten und somit Eintauchung der ozeanischen Platten in die Fließzone (Asthenosphäre).

Erweiterungsaufgaben

9 Überlegt in Kleingruppen eine geeignete Versuchsdurchführung zum Versuch 7 und skizziert anschließend das Ergebnis. **(AFB III)**

Individuelle Schülerlösung.

10 Arbeite mit dem Atlas, der Karte 4 auf Seite 73 und der Karte 1 auf Seite 76. Erkläre den Hotspot-Vulkanismus am Beispiel der Hawaii-Inseln. **(AFB II/III)**

An einigen Stellen steigt Magma ortsfest auf (Hotspot), während sich eine Platte sehr langsam darüber hinwegbewegt. Es kommt zum Aufschmelzen der Platte und zur Bildung von Vulkankegeln. Findet der Vorgang an einer ozeanischen Platte statt, ragt der Vulkan irgendwann aus dem Wasser heraus, eine Insel (Hawaii) ist entstanden.

Medientipps

Lernen im Netz:
– System Plattentektonik (Online-Code du9ag9)
– Auffaltung des Himalaya (Online-Code 78b8zi)
Üben interaktiv: Lückentext Plattentektonik
(Online-Code c9n6ke)
Material: Mystery Plattentektonik (Online-Code h5hd6a)

Unterrichtsvorschlag

Unterrichtsphase	Inhaltlicher Schwerpunkt	Methodisches Vorgehen/Sozialform	Medien/Materialien
Einstieg	Die Erde als Riesenpuzzle?	UG: Theorie von A. Wegener	SB S.72, M1
Erarbeitung I	Urkontinente	EA	SB S.72, M2, M3
Ergebnissicherung I	Die Theorie der Plattentektonik	PA	SB S.73, Aufg. 1–3
Erarbeitung II	Die Gliederung der Erdkruste	UG	SB. S.73, M4
Ergebnissicherung II	Die Gliederung der Erdkruste	EA	SB S.73, Aufg. 4
Hausaufgabe	Die Gliederung der Erdkruste	HA	SB S.73, Aufg. 5

Unterrichtsvorschlag (2. Stunde)

Unterrichtsphase	Inhaltlicher Schwerpunkt	Methodisches Vorgehen/Sozialform	Medien/Materialien
Einstieg	Plattentektonik	Impuls: Warum bewegen sich die Platten?	
Erarbeitung I	Plattenbewegungen und deren Folgen	UG	SB S.74, M5
Ergebnissicherung I	Plattenbewegungen und deren Folgen	PA oder aGA: Bearbeitung der einzelnen Plattenbewegungen	SB S.74/75, Aufg. 6 u. 7, Text
Erarbeitung II	Ursache der Plattenbewegung	PA	SB S.75, Aufg. 8
Übung/Festigung	Versuchsplanung	GA: Grundlage Aufg. 9 HA: Bearbeitung von Aufg. 10	SB S.75, Aufg. 9 SB S.75, Aufg. 10

Eine thematische Karte auswerten

Kompetenzen

Die Schülerinnen und Schüler können …
- eine thematische Karte erkennen und deren Eigenschaften benennen;
- eine thematische Karte aufgabengeleitet auswerten;
- die Lage des pazifischen Feuerrings beschreiben.

Grundbegriffe:

thematische Karte, pazifischer Feuerring

Sachinformationen

Neben topografischen Karten, die die Gestalt der Erde möglichst anschaulich wiedergeben, liefern thematische Karten Informationen zu einem bestimmten Thema. Mithilfe von Symbolen und (Flächen-)Signaturen werden Zusammenhänge im Bezug zum Raum dargestellt. Diese Informationen erfolgreich lesen und dekodieren zu können, ist eine wichtige geographische Aufgabe.

Der pazifische Feuerring (Pacific Ring of Fire) stellt global betrachtet die vulkanisch aktivste Zone unseres Planeten dar. Er umfasst eher U-förmig den Pazifischen Ozean an drei Seiten, entlang der Kollisions- und Subduktionszonen zwischen der Australischen, Eurasischen, Nord- und Südamerikanischen Kontinentalplatte mit ihren jeweiligen ozeanischen Plattengrenzen. Neben den häufigen Vulkanausbrüchen kommt es entlang des pazifischen Feuerrings auch immer wieder zu schweren Erdbeben und in der Folge zu Tsunamis.

Hinweise zum Unterricht

Diese Methodendoppelseite steht in engem inhaltlichen Zusammenhang zu den bereits bearbeiteten Seiten. Der Schwerpunkt liegt jedoch auf der Einübung der geographischen Kartenauswertung. Nach dem Einüben der kleinteiligen Schritt-für-Schritt-Anleitung für die Karte kann mit Aufgabe 1 zunächst das Ver-

ständnis der Herangehensweise am kleinräumigen Ausschnitt Europas überprüft werden. Die Anwendungsaufgaben 2 und insbesondere 3 sollten dann ausführlich vom Schüler angefertigt werden.

Lösung der Basisaufgaben

1 Erläutere, inwiefern Europa von Vulkanausbrüchen und Erdbeben betroffen ist. **(AFB II)**
Kontinentaleuropa ist durchschnittlich von Erdbeben und Vulkanausbrüchen betroffen. Der Norden Europas (nördlich der deutschen Mittelgebirge) ist gar nicht betroffen. Insbesondere die Mittelmeeranrainer und Island sind jedoch als Gebiete mit häufigen Erdbeben gekennzeichnet. Vulkanausbrüche weist die Karte vor allem für die Türkei, Italien, die Azoren, die Kanaren und Island aus. Im Verhältnis zu den Pazifikanrainern ist dies eine geringe Gefahr, im Vergleich zum erdbeben- und vulkanismusfreien Australien ist es ein hoher Wert.

Anwendungsaufgaben

2 Erläutere, in welchen Regionen Europas Erdbebenschutzmaßnahmen nötig sind. **(AFB II)**
Erdbebenschutzmaßnahmen sind in allen Gebieten, die eine Gefährdung durch Erdbeben, also durch rote Färbung gekennzeichnet sind, anzuraten. Im Einzelnen sind dies die Türkei, Anrainer von Schwarzem und Kaspischem Meer, Griechenland, die Balkanstaaten, Italien, der Alpenraum, Spanien, Portugal, Island und Südeuropa (Abgrenzung Europas am Bosporus). In diesen Gebieten finden groß- und lokalräumliche Plattenbewegungen statt (den SuS könnte bspw. die alpidische Gebirgsbildung oder der Oberrheingrabenbruch bekannt sein), die immer wieder für Erdbeben sorgen.

3 Seismologen bezeichnen eine Plattengrenze als „Ring of Fire". Beschreibe die Lage und erkläre diese Bezeichnung. **(AFB II)**
s. Sachinformationen

Unterrichtsvorschlag

Unterrichtsphase	Inhaltlicher Schwerpunkt	Methodisches Vorgehen/Sozialform	Medien/Materialien
Einstieg	Ein neuer Kartentyp? Unterschiede zwischen topografischen und thematischen Karten	UG	SB S.76, M1, evtl. Atlaskarte (vergleichbarer Ausschnitt)
Erarbeitung	Auswertung thematischer Karten	EA	SB S.76/77, Text, Aufg. 1
Ergebnissicherung	Auswertung thematischer Karten	UG	
Vertiefung	Pacific Ring of Fire	EA/PA	SB S.77, Aufg. 3
alternative Vertiefung (kürzer)	Anwendung von erlerntem Wissen: Erdbebenschutz in Europa	EA/PA	SB S.77, Aufg. 2

Geothermie im Oberrheingraben

Kompetenzen

Die Schülerinnen und Schüler können ...
- das geothermische Potenzial von Rheinland-Pfalz beschreiben;
- die Funktionsweise eine Geothermiekraftwerks erklären;
- Potenziale und Risiken endogener Kräfte für das Leben und Wirtschaften der Menschen erkennen und bewerten.

Grundbegriffe

Geothermie, Plattentektonik, Grabenbruch

Sachinformationen

Geothermie bezeichnet die effektive Nutzung der Erdwärme, die in den oberen Zonen der Erdkruste vorhanden ist. Die Energie aus Geothermie zählt zu den regenerativen Energien und wird sowohl in Form von Wärme als auch zur Erzeugung von Strom genutzt.

Für tiefe Geothermieprojekte (ab 400 m Tiefe) ist die Region des Oberrheingrabens ein wichtiger Standort. Zwischen Schwarzwald und Vogesen, zwischen Odenwald und Pfälzer Wald liegt die nach den Alpen wohl prominenteste geologische Großstruktur Mitteleuropas – der Oberrheingraben. Im Zusammenhang mit der Alpenbildung wurde die Erdkruste hier großmaßstäblich gedehnt, sodass im Zentrum eine tektonische Grabenstruktur von über 200 km Länge und 30 km Breite entstand.

Landau in der Südpfalz hat mit über 100 °C/km den höchsten geothermischen Gradienten in Mitteleuropa. Im Oberrheingraben-Durchschnitt beträgt die Temperaturzunahme mit der Tiefe ca. 80 °C/km. Verglichen mit dem Normalwert für Mitteleuropa von ca. 30 °C/km sind das deutliche Unterschiede. Die hohen Temperaturen stehen unmittelbar mit der Grabenbildung in Zusammenhang: Wo sich die Erdkruste und der oberste Teil des Erdmantels (Lithosphäre) dehnen, kommt die darunterliegende heiße Asthenosphäre der Erdoberfläche näher.

Quellen

F. Doebl, R. Teichmüller (1979): Zur Geologie und Geothermik im mittleren Oberrheingraben. In: Fortschritte in der Geologie von Rheinland und Westfalen, Bd. 27, S. 1–17.

fesa – Förderverein Energie- und Solaragentur Region Freiburg e. V. (2005): Geothermie am Oberrhein. Leitfaden und Marktführer für eine zukunftsfähige Energieform. Freiburg, S. 1–72.

LGBR (2004): Webseiten des Landesamts für Geologie, Rohstoffe und Bergbau (LGRB) Freiburg – Fachbereich Geothermie.

Hinweise zum Unterricht

In Rheinland-Pfalz gibt es warme Quellen in Gebieten, in denen aktive Plattenbewegungen herrschen. Das Thema Geothermie im Oberrheingraben ist sehr komplex. Der Schwerpunkt der

Doppelseite beruht auf der Auseinandersetzung mit den Vor- und Nachteilen der Erdwärmenutzung in Deutschland.

Geothermie wird als Teil der sogenannten erneuerbaren Energien in den Medien oft positiv dargestellt. In den betroffenen Regionen zeigen sich jedoch in Form von Hebungen/Senkungen, Schäden und Rissen in Wohnhäusern deutliche Auswirkungen. Die dargestellten Meinungen stellen nur einen Ausschnitt des gesamten Interessenskonflikts dar. Daher wäre die Recherche weiterer Stimmen zur Thematik zu empfehlen.

Lösung der Basisaufgaben

1 Beschreibe das geothermische Potenzial von Rheinland-Pfalz und nenne die derzeitige Nutzung am Beispiel von Landau. **(AFB I)**

Der südöstliche Teil von Rheinland-Pfalz (Standort Landau) stellt durch im Oberrheingrabenbruch entstandene Risse, Spalten und Verwerfungen ein gutes geothermisches Potenzial dar. Aufgrund von Plattenbewegung hat sich hier ein Grabenbruch gebildet, in dessen Rissen und Spalten Grundwasser in großen Tiefen (ca. 3 000 m) vordringt und sich erwärmt.

2 Erkläre die Funktionsweise eines Geothermiekraftwerks. **(AFB II)**

- durch zwei Bohrungen in große Tiefe (< 1 000 m) wird ein Zugang zu den erwärmten Grundwasserschichten geschaffen;
- durch die Förderbohrung gelangt ca. 160 °C heißes Wasser ins Kraftwerk, und erzeugt dort über eine Dampfturbine elektrischen Strom;
- in einem zweiten Kreislauf kann Fernwärme zum Beheizen von großen Gebäuden und Häusern erzeugt werden;
- das „verbrauchte" und abgekühlte Wasser wird über eine Injektionsbohrung wieder in die Tiefe verpresst

3 Pro und Kontra Erdwärmenutzung: Der Bau von Geothermiekraftwerken in Südwestdeutschland ist oft umstritten.

a) Erstelle mithilfe der Materialien eine Tabelle mit positiven und negativen Auswirkungen. **(AFB II)**

positive Aspekte	negative Aspekte
unerschöpfliche Energiequelle	nicht absehbare Langzeitfolgen
umweltfreundliche und nachhaltig nutzbare Energiequelle ohne CO_2-Ausstoß	Erdbeben, Geländesenkung und -hebung
Alternative zu Kohle und Gas (Energiewende)	schwere Schäden und Risse in Wohnhäusern
doppelt nutzbar: Heizung und Strom	kostenintensive Anlagen (Investition und Unterhalt)

b) Bewerte die Nutzung der Geothermie in Kraftwerken am Oberrheingraben. **(AFB III)**

Individuelle Schülerlösung, wobei weitere Stimmen und die aktuelle Berichterstattung berücksichtigt werden sollten.

Medientipps

Animation und Infovideos zur Geothermie:
www.planet-wissen.de/technik/energie/erdwaerme/
pwwberdwaerme100.html
Linksammlung Klett zur Geothermie: www2.klett.de/sixcms/
list.php?page=miniinfothek&miniinfothek=
Geographie%20Infothek&node=Geothermalenergie
Bundesverband der Geothermiewirtschaft mit aktuellen Infos:
www.geothermie.de
Homepage der Bürgerinitiative Geothermie in Landau:
www.geothermie-landau.de

Unterrichtsvorschlag

Unterrichtsphase	Inhaltlicher Schwerpunkt	Methodisches Vorgehen/Sozialform	Medien/Materialien
Einstieg	Geothermie im Oberrheingraben: Nutzung und Bürgerproteste?	Bild 1 und 2 im UG beschreiben und vergleichen	SB S. 78, M1, 2
Erarbeitung I	Geothermisches Potenzial, Funktionsweise eines Geothermiekraftwerks	EA/PA	SB S. 78/79, Aufg. 1, 2
Ergebnissicherung I	Zusammenfassung	UG	
Erarbeitung II	Kritische Auseinandersetzung mit der Erdwärmenutzung in Südwestdeutschland	PA/GA (evtl. Recherche)	SB S. 78/79, Aufg. 3
Ergebnissicherung II/ Diskussion	Zusammenfassung	UG oder Rollenspiel/Diskussion	(evtl. Rollenkarten)
Hausaufgabe	Finde weitere aktuelle Beispiele für Geothermienutzung im Oberrheingraben und Proteste dagegen.	EA	

Leben mit dem Vulkan

Kompetenzen

Die Schülerinnen und Schüler können …
- eine interessengeleitete Entscheidung für die Bearbeitung eines Themas vornehmen;
- die menschliche Auseinandersetzung mit aktivem Vulkanismus am Beispiel des Ätna beschreiben und erklären;
- die Nutzung der Erdwärme am Beispiel Islands beschreiben und erklären;
- eine thematische Karte auswerten;
- eine eigene begründete Meinung entwickeln und vorstellen.

Grundbegriffe

endogene Kräfte, Vulkan

Sachinformationen

Vulkanausbrüche sind folgenschwere Naturkatastrophen. Der Auswurf von Asche, Lava und Gesteinsbrocken führte in der Geschichte und bis heute zur Zerstörung menschlicher Siedlungen und Anbauflächen, also der mühsam aufgebauten Existenz der Menschen. Trotzdem weichen die Menschen nicht, vielmehr nutzen sie intensiv die fruchtbaren Böden, aber auch mittlerweile das touristische Potenzial; dies kann sehr gut am Beispiel des Ätna aufgezeigt werden. Globalen Einfluss hatte der Ausbruch eines isländischen Vulkans im Jahre 2011, der zu einem Stopp der meisten Flüge über Europa führte; ein gutes Beispiel für die Verbindung von Mensch und Natur!
Island ist geologisch gesehen eines der jüngsten Länder der Welt. Die Insel besteht zu 99 % aus vulkanischem Gestein der letzten 16 Mio. Jahre. Grund ist die Lage direkt auf dem Mittelatlantischen Rücken. Zahlreiche Vulkane, Eruptionsspalten, Erdbeben, heiße Quellen bzw. Geysire zeigen die seismische Aktivität auf. Die Nutzung dieser natürlichen Ressource Wärme wird hier sehr deutlich: 80 öffentliche Schwimmbäder, die Erwärmung von Bürgersteigen und Gewächshäusern, die Energiegewinnung stehen dafür.

Hinweise zum Unterricht

Die Wahldifferenzierung dieser DS verfolgt das Ziel, dass die Schülerinnen und Schüler frei nach Interesse entscheiden können, welches Thema sie bearbeiten wollen. Nach der vergleichbaren Einzelarbeit sollen gemeinsam in Partnerarbeit die Gemeinsamkeiten ausgearbeitet werden. Es geht um das Leben mit dem Vulkan, trotz aller Risiken, also um das Naturpotenzial und seine Nutzung durch den Menschen.
Der Entwurf der Werbetexte ist durchaus anspruchsvoll: Hier sollen die Schülerinnen und Schüler entscheiden, welche Informationen im Vordergrund stehen, und welche u. U. verschwiegen werden. Auch kann der sog. Katastrophentourismus angesprochen werden.

Hinweise zu den Materialien

Für beide Themen soll eine thematische Karte als zentrales Medium ausgewertet werden. Das Bildmaterial zeigt die mögliche touristische und landwirtschaftliche Nutzung auf.

Lösung der Basisaufgaben

1 Die Isländer haben kein Energieproblem.
a) Beschreibe die verschiedenen Nutzungen im Land. Arbeite mit der Karte 1. (AFB I)
Fernheizung, Treibhäuser und Schwimmbäder nutzen die Erdwärme, ebenso finden sich Industrieansiedlungen und Elektrizitätswerke.
b) Erkläre, warum auf Island die Temperaturzunahme in der Tiefe besonders groß ist. Arbeite mit dem Atlas. (AFB II)
Island liegt direkt auf dem Mittelatlantischen Rücken. Magma liegt hier also nahe unter der Erdoberfläche. Damit ist die Nutzbarkeit der Erdwärme sehr gut.
c) Entwirf einen Werbetext für den Tourismus auf Island. (AFB III)
Individuelle Schülerlösung.

2 Die Sizilianer siedeln trotz der bekannten Gefahren am Fuß des Ätna.
a) Erkläre die Verteilung der Siedlungen. (AFB II)
Die Siedlungen befinden sich zwischen den Zonen der Lavaströme, die Böden sind aschehaltig und sehr fruchtbar. Damit sind sie geeignet, um Obst, Zitrusfrüchte, Oliven und auch Wein anzubauen. Die Infrastruktur ist gut ausgebaut. Die Gefahr durch den Vulkan ist zumindest nicht so hoch, da die bekannten Lavaströme der bisherigen Ausbrüche immer wieder nur bestimmte Regionen bzw. Bereiche überfahren haben.
b) Beschreibe die konkreten Gefahren für die Siedlungen. Arbeite mit der Karte 4. (AFB I)
Konkret können bei einem erneuten Ausbruch die Lavaströme neue, andere Pfade nehmen und damit gefährlich werden für viele Siedlungen um den Ätna. Dies trifft zu, auch wenn in den letzten Jahrzehnten nur noch im oberen Bereich des Vulkans Lavaströme hinkamen. Konkret bedroht wären dann z. B. Milo und S. Alfio.
c) Entwirf einen Werbetext für den Tourismus am Ätna. (AFB III)
Individuelle Schülerlösung.

Gemeinsame Aufgabe

3 Stellt euch die beiden Werbetexte vor. Wo würdet ihr gerne Urlaub machen? Begründet eure Meinung. (AFB III)
Individuelle Schülerlösung.

Medientipps

Üben interaktiv: Leben in Vulkanregionen (Online-Code he47j2)
Material:
- Vatnajökull-Gletscher (Online-Code w9e84e)
- interaktive Karte Ätna (Online-Code kh229e)

Sowohl für Island als auch für den Ätna gibt es im Internet interessante Angebote für virtuelle Exkursionen.

Unterrichtsvorschlag

Unterrichtsphase	Inhaltlicher Schwerpunkt	Methodisches Vorgehen / Sozialform	Medien / Materialien
Einstieg	Leben mit dem Vulkan – was heißt das?	UG	SB S. 80/81, M2, 3, 5
Erarbeitung I	Wahldifferenzierte Arbeit: Faszination Island/Ätna – der gute Berg	EA	SB S. 80, Aufg. 1 oder 2
Ergebnissicherung I	Wahldifferenzierte Arbeit: Faszination Island/Ätna – der gute Berg	UG (oder PA): Vorstellung der Ergebnisse	SB S. 80/81, Heft/ ggf. Plakat
Erarbeitung II	Urlaub am Vulkan?	GA	SB S. 80/81, Aufg. 3

TERRA TRAINING

Wichtige Begriffe

endogene Kräfte, Erdbeben, Erdzeitalter, Geologie, Kontinental-verschiebung, Plattentektonik, Schalenbau der Erde, Verwitte-rung, Vulkan

Lösung der Aufgaben

Kennen und verstehen

1 Begriffe gesucht (AFB I)
a) Sie können entstehen, wenn Kontinentalplatten aufeinandertreffen.
Erdbeben
b) Die Geschichte unserer Erde wird in unterschiedliche Phasen unterteilt, die einen bestimmten Namen haben.
Erdzeitalter
c) Naturkräfte, die aus dem Erdinneren wirken und haupt-sächlich Großformen der Erdoberfläche hervorbringen.
endogene Kräfte
d) Der Vorgang, der Gesteine unter anderem durch Temperaturveränderung zerkleinert.
Verwitterung

2 Bilderrätsel (AFB I/II)
a) Löse die Bilderrätsel.
Vulkan, Erdbeben
b) Erkläre den Begriff b.
Erdbeben: ruckartige Lösung von Spannungen in der Gesteinshülle der Erde

3 Arbeite mit dem Blockbild 1
a) Benenne die Ziffern. (AFB I)
1: oberer Erdmantel, plastisch; 2: oberer Erdmantel, fest; 3: Nazca-Platte; 4: ozeanische Kruste; 5: Pazifischer Ozean (Chilebecken); 6: Tiefseegraben (Atacamagraben); 7: Hoch-gebirgskette (Anden); 8: Südamerikanische Platte; 9: konti-nentale Kruste; 10: Erdbebenherde; 11: Magmaaufstieg; 12: Fließzone
b) Erkläre, warum es gerade in diesem Bereich besonders häufig zu Erdbeben und Vulkanismus kommt. (AFB II)
Hier stoßen zwei Platten aufeinander: die Nazca-Platte und die Südamerikanische Platte. Es ist eine Subduktionszone, die als Motor der Plattentektonik gesehen wird.

4 Kalifornien im Blick
a) Beschreibe das Foto 3. (AFB I)
Verschiebung" eines Flusses entlang einer „Geländelinie".
b) Was könnte da passiert sein? (AFB II)
Scherungszone

5 Erklärung gesucht (AFB II)
a) Was haben Athen, San Francisco, Tokyo und Istanbul gemeinsam?
Lage an einer Plattengrenze

b) Warum wird der Rand des Pazifischen Ozeans auch „Feuerring" genannt?
Plattenränder rings um den Pazifik mit sehr vielen aktiven Vulkanen

6 Katastophenschutz (AFB II)
a) Was müsste in einem Evakuierungsplan für ein Gefahren-gebiet stehen? Erkläre.
genaue Einwohnerzahlen der betroffenen Landkreise, Ent-fernung vom Gefahrenzentrum, Gefährdungseinordnung, Evakuierungsrichtungen, …
b) Wohnen in einer Gefahrenzone: Vergleiche Pro- und Kontra-Argumente.
Pro: Heimat, Arbeit, soziales Umfeld …
Kontra: Gefährdung, ständige Angst, evakuiert zu werden…

Fachmethoden anwenden

7 Ein Profil zeichnen (AFB II)
Zeichne mithilfe der Karte 2 ein Profil von der Kirche von Gil-lenfeld bis zum Birkenhof und beschreibe dieOberflächenform.
Individuelle Schülerlösung.

Beurteilen und bewerten

8 Zum Nachdenken (AFB III)
a) Viele kleine Erdbeben schützen vor der großen Katastrophe. Erkläre.
Platten, die sich verhakt haben, bauen Spannung auf, welche von Erdbeben wieder gelöst werden. Wird die Spannung nicht durch mehrere kleinere Beben gelöst, sind die Folgeschäden entsprechend größer.
b) Jules Verne ließ 1884 in seinem Zukunftsroman „Reise zum Mittelpunkt der Erde" die Expedition in Island starten. Ist das – nach heutigen naturwissenschaftlichen Kenntnissen – gut oder schlecht gewählt? Begründe.
Gute Wahl. Island liegt auf dem Mittelatlantischen Rücken, an einer sehr dünnen Stelle der Erdkruste.
c) Stelle Pro- und Kontra-Argumente für den Bau von Wolken-kratzern und Staudämmen in erdbebengefährdeten Gebieten gegenüber.
Pro: auch in diesen Regionen muss Energie erzeugt werden; Notwendigkeit, vielen Menschen Wohnraum und Arbeit zu geben, Prestigedenken
Kontra: unnötige bzw. fahrlässige Gefährdung vieler Menschenleben (Zusammensturz, Überschwemmung)
d) Obwohl die Nutzung der Geothermie in Deutschland ein großes Potenzial hat, ist deren Nutzung bis heute eine Randerscheinung. Beziehe Stellung.
Individuelle Schülerlösung.

9 Schutz vor Erdbeben? (AFB III)
Beurteile anhand von Karte 4, inwiefern Deutschland von Naturkatastrophen bedroht ist.
Individuelle Schülerlösung.

Medientipps

Material: Bogen zur Selbsteinschätzung (Online-Code 5up7px)
Üben interaktiv: Quiz unruhige Erde (Online-Code ph4q9v)

2

TERRA FÜR DICH: Gebirgsbildung und Plattentektonik

Lösung der Aufgaben „Werde sicher!"

1 Ordne die Grafiken 1, 3 und 5 mithilfe der Karte 4 auf Seite 73 dem jeweils passenden Raumbeispiel (Texte 2, 4, 6) zu. **(AFB I)**
- Grafik 1: Entstehung des Himalaya (4)
- Grafik 3: Entstehung des Mittelatlantischen Rückens mit Island (6)
- Grafik 5: Entstehung der Anden und des Atacamagrabens (2)

2 Zeichne die Schaubilder vereinfacht in dein Heft und beschrifte sie mit den Fachbegriffen aus den Infotexten. **(AFB II)**
Individuelle Schülerlösung.
- Text 2: kontinentale Platte, ozeanische Platte, Subduktion, Subduktionszone, Tiefseegraben, Faltengebirge
- Text 4: Faltengebirge, kontinentale Platten
- Text 6: Zentralrücken, Sea-Floor-Spreading, Grabenbruch, ozeanische Kruste

Lösung der Aufgaben „Fordere dich!"

1 Ordne mithilfe der Karten 1 und Karte 4 auf Seite 73 die Stadien des Wilson-Zyklus jeweils dem passenden Raumbeispiel zu. **(AFB II)**
- Grabenbruch-/Rift-/Embryonalstadium: Ostafrikanischer Grabenbruch, Oberrheingraben
- Meeresstadium: Rotes Meer
- Ozeanstadium: Atlantik
- Subduktionsstadium: Pazifik
- (Restmeerstadium: Mittelmeer)
- Kollisionsstadium: Himalaya

2 Schreibe zu dem Foto 2 einen Zeitungsbericht zu den Entwicklungstendenzen des Mittelmeeres und formuliere eine passende Schlagzeile. **(AFB II/III)**
Individuelle Schülerlösung.
Hinweis: Da sich die Afrikanische und die Eurasische Platte aufeinander zu bewegen, schrumpft das Mittelmeer, sodass es die beliebteste Urlaubsregion der Deutschen irgendwann nicht mehr geben wird. Im Zeitungsartikel sollen physisch-geographische Grundlagen zur Plattentektonik mit für die SuS fassbaren Auswirkungen auf unsere Lebenswirklichkeit verknüpft werden. Je nach Wahrnehmung der SuS kann ein wissenschaftlich orientierter (z.B. „Mittelmeerregion nur noch ein Restmeer") oder emotionaler Artikel (z.B. „Erdkruste verschlingt den Ballermann") entstehen.

Exogene Naturkräfte verändern Räume

Zum Themenblock

Exogene Kräfte nehmen starken Einfluss auf die heutige Oberflächenform unserer Erde. Diese Formung fand sowohl in den letzten 500 000 Jahren, vor allem in den Eiszeiten, statt, danach bis zum heutigen Tag allerdings ebenfalls mit großer Nachdrücklichkeit. Gerade in der Zeit des Klimawandels stellt zum Beispiel die Kraft des Wassers die Menschen in Deutschland vor große Herausforderungen. Aber nicht nur die natürlichen Kräfte stehen im Mittelpunkt, sondern vor allem die vom Menschen beeinflussten und zu verantwortenden Veränderungen in der Natur. Dabei es soll nicht bei einer Beschreibung bleiben, sondern soll es perspektivisch weitergedacht werden: Wie kann der Mensch im Einklang mit der Natur leben? Wie kann er sich vorausschauend schützen vor Katastrophen? Diese Katastrophen stehen nicht nur beim Schülerinteresse oben an, sondern stellen auch ein neueres Forschungsgebiet der physischen Geographie dar. Dabei steht die Vulnerabilität einer Natur- und Kulturlandschaft im Zentrum, der Umgang der Menschen mit dem Gefahrenpotenzial, die Vermeidung möglicher abwendbarer Gefahren. So geht es im Alpenraum mittlerweile um den Schutz ganzer Talregionen vor Lawinen und Blockhalden im Zuge der Erwärmung, aber auch um Evakuierungsszenarien. An der Küste wird nachgedacht über Antworten auf einen möglichen Meeresspiegelanstieg und an den großen Flüssen im Landesinnern bedrohen die mittlerweile immer häufiger aufkommenden „Jahrhunderthochwasser" die Siedlungen vieler Menschen.

Der Themenblock beschäftigt sich konkret mit den Fragestellungen:
- Wie wirken exogene Naturkräfte an der Erde?
- Wie nutzt und verändert der Mensch Naturlandschaften?
- Wie kann der Mensch mit entstandenen Schäden umgehen und zukünftige vermeiden?

Zur Auftaktdoppelseite

Kompetenzen

Die Schülerinnen und Schüler können ...
- die Dimensionen exogener Kräfte einschätzen;
- motiviert werden für die Herausforderungen, die exogene Kräfte an den Menschen stellen.

Unterrichtsvorschlag

Das Bild zeigt exemplarisch zum einen die faszinierende Dimension der exogenen Naturgewalt, aber auch die Gefahren, die sich für den Menschen daraus entwickeln können. Das Bild soll als Einstieg in den Themenblock Motivationscharakter haben und die Schülerinnen und Schüler auffordern, die wichtigen, gerade für den Menschen erfahr- und erlebbaren Fragestellungen der exogenen Dynamik nachzugehen. Als Vorbereitung könnten die Schülerinnen und Schüler bereits eigenes Bildmaterial aus Urlauben oder aus ihrem Heimatraum zum Thema mitbringen und vorstellen. Daraus ergibt sich dann möglichst im Abgleich mit den Planungen der Lehrerin/des Lehrers eine gemeinsame Planung der Unterrichtsreihe der nächsten Wochen.

Didaktische Struktur

Bezüge zum Lehrplan/Kompetenzübersicht
Die Schülerinnen und Schüler erwerben …
- **Fachkompetenz:** Sie erklären die formende Kraft von Wasser und Eis sowie die Nutzungsmöglichkeiten einer Flussregion und untersuchen die Folgen von menschlichen Eingriffen im Hinblick auf Nutzen und Schaden.
- **Methodenkompetenz:** Sie zeichnen Längs- und Querschnitte oder bauen Modelle, z.B. Flusslauf, Talformen (M7). Sie entwickeln angeleitet einfache Szenarien zu Hochwasser (M8).
- **Kommunikationskompetenz:** Sie verbalisieren Schaubilder, z.B. von Laufkraftwerken, und thematische Karten unter Verwendung von Fachbegriffen (K1, K3).
- **Urteilskompetenz:** Sie reflektieren mediale Inszenierungen, z.B. zu einem aktuellen Hochwasserereignis kritisch (U3).

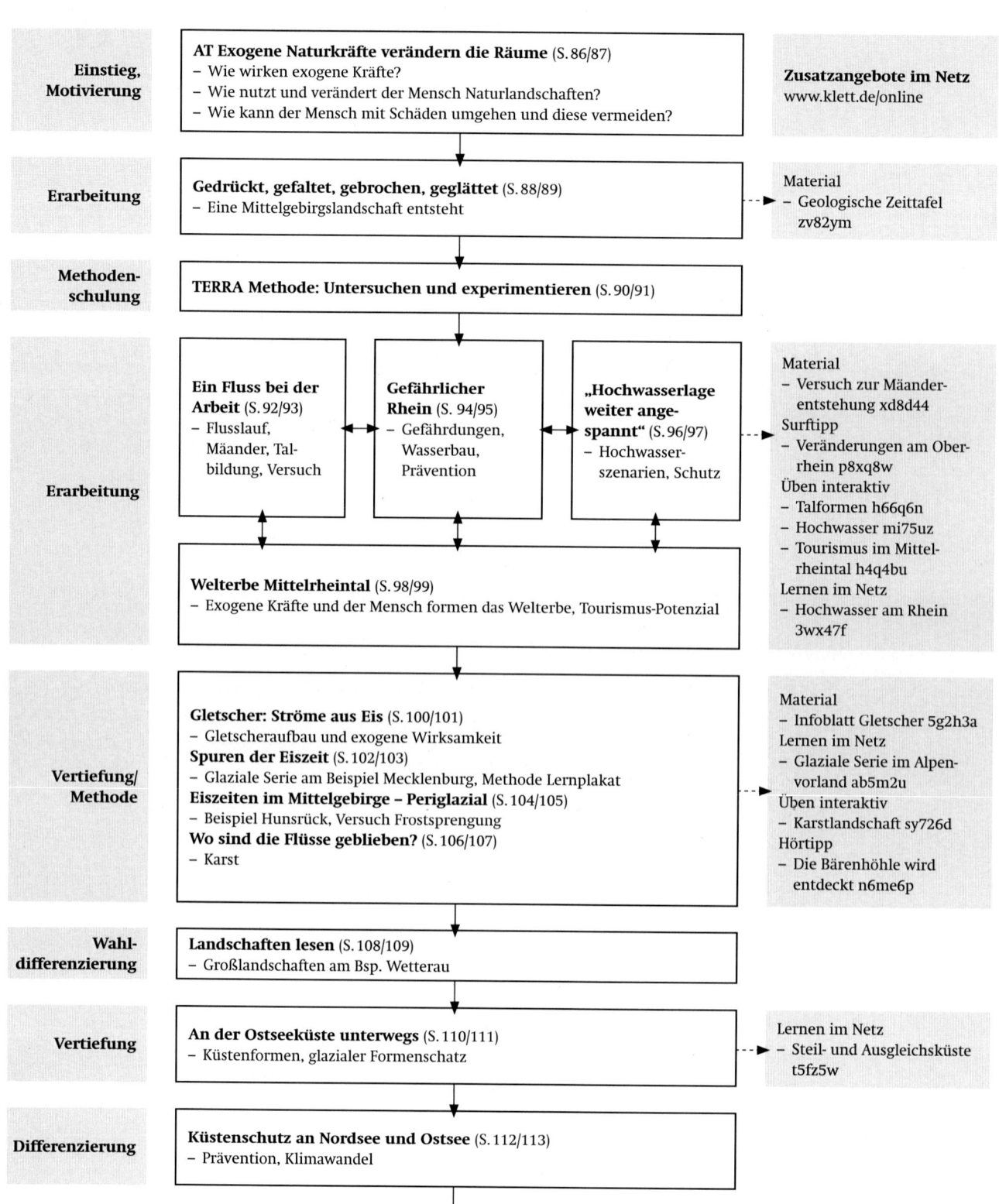

Einstieg, Motivierung

AT Exogene Naturkräfte verändern die Räume (S. 86/87)
– Wie wirken exogene Kräfte?
– Wie nutzt und verändert der Mensch Naturlandschaften?
– Wie kann der Mensch mit Schäden umgehen und diese vermeiden?

Zusatzangebote im Netz
www.klett.de/online

Erarbeitung

Gedrückt, gefaltet, gebrochen, geglättet (S. 88/89)
– Eine Mittelgebirgslandschaft entsteht

Material
– Geologische Zeittafel zv82ym

Methodenschulung

TERRA Methode: Untersuchen und experimentieren (S. 90/91)

Erarbeitung

Ein Fluss bei der Arbeit (S. 92/93)
– Flusslauf, Mäander, Talbildung, Versuch

Gefährlicher Rhein (S. 94/95)
– Gefährdungen, Wasserbau, Prävention

„Hochwasserlage weiter angespannt" (S. 96/97)
– Hochwasserszenarien, Schutz

Material
– Versuch zur Mäanderentstehung xd8d44
Surftipp
– Veränderungen am Oberrhein p8xq8w
Üben interaktiv
– Talformen h66q6n
– Hochwasser mi75uz
– Tourismus im Mittelrheintal h4q4bu
Lernen im Netz
– Hochwasser am Rhein 3wx47f

Welterbe Mittelrheintal (S. 98/99)
– Exogene Kräfte und der Mensch formen das Welterbe, Tourismus-Potenzial

Vertiefung/Methode

Gletscher: Ströme aus Eis (S. 100/101)
– Gletscheraufbau und exogene Wirksamkeit
Spuren der Eiszeit (S. 102/103)
– Glaziale Serie am Beispiel Mecklenburg, Methode Lernplakat
Eiszeiten im Mittelgebirge – Periglazial (S. 104/105)
– Beispiel Hunsrück, Versuch Frostsprengung
Wo sind die Flüsse geblieben? (S. 106/107)
– Karst

Material
– Infoblatt Gletscher 5g2h3a
Lernen im Netz
– Glaziale Serie im Alpenvorland ab5m2u
Üben interaktiv
– Karstlandschaft sy726d
Hörtipp
– Die Bärenhöhle wird entdeckt n6me6p

Wahldifferenzierung

Landschaften lesen (S. 108/109)
– Großlandschaften am Bsp. Wetterau

Vertiefung

An der Ostseeküste unterwegs (S. 110/111)
– Küstenformen, glazialer Formenschatz

Lernen im Netz
– Steil- und Ausgleichsküste t5fz5w

Differenzierung

Küstenschutz an Nordsee und Ostsee (S. 112/113)
– Prävention, Klimawandel

Didaktische Struktur (Fortsetzung)

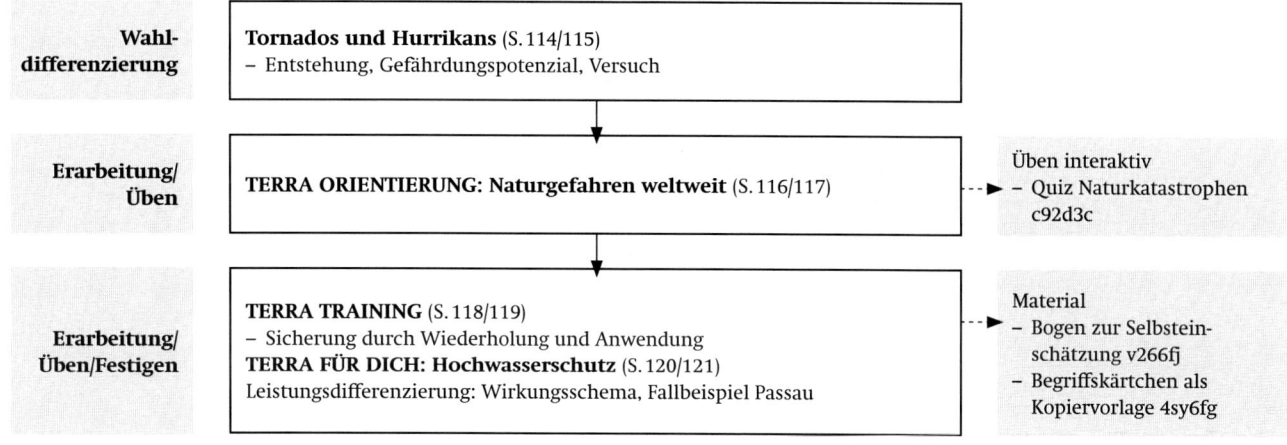

Wahl-differenzierung

> **Tornados und Hurrikans** (S. 114/115)
> – Entstehung, Gefährdungspotenzial, Versuch

Erarbeitung/ Üben

> **TERRA ORIENTIERUNG: Naturgefahren weltweit** (S. 116/117)

Üben interaktiv
– Quiz Naturkatastrophen c92d3c

Erarbeitung/ Üben/Festigen

> **TERRA TRAINING** (S. 118/119)
> – Sicherung durch Wiederholung und Anwendung
> **TERRA FÜR DICH: Hochwasserschutz** (S. 120/121)
> Leistungsdifferenzierung: Wirkungsschema, Fallbeispiel Passau

Material
– Bogen zur Selbstein-schätzung v266fj
– Begriffskärtchen als Kopiervorlage 4sy6fg

Gedrückt, gefaltet, gebrochen, geglättet

Kompetenzen

Die Schülerinnen und Schüler können …
- am Beispiel des Rheinischen Schiefergebirges Prozesse der Orogenese erläutern;
- die Phasen der Entstehung der Kontinente erläutern.

Grundbegriffe

exogene Kräfte, Erosion, Sedimente

Sachinformationen

Das Mittelgebirgsland ist ein Bereich, in dem sich bereits im Karbon ein von SW nach NO streichendes Faltengebirge bildete. Dieses variskische Gebirge wurde wieder abgetragen, seine Rumpffläche senkte sich weiter ab und wurde von mesozoischen Sedimenten überdeckt. Im Paläogen zur Zeit der alpidischen Gebirgsbildungsphase wurde der Rumpf wieder stark beansprucht und in ein Schollenmosaik mit drei Hauptrichtungen zerlegt: SW-NO = variskisch, SO-NW = herzynisch, SSW-NNO = rheinisch. Die über 50 benannten deutschen Mittelgebirge sind alte Bruchschollen oder Schichtstufenländer aus mesozoischen Sedimenten. Vulkanismus kann jeweils hinzukommen.

Hinweise zum Unterricht

Die Erdzeitalter sind bereits bekannt und sollten als Grundlage wiederholt werden. Die Erdgeschichte kann in folgende Abschnitte unterteilt werden:
Erdaltertum: Sedimentablagerung und variskische Hebung + Abtragung.
Beispiele: Schwarzwald, Harz, Taunus, Hunsrück …
Erdmittelalter: Abtragung der Rumpffläche, Sedimentation
Beispiele: Pfälzer Wald, Schwäbische Alb, Odenwald ….
Erdneuzeit/ab Paläogen: Hebung und Abtragung
Beispiele: Alpen, Eifel ….

Hinweise zu den Materialien

Das Thema ist sehr gut geeignet, Blockmodelle (mit Längsschnitt) von den Schülerinnen und Schülern (sehr gut: aus Styropor) anfertigen zu lassen.

Tafelbild

Dieser Vorschlag kann gut an der Tafel mit den Schülerinnen und Schülern entwickelt werden. Zusätzlich sollte im Atlas die geologische Karte von Europa bearbeitet werden (Mittelgebirgsbeispiele suchen und zuordnen); auch sollte dazu eine große geologische Wandkarte aufgehängt werden, auf der die Gebirge verortet und z.B. mit Klebezetteln angezeigt werden können (siehe nächste Seite).

Lösung der Basisaufgaben

1 Zeichne mithilfe von Foto 1 eine Profilskizze des Rheintals und erkläre den Einfluss des Wassers.
Individuelle Schülerlösung.

2 Beschreibe anhand der Blockbilder 4 die Entstehung des Variskischen Gebirges. (AFB I/II)
- Auf dem Meeresboden werden Sand-, Ton- und Kalkschichten abgelagert bzw. sedimentiert.
- Die Sedimente werden durch zwei Platten der Erdkruste zusammengepresst.
- Die gefalteten Schichten werden nach oben gepresst, u.a. durch aufsteigende Lava (Orogenese).
- Das Gebirge wird durch Erosion wieder abgetragen (Erosion).

3 Betrachte das Blockbild 5: Was hat sich seit dem Ende des Erdaltertums geändert? (AFB I/II)
Im Paläogen wurde das flachwellige Gebirge gehoben, es entstanden die heutigen Mittelgebirge. In Folge der Erosion werden die Gebirgskämme immer weiter erodiert und abgetragen. Die Flusssysteme graben sich immer weiter und tiefer ein.

4 Entwickle ein Blockbild für das Rheinische Schiefergebirge, das seinen voraussichtlichen Zustand in 100 Millionen Jahren wiedergibt. (AFB II/III)
Individuelle Schülerlösung. Es sollten v.a. fortschreitende Erosionsprozesse berücksichtigt werden, die die Gebirgskämme und Grate abflachen (Einrumpfung); Vulkanismus kann u.U. (Eifel?!) zu neuen Gebirgsbildungen führen.

Anwendungsaufgabe

5 Arbeite mit dem Atlas (geologische Weltkarte und Europakarte):
a) Gib zu jeder der hier genannten Gebirgsbildungsphasen drei weltweite Beispiele. (AFB I)
   Variskische Gebirge: Hoher Atlas (Nordafrika), Appalachen (Nordamerika), Ural (Asien)
   Alpidische Gebirge: Anden (Südamerika), Atlasgebirge (Nordafrika), Himalaya (Asien)
b) Ordne folgende Gebirge nach ihrer Entstehung: Pyrenäen, Apenninen, Skanden, Harz, Schottisches Hochland. (AFB II)
- Skanden, Schottisches Hochland
- Harz
- Apenninen

Medientipps

Material: Geologische Zeittafel (Online-Code zv82ym)

Tafelbild

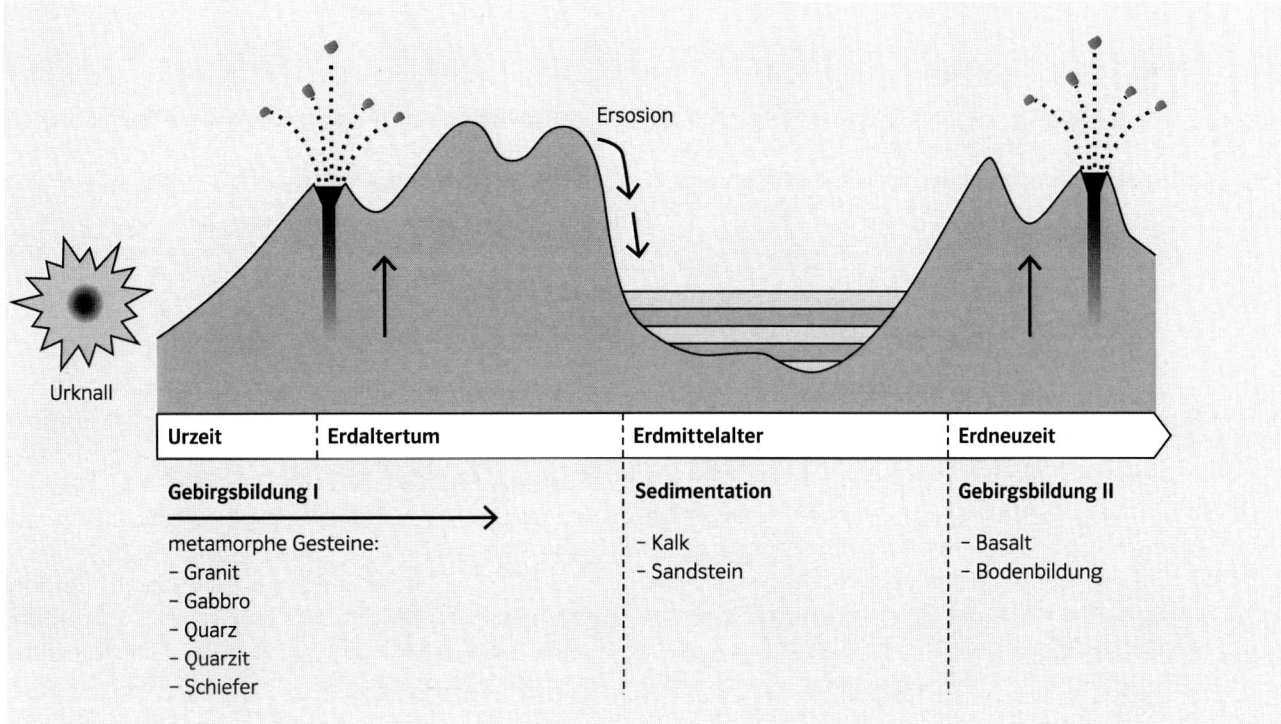

Urknall

| Urzeit | Erdaltertum | Erdmittelalter | Erdneuzeit |

Gebirgsbildung I ⟶

metamorphe Gesteine:
– Granit
– Gabbro
– Quarz
– Quarzit
– Schiefer

Sedimentation

– Kalk
– Sandstein

Gebirgsbildung II

– Basalt
– Bodenbildung

Unterrichtsvorschlag

Unterrichtsphase	Inhaltlicher Schwerpunkt	Methodisches Vorgehen / Sozialform	Medien / Materialien
Einstieg	Versteinerungen im Gebirge	UG	originale Handstücke
Erarbeitung I	Wie ist das Rheinische Schiefergebirge entstanden? Konkret: Eifel oder Hunsrück	UG, EA/PA	SB S. 88/89, M5, Aufg. 1
Ergebnissicherung I	Wie ist das Rheinische Schiefergebirge entstanden?	PA/UG	Blockbild an Tafel, Heft, Whiteboard
Erarbeitung II	Die erdgeschichtliche Entwicklung am Bsp. Deutschlands	UG, PA	SB S. 88/89, Texte, M4, Aufg. 2, 3; Tafel, White-board, Heft
Ergebnissicherung II	Die erdgeschichtliche Entwicklung am Bsp. Deutschlands	gemeinsame Verortung und Sicherung an Tafel und Wandkarte	

Untersuchen und experimentieren

Kompetenzen

Die Schülerinnen und Schüler können …
- den Prozess, Ursachen und Folgen der Bodenerosion erklären;
- die Methode der Versuchsdurchführung in allen Schritten durchführen.

Sachinformationen

Die weltweite Zerstörung von Böden durch Erosion ist ein wichtiges Thema des Erdkundeunterrichts. Der Blick soll hier auf Erosionsprobleme vor unserer Tür gelenkt werden, also z.B. im Weinbau. Man hat sich schon an verschlammte Wege nach Starkregen gewöhnt, Kinder kennen es auch nicht anders.
Flächenzusammenlegung, Aufhebung der Kleinkammerung mit unterstützendem Mauerbau, Bearbeitung mit schweren Geräten – all das bedingt Erosion. Weinbaulich genutzte Areale erreichen ein Vielfaches an Bodenausträgen im Vergleich zu anderen Nutzungsformen. Auch der Oberflächenabfluss durch Verdichtung ist beträchtlich. Erosionsstabile Weinberge sind v.a. im ökologischen Anbau zu besichtigen, wo die Einarbeitung von Humus und anderem organischen Material vermehrt stattfindet. Bei genauerer Betrachtung am Weinberg erkennt man, dass dort, wo Vegetation zwischen den Rebenzeilen steht, der Bodenaustrag vergleichsweise gering ist. Die Haltefunktion der Wurzeln, aber auch der oberflächlichen Vegetation wird besonders dort deutlich, wo die Hangneigung stark ist.

Hinweise zum Unterricht

Auf dieser Seite steht die Methode und ihre Durchführung im Vordergrund! Dem Anspruch der Sekundarstufe I folgend, bearbeitet man hier – streng genommen – einen Versuch. Versuche unterliegen im Prinzip den gleichen Bedingungen wie Experimente, nur müssen diese konsequent isoliert, reproduzierbar und v.a. auch statistisch ausgewertet sein (d.h. es müssen viele Untersuchungsreihen laufen). Dieser Aufwand wird nur in Ausnahmen (z.B. Facharbeit) sinnvoll sein. Somit ist nur als Zusatzinformation das Experiment aufgenommen. Das Zusatzmaterial kann auch einfach als einmaliger Versuch ablaufen. Versuch bzw. Experiment sollten am besten in die Haupterarbeitungsphase der Stunde zum Einsatz kommen.

Im Lehrplan werden einfache Versuche zu Wasser oder Boden angeregt, verbunden mit dem Erwerb der methodischen Kompetenzen. Im Sinne des prozessorientierten Arbeitens können zunehmend selbsttätige und stark schülerorientierte Aufträge erteilt werden, die durchaus auch eine völlig selbstständige Planung, Durchführung und Reflexion beinhalten können (s. Literaturhinweise).

Tipps

Wenn auf dem Schulgelände eine Böschung, eine Mauer oder ein kleiner Abhang vorhanden ist, kann der Erosionsversuch auch leicht draußen stattfinden.
Man kann bei Zeit (möglichst eine Doppelstunde verwenden) auch vor dem Versuch die Schülerinnen und Schüler mit den Materialien eine Anordnung selbst planen lassen, um so die Vorstellungen der Schüler mehr zu integrieren. Ebenso ist es wichtig, die Ergebnisse kritisch zu besprechen und Verbesserungsvorschläge zu machen.

Lösung der Basisaufgaben

1 Beschreibe die Fotos 1 und 2. Erkläre die Unterschiede. (AFB I/II)
Dort, wo keine Vegetation den Aufprall des Regens abpuffert (Abbildung 2), schlägt er quasi den Oberboden fort. Am Fuß der Zeilen wird der fruchtbare Oberboden auf den Weg geschwemmt und ist für den Wingert verloren.
Bild 1 zeigt, dass die Zeilen bepflanzt sind. Hier sind sehr geringe Erosionsschäden zu erwarten, da die Wurzeln der Vegetation den Boden aufhalten.

Anwendungsaufgabe

2 Führt gemeinsam einen Versuch zur Bodenerosion durch und wertet ihn aus. Legt dazu ein Protokoll an. (AFB II/III)
Individuelle Schülerlösung.

Medientipps

- Experimente aus dem Küchenschrank: Boden. Gotha: Justus Perthes Verlag, 2001
- Praxis Geographie, H. 2/2011: Umweltbildung – Kleine Schritte zur Nachhaltigkeit. Braunschweig: Westermann
- Praxis Geographie, H. 7-8 2012: Experimentieren können – Durch Forschen lernen. Braunschweig: Westermann

Unterrichtsvorschlag

Unterrichtsphase	Inhaltlicher Schwerpunkt	Methodisches Vorgehen/Sozialform	Medien/Materialien
Einstieg	Stummer Impuls, Problematisierung	UG	SB S. 90/91, M1, 2, Aufg. 1
Erarbeitung	Versuch Bodenerosion	PA/GA	SB S. 90/91, Schritte; M3, 4, Aufg. 2
Ergebnissicherung	Versuch Bodenerosion: Protokoll und Auswertung	PA/GA	Tafel, Heft

Ein Fluss bei der Arbeit

Kompetenzen

Die Schülerinnen und Schüler können …
- die Gestalt unterschiedlicher Talformen beschreiben und skizzieren;
- die Entstehung unterschiedlicher Talformen erklären;
- den Rhein anhand seiner Gestalt begründet in Flussabschnitte einteilen;
- einen Modellversuch konstruieren, in dem der Zusammenhang zwischen Fließgeschwindigkeit, Gefälle und Transport deutlich wird;
- eine Versuchsauswertung erstellen.

Grundbegriffe

Fluss, Tal, Erosion, Sedimentation, Gefälle, Prallhang, Gleithang, Klamm, Kerbtal, Muldental, Mäander

Sachinformationen

Fließendes Wasser ist eine exogene Kraft, die die Erdoberfläche formt. Abhängig von Gefälle und Beschaffenheit der Oberfläche entstehen unterschiedliche Talformen, die idealtypisch den Flussabschnitten zugeordnet werden können.

Hinweise zum Unterricht

Ausgehend von Aufnahmen unterschiedlicher Talformen, die sich die Schülerinnen und Schüler anhand von Skizzen vergegenwärtigen, ergeben sich Fragen zu deren Entstehungshintergrund. Diesen erarbeiten sie anhand des Blockbildes, ggf. in Kombination mit dem Text. Zur Veranschaulichung der formenden Prozesse Erosion und Sedimentation dient der Modellversuch zur Mäanderbildung. Er ist prozessorientiert angelegt, also ohne schrittweise Anleitung, um ein eigenständiges Tüfteln und Anwenden des bisher Gelernten zu erreichen, wobei Hilfestellungen zu Durchführung und Auswertung vorhanden sind.
Um das prozesshafte Lernen zu intensivieren, kann der Modellversuch auch vor der materialgeleiteten Aufgabe 2 eingesetzt werden. Ohne Vorwissen erforschen die Schülerinnen und Schüler die Wirkung des fließenden Wassers im sandigen Material und formulieren frei ihre Beobachtungen. Erst nach der Versuchsauswertung werden die Schülerergebnisse mit den Fachbegriffen verknüpft.
Zusätzlich zum Versuch oder als Binnendifferenzierung kann die Anwendungsaufgabe 3 zu den Flussabschnitten des Rheins erarbeitet werden. Hierbei ist darauf zu achten, dass der Rhein aufgrund der Rheinbegradigung seine Gestalt über weite Strecken verloren hat. Zusatzinformationen zur Schiffbarmachung des Rheins können ausgeteilt werden.

Tafelbild

a) Vereinfachung des Blockbildes zu Flussabschnitten, Talformen unter jeweiligem Abschnitt anzeichnen, Tiefen- und Seitenerosion mit unterschiedlich dicken Pfeilen für ihre Stärke einzeichnen
   Merksatz zum Zusammenhang zwischen Gefälle, Fließgeschwindigkeit, Erosion und Transport
b) beschriftete Versuchsskizze zum Mäander mit Fachbegriffen

Lösung der Basisaufgaben

1 Zeichne Profilskizzen der drei Talformen und ordne ihnen die Begriffe Kerbtal, Muldental und Klamm zu. **(AFB I/II)**
Individuelle Schülerlösung.

2 Talformen zuordnen:
a) Ordne die Talformen den Flussabschnitten im Blockbild zu. **(AFB II)**

Oberlauf	Mittellauf	Unterlauf
Klamm	Kerbtal	Muldental
Kerbtal	Muldental	Delta

Hinweis: Da die SuS die formenden Prozesse erst im Folgenden in Aufgabenteil b) kennenlernen, kann diese Aufgabe als eine Art der Hypothesenbildung gesehen werden, die im Rückblick überprüft werden sollte.

b) Erkläre deine Zuordnung, indem du die Zusammenhänge zwischen Gefälle, Erosion, Sedimentation und Transport herstellst. **(AFB II)**
Im Oberlauf des Flusses herrscht aufgrund des hohen Gefälles eine hohe Fließgeschwindigkeit, sodass Geröll mitgerissen wird und der Fluss stark in die Tiefe erodieren kann. Steile Täler entstehen. Im Mittellauf schwächt sich das Gefälle ab, sodass die Fließgeschwindigkeit abnimmt. Während die Erosionskraft in die Tiefe ebenfalls abnimmt, setzt Seitenerosion ein und die Täler gewinnen an Breite. Im Unterlauf ist das Gefälle schließlich so gering, dass nur noch seitliche Erosion stattfindet und aufgrund der geringer werdenden Transportkraft Sedimentation auf den Talböden einsetzt.

Anwendungsaufgaben

3 Beschreibe den Verlauf des Rheins und gliedere ihn dabei in die drei Flussabschnitte Oberlauf, Mittellauf und Unterlauf. Arbeite mit dem Atlas. **(AFB II)**
Der Oberlauf des Rheins beginnt an seiner Quelle in den Schweizer Alpen, wo sich steile Täler und Schluchten ausgebildet haben. Nachdem der Rhein den Bodensee verlassen hat, verstärkt sich die Seitenerosion, sodass abhängig von der Oberflächenbeschaffenheit breitere Täler entstehen.

Aufgrund der Schiffbarmachung der Wasserstraße sind nur noch an wenigen Stellen Mäander erkennbar, so zum Beispiel im Bereich der Altrheinarme zwischen Germersheim und Speyer. An der niederländisch-deutschen Grenze beginnt das Rheindelta mit der Rheinteilung. Hier ist das Flussbett flach und durch Sedimentation bestimmt. Schließlich mündet der Rhein in die Nordsee.

4 Konstruiere mithilfe der Versuchsmaterialien selbständig einen Versuch, der die Vorgänge an den Hängen eines Mäanders nachstellt. (AFB III)

Der schräg stehende Sandkasten stellt den abfallenden Talboden dar, in den sich der Fluss eingräbt. Der Verlauf des Mäanders ist bereits vorgeformt, sodass das hindurchfließende Wasser die Erosion bzw. Sedimentation an Prall- und Gleithang zeigt. Das Schiffchen verdeutlicht den Zusammenhang von Fließgeschwindigkeit und Transport, da es dem Stromstrich von Prallhang zu Prallhang folgt.

Hinweis: Neben einer Versuchsauswertung und der Übertragung der verwendeten Materialien auf die Wirklichkeit ist eine Versuchskritik angebracht. Es sollte thematisiert werden, dass Oberflächenmaterial und Relief die Wirkung des fließenden Wassers ebenfalls beeinflussen.

Medientipps

Material: Versuch zur Mäanderentstehung (Online-Code xd8d44)
Üben interaktiv: Talformen (Online-Code h66q6n)
Einen Film zur Durchführung des Modellversuchs finden Sie unter www2.klett.de/sixcms/list.php?page=infothek_artikel&extra= TERRA-Online%2520/%2520Gymnasium%2520/ %2520neu&artikel_id=655281&inhalt=klett71prod_ 1.c.1410418.de

Zusatzinformationen zum Rhein finden Sie unter www2.klett.de/sixcms/list.php?page=miniinfothek&miniinfothek= Geographie%20Infothek&node=Rhein&article=Infoblatt+Rhein

Unterrichtsvorschlag

Unterrichtsphase	Inhaltlicher Schwerpunkt	Methodisches Vorgehen / Sozialform	Medien / Materialien
Einstieg	Wieso gestaltet Wasser unterschiedliche Täler?	UG: Talformen beschreiben und zeichnen	SB S. 92/93, M1–3, Aufg. 1
Erarbeitung I	Blockbild eines idealen Flusses	EA	SB S. 92/93, Aufg. 2
Ergebnissicherung I	Blockbild eines idealen Flusses	UG	Tafelbild a)
Erarbeitung II	Versuch zur Mäanderbildung	GA	SB S. 92/93, M6, 7, Aufg. 4
Ergebnissicherung II	Versuchsauswertung	UG	Tafelbild b)

3

Gefährlicher Rhein

Kompetenzen

Die Schülerinnen und Schüler können ...
- die natürliche Flusslandschaft des Rheins um 1840 beschreiben;
- die Gründe für die Tulla'sche Rheinkorrektur nennen;
- wasserbauliche Maßnahmen nennen und deren Zielsetzungen ableiten;
- die Folgen der Maßnahmen für den Wasserhaushalt des Rheins und auf die Natur- und Kulturlandschaft beurteilen.

Grundbegriff

Hochwasserschutz

Sachinformationen

Hochwasser und Überschwemmungen mit ihren Folgeerscheinungen waren und sind in der Rheinebene prägende Ereignisse. Die Schneeschmelzen im Frühjahr und die Niederschläge im Sommer führen oft zu für den Menschen gefährlichen Bedrohungen. Der Wasserbauingenieur Johann Gottfried Tulla (1770–1828) war der erste, der durch eine Rheinkorrektur die Gefahr von Überschwemmungen verminderte. Spätere wasserbauliche Maßnahmen (Buhnen, Rheinseitenkanäle, Rückhaltewehre, Dammrückverlegung, Staustufen, Schwellen, Kanalschlingen, Laufwasserkraftwerke und Polder) hatten die Schaffung einer stabilen Fahrrinne, die Energiegewinnung, die Vermeidung von Grundwasserabsenkung und den Hochwasserschutz als vorrangige Ziele. Durch die Veränderung der Gefälle stieg die Tiefenerosion, was stellenweise zu einer Tieferlegung des Flussbetts führte. Betonierte Seitenkanäle nahmen große Mengen an Flusswasser auf, was wiederum zur Absenkung des Grundwassers führte.

Hinweise zum Unterricht

Die Doppelseite bietet zunächst einen historischen Einstieg zum Thema Rheinkorrektur. Im Folgenden werden die Aspekte des Wasserbaus wie Stromerzeugung, Optimierung des Schifffahrtsweges, Regulierung der Wasserführung und Hochwasserschutz thematisiert.

Lösung der Basisaufgaben

1 Arbeite mit dem Atlas. Nenne die Landschaften, die der Rhein in Fließrichtung innerhalb Deutschlands durchquert. (AFB I)
Schwarzwald, Odenwald, Vorderpfalz, Rheinhessen, Taunus, Hunsrück, Mittelrheintal, Neuwiederbecken, Kölner Bucht, Norddeutsches Tiefland

2 Beschreibe mithilfe der Karte 3 den früheren und den heutigen Verlauf des Oberrheins. (AFB I)
früher: Naturgewässer mit Inseln und Sandbänken, Auewäldern, Furkationszonen und Siedlungen direkt am Fluss
heute: idealisiertes Flussbett, linear und nicht furkasiert, wenige Auenwälder und Sandbänke

3 Arbeitet im Zweierteam: Stellt jeweils die Vor- und Nachteile der Rheinkorrektur, der Rheinregulierung und des Oberrheinausbaus in einer Tabelle gegenüber. (AFB II)

Maßnahme	Vorteil	Nachteil
Rheinkorrektur (Trockenlegung von Schlingen, neues festes Flussbett)	– Verkürzung der Flussstrecke – Trockenlegung des Siedlungsgebiets – Rückgang von Krankheiten – Rückgang des Hochwassers	– Erhöhung der Fließgeschwindigkeit führt zur Tiefenerosion – Grundwasserstand sinkt – immer noch Sandbänke – Schifffahrt nur mit kleinen Schiffen möglich – Eingriff in Fauna und Flora
Rheinregulierung	– Regulierung des Wasserstandes – Verbreiterung und Vertiefung der Fahrrinne – Nutzung von großen Schiffen möglich – Hochwassergefahr sinkt	– massiver Eingriff in die Landschaft – Bau von Poldern (Nutzungskonflikt mit den Landwirten)
Oberrheinausbau	– umweltschonende Stromerzeugung – Rheinumleitung durch künstliche Schlingen (Kanäle) erhöht Wasserführung	– hohe Kosten durch Schleusen und Kanalbauten – weitere Absenkung des Grundwassers durch betonierte Kanäle – weitere Eingriffe in die Vegetation (Auwald)

4 Erläutere den Zusammenhang zwischen kürzerem Rhein und Fließgeschwindigkeit des Wassers. (AFB II)
Da der Höhenunterschied zwischen Quelle und Mündung gleich bleibt, steigt bei der Verkürzung der Strecke das Gefälle. Somit erhöht sich die Fließgeschwindigkeit.

Anwendungsaufgaben

⑤ Nördlich der Staustufe Iffezheim wird dem Rhein mit speziellen Lastschiffen immer wieder Kies und Schotter zugeführt. Erkläre, warum dies notwendig ist. **(AFB II)**
Die Zugabe von Kies und Schotter (sog. Geschiebe) soll der Tiefenerosion entgegenwirken.

⑥ „Der Rheinausbau hat gezeigt, dass der Mensch die Natur beherrschen kann." Beurteile die Aussage. **(AFB III)**
Individuelle Schülerlösung.

Medientipps

Surftipp: Veränderungen am Oberrhein (Online-Code p8xq8w)

Unterrichtsvorschlag

Unterrichtsphase	Inhaltlicher Schwerpunkt	Methodisches Vorgehen / Sozialform	Medien / Materialien
Einstieg	Historischer Rückblick	UG: „Zeitreise" (19. Jh)	SB S. 94, M1
Erarbeitung I	Gründe für die Rheinkorrektion	EA	SB S. 95 Aufg. 1, 2 Atlas
Ergebnissicherung I	Gründe für die Rheinkorrektion	UG: Besprechung der Aufgaben	
Erarbeitung II	Oberrheinausbau/Gründe zur Rheinregulierung	PA	SB S. 95, Aufg. 3, M4, 5
Ergebnissicherung II	Oberrheinausbau	UG: Besprechung der Aufg.	
Übung/Festigung Hausaufgabe	Oberrheinausbau (Beurteilungs-kompetenz)	EA	SB S. 95, Aufg. 5, 6

„Hochwasserlage weiter angespannt"

Kompetenzen

Die Schülerinnen und Schüler können ...
- die Gründe für ein Hochwasser am Rhein erläutern;
- die Gründe und Auswirkungen der Rheinregulierung erklären;
- die veränderte Flächennutzung im Rheineinzugsgebiet in Beziehung zur Hochwassergefahr setzen;
- die verringerten Retentionsflächen als Faktoren der Hochwassergefahr erkennen.

Grundbegriffe

Hochwasser, Renaturierung

Sachinformationen

Der Rhein hat im Auebereich seine ursprüngliche Gestalt nahezu verloren. Der Naturraum des Gewässers hat sich durch die Tätigkeit des Menschen verändert. Die Begradigung des Flusslaufes und weitere wasserbauliche Maßnahmen haben den Fluss und seine Aue für den Mensch besser nutzbar gemacht (siehe Sachinformationen zu SB S.94/95). Die immer wiederkehrenden Hochwasserereignisse zeigen jedoch deutlich, dass mit den Maßnahmen des Menschen eine große Gefährdung verbunden ist. Die Ursachen der Hochwasser sind in den Niederschlagsmengen, dem veränderten Fließverhalten des Flusses, den größeren und sich überlagernden Hochwasserspitzen und der veränderten Speicherfähigkeit der Böden in den Auen zu finden.

Hinweise zum Unterricht

Die Doppelseite stellt die Veränderungen der natürlichen Vegetation und der natürlichen Flusslandschaft in den Vordergrund. Der Raumnutzungskonflikt zwischen Fluss und Mensch wird hier durch den Vergleich des unmittelbaren Rheineinzugsgebietes früher und heute aufgezeigt. Die vom Lehrplan geforderte Methodenkompetenz zur Entwicklung einfacher Szenarien zum Thema Hochwasser wird auf dieser Doppelseite aufgegriffen.

Lösung der Basisaufgaben

1 Stelle die Folgen eines Flusshochwassers dar. (AFB II)
Individuelle Schülerlösung.
mögliche Punkte:
- Überschwemmung von Straßen, Schienen (infrastruktureller Schaden)
- Wasser dringt in Gebäude ein
- evtl. Evakuierung der Bevölkerung mit Booten
- Einsatz von THW und Feuerwehr (Pumpen, Boote, Notstrom)
- Gefahr für die Umwelt durch z.B. Heizöl, welches aus Tanks austritt
- hohe Sachschäden (Personenschäden)
- arbeitsintensive Aufräumarbeiten nach dem Hochwasser

2 Erläutere die Wirkungsweise eines Waldes bei Starkregen und vergleiche dies mit einem Getreidefeld (Grafik 3). (AFB II)
Mit fast 85% verfügt der Wald über ein viel höheres Wasserspeicherungsvermögen als das Maisfeld mit nur 55%.

3 Erkläre den Zusammenhang, der zwischen der Flussbegradigung (z.B. im Oberlauf des Rheins) bzw. der Kanalisierung eines Flusses (z.B. der Mosel) und dem Hochwasser in einer flussabwärts gelegenen Stadt (z.B. Koblenz) besteht. (AFB II)
Die Ursachen der Hochwasser in Koblenz liegen in den Niederschlagsmengen, den kanalisierten Flussläufen und dem erhöhten Wassereintrag aus den Randbereichen (ehemals Auen) der zufließenden Flüsse. Hier kann es zu sich überlagernden Hochwasserspitzen von Rhein und Mosel kommen, sodass daraus extreme Hochwasser in Koblenz resultieren.

4 Hochwasserschutz:
a) Erkläre Nutzen und Funktion einer Dammrückverlegung (Zeichnung 4). (AFB II)
Durch die Dammrückverlegung besteht im Bedarfsfall mehr Raum, der vom Wasser überflutet werden kann.
b) Erkläre die Bedeutung von Flussauen, z.B. am Rhein. (AFB II)
Die Flussauen stellen dem Fluss zusätzlichen Raum zur Überflutung zur Verfügung. Aus ihrer Vegetationsbedeckung resultiert eine hohe Wasserspeicherkapazität.

Anwendungsaufgaben

5 Die Behörden der Stadt Koblenz müssen jederzeit mit Überflutungen rechnen. Stelle mögliche und nötige Maßnahmen zusammen, wie Bewohner und Gebäude geschützt werden können. (AFB II)
Individuelle Schülerlösung.
mögliches Hochwasserszenario:
- **vor dem Hochwasser:** ältere Menschen und Kinder in Sicherheit bringen, Hauptschalter (Wasser, Gas, Elektrizität) kontrollieren und falls nötig abschalten, einzigartige Objekte (Ausweise, Fotos, Versicherungsunterlagen) sichern, Fensterscheiben/Glas gegen Glasbruch abdichten, Schränke und Regale etc. mit Folie und wasserfestem Selbstklebeband verpacken, Objekte von draußen nach drinnen holen oder befestigen
- **während des Hochwassers:** in überfluteten Bereichen sind Kellerschächte, offene Kanalschächte oder kaum zu erkennende, Strömungen sind lebensgefährlich: keine Keller und Tiefgaragen betreten, keine Licht- oder andere Schalter betätigen,
- **Stadt:** Aufbau mobiler Deichanlagen, mobiler Wände, Bereitstellung von Sandsäcken etc.

⑥ Erarbeite Vorschläge für andere Maßnahmen, welche die Hochwassergefahr an Flüssen langfristig verringern können. (AFB II/III)

Renaturierung der Uferbereiche, Anlage von Poldern, Deichrückverlegung, Anlage von Regenrückhaltebecken für städtische Siedlungen (Pufferung der Wassereinleitung in den Fluss)

Medientipps

Üben interaktiv: Hochwasser (Online-Code mi75uz)
Lernen im Netz: Hochwasser am Rhein (Online-Code 3wx47f)

Unterrichtsvorschlag

Unterrichtsphase	Inhaltlicher Schwerpunkt	Methodisches Vorgehen / Sozialform	Medien / Materialien
Einstieg	Hochwasser als Bedrohung	Impuls: M 1	SB S. 96, M1
Erarbeitung I	Hochwasser als anthropogene Folge (Eingriff in den Wasserhaushalt)	PA: Textbearbeitung	SB S. 96, Autorentext
Ergebnissicherung I	Hochwasser als anthropogene Folge	EA	SB S. 97, Aufg. 2, 3
Erarbeitung II	Hochwasserschutz	UG	SB S. 97, Aufg. 4
Ergebnissicherung II	Hochwasserschutz	EA: Verschriftlichung der Aufg.	
Hausaufgabe	Maßnahmen zum Hochwasserschutz	EA	SB S. 97, Aufg. 5 oder 6

Welterbe Mittelrheintal

Kompetenzen

Die Schülerinnen und Schüler können …
- die herausragende Bedeutung des Mittelrheintals als Welterbe erkennen;
- eine geographische Einordnung des Gebietes vornehmen;
- Entwicklungschancen und Probleme dieser Region beschreiben;
- die weltweite Werbung untersuchen und beurteilen.

Sachinformationen

Im Juni 2002 hat die UNESCO das Mittelrheintal zum Welterbe erhoben. Die physische Geographie, der Rheindurchbruch durch das Rheinische Schiefergebirge, ist schon sehr beeindruckend. Doch eigentlich wird hier die Kategorie „Kulturlandschaft" bewertet: das einmalige Zusammenspiel von Natur, Spuren unterschiedlichster Epochen menschlichen Wirkens, romantischer und nationaler Überhöhung und wirtschaftlicher Entwicklung. Die Bedeutung als einzigartige Verkehrsader zwischen Nord und Süd verlor der Fluss allmählich, mit dem Aufkommen von Bahn und Auto verlangsamte sich die Entwicklung im Tal. Neue, zukunftsträchtige Gewerbe zogen aus dem Tal auf die Höhe, wo größere Fläche mehr Entwicklungsmöglichkeiten versprach. So blieb das Mittelrheintal einerseits von der fortschrittlichen industriellen Entwicklung abgeschnitten, andererseits von den Auswüchsen des Fortschritts halbwegs verschont.
Aber: Stillstand ist Rückschritt. Die Zahl ausländischer Besucher geht drastisch zurück, deutsche Touristen kommen zwar nach wie vor, bleiben aber selten über Nacht und geben wenig Geld aus. Will die Region den Anschluss an zeitgemäßen Tourismus bekommen, müssen die Bürgerinnen und Bürger diesen auch wollen, attraktive Angebote machen und von der alten Rheinromantik zumindest als ausschließlichem Highlight Abstand nehmen. Ein sehr gutes und sehr erfolgreiches Beispiel dafür ist die Landesgartenschau 2008 in Bingen, die über 1 Million Zuschauer angelockt hat. Die umfangreichen Modernisierungen und Veränderungen am Rheinufer, direkt am Mäuseturm, sind dauerhaft attraktiver Anziehungspunkt für das „Tor zum Mittelrhein", von wo aus dann auch ins Tal hinein gestartet werden kann.
Interessenkonflikte gibt es nach wie: Die Brücke von Bingen und Rüdesheim wird definitiv nicht gebaut, jedoch wird derzeit ein Umweltgutachten für einen geplanten Tunnel- oder Brückenbau bei St. Goarshausen im Auftrag der UNESCO erstellt. Das Land Rheinland-Pfalz will aber auf diese wichtige Verkehrsschiene verzichten, sollte sonst das Welterbe aberkannt werden. Trotzdem: Der Tourismus braucht viel mehr Einnahmen, will er dauerhaft überleben. Aber: Wie viele Menschen verkraftet die Region, wo werden dann Investoren die Hotels planen?

Das Welterbe erstreckt sich von Bingen bis Koblenz, hat Anteile an Rheinland-Pfalz und Hessen. Eine Kernzone besitzt die Fläche von 272,5 km², ein als Pufferzone bezeichneter Rahmenbereich die Fläche von 346,8 km². Die naturräumliche Einheit „Oberes Mittelrheintal" deckt damit den größten Teil des Welterbegebietes ab: Von der Binger Pforte, dem Eintritt des Stroms in das tief eingeschnittene, von steilen Flanken begrenzte Rheinengtal, bis zur Lahnsteiner Pforte, dem Ausgang zur Neuwieder Talweitung.

Hinweise zum Unterricht

Sehr gut geeignet für einen mit den Schülerinnen und Schülern vorzubereitenden Klassenausflug per Fahrrad oder Ausflugsschiff und Wanderung.
Siehe auch „Eine Exkursion durchführen" (SB S.14/15).

Lösung der Basisaufgaben

1 Arbeite mit der Karte 2: Welche Sehenswürdigkeiten gibt es auf der Strecke von Koblenz nach Bingen? (AFB I)
Festung Ehrenbreitstein bei Koblenz, die Marksburg bei Braubach, Katz und Maus gegenüber von St. Goar, die Loreley bei St. Goarshausen, Burg Stahleck bei Bacharach, die Wernerkapelle in Bacharach, der Mäuseturm bei Bingen, die Rochuskapelle auf dem Rochusberg u. v. m.

2 Werte die Diagramme 6 und 9 aus. Welche Probleme hat der Tourismus im Mittelrheintal, wie könnte man ihn fördern? (AFB II)
Niederlande, Großbritannien, Belgien und USA – diese Länder stellen die meisten Besucher 2012. Problem: V. a. sind es Tagestouristen, die kaum Geld vor Ort ausgeben. Abhilfe könnten attraktive Hotels und einzigartige Übernachtungsmöglichkeiten (z. B. in Burgen) sein, aber auch ein Kultur- und Wellnessangebot vor Ort wäre wichtig. Darüber hinaus stellt der Ausbau der Verkehrswege nach wie vor eine wichtige Forderung dar. Z. B. ist die Anbindung an den Flughafen Hahn zu verbessern, aber auch über eine Rheinüberquerung zwischen Koblenz und Mainz/Wiesbaden wird weiter diskutiert.

3 Begründe, warum die UNESCO das Mittelrheintal zum Welterbe erklärt hat. (AFB III)
Einzigartige Natur des Mittelrheintals (= Weltnaturerbe) und die einzigartige Kulturlandschaft (= Weltkulturerbe) zusammen führen zum Welterbe. Burgen aus dem Mittelalter säumen das Mittelrheintal. Es ist besonders, dass der Mensch hier eine sehr schützenswerte Landschaft geschaffen hat: Eng gekammerte Wingerte in Steillagen prägen die Landschaft. Damit ist eine einzigartige Ansammlung geschützter Flora und Fauna verbunden. Die Erhaltung dieser Landschaft muss gefördert werden, da zunehmend Brachflächen mit starker Verbuschung entstehen.

4 Das Mittelrheintal im Blick:

a) Das Mittelrheintal wird unterschiedlich wahrgenommen. Recherchiere im Internet Schlagzeilen zu: Lärmbelastung, Erholung und Windkraftanlagen. **(AFB II)**
Individuelle Schülerlösung.

b) Diskutiert die Interessenkonflikte. **(AFB III)**
Individuelle Schülerlösung.

Anwendungsaufgaben

5 Exkursionstipps lassen sich durch eine Internetrecherche finden. Entwirf einen Klassenausflug. **(AFB II/III)**
Individuelle Schülerlösung.

6 Gestalte eine Bildergeschichte zum Thema „Leben am Fluss". **(AFB II/III)**
Individuelle Schülerlösung.

Medientipps

Üben interaktiv: Tourismus im Mittelrheintal
(Online-Code h4q4bu)

Unterrichtsvorschlag

Unterrichtsphase	Inhaltlicher Schwerpunkt	Methodisches Vorgehen / Sozialform	Medien / Materialien
Einstieg	aktuelle Zahlen zum Tourismus in Rheinland-Pfalz	UG	SB S. 99, M6, M7
Erarbeitung	Welterbe Mittelrheintal	GA zu den Themen Sehenswürdigkeiten, geographische Besonderheiten, Tourismus, Welterbe Unesco	SB S. 98/99, Aufg. 1–4; Internet
Ergebnissicherung	Welterbe Mittelrheintal	PA/GA: Präsentation in Gruppen mit Postern	Poster, Tafel

Gletscher – Ströme aus Eis

Kompetenzen

Die Schülerinnen und Schüler können …
- den Aufbau von Gletschern erklären;
- die Erosionskraft und ihre Wirkung erklären;
- die Gletschereisentstehung erklären;
- aktuelle Gefahren durch die Klimaerwärmung erkennen.

Grundbegriffe

exogene Kräfte, Gletscher

Sachinformationen

Neben ihrer heute verbreiteten Nutzung als Sommerskiregionen dienen Gletscher (vor allem die Plateaugletscher der arktischen Regionen) als Klimaarchiv der Erdgeschichte. Durch die in ihnen abgelagerten Staubpartikel und eingeschlossenen Luftbläschen können Klimaveränderungen oder auch Vulkanausbrüche früherer Zeiten rekonstruiert werden.

Der anthropogen bedingte Treibhauseffekt führt zu gravierenden Veränderungen: Weltweit schmelzen derzeit Gletscher ab, führen zusätzliche Wassermassen Tälern zu, legen ganze Landstriche frei. Unabsehbare Folgen werden diskutiert: extreme Erosionsschäden, Aufgabe von Siedlungen, starke Einschränkungen des Wintertourismus, langfristige Probleme der Wasserversorgung.

Hinweise zum Unterricht

Der Klimawandel kann auch zusammen mit den Doppelseiten „Globale Perspektive: Unser Treibhaus" sowie „Plan B – Leben im Klimawandel" am Beispiel der Gletscherproblematik bearbeitet werden. Aktuelles Bildmaterial (Satellitenbilder) oder auch sogenannte Timelapses zeigen Schülerinnen und Schülern sehr anschaulich die zeitliche Entwicklung der letzten Jahrzehnte.

Lösung der Basisaufgaben

1 Bezeichne die Ziffern im Profil sowie in den Blockbildern und erkläre die Entstehung der jeweiligen Strukturen. **(AFB I/II)**

1 Nährgebiet: Es fällt mehr Schnee als wegtaut.
2 Längsspalten: Sie bilden sich, wenn sich das Tal erweitert.
3 Mittelmoräne (vgl. Aufg. 2)

4 Querspalten: Sie entstehen, wenn der Gletscher ein starkes Gefälle überwinden muss.
5 Gletschertor: höhlenartige Öffnung am Ende des Gletschers
6 Endmoräne: abgelagerter Erosionsschutt am Gletscherende
7 Gletscherbach: austretendes Schmelzwasser

2 Erkläre die Entstehung einer Mittelmoräne mithilfe von Blockbild 1. **(AFB II)**

Zwei Gletscherzungen fließen dabei zusammen: Aus den beiden innen liegenden Seitenmoränen bildet sich die Mittelmoräne, meist gut zu erkennen an dunklen Geröllstreifen auf dem Gletscher.

3 Bei der Besteigung des Mont Blanc ging 1788 eine Leiter im Gletschereis verloren. 44 Jahre später fand man sie wieder. Erkläre, wo man sie gefunden haben könnte und wie sie dahin kam. **(AFB III)**

Sie könnte am Gletscherende im Schutt der Moräne gefunden worden sein, wohin sie vom fließenden Eis transportiert wurde. Die Klimaerwärmung kann aber auch ein erhöhtes Abschmelzen zur Folge gehabt haben, sodass die Leiter sogar höher, also im Bereich des ehemaligen oberen Zehrgebietes gefunden worden sein könnte.

Anwendungsaufgaben

4 Entwickle einen Versuch, der die Bewegung von Eis anschaulich erklärt. **(AFB III)**
Individuelle Schülerlösung.

5 Zeichne das Talprofil ohne den Tschierva-Gletscher (Foto 2) und trage die typischen Geländeformen ein. **(AFB II)**
Individuelle Schülerlösung.

Medientipps

Material: Infoblatt Gletscher (Online-Code 5g2h3a)
Sehr gute Bearbeitung der Bewegung durch Timelapse-Folgen im Internet: http://world.time.com/timelapse/

Unterrichtsvorschlag

Unterrichtsphase	Inhaltlicher Schwerpunkt	Methodisches Vorgehen / Sozialform	Medien / Materialien
Einstieg	Veränderungen der Landschaft	UG: Timelapse Alpengletscher	Internet (s. Medientipps), Whiteboard
Erarbeitung I	Gletschermodell am Beispiel Tschierva-Gletscher	UG/PA	SB S. 100/101, M1–3, Aufg. 1–3; Atlas
Ergebnissicherung I	Blockbild an Tafel	UG	Tafel, Heft
Erarbeitung II	Klimawandel und seine Folgen	UG: Gefahren, Tourismus etc.?	Tafel, Heft

Spuren der Eiszeit

Grundbegriffe

glaziale Serie

Sachinformationen

Das Raumbeispiel Waren/Müritz in Mecklenburg-Vorpommern ist idealtypisch. Hier ist die glaziale Serie gut verortbar. Die hier zu findenden einzelnen Stadien der Weichselvereisung sind:

1 Brandenburger Stadium: maximale Ausdehnung vor ca. 25 000 Jahren
2 Frankfurter Stadium: max. Ausdehnung vor ca. 18 000 Jahren
3 Pommersches Stadium: max. Ausdehnung vor ca. 15 000 Jahren
4 Mecklenburger Stadium: max. Ausdehnung vor ca. 13 000 Jahren

Konkret können folgende Landschaftselemente beschrieben werden:
- Endmoräne als Begrenzung im Norden (Pommersches Stadium)
- Tiefwarensee (Abrasionsbecken im Frankfurter Stadium)
- Grundmoränen in Seenähe (Frankfurter Stadium)
- Sander (zugehörig der Pommerschen Endmoräne)
- Großseen aus ehem. Toteisblöcken und Schmelzwasser
- Sölle in der Grundmoränenlandschaft (kleine kreisrunde Teiche aus ehemaligem Toteis)

Hinweise zum Unterricht

Am Beispiel von Waren/Müritz sollen induktiv die Formen der glazialen Serie beschrieben und erklärt werden. Dabei werden abstrakte Modelle und Karten von Bildmaterial veranschaulicht. Der Versuch kann im Idealfall sogar prozessorientiert in eine Erarbeitungsphase integriert werden, von ihm aus kann dann der Formenschatz der Abbildungen bearbeitet werden. Auch eine Atlaskarte von Mecklenburg-Vorpommern kann sinnvoll zur Verortung zum Einsatz kommen. Es kann also durchaus sehr genau am Kartenmaterial Waren gearbeitet werden.

Lösung der Basisaufgaben

1 Erläutere mithilfe des Blockbildes 6 die eiszeitlichen Formen der glazialen Serie und ihre menschliche Nutzung. (AFB II)
Die glaziale Serie besteht aus Grundmoräne, Endmoräne, Sander und Urstromtal. Im Bereich der Grundmoräne finden sich heute zahlreiche Seen, es wird Ackerbau betrieben. Es folgen die bewaldeten Höhenzüge der Endmoräne, Kiefernwälder auf dem Sander und Grünland sowie Kiesabbau im Urstromtal.

2 Europa im Eiszeitalter – Atlasarbeit:
a) Beschreibe den genauen Verlauf der Eisrandlage. Welche heutigen Staaten waren vom Eis bedeckt? (AFB I)
Auf Skandinavien befand sich eine bis zu 2 200 m mächtige Eisschicht; das Eis reichte bis an den Rand der deutschen Mittelgebirge: die Elstervereisung in der Kölner Bucht sowie am Harznordrand. Wegen der Bindung großer Wassermassen im Gletschereis lag der Meeresspiegel niedriger als heute: Die Küstenlinie während der letzten Kaltzeit ist erkennbar. Die Vegetationszonen sind verglichen mit heute nach Süden „verschoben", Rheinland-Pfalz lag im Bereich der Tundra.
b) Vergleiche die eiszeitliche Vegetation mit der heutigen am Beispiel von je zwei Ländern. (AFB II)
Tundrenvegetation im nördlichen Norwegen, Schweden und Russland

3 Entscheidet selbst: Gestaltet ein Lernplakat oder ein Sandkastenmodell der glazialen Serie. (AFB II/III)
Individuelle Schülerlösung, z. B. ähnlich der Buchabbildung.

Medientipp

Lernen im Netz: Glaziale Serie im Alpenvorland (Online-Code ab5m2u)

Unterrichtsvorschlag

Unterrichtsphase	Inhaltlicher Schwerpunkt	Methodisches Vorgehen / Sozialform	Medien / Materialien
Einstieg	Häuser und Mauern mit Steinen in Waren	UG	SB S. 102, M1
Erarbeitung	Versuch zur glazialen Serie	PA oder Lehrerdemo	SB S. 102/103, Aufg. 3; Versuch
	alternativ: Zuordnung der Bilder zur Serie	UG, PA EA/PA	SB S. 102/103, Aufg. 1, 2; Karte und Modell der glazialen Serie
Ergebnissicherung	Tafelbildentwicklung	PA/UG	Tafel, Whiteboard

Eiszeiten im Mittelgebirge – Periglazial

Kompetenzen

Die Schülerinnen und Schüler können …
- anhand einer Grafik die Klimageschichte der Eiszeiten beschreiben;
- eiszeitliche Spuren des Heimatraums erklären;
- einen Versuch zur Frostsprengung durchführen und erklären.

Grundbegriffe

Periglazial, Solifluktion, Verwitterung

Sachinformationen

Rund ein Viertel der heutigen festen Landoberfläche gilt als ehemals eisbedeckt und ist somit durch typische Glazialformen geprägt. Der Heimatraum Rheinland-Pfalz war in den Eiszeiten nicht vergletschert, sondern – wie die meisten Mittelgebirge Deutschlands – ein Permafrostgebiet ähnlich einer heutigen Tundra. In diesem sog. Periglazial dominieren andere Formen und Prozesse. Rund 25 % der Erdoberfläche werden heute dazu gezählt, v. a. die Polar- und Subpolargebiete der Erde, aber auch Hochgebirge.

Die sommerliche Schneeschmelze verhindert in diesen Bereichen die Entstehung von Gletschern, die tiefen Temperaturen führen jedoch zur Bildung von Permafrostböden. Durch häufigen Frostwechsel dominiert die mechanische Verwitterung der Gesteine durch Frostsprengung. Im Hunsrück und Taunus bildeten sich im Pleistozän im Bereich des sog. Taunusquarzit charakteristische Blockhalden, die in Auftauphasen des Bodens abwärts transportiert wurden. Diesen Prozess nennt man Solifluktion („Bodenfließen").

Aber auch äolische Sedimente wie der Löss sind typisch für rheinland-pfälzische Landschaften wie Rheinhessen oder auch die Randlagen des Rheins, auf denen die Lössauswehungen aus dem Flussbett zu finden sind.

Hinweise zum Unterricht

Die Thematik kann über Bildmaterial aus dem Heimatraum (oder aus dem Schulbuch) eingeführt werden. Eiszeit bei uns? Gab es hier Gletscher? Wie können wir die Zusammenhänge erforschen? Diese Fragen können unterrichtswirksam gestellt werden. Das Thema ist sicher ungewöhnlich, aber sehr lohnend! Auch hier kann in einer Erarbeitungsphase mit Schülerversuchen gearbeitet werden. Zusätzlich zum Versuch der Frostsprengung sei auf einen leichten Versuch zur Lössverwehung aufmerksam gemacht.

Lösung der Basisaufgaben

1 Werte das Diagramm 5 aus.

a) Beschreibe den Zusammenhang zwischen Temperaturen und Eisvorstößen. (AFB I/II)

Eisvorstöße finden immer statt, wenn die Temperaturen absinken und so vermehrt Wasser aus dem Niederschlag in Schnee und Eis gebunden und abgelagert wird. Durch die Mächtigkeit und das Gewicht des Eises kommt es zu einer Bewegung (das Eis wird plastisch) und – je nach Relief – bewegt sich der Gletscher abwärts.

b) Zeichne in einer Kartenskizze von Deutschland die jeweils betroffenen Gebiete der Nordvereisung ein. (AFB I/II)

Das heutige Schleswig-Holstein und Mecklenburg-Vorpommern sind unter dem Gletschereis, die nördlichen Bereiche von Brandenburg ebenfalls. Die südlichste Ausdehnung geht bis zum Harznordrand sowie in die Kölner Bucht.

c) Man sollte anstelle von der Eiszeit von den Eiszeiten sprechen. Begründe. (AFB II)

Im Pleistozän gab es eine Abfolge von Kalt- und Warmzeiten in einer groben Zeitspanne von ca. 100 000 Jahren. Drei große Eiszeiten können für die Nordvereisung, vier für die Südvereisung festgelegt werden.

2 Beschreibe die Entstehung von Blockhalden mithilfe der Fotos 1 sowie der Grafik 5. (AFB I)

Durch Frostsprengung wird der Fels zerrüttet und zerkleinert. Zersprengte Felsblöcke bedecken die Landschaft. Sie sammeln sich im Laufe der Jahrhunderte in Dellen und Mulden an und bilden bis heute noch große Blockhalden. Diese können sich durch das sog. Bodenfließen (M2) je nach Steilheit des Reliefs bergab bewegen.

3 Führe den Versuch 4 durch und dokumentiere deine Beobachtungen. (AFB II/III)

Individuelle Schülerlösung, Durchführung nach Buchvorgabe M3.

Anwendungsaufgabe

4 Wo gibt es heute ähnliche Vorgänge wie in der Eiszeit im Hunsrück? Nenne konkrete Beispiele und begründe. (AFB II)

Individuelle Schülerlösung. Die Schüler können im Grunde alle subpolaren Gebiete nennen.

Medientipps

Stets, Johannes: Auf den Spuren der Eiszeit im Hunsrück: über Stein- und Felsenmeere, Blockschutt und Blockhalden. In: Hunsrückverein Jahresheft 2005, S. 70 – 73

Die genannten Blockhalden im Hunsrück liegen alle entlang des Saar-Hunsrück-Steiges – ein interessantes Ziel für eine Exkursion.

Tafelbild

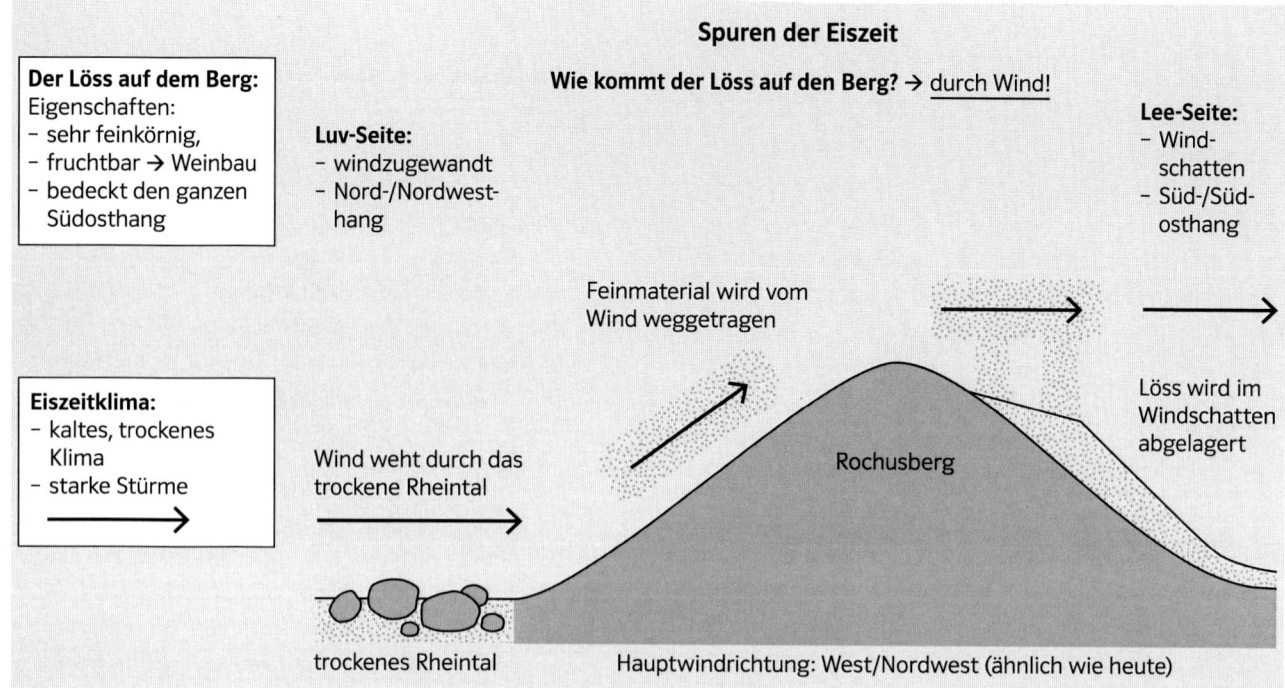

Spuren der Eiszeit

Wie kommt der Löss auf den Berg? → durch Wind!

Der Löss auf dem Berg:
Eigenschaften:
– sehr feinkörnig,
– fruchtbar → Weinbau
– bedeckt den ganzen
  Südosthang

Luv-Seite:
– windzugewandt
– Nord-/Nordwest-
  hang

Lee-Seite:
– Wind-
  schatten
– Süd-/Süd-
  osthang

Feinmaterial wird vom
Wind weggetragen

Löss wird im
Windschatten
abgelagert

Eiszeitklima:
– kaltes, trockenes
  Klima
– starke Stürme

Wind weht durch das
trockene Rheintal

Rochusberg

trockenes Rheintal

Hauptwindrichtung: West/Nordwest (ähnlich wie heute)

Unterrichtsvorschlag

Unterrichtsphase	Inhaltlicher Schwerpunkt	Methodisches Vorgehen / Sozialform	Medien / Materialien
Einstieg	Gletscher bei uns? Wie könnte der Geograph forschen?	UG: Beobachtungen über Bilder	SB S. 104, M1, 2
Erarbeitung I	Versuch zur Frostsprengung	PA oder Lehrerdemonstration	SB S. 105, M4, Aufg. 3
	alternativ oder zusätzlich: Versuch zur Lössentstehung		Versuch
Ergebnissicherung I	Versuchsauswertung	PA: Protokoll, Tafelanschrieb	Tafel, Whiteboard, Heft
Erarbeitung II	Klimageschichte	EA/PA	SB S. 105, M3, 5, Aufg. 1
Sicherung	Ergebnisse in Thesen zusammenfassen		

Wo sind die Flüsse geblieben?

Kompetenzen

Die Schülerinnen und Schüler können …
- die Besonderheiten des Reliefs der Schwäbischen Alb beschreiben;
- den Prozess der Verkarstung erklären;
- einen Versuch zur Verkarstung durchführen und erklären.

Grundbegriffe

Karst

Sachinformationen

Grundsätzlich kommen Karsterscheinungen zustande, indem CO_2-reiches Niederschlagswasser auf Kalk- und Gipsgesteine trifft und diese nach und nach auflöst (Korrosion). Der Karst-Formenschatz ist vielfältig und soll hier nur exemplarisch aufgeführt werden:

Dolinen sind trichter- bis kesselförmige Hohlformen (1 m bis zu 100 m). Unterschiedliche Prozesse führen zur Bildung der Einsturz- und Lösungsdolinen.

Tropfsteine entstehen, wenn stark kalkhaltiges Wasser durch Klüfte an die Höhlendecke gelangt. Stalaktiten wachsen von der Decke nach unten, Stalagmiten vom Boden in die Höhe, Stalagnaten sind Tropfsteinsäulen, entstanden aus Stalaktiten und Stalagmiten.

Ein Trockental ist das Resultat fluviatiler Prozesse im Periglazial, als durch Gefrierung Schmelz- und Niederschlagswasser formend wirksam wurde und erst nach dem Auftauen versickern konnte.

Hinweise zum Unterricht

Zum Verständnis der Verkarstungsprozesse sollte möglichst anschaulich und schülerorientiert gearbeitet werden. Zum einen können anfangs die beiden Bilder 3 und 5 auf dem Profil verortet werden, dabei werden die Besonderheiten herausgestellt. Zur Erklärung dieser Phänomene sollte dann der Versuch durchgeführt werden. Die Ergebnisse des Versuchs können auf das Profil und die Oberflächengestaltung übertragen werden.

Lösung der Basisaufgaben

1 Beschreibe mithilfe des Blockbildes 2 den Weg des Wassers durch das Kalkgestein der Schwäbischen Alb. (AFB I)

Das Niederschlagswasser versickert in Dolinen und Klüften in den Untergrund der Hochfläche, wodurch hier eine extreme Wasserarmut zu erklären ist; der Stausee ist künstlich angelegt. Im Untergrund fließt das Wasser in Richtung Albtrauf, wo es an sog. Schichtquellen wieder austritt und dann Fließgewässer bildet.

2 Erkläre anhand der drei Fotos den besonderen Formenschatz einer Karstlandschaft. (AFB II)

Trockentäler, Dolinen, Höhlen und Tropfsteinhöhlen sollten hier beschrieben und erklärt werden.

Anwendungsaufgabe

3 Erläutere am Beispiel der Schwäbischen Alb den Zusammenhang zwischen Klima, Gestein und Oberflächenformen. Entwickle dazu eine Kreislaufskizze. (AFB II)

Es besteht ein direkter Zusammenhang zwischen dem durchaus vorhandenen Niederschlag in diesem Mittelgebirge und dem Untergrund aus Kalkstein: Das Wasser löst das Ausgangsgestein z. T. aus, es entstehen typische Oberflächenformen und Höhlen.

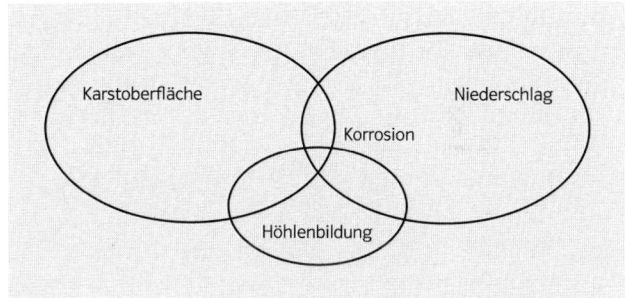

Medientipps

Üben interaktiv: Karstlandschaft (Online-Code sy726d)
Hörtipp: Die Bärenhöhle wird entdeckt (Online-Code n6me6p)

Unterrichtsvorschlag

Unterrichtsphase	Inhaltlicher Schwerpunkt	Methodisches Vorgehen / Sozialform	Medien / Materialien
Einstieg	Oberflächenformen der Schwäbischen Alb	UG: Impuls	SB S. 106/107, M2–5
Erarbeitung I	Beschreibung der Oberflächenformen auf dem Profil	UG	SB S. 106/107, M1, Aufg. 1
Erarbeitung II	Schülerversuch zum Karstphänomen	PA	SB S. 107, M6
Transfer	Transfer der Versuchsergebnisse auf Profil und Bilder	UG	SB S. 107
Ergebnissicherung	Formenschatz einer Karstlandschaft	Zeichnung mit Beschriftung, von SuS und L gestaltet	Poster, Tafel

Landschaften lesen

Kompetenzen

Die Schülerinnen und Schüler können …
- Landschaftsbilder detailliert auswerten;
- die Entstehung glazial bzw. periglazial geprägter Landschaften erklären;
- die typische Nutzung ausgewählter Landschaften erklären;
- Gemeinsamkeiten und Unterschiede der beiden Landschaften in Bezug auf deren Lage, Entstehung und Nutzung darstellen.

Grundbegriffe

Großlandschaft, Zungenbeckensee, Gletscher, Eiszeit, Löss, Flugsediment

Hinweise zum Unterricht

Während der Fahrt mit dem Schulbus oder dem Zug, im Urlaub oder bei einem Flug ziehen unterschiedliche Landschaften an uns vorbei, in denen es bei genauerem Hinsehen einiges zu entdecken gibt: Die Art und Weise, wie der Mensch sie nutzt, lässt zum Beispiel auf ihre Eigenschaften schließen und ihr Aussehen auf die Prozesse, die an ihrer Entstehung und Formung beteiligt waren. Die Schülerinnen und Schüler werden auf dieser Doppelseite zu Spurenlesern, die ihr Grundlagenwissen zu exogenen Kräften anwenden. Dazu entscheiden sie sich zunächst nach ihrem Interesse für eine der beiden Landschaften und machen sich mit deren Details vertraut, indem sie dem Foto Informationen entnehmen und diese in einer Skizze festhalten. Anhand ihres Vorwissens zu den deutschen Großlandschaften können nun Hypothesen zur Lage angestellt werden, die es zu falsifizieren oder verifizieren gilt. Die Materialien geben Hinweise auf die Entstehung der Landschaften und deren tatsächliche Lage. Dieser erste Aufgabenteil kann in Einzel- oder in Teamarbeit erfolgen. Anschließend sollen die beiden Landschaften verglichen und Gemeinsamkeiten und Unterschiede festgehalten werden. Ein Austausch findet statt, bei dem alle Schülerinnen und Schüler als Experten für ihre Landschaft fungieren.

Lösung der Basisaufgaben

1 Finde heraus, wo die Landschaft liegt und wie sie entstanden ist. Die folgenden Analyseaufgaben helfen dir dabei: (AFB I – III)
a) Zeichne eine beschriftete Skizze zu den typischen Formen der Landschaft.
b) Stelle begründete Hypothesen zur Lage dieser Landschaft in Deutschland auf. Behalte dabei im Hinterkopf, was du bereits über Großlandschaften gelernt hast.
c) Erkläre die Entstehung der Landschaft anhand der Materialien.
d) Verorte die Landschaft mithilfe der Checkliste auf der Deutschlandkarte in deinem Atlas und betrachte erneut die Hypothesen aus b).

Landschaft 1 (S.108): Das Schrägluftbild zeigt die Gemeinde Herrsching am Ammersee südwestlich von München. Wir befinden uns somit im flachen bis hügeligen Alpenvorland, dessen Landschaft glazial geprägt wurde. So ist auch der Ammersee als einer der Zungenbeckenseen der Fünf-Seen-Landschaft ein Relikt der süddeutschen Vereisung des Pleistozäns. Eine Gletscherzunge schürfte den heutigen Seeboden aus und lagerte an ihren Flanken Moränenmaterial ab. Nach dem Abschmelzen der Gletscherzunge entstand die Seenlandschaft. Heute wird das Gebiet besonders touristisch genutzt.

Landschaft 2 (S.109): Das Foto wurde in der Wetterau vom Keltenmuseum auf dem Glauberg bei Bad Nauheim aus aufgenommen. Wir befinden uns zwischen Taunus und Vogelsberg im Mittelgebirgsland, wobei man den Taunus im Hintergrund erkennen kann. Auch in dieser Landschaft findet man Relikte der letzten Eiszeit. Denn die Wetterau ist aufgrund des lösshaltigen Bodens eine fruchtbare Ebene, die landwirtschaftlich genutzt wird. Löss ist ein Feinmaterial, das aus den Sandern der Glazialgebiete ausgeweht und periglazial an den Rändern der Mittelgebirge abgelagert wurde.

Gemeinsame Aufgabe

2 Vergleicht beide Landschaften hinsichtlich ihrer Lage, Entstehung und Nutzung. (AFB II)
Beide Landschaften haben trotz ihrer unterschiedlichen Gestalt, Lage und Nutzung einen eiszeitlichen Hintergrund.

Unterrichtsvorschlag

Unterrichtsphase	Inhaltlicher Schwerpunkt	Methodisches Vorgehen / Sozialform	Medien / Materialien
Einstieg	Landschaften lesen	UG: Vorstellung Aufg., Auswahl einer Landschaft	SB S. 108/109, Fotos 1, 2
Erarbeitung I	Landschaften lesen	EA/PA	SB S. 108/109, Aufg. 1, Atlas
Erarbeitung II	Landschaften lesen	PA/GA	SB S. 108/109, Aufg. 2, Heft/Plakat
Ergebnissicherung	Präsentation Auswertung der Aufgaben Überprüfung der Hypothesen Einordnung in Großlandschaften	SV UG	Plakat/Tafel Tafel, Fotos

An der Ostseeküste unterwegs

Kompetenzen

Die Schülerinnen und Schüler können …
- die Unterschiede zwischen Nordsee und Ostsee beschreiben;
- die Boddenküste beschreiben;
- Flach- und Steilküste miteinander vergleichen;
- einen Vortrag gestalten.

Grundbegriffe

Boddenlandschaft, Flachküste, Steilküste

Sachinformationen

An der Ostseeküste bestimmen Ingressionsformen glazial gestalteter Küstenabschnitte das Landschaftsbild. Bezogen auf den deutschen Küstenabschnitt lassen sich an der Ostseeküste folgende typischen Küstenformen unterscheiden:

Förden- und Buchtenküste (Flensburg-Lübecker Bucht): Vorherrschend sind von Gletscherzungen ausgeschürfte Hohlformen. Hier herrschen lang gestreckte Buchten vor, welche tief sind und sich deshalb zur Anlage von Häfen eignen. Buchtenküsten sind Abschnitte mit großflächigen, tieferen Buchten, die ebenfalls glazial ausgeprägt sind (Gletscherzungen).

Boddenküste (Wismar-Pommersche Bucht): Bodden bedeutet Bucht. Die Bodden sind breite und zerlappte Buchten. Die Boddenlandschaft ist durch die nacheiszeitliche Überflutung der Grundmoränenlandschaft entstanden. Der Küstenabschnitt zwischen Saaler Bodden und Greifswalder Bodden, also im Raum Darß-Rügen, ist stark geprägt von Strandversetzung und Küstenausgleich. Aus diesem Grund wird dieser Küstenabschnitt auch als „(Bodden-)Ausgleichsküste" bezeichnet.

Ausgleichsküste, Nehrungs- und Haffküste (Pommersche Bucht bis Rigaischer Meerbusen): Abschnitt der Ausgleichsküste, an der sich vor Mündungsbuchten der Flüsse besonders lange Sandhaken gebildet haben und die Buchten fast vollständig vom Meer abgeschlossen sind. Man spricht dabei von Nehrung und Haff. Diese Formen sind besonders an der polnischen und litauischen Küste idealtypisch ausgeprägt.

Hinweise zum Unterricht

Das Thema Ostseeküste steht im Mittelpunkt der Stunde. Die Schülerinnen und Schüler sollen mithilfe der Fotos und der im Text und den Textboxen gegebenen Informationen eine kleine Präsentation zum Thema Küstenformen an der Ostsee gestalten. Dabei soll vor allem eine genaue Bildbeschreibung im Vordergrund stehen. Man kann diese Aufgabe auch arbeitsteilig gestalten. Sehr interessierte Schülerinnen und Schüler können zusätzlich Aufgabe 3 bearbeiten. Bei dieser Aufgabe sollen mithilfe von Text, Bild und Grafik die Merkmale einer Boddenküste, einer Steilküste und einer Flachküste herausgestellt werden.

Lösung der Basisaufgaben

1 Partnerarbeit:
a) Gestaltet zu den Fotos 3, 5 und 8 einen Vortrag, der folgende Inhalte umfasst: die Besonderheiten der Ostsee im Vergleich zur Nordsee, die Boddenlandschaft und der Unterschied zwischen Flachküste und Steilküste.
b) Präsentiert eure Ergebnisse. (AFB II)
Individuelle Schülerlösung.
Folgende Aspekte sollte der Vortrag enthalten:
- Besonderheiten der Ostsee (Binnenmeer, geringer Salzgehalt)
- Boddenlandschaft (Bodden als kleine unregelmäßige Buchten, Flachküsten, Abschnürung durch Strandhaken/Nehrungen und Seeentstehung, Ausgleichsküste)
- Flachküsten (geringer Höhenunterschied an der Küste, bestehen aus Sand und Kies, Material wird vom Meer angespült, Transport durch Wasser und Wind, Dünenbildung, dichte Vegetation bis nahe ans Wasser, naturbelassene Strände)
- Steilküste (steiler Abfall zum Meer, Kliff, schmaler Strand, Wind und Wasser als Ursache für Brandungshohlkehlen, Abrutschungen des überhängenden Materials, Zurückverlagerung des Kliffs, Strand enthält Gesteinsbrocken/Blockstrand)

2 Vergleiche mithilfe einer Tabelle Steilküsten und Flachküsten. (AFB II)

Steilküste	Flachküste
– steiler Abfall zum Meer, Kliff – schmaler Strand – Wind und Wasser als Ursache für Brandungshohlkehlen – Abrutschungen des überhängenden Materials, Zurückverlagerung des Kliffs – Strand enthält Gesteinsbrocken/Blockstrand	– geringer Höhenunterschied an der Küste – bestehen aus Sand und Kies – Material wird vom Meer angespült – Transport durch Wasser und Wind – Dünenbildung – dichte Vegetation bis nahe ans Wasser – naturbelassene Strände

3 Bildauswertung:
a) Beschreibe das Foto 5. (AFB I)
Das Bild zeigt einen Küstenabschnitt mit starker Vegetation. Entlang der einen – auf dem Bild linken – Küstenlinie ist ein heller Strandstreifen erkennbar. Hinter dieser Küstenlinie ist ein weiteres Gewässer erkennbar.
b) Erkläre die erkennbaren Prozesse. (AFB II)
Blickrichtung nach Süden: An der Ostküste der Insel (Hiddensee) ist mittlerweile ein zweiter Strandhaken entstanden. Das zweite Gewässer ist (noch) kein See, sondern eine Ostseebucht.

4 Die Ostsee hat nur ganz schwach ausgeprägte Gezeiten. Finde dafür eine Erklärung mithilfe des Atlas. **(AFB II)**

Die Ostsee ist vom Atlantik abgeschnitten, daher können die Anziehungs- und Fliehkräfte nicht so stark wirken.

Medientipps

Lernen im Netz: Steil- und Ausgleichsküste (Online-Code t5fz5w)

Unterrichtsvorschlag

Unterrichtsphase	Inhaltlicher Schwerpunkt	Methodisches Vorgehen / Sozialform	Medien / Materialien
Einstieg	Küstenformen	UG: Gibt es Unterschiede?	Satellitenbilder Ostsee-küste
Erarbeitung I	Küstentypen	PA: Gestaltung eines Vortrags	SB S. 110/111, Aufg. 1
Ergebnissicherung I	Küstentypen	SV und UG: Präsentation der PA	
Erarbeitung II (nächste Unterrichts-stunde)	Prozesse an der Steilküste	EA: Bildauswertung	SB S. 111, Aufg. 3, M5
Hausaufgabe	Gezeiten der Ostsee	EA	SB S. 111, Aufg. 4, Atlas

Küstenschutz an Nordsee und Ostsee

Kompetenzen

Die Schülerinnen und Schüler können ...
- die Funktionsweise von Deichen und Sandvorspülungen erklären;
- Dünen und Küstenwälder als schützenswerte Naturlandschaften nennen und ihre Funktion für den Küstenschutz begründen.

Grundbegriffe

Hochwasserschutz, Deich

Sachinformationen

Küstenschutz an Nord- und Ostsee ist seit jeher eine wichtige Aufgabe. Der moderne Deich hat die wichtigste Funktion innerhalb des Küstenschutzes. Er wurde über Jahrhunderte stets weiterentwickelt. Eine weitere Maßnahme sind Sandvorspülungen. Saugbaggerschiffe nehmen Sand vom Meeresboden auf und transportieren ihn anschließend zur Küste. Diese Art des Küstenschutzes wird in Deutschland hauptsächlich auf der nordfriesischen Insel Sylt und auf der ostfriesischen Insel Norderney angewandt. In den Niederlanden werden Sandvorspülungen an nahezu allen Küstenabschnitten, insbesondere an den westfriesischen Inseln, eingesetzt. Das kostenintensive Verfahren wird jedoch kontrovers diskutiert, da u.a. die Maßnahme ständig wiederholt werden muss. Unter natürlichem Küstenschutz versteht man den Erhalt und Schutz durch natürliche Landschaftselemente wie z.B. Dünen und Küstenwälder. Küstenwälder sind an der deutschen Küste vorwiegend an der Ostsee anzutreffen. Dünen schützen bei Hochwasser deichartig das Hinterland und halten bei auflandigem Wind vom Strand verwehten Sand fest. Die Errichtung von Sandfängern und die Bepflanzung mit Strandhafer dienen der Verfestigung der Dünen. Küstenschutzwälder schützen den küstennahen Boden vor Erosion durch Wind, Wasser und Austrocknung.

Hinweise zum Unterricht

Die Doppelseite ist als Wahldifferenzierungsseite angelegt. Die Schülerinnen und Schüler haben die Wahl zwischen natürlichem Küstenschutz und Küstenschutzmaßnahmen durch den Menschen. Die gemeinsame Aufgabe 3 führt die jeweiligen Ergebnisse anschließend zusammen.

Lösung der Basisaufgaben

1 „Natürlicher" Küstenschutz (Material 1):
Zeige, welche natürlichen Faktoren zum Schutz der Küsten beitragen. Erstelle dazu eine Präsentation. **(AFB II)**
Individuelle Schülerlösung (siehe Sachinformationen).

2 Küstenschutzmaßnahmen des Menschen (Material 2):
Zeige, welche Möglichkeiten der Mensch hat, Küstenschutz zu betreiben. Erstelle dazu eine Präsentation. **(AFB II)**
Individuelle Schülerlösung (siehe Sachinformationen).

Gemeinsame Aufgabe

3 Sammelt Argumente, welche die folgende Aussage belegen oder widerlegen: „Natürlicher Küstenschutz ist wichtig, aber wir können auf den Bau von Deichen und auf Sandvorspülungen nicht verzichten".

Pro Deiche und Sandvorspülungen:
- Viele Küstenabschnitte sind flach und ohne Dünen und Wälder.
- Ohne diese Maßnahmen müsste der Mensch weichen.
- Landverlust
- Schutz vor Sturmfluten und ansteigendem Meeresspiegel

Kontra Deiche und Sandvorspülungen:
- Sandentnahme zerstört den Meeresboden und ist kostenintensiv
- Deiche zerstören die Naturlandschaft

Unterrichtsvorschlag

Unterrichtsphase	Inhaltlicher Schwerpunkt	Methodisches Vorgehen / Sozialform	Medien / Materialien
Einstieg	Küstenschutzmaßnahmen	UG: Gibt es Schutzmaßnahmen?	Satellitenbilder Ostseeküste
Erarbeitung I und Ergebnissicherung I	Wahldifferenzierung: Küstenschutzmaßnahmen	EA	SB S.112, Aufg. 1 oder 2
Erarbeitung II	Natürliche und technische Maßnahmen	PA: (wenn möglich Mischung von Aufg. 1 u. Aufg. 2)	SB S.112, Aufg. 3
Ergebnissicherung II	Diskussion	UG: Sammeln und bewerten der Argumente	

Tornados und Hurrikans

Kompetenzen

Die Schülerinnen und Schüler können …
- die Entstehung von Hurrikans und Tornados erklären;
- Unterschiede der beiden Wirbelsturmtypen erläutern;
- eine Kartenskizze der Welt zeichnen und Verbreitungsgebiete der Wirbelsturmtypen zuordnen;
- selbstständig einen Modellversuch planen, der die Entstehung einer Ambosswolke verdeutlicht;
- eine Versuchsauswertung sowie -kritik vornehmen;
- eine beschriftete Skizze eines Hurrikans erstellen;
- wissenschaftliche Informationen in einen kreativen Zeitungsartikel umschreiben.

Grundbegriffe

Hurrikan, Tornado, Wirbelsturm, Kondensation, Ambosswolke

Sachinformationen

Tornados sind trichterförmige wandernde Wirbelstürme mit einem Durchmesser von weniger als 100 Metern und einer kurzen Lebensdauer von 20–30 Minuten, die bis zu 30 Kilometer zurücklegen können. Man vermutet eine Rotationsgeschwindigkeit von bis zu 150 m/s, wobei Messungen aufgrund ihrer Zerstörungskraft schwierig sind. Aus diesem Grund sind die Vorgänge bei der Entstehung von Tornados noch nicht im Einzelnen geklärt. Eine Möglichkeit ist die Verbindung von Tornados mit besonders energiereichen Gewitterwolken, die auch Superzellen genannt werden. Durch eine intensive Sonneneinstrahlung wird feuchtwarme Luft zum Aufstieg gezwungen. Dabei kondensiert der Wasserdampf, latente Wärme wird freigesetzt und es bilden sich riesige Gewitterwolken. Treffen diese in ein bis zwei Kilometern Höhe auf kalte Luft aus einer entgegengesetzten Windrichtung, entstehen starke Turbulenzen, die zu Verwirbelungen der Luft führen. Die feuchte Luft wird im Tornadorüssel nach oben gerissen, sodass im Zentrum ein starker Unterdruck entsteht, der dazu führt, dass weitere Luft vom Boden angesaugt wird. Der Tornadoschlauch wirbelt also aufwärts, was die Anhebung unterschiedlichster Materialien vom Boden erklärt.

Besonders verbreitet sind Tornados in Nordamerika, wozu besonders die Nord-Süd-Ausrichtung der Gebirge, die zu einem ungehinderten Luftmassenaustausch führt, beiträgt. Doch auch in anderen Ländern der Erde treten sie regelmäßig auf, mit 20 bis 30 Fällen in Deutschland vergleichsweise selten und einer verringerten Zerstörungskraft.

Hurrikans treten dagegen lediglich über Wasserflächen in Äquatornähe auf, da ihre Entstehung an eine Oberflächentemperatur von mindestens 27 °C gebunden ist. Auch ihre Entstehung ist noch nicht restlos geklärt. Mit Feuchtigkeit gesättigte Luft über dem warmen Wasser der tropischen Meere erwärmt sich und steigt auf. In einer Höhe von 500 m ist das Kondensationsniveau erreicht, sodass Wolkenbildung einsetzt und gleichzeitig in den Wolkentürmen latente Energie freigesetzt wird, die die Luftmassen noch weiter in die Höhe treibt. Die Drehbewegung des Wirbelsturms wird durch die Erdrotation verursacht. Die am Boden einströmende Luft wird abgelenkt, sodass sich eine spiralförmige Aufwärtsbewegung ergibt. Im Inneren entsteht eine ruhige Zone, das sogenannte Auge. Ein Hurrikan kann einen Durchmesser von bis zu 2000 Kilometern haben und eine Rotationsgeschwindigkeit von 300 km/h, wobei seine Zuggeschwindigkeit nur 20–30 km/h beträgt. Wenn er auf Festland trifft, verliert er an Kraft. An den Küsten verursacht er jedoch bis zu sechs Meter hohe Flutwellen.

Es gibt verschiedene regionale Namen für tropische Wirbelstürme (USA/Karibik: Hurrikan, Ostasien: Taifun, Indien: Zyklon, Australien: Willy-Willy).

Hinweise zum Unterricht

Tornados und Hurrikans sind beeindruckende Wetterphänomene, die das Interesse der Schülerinnen und Schüler wecken. Die Seite ist arbeitsteilig angelegt, wobei in Einzel- oder Partnerarbeit gearbeitet werden kann. Nachdem sich die Schülerinnen und Schüler mit einem der beiden Wirbelsturmtypen auseinandergesetzt haben, lernen sie im Austausch mit ihren Mitschülern ebenfalls den anderen kennen. Die Entscheidung für Hurrikans oder Tornados kann anhand der durch die Aufgabenstellung angelegten unterschiedlichen Zugänge erfolgen. Während beim Thema Tornados ein Versuch zur Entstehung einer Gewitterwolke im Mittelpunkt steht, muss beim Thema Hurrikans gezeichnet und ein Artikel für die Schülerzeitung geschrieben werden.

Der zweite gemeinsame Aufgabenteil dient sowohl dem Austausch der Ergebnisse als auch im Besonderen der Abgrenzung der beiden Wirbelsturmtypen bezogen auf deren Verbreitung und Größendimension voneinander.

Lösung der Basisaufgaben

Tornados (1):

1 Liste alle Voraussetzungen für die Entstehung eines Tornados auf. (AFB I)
- Temperatur- und Feuchtigkeitsunterschiede zwischen den bodennahen und höheren Luftschichten
- Entstehung einer Gewitterwolke
- kalte Luftmassen, die in entgegengesetzter Richtung auf die Gewitterwolke treffen

2 Entwickle mithilfe der Tipps einen Modellversuch, der die Entstehung einer Ambosswolke demonstriert, und werte den Versuch anschließend aus. (AFB II/III)
Die Materialkiste enthält ein Glasgefäß (Aquarium), einen Wasserkocher, ein kleines Glasfläschchen mit Deckel und Lebensmittelfarbe. (Um den Schwierigkeitsgrad zu erhöhen oder abwechslungsreichere Ergebnisse zu erzielen, kann der Pool beliebig erweitert werden.)

Versuchsbeschreibung

In ein mit kaltem Wasser gefülltes Glasgefäß wird ein Fläschchen, das mit heißem, mit Lebensmittelfarbe eingefärbtem Wasser gefüllt ist, hineingestellt. Nachdem man den Deckel vorsichtig abgenommen hat, kann man beobachten, dass das eingefärbte Wasser nach oben strömt, sich Schlieren im Glasgefäß bilden und sich schließlich an der Wasseroberfläche stauen und zu den Seiten ausweichen.

Übertragung des Versuchs auf die Wirklichkeit

Das heiße Wasser im Fläschchen steht für die sich erwärmende bodennahe Luft, das kalte Wasser für die kühlere Umgebungsluft. Die erwärmte Luft steigt wie im Versuch bis zur Tropopause in ca. 11 km Höhe auf, wird dort am weiteren Aufstieg gehindert und weicht zu den Seiten aus, sodass die typische Ambossform entsteht.

Versuchskritik

Der Versuch ist sehr gut dazu geeignet, den Aufstieg von Warmluft bis zur Tropopause und das anschließende seitliche Ausweichen zu veranschaulichen, sodass die typische Ambossform entsteht. Die Zusammenhänge von Lufttemperatur und Wasseraufnahmefähigkeit können jedoch mit dem Versuch nicht gezeigt werden, da die Vorgänge in der Luft auf das Wasser übertragen werden, sodass keine Kondensation beobachtet werden kann. Da das warme Wasser eingefärbt wurde, setzt die Schlierenbildung bereits direkt nach dem Verlassen des Flaschenhalses ein, sodass die entstehende Wolke mit dem Erdboden verbunden zu sein scheint. Dies entspricht ebenfalls nicht der Wirklichkeit, in der die Wolkenbildung aufgrund der Temperaturabnahme erst ab einer bestimmten Höhe einsetzt. Auch die Entstehung des Tornados selbst ist mit diesem Versuch nicht zu erklären.

Hinweis zum Modellversuch:

Der Modellversuch soll den SuS vergegenwärtigen, dass ein Tornado aus einer Gewitterwolke entstehen kann, wie sie durchaus auch in unseren Breiten vorkommen. Er ist prozessorientiert angelegt, sodass die SuS zu Forschern werden, die eigene Lösungsstrategien entwickeln, die sie anhand des Versuchs überprüfen und gegebenenfalls wieder verwerfen.

Als Hilfestellung dienen die Tipps zur Durchführung. Sollten die SuS dennoch überfordert sein, sollte ihnen eine klassische Versuchsanleitung ausgehändigt werden, nach der sie vorgehen sollen. Die Versuchsauswertung und insbesondere die Versuchskritik sollten in beiden Fällen ausführlich erfolgen.

3 Beurteile: Kann bei uns in Deutschland ein Tornado entstehen? (AFB III)
Ja (siehe Sachinformationen).

Hurrikans (2):

1 Zeichne eine Skizze (Draufsicht) eines Hurrikans und beschrifte sie mithilfe des Textes A. (AFB II)
Draufsicht oder Querschnitt möglich; eingezeichnet werden sollen Wolkentrichter, Auge, Kilometerangaben

2 Liste alle Voraussetzungen für die Entstehung eines Hurrikans auf. (AFB I)
– Wassertemperatur von mindestens 27 °C (Äquatornähe)

3 Nachdem du mit den Hurricane Hunters unterwegs warst, schreibst du einen Artikel über Hurrikans für die Schülerzeitung. (AFB III)
Individuelle Schülerlösung.

Gemeinsame Aufgaben

4 Arbeite mit einem Partner, der das jeweils andere Wetterphänomen erarbeitet hat: Vergleicht die Entstehung sowie den Aufbau von Hurrikans und Tornados. (AFB II)
Gemeinsamkeiten: Wirbelstürme, aufsteigende warme Luftmassen, Gewitterwolken
Unterschiede: Dimension, Verbreitungsgebiete, Aufbau

5 Zeichnet eine Kartenskizze der Welt, in die ihr die Verbreitungsgebiete von tropischen Wirbelstürmen und von Tornados eintragt. (AFB II)
Individuelle Schülerlösung, Beschränkung der Hurrikans auf Gebiete in Äquatornähe.

Unterrichtsvorschlag

Unterrichtsphase	Inhaltlicher Schwerpunkt	Methodisches Vorgehen / Sozialform	Medien / Materialien
Einstieg	Tornados und Hurrikans	Wahl des Schwerpunktthemas nach Neigung oder Fähigkeit	SB S. 114/115, Aufg. 1 (Tornados) oder 2 (Hurrikans)
Erarbeitung I	Aufgaben zum Schwerpunkt	EA/PA	SB S. 114/115, Aufg. 1 (Tornados) oder 2 (Hurrikans), ggf. Versuchsmaterialien
Erarbeitung II	Tornados und Hurrikans	PA/GA: gemeinsamer Aufgabenteil	SB S. 114/115, Aufg. 4, 5
Ergebnissicherung	Präsentation der Ergebnisse (inklusive Versuch) Auswertung der Aufgaben	SV UG	

Naturgefahren weltweit

Kompetenzen

Die Schülerinnen und Schüler können ...
- die Verbreitung der wichtigsten Naturereignisse beschreiben;
- für den Zusammenhang zwischen Entwicklungsstand und Auswirkungen von Naturereignissen sensibilisiert werden;
- ihre Erkenntnisse in Zeichnungen und Berichten wiedergeben.

Grundbegriffe

Naturgefahr, Plattentektonik, Erdbeben, Hochwasser

Sachinformationen

Nicht jedes Naturereignis ist eine Naturkatastrophe. Davon spricht man erst, wenn Menschen zu Schaden kommen. Im Rahmen der globalen Klimaerwärmung kommt es wahrscheinlich häufiger zu diesen Ereignissen. Nicht immer ist der Mensch unschuldig an dem Ausmaß einer Naturkatastrophe, weil er durch sein leichtsinniges oder unüberlegtes Verhalten die Entstehung oder die Negativfolgen provoziert. Es zeigt sich auch, dass die Wohngebiete der armen Bevölkerung in unterentwickelten Ländern häufig größeren Risiken ausgesetzt sind, weil sie oft, ohne dass Behörden eingreifen, in gefährdeten Gebieten (Küstenbereiche, Flussufer) errichtet werden. Dort gibt es auch selten gut funktionierende Frühwarnsysteme, sodass sich dadurch die relativ hohe Zahl an Todesopfern in diesen Gebieten erklärt. Umgekehrt tauchen hohe Sachschäden bei Naturkatastrophen eher in Industriestaaten auf. Der finanzielle Schaden durch einen Hurrikan an drei Häusern in einem Nobelvorort von Miami ist ungleich höher als der in einem viel großflächigeren Barackengebiet in Haiti.

Zur Einstufung eines Naturereignisses als Katastrophe gehören noch andere Aspekte: Medienforscher haben herausgefunden, dass, je näher eine Katastrophe sich ereignet, desto geringer die für eine Darstellung der Katastrophe in den Medien „notwendige" Zahl der Todesopfer ist. Ein Ereignis in 10 000 km Entfernung mit 39 Todesopfern erhält den gleichen Umfang bei einer Nachrichtenmeldung wie ein Ereignis in 1 000 km Entfernung mit sieben Toten oder in 100 km Entfernung mit einem Toten.

Trotzdem: Die Zerstörungskraft des Taifun Haiyan über den Philippinen im November 2013 hat weltweit für Schrecken gesorgt; weit über 5 000 Menschen kamen ums Leben, Hunderttausende wurden obdachlos. Die Hilfe erfolgte v.a. durch die USA schnell (mit Militär und 20 Millionen Dollar Sofortzahlungen – Kritiker führen hier u. a. die strategische Bedeutung der Philippinen an); Deutschland beteiligte sich auch mit insgesamt 5 Millionen Euro und Spezialeinheiten verschiedener Hilfsorganisationen.

Hinweise zum Unterricht

Naturgefahren werden vor allem über die Medien bewusst gemacht. Aktuelle Katastrophen sollten zum Anlass genommen werden, die physisch-geographischen Ursachen, aber vor allem auch die Folgen für die Menschen zu bearbeiten. Besonders wichtig ist wohl, die Schülerinnen und Schüler dafür zu sensibilisieren, dass Naturkatastrophen in ihren Auswirkungen etwas mit dem Entwicklungsstand eines Landes zu tun haben können. Aktualität und eine Analyse der zur Verfügung gestellten Materialien (bis hin zur Medienkritik) sind lohnende Ansätze. Besonders wichtig und lohnend erscheint es, die Hilfseinsätze des eigenen Landes zu verfolgen, da diese oft induktiv – und damit gut nachvollziehbar – an einem Standort arbeiten und bleiben (z.B. THW Bad Kreuznach mit Spezialisten zur Trinkwasseraufbereitung).

Lösung der Basisaufgaben

1 Arbeite mit Karte 3:
a) Beschreibe die Verbreitung einzelner Erscheinungen und nenne betroffene Länder oder Landschaften. (AFB I)
Erdbebengebiete finden sich entlang der Plattengrenzen, die meisten Vulkane liegen ebenfalls an diesen Nahtstellen der Erdkruste. Länder und Landschaften können mithilfe von Atlaskarten ermittelt werden.
b) Liste Gebiete auf, in denen sich die Gefährdungen durch unterschiedliche Naturereignisse überlagern. (AFB I)
Westküste Nord und Südamerikas: Vulkanausbrüche, Erdbeben;
Mittelamerika: Vulkanausbrüche, Erdbeben, Wirbelstürme;
Nordamerika: Tornados, Kälteeinbrüche, Hurrikane, Überschwemmungen;
Mittelmeerraum/Kleinasien: Erdbeben, Vulkanausbrüche, Wirbelstürme;
Süd-, Ost- und Südostasien: Wirbelstürme, Überschwemmungen, Erdbeben, Vulkanausbrüche, Tsunamis;
Nordwestafrika: Erdbeben, Tsunamis

2 Arbeite mit Tabelle 2:
a) Stelle fest, welche Naturereignisse viele Todesopfer fordern und welche hohe Sachschäden verursachen. (AFB I)
Sturmfluten und Erdbeben fordern relativ viele Todesopfer, Erdbeben verursachen hohe Sachschäden.
b) Stelle fest, welche Länder/Regionen betroffen sind. (AFB I)
In der linken Tabelle (Todesopfer) sind fast ausschließlich Entwicklungs- bzw. Schwellenländer aufgeführt, in der rechten (Sachschäden) überwiegend Industrieländer.
c) Vergleiche die Jahresangaben bei den Schäden. Was fällt dir auf? (AFB II)
Die rechte Tabelle (Sachschäden) setzt erst 1988 ein. Das kann bedeuten, dass in den letzten Jahren die Höhe der Sachschäden angewachsen ist und vor 1988 die Schadenssummen niedriger waren, oder aber, dass vor 1988 keine Gesamtschäden aufgenommen und genau beziffert wurden.

3 Arbeite mit dem Diagramm 4:

a) Werte das Material aus. (AFB II)

M4 zeigt die Entwicklung verschiedener, großer Naturereignisse von 1950 bis 2012. Generell ist eine Zunahme der Ereignisse festzustellen, wobei „sonstige Ereignisse" wie Dürre, Waldbrand und Frost erst seit 1971 verzeichnet werden. Besonders Überschwemmungen und Stürme nehmen stark zu.

b) Was leistet es, was leistet es nicht? (AFB III)

Es wird anteilig die Anzahl der verschiedenen Ereignisse wiedergegeben, jedoch können keine Aussagen über das Ausmaß und die jeweilige Dauer der Naturereignisse gemacht werden. Auch werden keine Angaben zur regionalen Verteilung vorgenommen.

4 Naturkatastrophen in den Medien:

„Naturkatastrophen treffen meistens die Armen". Überprüfe diese Aussage. (AFB III)

Die Karte zeigt, dass es vor allem Entwicklungsländer mit armer Bevölkerung sind, die von Naturkatastrophen betroffen sind. So sind in den Tropen bei Weitem die meisten Stürme zu verzeichnen, hier leben z. B. arme Menschen auf dem afrikanischen Kontinent. Aber auch gerade die Philippinen werden immer wieder von Sturmkatastrophen heimgesucht. Überschwemmungen sind z. B. in Indien und Bangladesch zu verzeichnen, auch wiederum vor allem in armen Regionen. Im Atlas dazu: thematische Karten der Aufteilung der Welt z. B. nach HDI.

Anwendungsaufgabe

5 Erkläre, warum Tsunamis besonders große Schäden verursachen. (AFB II)

Individuelle Schülerlösung.

Medientipps

Üben interaktiv: Quiz Naturkatastrophen (Online-Code c92d3c)

Unterrichtsvorschlag

Unterrichtsphase	Inhaltlicher Schwerpunkt	Methodisches Vorgehen/Sozialform	Medien/Materialien
Einstieg	aktuelles Ereignis alternativ: Verbreitungsmuster von Naturereignissen	L-Impuls: Ist die Gefahr von Naturkatastrophen überall auf der Welt gleich groß?	
Erarbeitung I	Verbreitung von Naturereignissen	EA/GA	SB S. 116/117, Aufg. 1, M3, Atlas
Ergebnissicherung I	Verbreitung von Naturereignissen	SV zu den Ergebnissen	
Erarbeitung II	Folgen von Naturereignissen	GA	SB S. 116/117, Aufg. 2, M2, Atlas
Ergebnissicherung II	Naturkatastrophen weltweit	SV zu den Ergebnissen	
Ausblick/ weitere Möglichkeiten	Zusammenhang zwischen Bevölkerungsdichte, Entwicklungsstand und Betroffenheit durch ein Naturereignis	GA oder HA	SB S. 116/117, Aufg. 3, 4, M2, Atlas

3

TERRA TRAINING

Wichtige Begriffe

Erosion, exogene Kräfte, Fluss, Hochwasserschutz, Mäander, Renaturierung, Sedimentation, Sediment, Tal

Lösung der Aufgaben

Kennen und verstehen

1 Finde die Begriffe (AFB I)

a) Kräfte, die von außen auf die Erdoberfläche einwirken.
   exogene Kräfte

b) Kalkschlamm sinkt auf den Meeresboden und wird unter Druck verfestigt.
   Kalkstein

c) Maßnahmen zur Vorbeugung und zum Schutz vor Überschwemmungen.
   Dämme und Deiche, Polder, Staustufen, Kanalbauten

2 Richtig oder falsch? (AFB II)

Korrigiere die falschen Aussagen und schreibe sie richtig auf.

a) Als Mäander bezeichnet man ein Hochwasserrückhaltebecken.
   Falsch. Mäander sind natürliche Schlingen im Wasserlauf bei wenig Gefälle.

b) Je weiter sich ein Fluss der Mündung nähert, desto größer wird seine Fließgeschwindigkeit.
   Falsch. Die Fließgeschwindigkeit wird zur Mündung hin langsamer.

c) Der Prallhang ist steiler als der Gleithang.
   Richtig.

d) Waldschutz dient der Hochwasservermeidung.
   Richtig.

e) Erosion ist die abtragende Wirkung des Windes.
   Richtig, teilweise! Es gibt auch Wasser- und Bodenerosion.

f) Flussbegradigungen erhöhen die Fließgeschwindigkeit eines Flusses.
   Richtig, in der Regel ja.

g) Die Transportkraft des Wassers ist im unteren Teil größer als im Mittellauf des Flusses.
   Falsch. Im unteren Teil sind normalerweise Erosion und Transportkraft geringer, weil das Gefälle abnimmt.

3 Talformen (AFB II)

Beschreibe die Prozesse, die zur Entstehung der unterschiedlichen Talformen in Grafik 2 führen.

Klamm: Tiefenerosion
Kerbtal: Tiefen- und Seitenerosion
Muldental: starke Seitenerosion
Sohlental: Seitenerosion und Sedimentation

Fachmethoden anwenden

4 Ein Profil zeichnen (AFB II)

a) Zeichne je ein Profil durch den Ober-, Mittel- und Unterlauf eines Flusses.
   Individuelle Schülerlösung.

b) Erkläre die ablaufenden Prozesse.
   Oberlauf: starkes Gefälle, hohe Fließgeschwindigkeit, v. a. Tiefenerosion
   Mittellauf: geringeres Gefälle, langsamerer Abfluss, geringere Tiefenerosion, Seitenerosion
   Unterlauf: flaches Gelände, langsamer Abfluss, Sedimentation, Deltabildung

5 Bilder beschreiben (AFB II)

a) Beschreibe die Fotos 3 und 4.
   Moselschleife: Mäanderbildung
   Alpental: Trogtal, Kerbtal mit Sedimenten abgeflacht

b) Foto 3: Erläutere die Vorgänge der Gebirgsbildung und der Flussarbeit am Beispiel des Moseltals.
   Mäandrierender Fluss erodiert immer weiter ein, wenig Seitenerosion durch hartes Ausgangsgestein (Devon), zeitgleich Hebungsphasen des Gebirges, sodass der Fluss sich weiter einkerbt. Es entstehen steile Prallhänge und fast ebene Gleithänge, auf denen gesiedelt werden kann.

c) Foto 4: Wie könnte eine solche Talform entstanden sein? Erkläre.
   Dieses Trogtal ist ursprünglich ein Kerbtal gewesen, in das im Pleistozän ein Gletscher eingedrungen ist, der die Flanken abgeflacht bzw. aberodiert hat (Trogschultern sind zu sehen). Der Abfluss des Gletscherwassers hat die Tiefenerosion verstärkt. An den Seiten kann man auch Ablagerungen, sog. Seitenmoränen erkennen.

d) Foto 1: Was für eine Naturkatastrophe hat hier wohl vor Kurzem stattgefunden? Erkläre.
   Hochwasser der Donau in Passau 2013 (sichtbar z. B. am Schmutzrand in mehreren Metern Höhe am Turm)

Beurteilen und bewerten

6 Entstehung von Hochwasser (AFB III)

a) Beschreibe mithilfe von Grafik 5 die Ursachen von Hochwasser. Unterscheide dabei zwischen natürlichen und vom Menschen beeinflussten Faktoren.
   Hochwässer entstehen natürlich in Zeiten hoher Wasserführung, z. B. bei der Schneeschmelze im Frühling. Durch Begradigung, Flächenzusammenlegung, Verdichtung und Versiegelung wird das Wasser zusammengeführt und kann so zu künstlichen Hochwasserständen führen. Die Rheinhochwasser werden so erklärt. Zudem wird diskutiert, ob der Klimawandel zu höheren Wasseransammlungen im Frühling führt und dadurch Einfluss nimmt.

b) Überlege, welche Maßnahmen notwendig wären, um die Auswirkungen von Hochwasser zu vermindern.
   Polderbau, Entsiegelung, Renaturierung, Schaffung von erosionsstabilen Hängen, …

c) Bewerte diese Maßnahmen.

Diese Maßnahmen sind zusammen genommen sehr wichtig, ja überlebenswichtig für eine naturnahe Landschaft und Umwelt. Dadurch werden Erholungsräume geschaffen für den Menschen, ebenso Rückzugsgebiete für Tiere (z. B. auch Zugvögel). Auch wird der Wohnraum von Menschen gesichert.

7 **Umgestaltung von Flusslandschaften (AFB III)**
Die Eingriffe in die Flusslandschaft des Rheins durch Johann Gottfried Tulla brachte „Segen über die Menschen am Rhein". Nimm Stellung zu dieser Aussage.

Individuelle Schülerlösung. Es sollten diskursiv Vor- und Nachteile aus früherer und heutiger Sicht aufgezeigt werden, dann zu einer eigenen Stellung zusammengeführt werden.

Medientipps

Material: Bogen zur Selbsteinschätzung (Online-Code v266fj)

TERRA FÜR DICH: Hochwasser

Kompetenzen

Die Schülerinnen und Schüler können ...
- Fachbegriffe zu den Ursachen und Folgen von Hochwassern erklären;
- Ursachen und Folgen von Hochwassern mithilfe eines Wirkungsschemas erläutern.
- den menschlichen Eingriff in die Flusslandschaft bewerten;
- den Zusammenhang zwischen dem Ausbau von Retentionsflächen und Hochwasserschutz am Beispiel erklären;
- den Ausbau des nachhaltigen Hochwasserschutzes bewerten.

Sachinformationen

Durch den wirtschaftlichen Eingriff des Menschen in die natürliche Flusslandschaft des Rheins seit dem 19. Jahrhundert hat sich die Gefahr eines Hochwassers dramatisch erhöht: Zum einen haben die natürlichen Hochwasserereignisse durch die Rheinbegradigung aufgrund der erhöhten Fließgeschwindigkeit und des größeren Abflussvolumens verheerendere Auswirkungen auf die Kulturlandschaft, zum anderen wurde die menschliche Nutzungsfläche an den Rheinufern seit dem 19. Jahrhundert stark erweitert, sodass bei einem heutigen Hochwasser der menschliche Lebensraum sehr viel stärker bedroht ist.
Hochwasserkatastrophen der letzten Jahre zeigen, dass Hochwasserschutzmaßnahmen dringend erforderlich sind. Die aktuelle Hochwasserschutzpolitik orientiert sich an nachhaltigen Projekten wie dem Ausbau von Retentionsflächen, beispielsweise in Form von Poldern.

Hinweise zum Unterricht

Die Ursachen und Folgen eines Hochwassers haben sich den Schülerinnen und Schülern in diesem Kapitel erschlossen, sodass sie nun ihre Kompetenzen festigen und anwenden können, indem sie sich die verwendeten Fachbegriffe erklären und dann in einem Wirkungsschema anwenden, um ihre Erkenntnisse zusammenfassend und im Zusammenhang schlüssig erklären zu können. Die anschließende Bewertungsaufgabe ermöglicht durch die Formulierung von Pro- und Kontra-Argumenten eine differenzierte Stellungnahme. Die vorgestellte Doppelseite kann entweder arbeitsgleich mit der ganzen Klasse bearbeitet werden, oder aber auch differenziert eingesetzt werden, sodass die Schülerinnen und Schüler selbst nach einem gemeinsamen Einstieg entscheiden, welche Seite sie bearbeiten möchten. Anschließend werden die Ergebnisse im Plenum präsentiert und diskutiert.

Lösung der Aufgaben „Werde sicher!"

1 Erkläre Ursachen und Folgen von Hochwasser mit einem Wirkungsgefüge (siehe Seiten 130/131). (AFB II/III)
a) Erkläre die Begriffe auf den Kärtchen mit eigenen Worten. Wenn du einen Begriff nicht erklären kannst, schaue auf den Seiten 92 bis 97 noch einmal nach.
Individuelle Schülerlösung.
b) Ordne die Begriffskärtchen nach Ursachen und Folgen.

Ursachen	Folgen
– Schneeschmelze in den Alpen – sommerliche Starkregen – Rheinkorrektion – Rheinregulierung – Oberrheinausbau – Vertiefung der Fahrrinne	– Hochwasserspitzen – Austrocknen alter Flussarme – stärkeres Gefälle – Fließgeschwindigkeit – Tiefenerosion – Verbesserung der Schiffbarkeit – Stromgewinnung – Absenkung des Grundwasserspiegels – Austrocknen der Auenwälder – Verlust der Artenvielfalt – Verlust des Lebensraumes verschiedener Tierarten – Verlust von Retentionsflächen – Hochwasser

c) Verbinde die Kärtchen durch beschriftete Pfeile, die den Zusammenhang zwischen den Kärtchen erklären.
siehe unten

2 Bewerte den menschlichen Eingriff in die Flusslandschaft mit drei Pro- und drei Kontra-Argumenten. (AFB III)
Pro:
1. Es wird durch den menschlichen Eingriff Strom aus regenerativen Quellen gewonnen.
2. Durch den menschlichen Eingriff wird die Schiffbarkeit des Rheins verbessert.
3. Durch den menschlichen Eingriff kann die Flusslandschaft für Ackerbau und Siedlungen genutzt werden.
Kontra:
1. Durch den menschlichen Eingriff verschärft sich die Hochwassergefahr.
2. Durch den menschlichen Eingriff werden Auenwälder zerstört.
3. Durch den menschlichen Eingriff geht der Lebensraum bedrohter Tierarten verloren.

Lösung der Aufgaben „Fordere dich!"

1 Erkläre den Zusammenhang zwischen folgenden Zeitungsschlagzeilen: „Störche in Ingelheim" und „Kölner Altstadt soll in Zukunft vom Hochwasser verschont bleiben". (AFB II/III)
Störche finden ein reiches Nahrungsangebot in Feuchtbiotopen wie einer Aue. Die Anwesenheit von Störchen in Ingelheim lässt also auf eine Flutung des Polders schließen. Die Flutung

der Retentionsflächen (v. a. Polder) am Oberrhein senkt die Hochwasserspitzen und trägt so dazu bei, dass der Hochwasserpegel am Mittel- und Niederrhein gesenkt wird und so große Städte wie Köln vor den verheerenden Auswirkungen eines Hochwassers geschützt werden können. Aufgrund des mangelnden Flächenangebots durch die Morphologie des Mittelrheintals und die dichte Besiedelung am Niederrhein sind diese Gebiete auf den Ausbau der Retentionsflächen am Oberrhein angewiesen.

2 Bewerte den Ausbau des nachhaltigen Hochwasserschutzes am Rhein. **(AFB III)**

Die zunehmenden Hochwasserkatastrophen der letzten Jahre zeigen eindeutig, dass Hochwasserschutzmaßnahmen zwingend erforderlich sind. Der Schutz durch Deiche ist dabei nicht nachhaltig, da so die Hochwasserspitzen noch erhöht werden und die Hochwassergefahr flussabwärts steigt. Retentions-

flächen sind also die einzige Lösung. Zu den natürlichen Überflutungsflächen bieten die Polder eine gute Alternative, da sie die Interessen verschiedener Akteure gut miteinander vereinen können: Die Flächen werden landwirtschaftlich genutzt, können zum anderen im Bedarfsfall eine fast doppelt so große Menge Wasser aufnehmen wie natürliche Retentionsflächen. Aus der Perspektive des Umwelt- und Artenschutzes ist gegen die Polder einzuwenden, dass sie demnach nur in Zeiten der Flutung ein Habitat für die geschützten Tierarten bieten. Ein guter und häufig praktizierter Kompromiss sind daher Kombinationen beider Schutzmaßnahmen mit einer ufernahen natürlichen Überflutungsfläche (Aue) und einem angrenzenden Polder.

Medientipps

Material: Begriffskärtchen als Kopiervorlage
(Online-Code 4sy6fg)

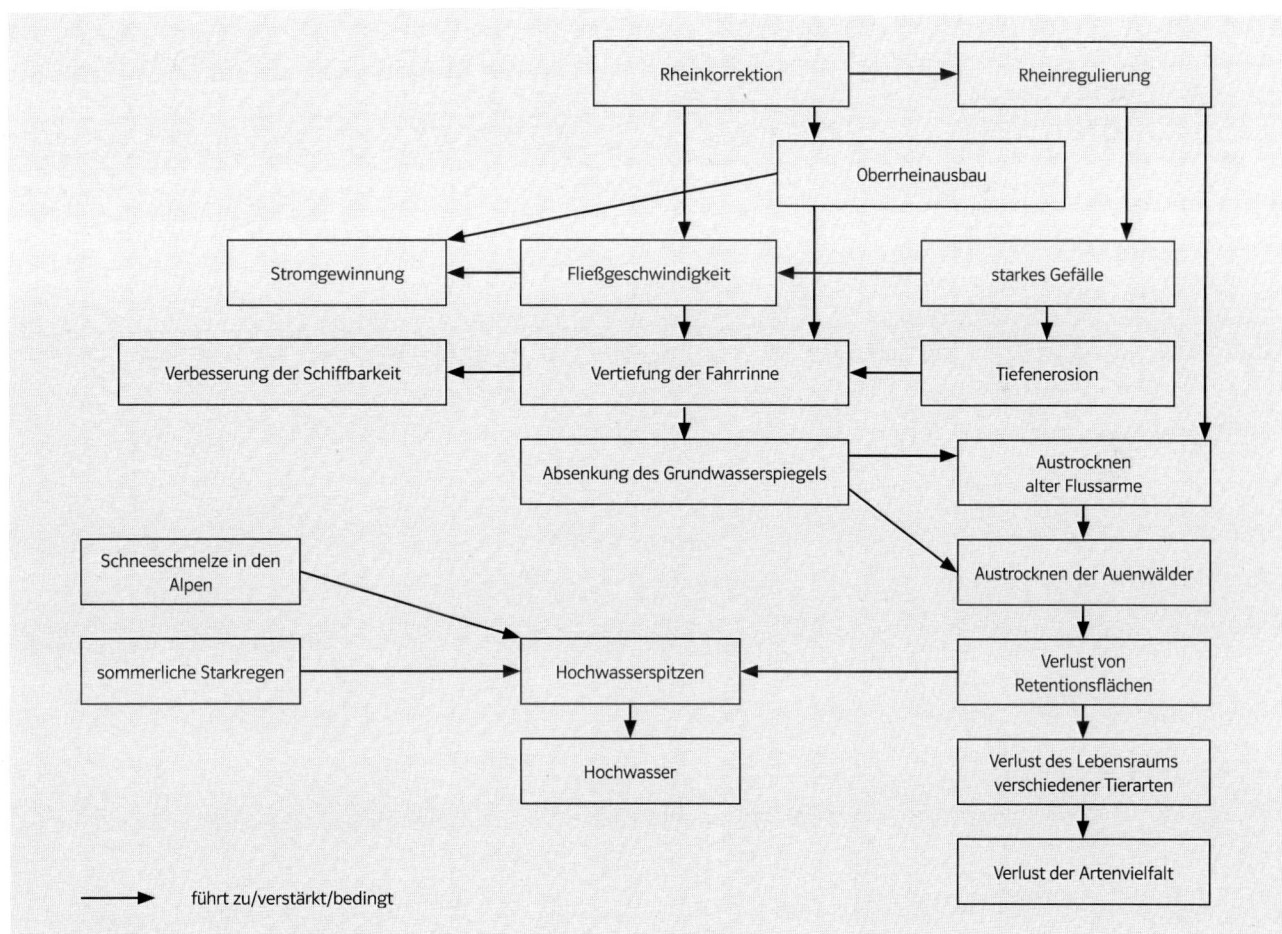

Lösung zu Aufgabe 1c: Wirkungsgefüge

Unterrichtsvorschlag 1: arbeitsgleich

Unterrichtsphase	Inhaltlicher Schwerpunkt	Methodisches Vorgehen / Sozialform	Medien / Materialien
Einstieg	Hochwasser: Ursachen, Folgen und Schutzmaßnahmen	UG	SB S. 121, M1
Erarbeitung I	Ursachen und Folgen	EA/PA: Erstellen des Wirkungsschemas	SB S. 120, Aufg. 1, M1, Online-Code
Ergebnissicherung I	Ursachen und Folgen	SV: Präsentation Wirkungsschema	
Anwendung	Schutzmaßnahmen	EA/PA	SB. S. 121, Aufg. 1, 2
Ergebnissicherung II	Schutzmaßnahmen	SV: Bewertung des Ausbaus	
Vertiefung	Diskussion: Hochwasserschutz in der Zukunft?	UG	

Unterrichtsvorschlag 2: differenziert

Unterrichtsphase	Inhaltlicher Schwerpunkt	Methodisches Vorgehen / Sozialform	Medien / Materialien
Einstieg	Hochwasser: Ursachen, Folgen und Schutzmaßnahmen	UG	SB S. 121, M1
Erarbeitung I	Ursachen und Folgen oder Schutzmaßnahmen	EA/PA	SB S. 120, Aufg. 1, M1, Online-Code oder SB S. 121, Aufg. 1
Ergebnissicherung I	Ursachen und Folgen oder Schutzmaßnahmen	SV: Präsentation Wirkungsschema; Lösung „Störche"	OHF/ Tafel Heft
Anwendung	Bewertung der Eingriffe oder der Schutzmaßnahmen	EA/PA	SB. S. 120, Aufg. 2 oder SB S. 121, Aufg. 2
Ergebnissicherung II	Bewertung	SV	
Vertiefung	Diskussion: Hochwasserschutz in der Zukunft?	UG	

Grenzen der Raumnutzung

Zum Themenblock

Der Themenblock „Grenzen der Raumnutzung" behandelt im Wesentlichen die drei im Lehrplan formulierten Leitfragen:

- Warum und wie nutzt der Mensch besonders verwundbare Räume?
- Welche ökologischen, ökonomischen und sozialen Folgen sind damit verbunden?
- Wie sehen zukunftsfähige Handlungsweisen aus?

Die Fragen werden gemäß dem neuen Lehrplan am Beispiel semiarider Räume entfaltet.

So werden zunächst die Charakteristika der drei Savannentypen erarbeitet (SB S.124/125) und exemplarisch die traditionelle Lebensweise der Massai vorgestellt (SB S.126/127). Mit den Problemen der Desertifikation sowie ihrer Bekämpfung beschäftigen sich die SB-Seiten 128 bis 133. Auf die Doppelseite zur Bewässerungslandwirtschaft (SB S.134/135) folgt eine Vertiefungsseite zu Wasserkonflikten im Jordantal (SB S.136/137).

Die im Lehrplan vorgesehene Erweiterung „Transfer: Leben und Wirtschaft an der Kältegrenze" wird am Beispiel Norilsk auf den SB-Seiten 138–141 aufgegriffen.

Als wesentliche Fachmethode wird die Erstellung eines Wirkungsgefüges eingeübt. Schließlich soll der Themenblock auch grundlegendes topografisches Orientierungswissen zu Grenzen der Lebensräume vermitteln (SB S.142/143).

Aufgaben zur Sicherung bietet die Doppelseite TERRA Training. Zur Binnendifferenzierung enthält das Kapitel Angebote zur Differenzierung nach Interesse (SB S.132/133) sowie zur Leistungsdifferenzierung (SB S.146/147).

Zur Auftaktdoppelseite

Die Auftaktdoppelseite soll durch das großformatige Foto motivierenden Charakter haben. Viele lohnenswerte, für den Themenblock tragende Fragstellungen können hier bereits aufgeworfen werden:

- Welcher Naturraum ist hier dargestellt?
- Wie wird dieser Raum von den Bewohnern genutzt?
- Welche Schwierigkeiten bringt die Nutzung dieses Raums mit sich?

Die Trockenheit, die Vegetationsarmut, der hohe Tierbesatz – all diese Aspekte können hier bereits angesprochen und im späteren Reihenverlauf wieder aufgegriffen werden.

Didaktische Struktur

Bezüge zum Lehrplan / Kompetenzübersicht
Die Schülerinnen und Schüler erwerben …
- **Sachkompetenz:** Sie können das naturräumliche Potenzial semiarider Räume untersuchen; Eingriffe des Menschen mit deren ökologischen, ökonomischen und sozialen Auswirkungen beurteilen;
- **Methodenkompetenz:** Sie können ein Wirkungsgefüge zur Desertifikationsproblematik erstellen (M7);
- **Kommunikationskompetenz:** Sie können ihre Ergebnisse unter Verwendung geeigneter Fachbegriffe adressatengerecht präsentieren (K5);
- **Urteilskompetenz:** Sie können Handlungsalternativen nach möglichen Konsequenzen für eine zukunftsfähige Entwicklung abwägen (U6).

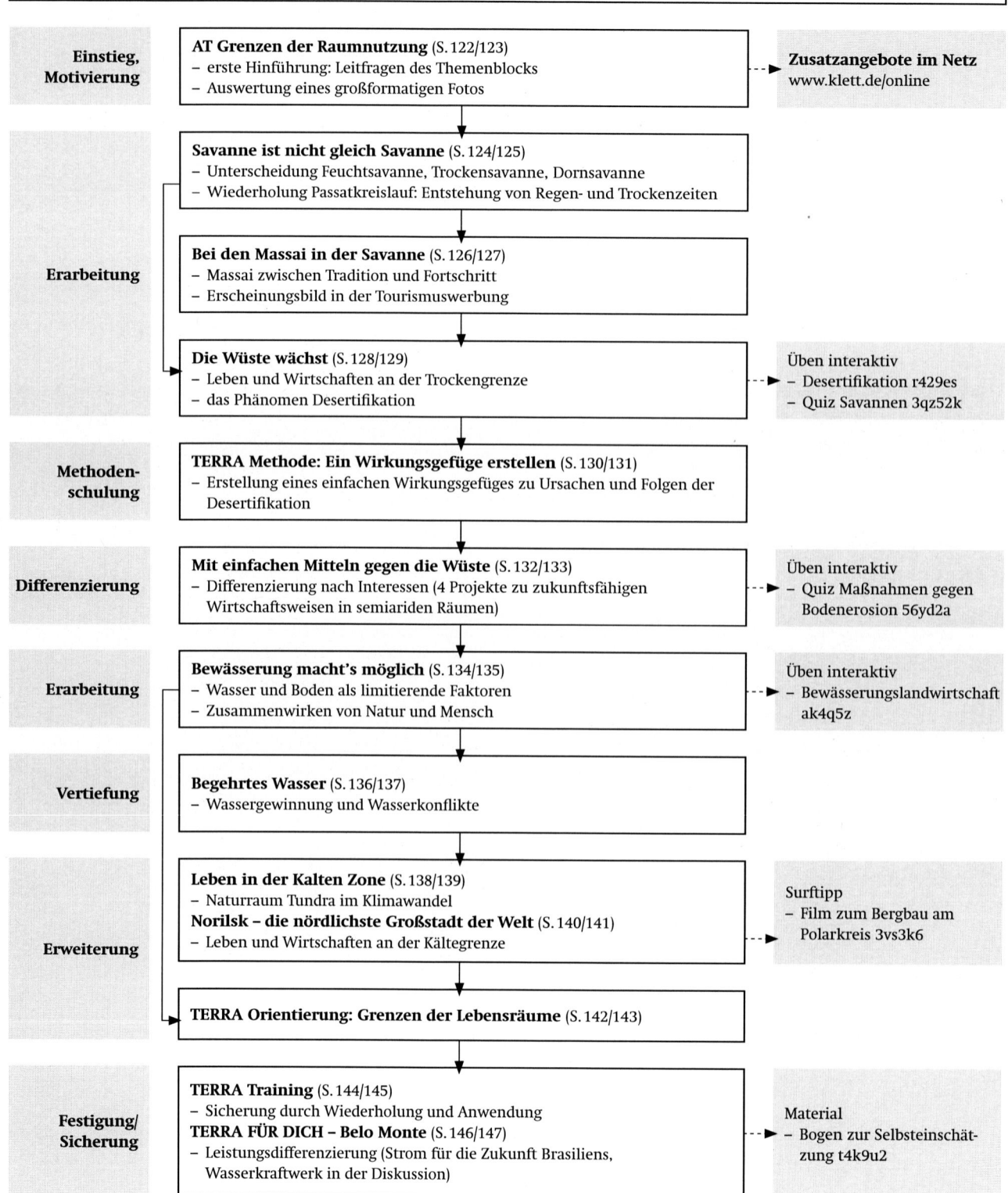

Einstieg, Motivierung

AT Grenzen der Raumnutzung (S. 122/123)
– erste Hinführung: Leitfragen des Themenblocks
– Auswertung eines großformatigen Fotos

Zusatzangebote im Netz
www.klett.de/online

Erarbeitung

Savanne ist nicht gleich Savanne (S. 124/125)
– Unterscheidung Feuchtsavanne, Trockensavanne, Dornsavanne
– Wiederholung Passatkreislauf: Entstehung von Regen- und Trockenzeiten

Bei den Massai in der Savanne (S. 126/127)
– Massai zwischen Tradition und Fortschritt
– Erscheinungsbild in der Tourismuswerbung

Die Wüste wächst (S. 128/129)
– Leben und Wirtschaften an der Trockengrenze
– das Phänomen Desertifikation

Üben interaktiv
– Desertifikation r429es
– Quiz Savannen 3qz52k

Methoden-schulung

TERRA Methode: Ein Wirkungsgefüge erstellen (S. 130/131)
– Erstellung eines einfachen Wirkungsgefüges zu Ursachen und Folgen der Desertifikation

Differenzierung

Mit einfachen Mitteln gegen die Wüste (S. 132/133)
– Differenzierung nach Interessen (4 Projekte zu zukunftsfähigen Wirtschaftsweisen in semiariden Räumen)

Üben interaktiv
– Quiz Maßnahmen gegen Bodenerosion 56yd2a

Erarbeitung

Bewässerung macht's möglich (S. 134/135)
– Wasser und Boden als limitierende Faktoren
– Zusammenwirken von Natur und Mensch

Üben interaktiv
– Bewässerungslandwirtschaft ak4q5z

Vertiefung

Begehrtes Wasser (S. 136/137)
– Wassergewinnung und Wasserkonflikte

Erweiterung

Leben in der Kalten Zone (S. 138/139)
– Naturraum Tundra im Klimawandel
Norilsk – die nördlichste Großstadt der Welt (S. 140/141)
– Leben und Wirtschaften an der Kältegrenze

Surftipp
– Film zum Bergbau am Polarkreis 3vs3k6

TERRA Orientierung: Grenzen der Lebensräume (S. 142/143)

Festigung/ Sicherung

TERRA Training (S. 144/145)
– Sicherung durch Wiederholung und Anwendung
TERRA FÜR DICH – Belo Monte (S. 146/147)
– Leistungsdifferenzierung (Strom für die Zukunft Brasiliens, Wasserkraftwerk in der Diskussion)

Material
– Bogen zur Selbsteinschätzung t4k9u2

Savanne ist nicht gleich Savanne

Kompetenzen

Die Schülerinnen und Schüler können …
- die verschiedenen Savannen in Bezug auf Klima und Vegetation beschreiben und voneinander abgrenzen;
- die Entstehung von Regen- und Trockenzeiten erklären;
- günstige Reisemonate ermitteln und notwendige Verhaltensweisen für Touristen ableiten;
- Klimadiagramme, Atlaskarten, Fotos und Bilder beschreiben und auswerten.

Grundbegriffe

Feuchtsavanne, Trockensavanne, Dornsavanne, arid, humid

Hinweise zum Unterricht

Bevor die Schülerinnen und Schüler tiefer in die Desertifikationsproblematik einsteigen (siehe SB S. 128 – 133), erarbeiten sie sich in dieser Stunde die Savannen vor allem auf phänomenologischer Ebene. Gleichzeitig nutzt die Stunde auch die Faszination und Begeisterung für den einzigartigen Naturraum der afrikanischen Savannen, die nicht zuletzt durch die mediale Vermittlung unser Afrikabild prägt.

Um die Ursachen für die Entstehung der Savannen zu verstehen (vgl. Aufgabe 4a), müssen die Schülerinnen und Schüler ihr Wissen über den Passatkreislauf und die Zenitalniederschläge aus Themenblock 1 rekapitulieren (vgl. SB S. 28/29).

Lösung der Basisaufgaben

1 Erkläre, was alle Savannen gemeinsam haben und warum Savanne nicht gleich Savanne ist. **(AFB II)**
Alle Savannen sind mit Bäumen durchsetzte, innertropische Graslländer. Je weiter vom Äquator entfernt sie liegen, umso länger dauert die Trockenheit, sodass die Grashöhe abnimmt, ebenso wie die Höhe und Dichte des Waldes (sowie dessen Artenreichtum und der immergrüne Charakter).

2 Begründe, wieso Nationalparks wie die Serengeti durch Ranger überwacht werden. **(AFB II)**
- Schutz der Tierwelt (z. B. vor Wilderern);
- Erhaltung des Ökosystems (Schutz vor Abbrennen, Inbesitznahme für Weidezwecke, Umgestaltung zu Ackerland).

3 Für eine Fotosafari in die Savannen Afrikas brauchen Touristen unter anderem: feste Schuhe, leichte, lange Hosen, einen warmen Pullover, Kopfbedeckung und Sonnenschutz. Erkläre warum und ermittle die beste Reisezeit. **(AFB II/III)**
beste Reisezeit:
- entweder Ende der Trockenzeit, weil Tiere sich zu Wasserstellen begeben (Fotosafari),
- oder Ende der Regenzeit, weil dann die Savanne grün ist und die Temperaturen etwas geringer und die Niederschläge nicht mehr so stark sind.

Ausrüstung der Touristen:
- Kopfbedeckung und Sonnenschutz aufgrund der intensiven Sonneneinstrahlung in Äquatornähe,
- leichte, lange Hose als Schutz vor Insekten,
- feste Schuhe als Schutz vor Skorpionen und Schlangen und aufgrund der Bodenunebenheiten und frei liegenden Wurzeln,
- warme Pullover wegen nächtlicher Abkühlung vor allem in wolkenarmen Nächten der Trockenzeit.

Erweiterungsaufgaben

4 Auf den Niederschlag kommt es an: **(AFB II)**
a) Erkläre die Entstehung von Regen- und Trockenzeiten (siehe hierzu auch die Seiten 28/29).
Im Bereich der Innertropischen Konvergenzzone (ITC) kommt es zu aufsteigenden Luftmassen und starken Niederschlägen. Die Luftmassen strömen in der Höhe nach Norden und Süden ab und sinken dann zu Boden. In diesen Bereichen kommt es zu Wolkenauflösung und Trockenheit. Mit der Verlagerung des Zenitstands der Sonne verschiebt sich auch die ITC, im Juni auf die Nordhalbkugel und im Dezember auf die Südhalbkugel. Dadurch verlagern sich ebenso die Niederschläge und die Bereiche mit trockener Luft. Als Folge ergibt sich eine feststehende Abfolge von Regen- und Trockenzeiten in den Savannen.

b) Begründe die unterschiedlichen Niederschlagsmengen in Save, Ouagadougou und Zinder.
Von Zinder nach Save nimmt die jährliche Niederschlagsmenge ebenso wie die Anzahl humider Monate zu. Zinder liegt von den drei Stationen am nördlichsten, Save am südlichsten. Dementsprechend erhält Zinder die geringste Menge an zenitalen Niederschlägen, nur im Nordsommer (Juni bis September) gerät dieser Ort in den Einfluss der ITC.

c) Erläutere die Auswirkungen der unterschiedlichen Niederschlagsmengen auf die Vegetation.
In der Feuchtsavanne (Station Save) findet sich viel Wald (bis zu 30 m hohe Bäume) und übermannshohes Gras. Aufgrund der hohen Niederschläge ist hier Ackerbau möglich, hingegen findet nahezu keine Viehhaltung statt.
In der Trockensavanne (Station Ouagadougou) findet sich wenig Wald und brusthohes Gras. Ackerbau und Viehhaltung sind hier vorzufinden.
In der Dornsavanne (Station Zinder) finden sich lediglich wasserspeichernde Pflanzen. Menschliche Nutzung ist schwierig; es werden Hirse, Baumwolle und Erdnüsse angebaut. Außerdem findet Viehhaltung statt.

Medientipps

Üben interaktiv: Savannentypen (Online-Code u7q7qr)

Tafelbild

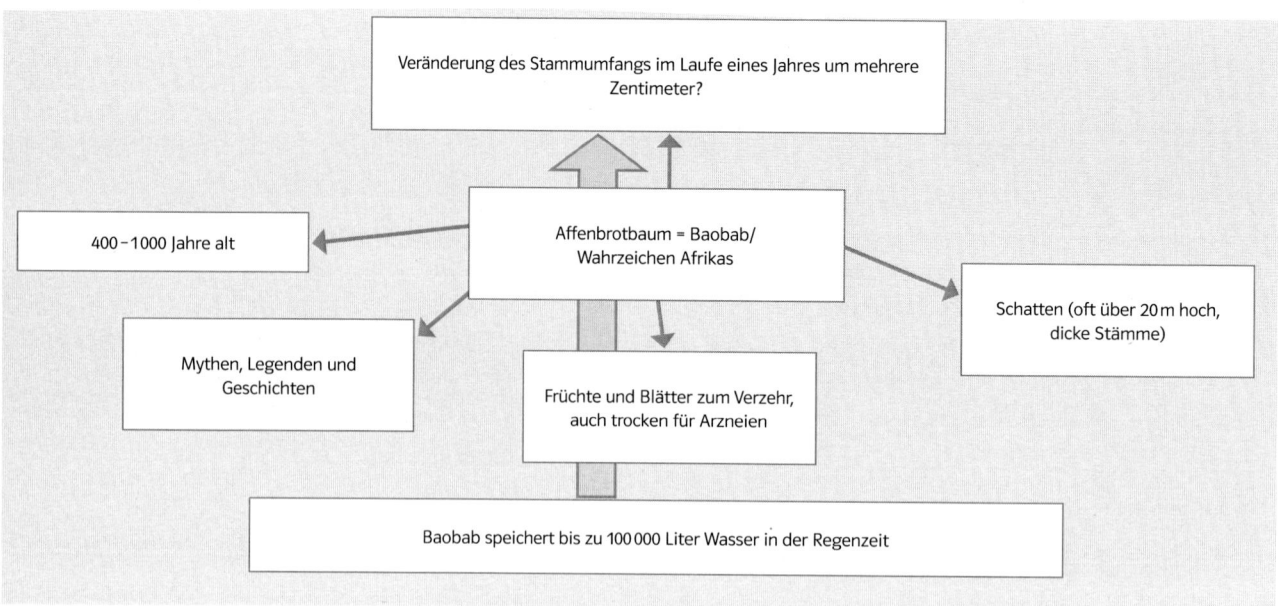

Veränderung des Stammumfangs im Laufe eines Jahres um mehrere Zentimeter?

400 – 1000 Jahre alt

Affenbrotbaum = Baobab/
Wahrzeichen Afrikas

Schatten (oft über 20 m hoch, dicke Stämme)

Mythen, Legenden und Geschichten

Früchte und Blätter zum Verzehr, auch trocken für Arzneien

Baobab speichert bis zu 100 000 Liter Wasser in der Regenzeit

Unterrichtsvorschlag

Unterrichtsphase	Inhaltlicher Schwerpunkt	Methodisches Vorgehen / Sozialform	Medien / Materialien
Einstieg	Der Baobab als Wahrzeichen Afrikas: Warum verändert der Baobab seinen Stammumfang und wo wächst er?	UG	SB S. 124, M1, Tafelbild und Zusatzmaterial
Erarbeitung I	Die Savannen Afrikas	PA/GA	SB S. 124, Aufg. 1, M2 – 10
Erarbeitung II	Ursachen der unterschiedlichen Niederschlagsmengen	PA/GA	SB S. 124, Aufg. 4, SB S. 28/29
Hausaufgabe	Nationalparks	EA	SB S. 124, Aufg. 2 bzw. 3

Bei den Massai in der Savanne

Kompetenzen

Die Schülerinnen und Schüler können …
- die an die naturräumlichen Bedingungen angepasste traditionelle Lebensweise der Massai darstellen;
- den Wandel der Lebensweise der Massai erläutern und bewerten;
- die Darstellung des Volkes der Massai in Reiseangeboten beurteilen.

Grundbegriffe

Trockenzeit, Regenzeit

Sachinformationen

Über die tatsächliche Anzahl der Massai in Kenia und Tansania gibt es höchst unterschiedliche Schätzungen, die von einer halben bis über eine Million Menschen schwanken. Während in Tansania die ethnische Herkunft bei Volkszählungen nicht ausgewiesen wird, geben in Kenia viele Massai ihre Herkunft aus Furcht vor Benachteiligung nicht an.

Hinweise zum Unterricht

Aufgabe 1 greift Inhalte der vorangegangenen Doppelseite, die klimatischen Voraussetzungen der Savannen, auf. Aufgabe 4 beschäftigt sich mit der Darstellung der Massai in Reisekatalogen und bahnt somit eine Raumanalyse gemäß der vier Raumkonzepte an, die in TERRA Band 3 (am Beispiel Tansanias) vollständig durchgeführt wird.

Hinweise zu den Materialien

Textausschnitt 5 und Foto 7 zeigen anschaulich die breiten Widersprüche, denen die Massai ausgesetzt sind. Der vollständige Text ist veröffentlicht unter
www.rnz.de/rnzBlogLandleben/LINK00_20130829060030_
106340291-Tradition-ist-wichtig---doch-im-Alltag-bekomme.html.

Lösung der Basisaufgaben

1 Arbeite mit Material 4: Stelle eine begründete Vermutung auf, in welchen Monaten die Fotos aufgenommen worden sein könnten.

Das obere Foto zeigt die Savanne zur Trockenzeit, das untere Foto ist während der Regenzeit aufgenommen worden. Zenitalregen sind im äquatornahen Kenia im April und im Mai sowie im Oktober und im November zu erwarten (also kurz nach dem Zenitstand). Trocken sind v. a. der August und der Februar, also die Monate vor dem Durchzug der ITC.

2 Lokalisiere das Massai-Gebiet mithilfe von Karte 6 und deinem Atlas.

Die Massai leben im südlichen Kenia bzw. im nördlichen Tansania. Große Teile ihres Siedlungsgebietes sind als Nationalpark bzw. als Reservat geschützt, was die Nutzungsmöglichkeiten stark einschränkt. Weiterhin befindet sich dieses Gebiet in Höhenlagen von über 1500 m NN im Bereich der Trockensavanne (vgl. z. B. Haack-Atlas S. 169)

3 „Das Leben der Massai hat sich grundlegend gewandelt." Erläutere dies mithilfe der Fotos 3 und 7.

Während Foto 3 Massai bei der traditionellen Weidewirtschaft zeigt, verdeutlicht Foto 7 anschaulich, dass der Fortschritt in das Leben der Massai Einzug erhalten hat. „Junge Massai sind heute in unterschiedlichen Kulturkreisen unterwegs" (vgl. Textausschnitt 5); westliche und traditionelle Einflüsse werden gleichermaßen aufgenommen.

4 Recherchiere im Internet oder im Reisebüro: Sammle Reiseangebote zu den Massai in Kenia. Untersuche, wie dieses Volk von den Reiseanbietern dargestellt wird.

Individuelle Schülerlösung.
Vielfach werden der Besuch von Massaidörfern und das Leben in Massaicamps beworben. Dabei ist von authentischen Reiseerlebnissen die Rede, das „wahre Afrika" könne entdeckt werden. Diese Aussagen können von Schülerinnen und Schülern dieser Jahrgangsstufe durchaus kritisch betrachtet werden.

Unterrichtsvorschlag

Unterrichtsphase	Inhaltlicher Schwerpunkt	Methodisches Vorgehen / Sozialform	Medien / Materialien
Einstieg	Widersprüche im Leben der Massai	UG	SB S. 127, M 7
Erarbeitung	Bei den Massai in der Savanne	PA/GA	SB S. 126/127, Aufg. 1 – 3, M2 – 7
Hausaufgabe	Zu den Massai reisen	EA	SB S. 126/127, Aufg. 4

Die Wüste wächst

Kompetenzen

Die Schülerinnen und Schüler können ...
- die Sahelzone verorten und die naturräumlichen Bedingungen dort beschreiben;
- die Veränderungen durch die Desertifikation darstellen und die Ursachen dafür erklären;
- die Zusammenhänge und Wechselwirkungen zwischen naturräumlichen Bedingungen und ans Ökosystem unangepassten menschlichen Eingriffen erläutern;
- zielgerichtet Texte, Diagramme und Blockbilder auswerten.

Grundbegriffe

Regenfeldbau, Trockengrenze, Desertifikation

Sachinformationen

Die Sahelzone erstreckt sich in Afrika ungefähr zwischen 12. und 18. Grad nördlicher Breite entlang des Südrandes der Sahara. Die Breite dieser Übergangszone ist stark von lokalen Gegebenheiten abhängig und kann daher nur grob mit 100 bis 200 km angegeben werden. Unregelmäßige, jährlich variierende Niederschlagsmengen, die seit den 1970er-Jahren häufiger ganz ausbleiben, machen die Sahelzone zum Risikoraum.

Über Jahrhunderte konnten nomadische Stämme durch ihr Wanderleben und ihre angepasste Nutzung in diesem Risikoraum überleben. Einschränkungen in ihrem Lebensraum durch Desertifikation, Ausweitung der Ackerflächen, willkürliche Ländergrenzen und Ansiedlungsprogramme sorgten dafür, dass heute nur noch wenige Nomaden mit dem Regen ziehen.

Die Ursachen der Desertifikation – die Ausbreitung wüstenähnlicher Verhältnisse in ariden und semiariden Räumen – sind komplex und sowohl im klimatischen als auch im anthropogenen Bereich zu suchen. Ausbleibende Niederschläge und die unangepasste Nutzung durch den Menschen, die wiederum in unmittelbarem Zusammenhang mit der deutlichen Bevölkerungszunahme der Region stehen, haben in dem labilen Ökosystem zur Folge, dass sich die Böden nicht mehr regenerieren können. Indizien für Desertifikation sind Erosionserscheinungen, Sandeinwehungen, Degradierung und Versalzung der Böden, Zerstörung der Vegetation sowie anhaltender Wassermangel.

Hinweise zum Unterricht

Der Autorentext auf dieser Doppelseite ist bewusst knapp gehalten, sodass die Schülerinnen und Schüler die Desertifikationsproblematik nicht lediglich nachlesen, sondern mithilfe der Materialien selbst erarbeiten. Die Aufgaben 1 bis 4 haben dabei unterstützenden Charakter. Ein umfassendes Wirkungsgefüge sollen die Schülerinnen und Schüler auf Seite 130 f. erstellen; dort wird diese Methode detailliert eingeführt. Lösungsmöglichkeiten werden dann auf Seite 132 f. thematisiert.

Hinweise zu den Materialien

Im Mittelpunkt der Doppelseite stehen die Blockbilder 5 und 6, denen wesentliche Prozesse und Zusammenhänge entnommen werden können. Erkennbar sind ...
- das Vorrücken der Wüste mit Dünen Richtung Süden um ca. 150 km in Gebiete, die ursprünglich keine wüstenhaften Regionen waren;
- das Verschwinden von Baumgruppen, geschlossenen Waldflächen und Graslandschaften (Degradierung der Savannen);
- das Austrocknen von Flüssen und Seen;
- die Erhöhung der Einwohnerzahl;
- die Vergrößerung der Siedlungsfläche;
- die Erhöhung des Viehbestandes;
- die Ausdehnung der Anbauflächen in ehemals ungenutzte Savannenregionen;
- die Aufgabe bisher genutzter Felder;
- das Verschwinden der Brache sowie
- die Anlage von Brunnen.

Lösung der Basisaufgaben

1 Staaten der Sahelzone:
a) Nenne mithilfe des Atlas Staaten, die Anteil an der Sahelzone haben. **(AFB I)**
Senegal, Mauretanien, Mali, Burkina Faso, Niger, Nigeria, Tschad, Sudan, Äthiopien, Eritrea.
b) Ordne die Staaten begründet einem Savannentyp oder mehreren Savannentypen zu. **(AFB II)**
Es handelt sich um Gebiete der Dornsavanne sowie die Areale am Übergang zur Trockensavanne (vgl. Atlas oder exemplarisch das Klimadiagramm M7 von Niamey).

2 Beschreibe die Besonderheiten des Klimas der Sahelzone mithilfe von Grafik 3 und Klimadiagramm 7. **(AFB II)**
Das Klimadiagramm M7 zeigt eine typische Station am Übergang von der Dorn- zur Trockensavanne. Der Jahresniederschlag fällt in einer Regenzeit, die 4–5 Monate andauert.
Die Probleme werden in M3 deutlich: Unregelmäßige, jährlich variierende Niederschlagsmengen, die seit den 1970er-Jahren häufiger ganz ausbleiben, machen die Sahelzone zum Risikoraum.

3 Erläutere die in den Blockbildern 5 und 6 dargestellten Entwicklungen. **(AFB II)**
Eine Vielzahl von Prozessen ist in den beiden Blockbildern erkennbar (siehe „Hinweise zu den Materialien"). Dabei handelt es sich sowohl um natürliche Prozesse, die durch das Ausbleiben von Niederschlägen in Dürrejahren erklärbar sind, als auch um anthropogene Prozesse, die durch das Bevölkerungswachstum ausgelöst wurden.

4 Erläutere die Auswirkungen der jährlichen Schwankungen der Niederschläge. (AFB II)

Durch eine Dürre verstärkt sich der Konkurrenzkampf der Pflanzen um die lebenswichtigen Wasservorräte im Untergrund und der Pflanzenwuchs ist nicht mehr so üppig. Wildtiere und Viehherden fressen die Vegetation bis auf die Wurzeln ab, sodass die Vegetation sich nicht mehr regenerieren kann.

5 „Die Menschen im Sahel sind selbst schuld an ihrem Elend." Beurteile. (AFB III)

Durch diese Aussage wird der Vorwurf erhoben, dass die unangepasste Nutzung des labilen Ökosystems Sahelzone durch die Menschen die Desertifikation monokausal verursacht habe. Es muss jedoch berücksichtigt werden, dass die Menschen der Sahelzone aus akuten Zwängen heraus handeln und sich ökologische Bedingungen und anthropogene Faktoren wechselseitig fatal verstärken.

6 Stelle die Bevölkerungsentwicklung und den Tierbestand der vier Sahelstaaten (Tabelle 4) in einem geeigneten Diagramm dar. (AFB II)

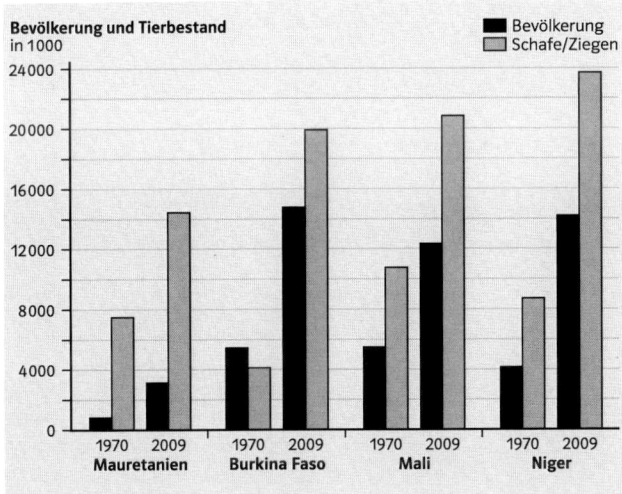

Medientipps

Üben interaktiv:
– Desertifikation (Online-Code r429es)
– Quiz Savannen (Online-Code 3qz52k)

Unterrichtsvorschlag

Unterrichtsphase	Inhaltlicher Schwerpunkt	Methodisches Vorgehen / Sozialform	Medien / Materialien
Einstieg	Der Begriff „Sahel" Lage und Ausdehnung der Sahelzone	UG	Wandkarte
Erarbeitung	Die Wüste wächst	aGA	SB S. 128/129, Aufg. 2, 3, 4, 6 M3–8
Sicherung	Der Prozess der Desertifikation	Präsentationen der Schülergruppen	
Vertiefung	„Man-made desert"?	EA/HA	SB S. 128/129, Aufg. 5

Ein Wirkungsgefüge erstellen

Kompetenzen

Die Schülerinnen und Schüler können …
- Funktion und Möglichkeiten von Wirkungsgefügen nennen;
- ein (überschaubares) Wirkungsgefüge selbst erstellen.

Sachinformationen

Die analytische Erfassung und Auswertung von Texten ist eine wichtige Kompetenz zur Strukturierung und Filterung von Informationen. Die Darstellung von Ursache-Wirkungs-Zusammenhängen kann oft schwierig sein, doch hilft sie sowohl bei der eigenen Erfassung als auch bei der Weitergabe von Informationen. Die Einzelschritte, wie z. B. eine klare Zielformulierung, das Herausarbeiten bedeutender Aspekte, die Benennung von Schlagworten und deren Gewichtung usw., können zudem auf andere Methoden übertragen werden.

Lösung der Basisaufgaben

1 Übertrage das angefangene Wirkungsgefüge in dein Heft. Vervollständige es mithilfe von Informationen aus diesem Buch oder aufgrund eigener Recherche.
Individuelle Schülerlösung, siehe unten.

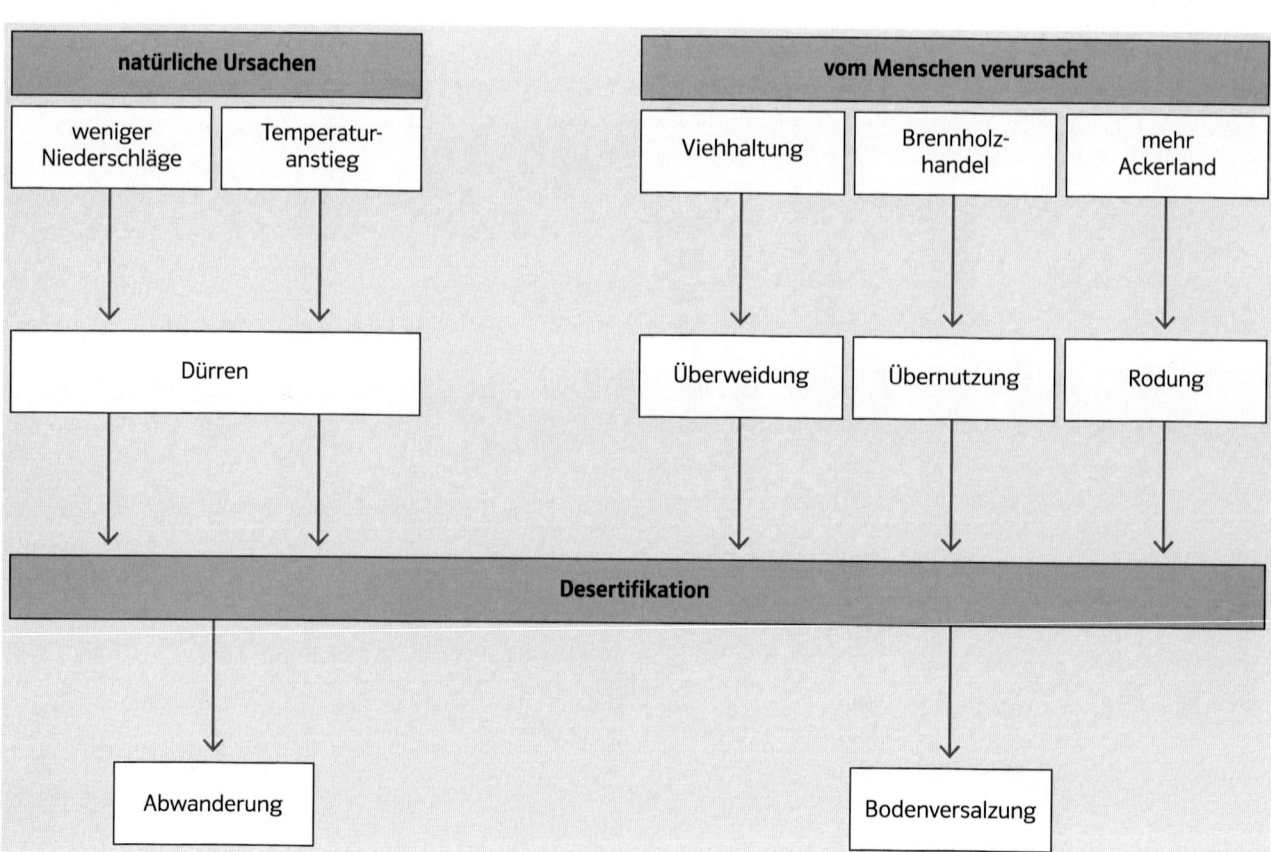

Lösung zu Aufgabe 1: Ursachen und Folgen von Desertifikation

Mit einfachen Mitteln gegen die Wüste

Kompetenzen

Die Schülerinnen und Schüler können ...
- zukunftsfähige Wirtschaftsweisen in semiariden Räumen untersuchen;
- dazu Bilder und Texte zielgerichtet auswerten;
- aufzeigen, dass und inwiefern alle Maßnahmen für die Gegenwart und Zukunft der Menschen vor Ort bedeutsam sind;
- ihre Ergebnisse unter Verwendung geeigneter Medien und Fachbegriffe präsentieren.

Grundbegriff

Desertifikation

Sachinformationen

Die Ursache der Desertifikationsproblematik der Sahelzone liegt zu einem großen Teil in der Art der landwirtschaftlichen Nutzung begründet. Trockengebiete reagieren generell sensibel auf landwirtschaftliche Nutzung. Starkes Bevölkerungswachstum und immer mehr Böden, die so stark degradiert sind, dass sie nicht mehr genutzt werden können, führen zur weiteren Übernutzung von wenig fruchtbaren, extrem schwierig zu bewirtschaftenden Böden.

Sind die Bäume gerodet und ist das Land ausgelaugt, fehlt dem Boden der natürliche Schutzmantel aus Pflanzen und Wurzeln. Der Boden trocknet aus und verkrustet. Kommt es zu kurzen und heftigen Regenfällen, kann der Boden das Wasser nicht mehr aufnehmen. Es fließt oberirdisch ab und/oder verdunstet. Aus den vertrockneten Feldern wieder fruchtbaren Boden zu machen, ist schwierig, zumal die Sahelstaaten zu den ärmsten der Welt gehören. Im Kampf gegen die Desertifikation wird daher zunehmend auf kostengünstige, traditionelle Methoden gesetzt.

Als weitere Ursache der zunehmenden Wüstenbildung ist der immense Brennholzbedarf zu sehen. Gut 18 Millionen Tonnen Holz werden in den Sahelstaaten jährlich verfeuert. Aufforstungsprogramme waren vor diesem Hintergrund bisher meist wenig wirksam. Um Aufforstungsprogramme als Lösungsansatz bei der Energieversorgung einzusetzen, müssen traditionelle bodenrechtliche Gegebenheiten und das kurzfristige Überlebensinteresse der Bevölkerung berücksichtigt werden. Nur dann kann von einer Akzeptanz der Bauern diesen Programmen gegenüber ausgegangen werden.

Auch wurden bisher Baumpflanzungen, die als Erosionsschutz dienen sollten, von vielen Bauern als Konkurrenz zur ohnehin schwierigen Nutzung der begrenzt vorhandenen landwirtschaftlich nutzbaren Böden angesehen. Hinzu kam, dass in den ersten Anpflanzungsprojekten Baumarten mit hohem Wasserbedarf angepflanzt wurden.

Hinweise zum Unterricht

Die Stunde setzt voraus, dass die Schülerinnen und Schüler Kenntnisse über die Savannen besitzen und die Desertifikationsproblematik aufgearbeitet haben (siehe Seite 124–131 im Schülerbuch). Im Sinne von Wangari Maathais Auffassung „Wenn der Mensch Teil des Problems ist, kann er auch Teil der Lösung sein" will die Stunde binnendifferenziert Möglichkeiten und Wege aufzeigen, gegen das scheinbar unaufhaltsame Vordringen der Wüste als direkt Betroffener aktiv zu kämpfen, den Lebensraum zurückzugewinnen und die eigene Ohnmacht zu überwinden. Für die Beurteilung der Maßnahmen kann das Dreieck der Nachhaltigkeit, welches bereits in TERRA Band 1 eingeführt wurde, als Bezugssystem verwendet werden (vgl. Vorschlag eines Tafelbildes).

Hinweise zur Differenzierung

Die Doppelseite ist wahldifferenziert angelegt, d.h., die Schülerinnen und Schüler sollten sich nach Neigung und Interesse mit mindestens einem Projekt beschäftigen und eine Präsentation für die Mitschüler vorbereiten. Alle vier Projekte sollten vom Niveau und Zeitaufwand her vergleichbar sein.

Lösung der Aufgaben „Steinwälle gegen die Wüste"

1 Erstelle eine Präsentation zum Thema „Mit Steinwällen gegen die Wüste" (Text 1).

a) Erkläre, wie die Steinwälle helfen, dass Nutzpflanzen auch dort angebaut werden können, wo die Wüste vorgedrungen ist. **(AFB II)**
Nutzpflanzen können auch in von Desertifikation betroffenen Gebieten angebaut werden, denn die Wasserströme werden durch die Steinwälle verlangsamt, sodass das Wasser besser in den Boden eindringen kann. Dadurch verringert sich die Erosion. Zusätzlich fangen Drahtkörbe fruchtbare Erde auf.

b) Erstelle dazu eine einfache Skizze. **(AFB II)**
Individuelle Schülerlösung.

Lösung der Aufgaben „Pflanzen gegen die Wüste"

2 Erstelle eine Präsentation zum Thema „Mit Zai gegen die Wüste" (Text 2).

a) Erkläre, wie die Zai-Methode hilft, dass Nutzpflanzen auch dort angebaut werden können, wo die Wüste vorgedrungen ist. **(AFB II)**
Nutzpflanzen können auch in von Desertifikation betroffenen Gebieten angebaut werden und völlig verkrustete Böden können wieder genutzt werden, weil durch die Pflanzlöcher gezielt Kompost und Wasser an die Pflanzen abgegeben werden.

b) Erstelle dazu eine einfache Skizze. **(AFB II)**
Individuelle Schülerlösung.

Lösung der Aufgaben „Biogas statt Feuerholz"

3 Erstelle eine Präsentation zum Thema „Biogas statt Feuerholz" (Text 3).

a) Zeichne den Teufelskreis der Umweltzerstörung durch Feuerholz und Holzkohle. **(AFB II)**

   Siehe unten.

b) Erkläre die Vorteile von Biogasanlagen für Natur und Mensch. **(AFB II)**

Natur auf Dauer	Mensch
– Erholung der Böden, da Abholzung vermieden wird: Verbesserung der Bodenfruchtbarkeit und damit Erhöhung der Erträge – Verbesserung der Abflussverhältnisse/des Wasserhaushalts – Schonung natürlicher Ressourcen durch bessere Energiebilanz	– kein Rauch, weil nicht an offenen Feuerstellen gekocht wird (Augen, Atemwege) – Zeitgewinn, weil Holzbeschaffung wegfällt (lange Wege) – weniger Arbeitsbelastung (Kuhdung statt schwere Holzlasten) – Schaffung von Arbeitsplätzen durch Bau der Anlagen

Lösung der Aufgaben „Aufforstung gegen die Wüste"

4 Erstelle eine Präsentation zum Thema „Aufforstung gegen die Wüste" (Text 4).

a) Erkläre, wie das dargestellte Aufforstungsprojekt funktionieren soll. **(AFB II)**

   Verhärtete, vegetationsfreie Böden werden gepflügt. Zur anschließenden Wiederaufforstung werden kleine Halbmonde aufgeworfen, die Wasser- und Winderosion minimieren. Es kann sich zunächst eine Grasschicht etablieren, nach fünf bis zehn Jahren wachsen wieder Bäume.

b) Stelle dar, inwiefern das Projekt als nachhaltig bezeichnet werden kann. **(AFB II)**

   Das Projekt kann als nachhaltig bezeichnet werden, weil es ökologisch angepasst ist, dauerhaft vor Bodenabtragung schützt und den Wasserhaushalt verbessert. Damit schafft es für die Bewohner dauerhaft ökonomische Verbesserungen. Als Gemeinschaftsprojekt sichert es die dauerhafte Teilhabe der Menschen an der Verbesserung ihrer eigenen Zukunft (sozialer Aspekt).

Medientipp

Üben interaktiv: Quiz Maßnahmen gegen Bodenerosion (Online-Code 56yd2a)

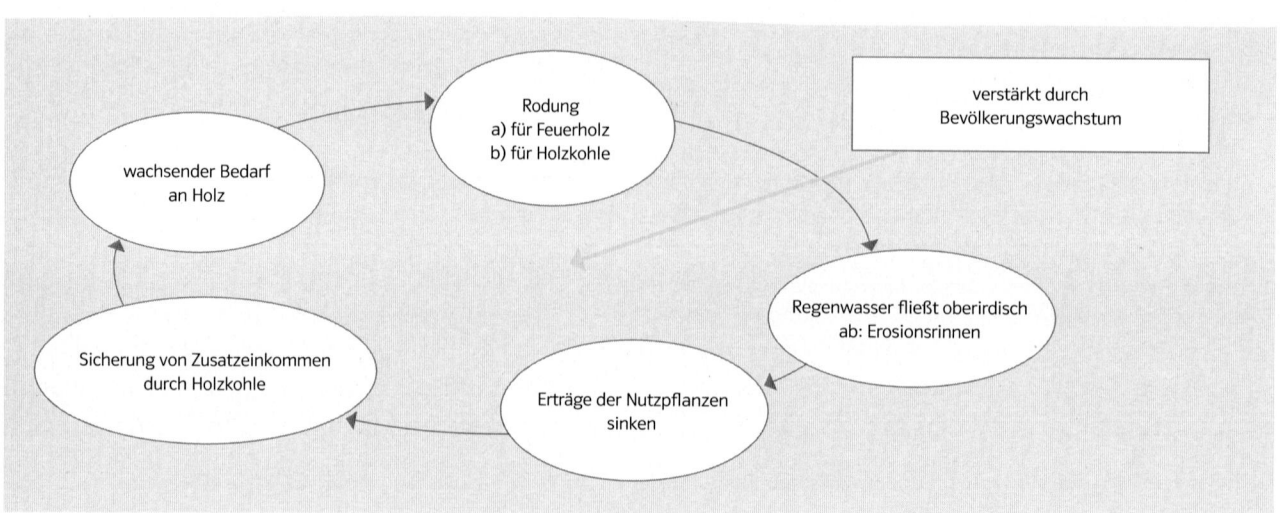

Lösungsbeispiel zu Aufgabe 3: Teufelskreis der Umweltzerstörung

Tafelbild

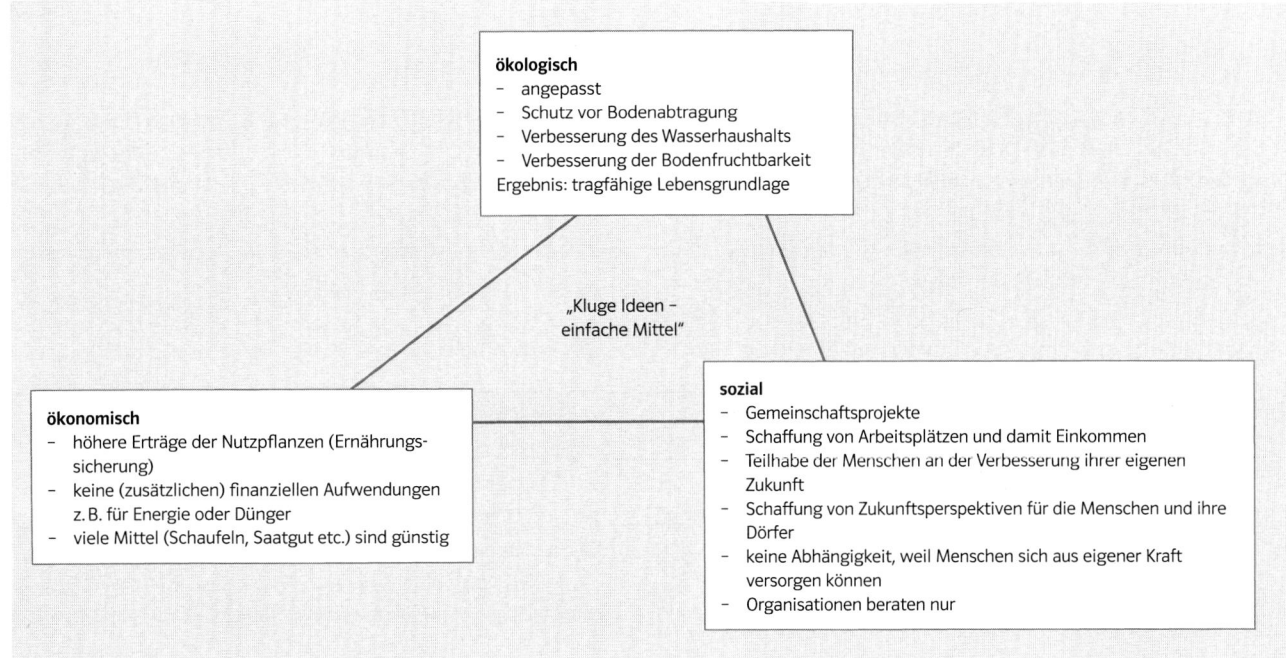

ökologisch
- angepasst
- Schutz vor Bodenabtragung
- Verbesserung des Wasserhaushalts
- Verbesserung der Bodenfruchtbarkeit
Ergebnis: tragfähige Lebensgrundlage

„Kluge Ideen –
einfache Mittel"

ökonomisch
- höhere Erträge der Nutzpflanzen (Ernährungssicherung)
- keine (zusätzlichen) finanziellen Aufwendungen
  z. B. für Energie oder Dünger
- viele Mittel (Schaufeln, Saatgut etc.) sind günstig

sozial
- Gemeinschaftsprojekte
- Schaffung von Arbeitsplätzen und damit Einkommen
- Teilhabe der Menschen an der Verbesserung ihrer eigenen
  Zukunft
- Schaffung von Zukunftsperspektiven für die Menschen und ihre
  Dörfer
- keine Abhängigkeit, weil Menschen sich aus eigener Kraft
  versorgen können
- Organisationen beraten nur

Unterrichtsvorschlag

Unterrichtsphase	Inhaltlicher Schwerpunkt	Methodisches Vorgehen / Sozialform	Medien / Materialien
Einstieg	Brainstorming: Wo kann der Schutz vor Desertifikation ansetzen?	UG	
Erarbeitung	Mit einfachen Mitteln gegen die Wüste	aGA: Bearbeitung der vier Projekte	SB S. 132/133, Aufg. 1 oder 2 oder 3 oder 4
Sicherung	Mit einfachen Mitteln gegen die Wüste	SV: Präsentationen	
Vertiefung	Kluge Ideen – einfache Mittel	UG	Tafelbild (siehe Vorschlag)

Bewässerung macht's möglich

Kompetenzen

Die Schülerinnen und Schüler können …
- den Versuch „Bodenversalzung" selbstständig durchführen und auswerten;
- anhand eines Klimadiagramms die klimatischen Bedingungen der Trockenräume beschreiben und in Bezug zu den klimatischen Bedingungen in Mitteleuropa setzen;
- das Zusammenwirken der Geofaktoren in Trockenräumen erklären.

Grundbegriffe

Verdunstung, Bodenversalzung, Bewässerungslandwirtschaft, Trockenräume

Sachinformationen

Die weltweiten Süßwasserreserven verringern sich zusehends. Gerade in den agrarisch geprägten Trockenräumen der Erde mit geringen Niederschlagswerten führt das zu enormen Ernteausfällen und Wassernotstand. Zudem verursacht häufig eine nicht sachgemäß durchgeführte Bewässerungslandwirtschaft die Versalzung des ehemals fruchtbaren Ackerlands.

Hinweise zum Unterricht

Um die Auswertung des Klimadiagramms und einen Vergleich zu den klimatischen Bedingungen in Mitteleuropa leisten zu können, ist es notwendig, dass die Schülerinnen und Schüler vor diesem Unterrichtsschritt bereits mit der Interpretation von Klimadiagrammen vertraut sind (siehe „Klimadiagramme auswerten", Seite 215).
Der Versuch dient zum besseren Verständnis der Grafik 6 und erleichtert so Schülerinnen und Schülern, die eher haptisch veranlagt sind, den Zugang zum Thema.

Lösung der Basisaufgaben

1 Klima untersuchen:
a) Werte das Klimadiagramm 5 aus. **(AFB I)**
Isfahan liegt auf 1590 m ü. NN und besitzt eine Durchschnittstemperatur von 16,2 °C. Der kälteste Monat ist Januar mit einer Durchschnittstemperatur von etwa 2 °C und der wärmste Monat ist Juli mit ca. 30 °C. Insgesamt gesehen besitz Isfahan einen extrem geringen Jahresniederschlag (113 mm), vor allem die Sommermonate sind von Trockenheit geprägt.

b) Vergleiche die klimatischen Bedingungen mit denjenigen in Mitteleuropa. **(AFB II)**
Gerade im Vergleich zu den klimatischen Bedingungen in Mitteleuropa wird die Trockenheit in Isfahan besonders deutlich. Die Jahresniederschlagsmenge ist hier um etwa das Fünffache höher und die Jahresdurchschnittstemperatur um ca. ein Drittel niedriger.

2 Beschreibe die Grafiken 6 und 9 und stelle dar, wie man der Versalzung der Böden entgegenwirken kann. **(AFB I/II)**
zu Grafik 6:
Aufgrund der hohen Verdunstung und des geringen Niederschlags steigt das Wasser in Trockengebieten kapillar im Boden auf und führt das Salz an die Oberfläche. Durch diesen Vorgang bildet sich eine dicke Salzkruste auf den Anbauflächen. Das Salz an der Erdoberfläche verhindert, dass Pflanzen Nährstoffe und Wasser aufnehmen können. Somit ist eine landwirtschaftliche Nutzung der versalzenen Flächen nicht mehr möglich.
zu Grafik 9:
Viele alte Kulturpflanzen mit geringem Wasserbedarf sind mit der Zeit dem großflächigen Anbau von Exportpflanzen gewichen. Durch das Pflanzen von schattenspenden Bäumen wird die Verdunstung verringert, das Wasser dringt tiefer in den Boden ein und kann das Salz über das Grundwasser zu einem tiefer gelegenen Entwässerungsgraben abführen. Zudem wird durch das Anlegen von Drainagen und durch tieferes Pflügen die Versalzung der oberen Erdschicht verhindert.

3 Erkläre mithilfe der Grafiken 5, 6 und 9 das Zusammenwirken der Geofaktoren in Trockenräumen. **(AFB II)**
Die ungünstigen klimatischen Verhältnisse (hohe Sonneneinstrahlung bei gleichzeitig geringem Niederschlag) führen aufgrund der hohen Verdunstung (Wasserkreislauf) zu einer Versalzung der fruchtbaren Böden (Boden). Dies wiederum führt zu einem schleichenden Rückgang der Vegetation.

4 Führt den Versuch 10 durch. Erläutert, welche Rückschlüsse ihr auf die Bewässerungslandwirtschaft ziehen könnt. **(AFB II)**
Die hohe Versalzung der Erdoberfläche in Schale 2 zeigt die Situation in Trockenräumen, während die Schale 1 für die Situation in Mitteleuropa steht. Der kapillare Aufstieg des salzhaltigen Wassers im Ziegelstein ist zudem vergleichbar mit der in der Grafik 6 dargestellten Situation.

Anwendungsaufgabe

5⟩ Die computergesteuerte Tröpfchenbewässerung findet
man nicht nur im Nahen und Mittleren Osten, sondern auch
in trockenen Gebieten Europas (z. B. Spanien). Erkläre, wie mit
dieser Methode Wasser gespart werden kann. **(AFB II)**
Durch die computergesteuerte Tröpfchenbewässerung
bekommt jede einzelne Pflanze genau die Menge Wasser,
die sie zum Wachsen braucht. Über Schlauchsysteme werden
geringe Mengen Wasser direkt zur Wurzel der Pflanze geleitet,
sodass Wasser erst gar nicht weiter in den Boden einsickern
kann. Während es bei der großflächigen Bewässerung über
Sprinkleranlagen zu einer Wasserverschwendung, Verdunstung
und Versalzung der Böden kommt, kann bei der Tröpfchenbewässerung dies alles minimiert werden.

Medientipps

Üben interaktiv: Bewässerungslandwirtschaft
(Online-Code ak4q5z)

Unterrichtsvorschlag

Unterrichtsphase	Inhaltlicher Schwerpunkt	Methodisches Vorgehen / Sozialform	Medien / Materialien
Einstieg	Landwirtschaft in Trockenräumen	UG: Bilder beschreiben und vergleichen	SB S. 134, M3, 4
Erarbeitung I	Klimatische Bedingungen in Trocken-räumen untersuchen	EA: Klimadiagramm auswerten	SB S. 134, Aufg. 1, M5, evtl. Atlas
Ergebnissicherung	Zusammenfassung	UG	
Erarbeitung II	Bodenversalzung und Gegenmaßnahmen (Vor- und Nachteile)	PA GA: Versuch durchführen	SB S. 135, Aufg. 2–4, M6–10
Hausaufgabe	Anwendung	EA	SB S. 135, Aufg. 5

Begehrtes Wasser

Kompetenzen

Die Schülerinnen und Schüler können …
- das Problem der Wasserversorgung im Nahen Osten be-schreiben und materialgestützt erklären (geographische Bedingungen, beteiligte Länder und Abhängigkeiten);
- die ungleiche Wasserverteilung zwischen Israel und den palästinensischen Gebieten beschreiben und diskutieren;
- das mögliche Gefahrenpotenzial der Wasserknappheit beurteilen;
- eine thematische Karte auswerten.

Grundbegriffe

Bewässerungslandwirtschaft, Raumnutzungskonflikt

Sachinformationen

Die Wasserverteilung im Nahen Osten stellt seit jeher einen Konfliktherd dar, der selbst zu Friedenszeiten problematisch ist. Nur im Norden von Israel, im türkischen Taurusgebirge und im Libanongebirge fallen genügend Niederschläge (bis zu 1000 mm), die den Jordan speisen und damit Israel, Jordanien und die palästinensischen Gebiete erreichen.

Laut einem Weltbankbericht von 2007 ist die Wasserversorgung Israels unzureichend für den Bedarf seiner Bevölkerung und der Wirtschaft. Dürre, überpumpte Grundwasserquellen und eine starke Umweltbewegung haben dazu geführt, dass seit den 1980er-Jahren zunehmend Wasseraufbereitung und Entsalzung angewendet werden. Über 50 % des verwendeten Wassers stammen mittlerweile aus diesen Aufbereitungsanlagen, sie werden v. a. für die Landwirtschaft verwendet. Der Pro-Kopf-Verbrauch ist mit täglichen 290 Litern mehr als doppelt so hoch wie in Deutschland und viermal so hoch wie in den palästinensischen Gebieten. Hier ist die Wasserversorgung sehr ineffizient, in den undichten Leitungen versickern bis zu 30 % des Wassers wieder. 90 % der Haushalte haben einen Wasseranschluss, ein Drittel ist jedoch nur an das Kanalisationsnetz angeschlossen. Das Grundwasser ist stark schadstoffbelastet. Laut Weltbankbericht von 2009 ist die Wasserqualität in Gaza besorgniserregend, geschätzte 90 % sind als Trinkwasser ungeeignet. Durch Krieg wird immer wieder die Wasserinfrastruktur zerstört. Mehrere Abkommen regeln die Wasserversorgung gerade der palästinensischen Gebiete, allerdings erschweren ständige Spannungen und Krieg mit Israel eine geregelte Wasserversorgung und damit die Einhaltung der Verträge. Damit ergibt sich ein sehr großes Konfliktpotenzial zwischen extrem schlecht versorgten palästinensischen Gebieten und dem insgesamt vergleichsweise hervorragend versorgten Israel.

Hinweise zum Unterricht

Bei der Bearbeitung dieses Themas geht es zum einen um die Grenzen der Raumnutzung in ariden Gebieten, bedingt durch die physisch-geographischen Voraussetzungen. Eine dicht bevölkerte Region hätte so bereits große Schwierigkeiten bei der Wasserversorgung. Zum anderen muss gerade hier aber die immer wieder ausbrechende Feindschaft zwischen Israel und den palästinensischen Gebieten, die Nichtanerkennung eines eigenständigen Staates aufgezeigt werden; dadurch ergibt sich für die eine betroffene, palästinensische Seite eine extreme Verschlechterung der Lebensbedingungen und somit insgesamt ein gewaltiges Konfliktpotenzial.

Aktuelle Informationen und Materialien sollten hinzugezogen werden.

Tafelbild

Länderskizze mit konkreten Daten aus Aufgaben 1 bis 3

Lösung der Basisaufgaben

1 Beschreibe mithilfe der Diagramme 2 die Entwicklung des Wasserverbrauchs in Israel, Jordanien und den Palästinensischen Gebieten. (AFB I)

Der Verbrauch für Haushaltszwecke ist in Jordanien und Israel bis 2010 angestiegen und die Prognose bis 2014 sagt einen weiteren Anstieg voraus. Dabei steigt der Verbrauch in Israel auf höherem Niveau noch stärker als in Jordanien. Die Entwicklung in den palästinensischen Gebieten verläuft ähnlich, nur auf einem viel niedrigeren Level, allerdings sind die Prognosen bis 2014 hoch. Israel konnte den Verbrauch für Bewässerungszwecke deutlich verringern.

2 Vergleiche die Wasserprobleme Israels mit denen Jordaniens und der Palästinensischen Gebiete. (AFB II)

Jordanien, vor allem aber die palästinensischen Gebiete, haben weniger Wasser zur Verfügung als Israel. Beide verbrauchen auch weniger Wasser, was allerdings weniger auf die geringere Einwohnerzahl als vielmehr auf die Bedeutung des Bewässerungsfeldbaus in der exportorientierten israelitischen Landwirtschaft zurückzuführen ist. Das verwendete Wasser stammt v. a. aus den Aufbereitungsanlagen und belastet die Trinkwasserversorgung so kaum noch. In den palästinensischen Gebieten gibt es keine intensiv betriebene Landwirtschaft mit Bewässerung; hier zeigt sich die extrem schlechte Situation der Entwicklung von Infrastruktur und Lebensstandard in den isolierten, von Israel nicht anerkannten Gebieten; das Konfliktpotenzial ist sofort erkennbar.

3 Erläutere anhand der Karte 6 die Wasserversorgung in Israel. (AFB II)

Das Wasser entstammt größtenteils dem Jordan bzw. dem von ihm durchflossenen See Genezareth. Die Hauptwasserleitung verläuft küstenparallel. Abzweigungen leiten Wasser in die großen Städte an der Küste. Höhenunterschiede werden durch Pumpen überwunden. Die Wasserleitung war ursprünglich nur bis Beersheba konzipiert, inzwischen führen Abzweigungen von hier bis nach Nizzana und damit wesentlich tiefer in den Negev hinein.

Anwendungsaufgabe

④ „Wasser ist der Schlüssel zu Krieg und Frieden." Beurteile dieses Zitat. (AFB III)

Der Dauerkonflikt zwischen Israel und den Palästinensern führt immer wieder zu Krieg, der die Armut in den palästinensischen Gebieten verschärft. Infrastruktur zur geregelten Wasserversorgung wird, falls überhaupt intakt, zerstört. So sind die Unterschiede zum stark entwickelten Israel extrem, damit auch die Unzufriedenheit über die Lebensbedingungen. Jordanien entwickelt sich – und damit seine Infrastruktur – langsam und stetig, weil es lange schon keine kriegerischen Auseinandersetzungen gab. Trotzdem gibt es hier auch nach wie vor Unzufriedenheit angesichts der so viel besseren Lebensbedingungen in Israel. Konflikt- und damit Kriegspotenzial ist also zukünftig mit Sicherheit vorhanden; eine gerechte und vertraglich eingehaltene Verteilung des Wassers, das auch bei der Bevölkerung ankommen muss, ist demnach wirklich ein bzw. der Schlüssel zum Frieden.

Medientipps

Im Internet gibt es unter dem Stichwort „Wasserverteilung Israel" eine große Auswahl aktueller Informationen, aber auch Karten und weiterführende Links.

Unterrichtsvorschlag

Unterrichtsphase	Inhaltlicher Schwerpunkt	Methodisches Vorgehen / Sozialform	Medien / Materialien
Einstieg	Wassernotstand im Nahen Osten	UG: zwei Bilder Not/Wohlstand	2 Bilder (Internet)
Erarbeitung I	Israel und Nachbarländer	PA/GA/UG: Bearbeitung der themat. Karte und zusätzlich einer Atlaskarte: Wasserversorgung, Niederschläge, Landwirtschaft	SB S. 136/137, u. a. Aufg. 3, Atlas
Ergebnissicherung I	Israel und Nachbarländer	UG: Länderskizze Israel, Jordanien, Paläst. Gebiete, Jordan, mit Eintrag konkreter Daten und Infrastruktur	SB S. 136/137, Tafel, Heft
Erarbeitung II	Wasserkonflikt heute und zukünftig	EA/UG	SB S. 136/137, Aufg. 1, 2, Tafel, Heft
Ergebnissicherung II	Wasserkonflikt heute und zukünftig	Eintrag konkreter Angaben in Skizze	
Vertiefung	Wasser als Schlüssel zu Krieg und Frieden	UG: Diskussion und Bewertung	SB S. 137, Aufg. 4

Leben in der Kalten Zone

Kompetenzen

Die Schülerinnen und Schüler können …
- die Kalte Zone verorten und ihre wesentlichen Merkmale beschreiben;
- die Bedeutung sowie die Bedrohung des sensiblen Ökosystems beurteilen;
- in Grundzügen die Auswirkungen des Klimawandels für Ökosystem und Infrastruktur und die mit dem Freisetzen von CO_2 verbundenen Rückkopplungseffekte erfassen.

Grundbegriffe

Tundra, Permafrost, Klimawandel

Sachinformationen

In weiten Teilen der Kalten Zone, nämlich in Gebieten, in denen die Temperatur über mehrere Jahre unter 0 °C liegt, bildet sich, begünstigt durch die Kontinentalität des Klimas, dauerhaft gefrorener Boden, dessen Mächtigkeit zwischen über 1000 m bis zu wenigen Metern schwankt. Permafrost gibt es in großen Arealen in den Tundren und borealen Waldgebieten Nordamerikas und Eurasiens, in geringer Ausdehnung außerdem in eisfreien Gebieten der Antarktis, auf einigen subantarktischen Inseln, in Hochgebirgen sowie als Relikt der letzten Kaltzeit am Boden der Schelfgebiete des Antarktischen Ozeans. Die Permafrostgebiete nehmen auf der Nordhalbkugel eine Fläche ein, die knapp einem Viertel der Landflächen nördlich des Äquators entspricht. Die Temperaturen im Permafrost sind ein sensibler Indikator für Klimaschwankungen. In den letzten Jahrzehnten ist die Temperatur im Permafrost der Nordhalbkugel deutlich, zwischen 3 und 0,5 °C, gestiegen.

Die Ursachen dafür liegen in der Erwärmung der Atmosphäre und in der höheren Schneebedeckung, die eine geringere Auskühlung des Bodens im Winter zur Folge hat.

Als Folgen sind eine Verringerung der räumlichen Ausdehnung der Permafrostgebiete, ein Nordwärtswandern der Südgrenzen des Permafrosts, eine Ersetzung zusammenhängender durch sporadische Permafrostgebiete und eine Verringerung der Mächtigkeit und eine Vertiefung des Auftaubodens („active layer") zu beobachten.

Dies hat weitreichende Folgen für Ökosysteme und Infrastruktur:

- Es kommt zu Bodenabsenkungen und -einbrüchen, die sich mit Wasser füllen bzw. vermooren (Thermokarst), oder das Wasser sickert tief ein, wenn der Permafrost bis in große Tiefen auftaut. Das wirkt sich weiter auf die Verschiebung der Nordgrenzen von Tundren- und Taigavegetation und damit auf Albedo und CO_2-Speicherung aus.
- Die Wasserführung der Flüsse verändert sich, möglicherweise mit Auswirkungen für ozeanische Zirkulationssysteme.

- Durch das Auftauen des Permafrosts werden darin gespeichertes Kohlendioxid und Methan bzw. Methanhydrat (im Permafrost des Meeresbodens) freigesetzt, was die regionale und globale Erwärmung verstärkt und somit das Auftauen des Permafrosts neu begünstigt.
- Auf Permafrost gebaute Verkehrswege und Bauten (z. B. Trans-Alaska-Pipeline) können ihre Untergrundstabilität verlieren. Die Reparatur der Zerstörungen ist kostenintensiv bzw. unmöglich.

Die klimatischen Veränderungen in ihren Ursachen und komplexen Auswirkungen werden intensiv erforscht und in Modellprojektionen simuliert. Russische Wissenschaftler prognostizieren in diesem Zusammenhang außerdem ökonomische Vorteile für den russischen Norden, dessen Heizperiode sich verkürzen würde und dessen zur Zeit noch im Permafrost liegende Bodenschätze leichter zugänglich werden könnten.

Hinweise zum Unterricht

Die im Lehrplan vorgeschlagene Erweiterung „Transfer: Leben und Wirtschaften an der Kältegrenze" wird mit dieser und der folgenden Doppelseite zu Norilsk umgesetzt. Dabei soll dem Vergleich der Grenzen der Raumnutzung in semiariden und in kalten Gebieten ein besonderer Schwerpunkt zukommen (vgl. Aufgabe 4).

Hinweise zu den Materialien

Schaubild 6 zeigt die Mächtigkeit des Permafrostbodens und der Auftauschicht in Sibirien entlang 135° östlicher Länge. Permafrostboden bildet sich im Allgemeinen, wenn die Jahresdurchschnittstemperatur −1 °C nicht überschreitet und der Jahresniederschlag 1000 mm nicht übersteigt. So befinden sich Permafrostböden v. a. in Nordkanada, Alaska, Grönland und Ostsibirien. Etwa 20 bis 25 % der weltweiten Landfläche sind Permafrostböden. Mächtigkeiten bis zu 1500 m werden aber v. a. in Sibirien erreicht. Da Sibirien in der Weichsel-Kaltzeit nicht in größerem Maße vergletschert war, war der Boden der permanenten Kaltluft ausgesetzt und konnte bis in tiefere Lagen gefrieren.

Lösung der Basisaufgaben

1 Klima in Dudinka:

a) Beschreibe die klimatischen Bedingungen in Dudinka mithilfe des Klimadiagramms 4. (AFB I)

Die Jahresdurchschnittstemperatur in Dudinka beträgt −10 °C. Nur in den Sommermonaten Juni, Juli, August und September liegt die Durchschnittstemperatur über dem Gefrierpunkt; die Winter sind hingegen extrem kalt mit einem Tiefpunkt im Februar (−27 °C). Der Jahresniederschlag beträgt 528 mm; die Niederschläge sind relativ gleichmäßig auf die Monate verteilt.

4

b) Stelle eine Vermutung an, in welcher Geozone der Ort Dudinka liegt, und überprüfe deine Vermutung mithilfe des Atlas und der Karte 1 Seiten 36/37. **(AFB II)**

Dudinka liegt in der Tundra.

2 „Der Permafrost ist der Fluch der Tundra." Erkläre diese Aussage mithilfe des Fotos 5 und der Grafik 7. **(AFB II/III)**

Wenn der Permafrostboden im Sommer oberflächlich auftaut, entsteht ein breiiger Schlamm über gefrorenem Untergrund. Wasser kann nicht versickern und es kommt zu starker Sumpfbildung. Das Auftauen der Böden stellt den Bau von Häusern vor besonders große Probleme. Werden Gebäude im Winter auf dem gefrorenen Boden errichtet, so können sie durch das Auftauen wieder einstürzen oder abrutschen. Deshalb wird oft auf Pfählen gebaut, die bis in den Permafrostboden reichen und somit fest stehen. Dasselbe gilt z. B. für den Bau von Straßen, Eisenbahnstrecken oder den Pipelinebau.

3 Erkläre die Bedeutung der Tundra für den Klimawandel. **(AFB II)**

Die Klimagase Methan und Kohlenstoffdioxid sind derzeit noch im Permafrost gespeichert. Sie könnten beim Auftauen der Böden in großem Maße freigesetzt werden und damit den Klimawandel noch beschleunigen. Ein Rückkopplungseffekt würde einsetzen, der Prozess sich also selbst verstärken.

Anwendungsaufgabe

4 „Die Natur setzt dem Menschen viele Grenzen, doch manche können überwunden werden." Erkläre diese Aussage mit Blick auf das Leben der Menschen in der Kalten Zone und an der Trockengrenze der Tropischen Zone. **(AFB III)**

Im vorliegenden Themenblock ist an verschiedenen Raumbeispielen aufgezeigt worden, wie der Mensch Grenzen der Raumnutzung zu überwinden imstande ist. In der Kalten Zone können die Menschen dank aufwendiger Infrastruktur (bspw. durch die Errichtung von Pfahlbauten) dauerhafte Siedlungen errichten (vgl. Raumbeispiel Norilsk auf der folgenden Doppelseite). An der Trockengrenze der Tropischen Zone kann z. B. durch Bewässerungsmaßnahmen der besiedelbare Raum erweitert werden.

Unterrichtsvorschlag

Unterrichtsphase	Inhaltlicher Schwerpunkt	Methodisches Vorgehen / Sozialform	Medien / Materialien
Einstieg	Bild 5: Aufgegebene Hütte in Sibirien Hypothesenbildung zu den Ursachen	UG	SB S. 138/139, M5
Erarbeitung I	Leben in der Kalten Zone – Leben mit dem Permafrost	PA/GA	SB S. 138/139, Autorentext, Aufg. 1, 2, M4, 6, 7
Erarbeitung II	Die Tundra im Klimawandel	PA/GA	SB S. 138/139, Aufg. 3
Vertiefung	Vergleich zum Leben an der Trockengrenze	EA/HA	SB S. 138/139, Aufg. 4

Norilsk – die nördlichste Großstadt der Welt

Kompetenzen

Die Schülerinnen und Schüler können ...
- die wirtschaftliche Situation Norilsks beschreiben;
- die aus dem Abbau der Bodenschätze und den klimatischen Bedingungen resultierenden Probleme erläutern;
- ihre Rechercheergebnisse bezüglich der Umweltsituation in Norilsk in Form einer Wandzeitung präsentieren.

Grundbegriffe

Kältegrenze, Polarkreis, Bodenschätze, Sibirien

Sachinformationen

Die Region um Norilsk ist reich an Bodenschätzen, daher wurde Norilsk überhaupt erst in den 1930er-Jahren als Industriestandort gegründet. Norilsk ist nicht an das russische Eisenbahnnetz angeschlossen und nur über den etwa 40 km entfernten Flughafen oder über den Jenissei und das Nordpolarmeer zu erreichen. Eine etwa 120 km lange Eisenbahnstrecke führt jedoch zum Hochseehafen Dudinka. Von dort aus werden die Bodenschätze verschifft.

Norilsk ist immer noch Speergebiet. Ausländer dürfen nur mit Sondergenehmigung in die Stadt einreisen. Die schlechte Umweltsituation und die Migrationsproblematik sollen vor der Weltöffentlichkeit verborgen werden.

Hinweise zum Unterricht

Um die klimatischen Verhältnisse von Norilsk zu untersuchen, können das Klimadiagramm von Dudinka (SB S. 138) und der Atlas herangezogen werden. Die Informationen der Seiten 138 und 139 sind für die Bearbeitung der aktuellen Doppelseite hilfreich, aber nicht notwendig.

Lösung der Basisaufgaben

1 Arbeite mit der Karte 4: Benenne die Bodenschätze, welche die Region wirtschaftlich interessant machen. **(AFB I)**
Vor allem die Nickel- und Kupfergewinnung ist ein wichtiges wirtschaftliches Standbein der Region. Zudem werden das Erz Kobalt und das Edelmetall Platin gefördert. Auch Steinkohle- und Gasvorkommen spielen eine wichtige ökonomische Rolle.

2 Der enormen wirtschaftlichen Bedeutung stehen große Probleme gegenüber. Erläutere diese. **(AFB II)**
Aufgrund der Lage nördlich des Polarkreises herrschen extreme klimatische Bedingungen, die das Leben und Arbeiten der Menschen stark beeinträchtigen. Hinzu kommen die enormen Umweltverschmutzungen, hervorgerufen durch die Förderung und Verarbeitung der Buntmetalle. Dadurch kommt es zu gesundheitlichen Beeinträchtigungen bei den Bewohnern der Stadt.

3 Recherchiert die Umweltsituation in Norilsk. Gestaltet dazu eine Wandzeitung. **(AFB III)**
Individuelle Schülerlösung.

Medientipp

Surftipp: Film zum Bergbau am Polarkreis (Online-Code 3vs3k6)

Unterrichtsvorschlag

Unterrichtsphase	Inhaltlicher Schwerpunkt	Methodisches Vorgehen / Sozialform	Medien / Materialien
Einstieg	Leben und Arbeiten in extremer Kälte	UG: Bilder beschreiben und vergleichen	SB S. 140/141 M3, M5
Erarbeitung	Förderung von Bodenschätzen: wirtschaftliche Bedeutung und Probleme	PA: Auswertung der Karte, Textarbeit	SB S. 141, M4, evtl. Atlas und S. 140, M2, Aufg. 1, 2
Ergebnissicherung	Zusammenfassung	UG	
Hausaufgabe	Umweltsituation	PA oder GA: Recherche für die Wandzeitung	SB S. 141, Aufg. 3

Grenzen der Lebensräume

Kompetenzen

Die Schülerinnen und Schüler können ...
- die im Kapitel erworbenen Kenntnisse anwenden und vertiefen;
- die Grenzen der Ökumene beschreiben;
- technische Möglichkeiten zur Überwindung dieser Grenzen erläutern.

Grundbegriff

Geozonen

Lösung der Basisaufgaben

1 Ordne den Bildern jeweils die Grenzen der Lebensräume zu. (AFB I)

Bild 1 zu kalt und steil (Relief)

Bild 2 zu nass und heiß

Bild 3 zu trocken und heiß Bild 4 zu kalt und trocken

2 Erstelle mithilfe der Karte 5 eine Tabelle, in der du abschätzt, welchen Anteil die für den Anbau
a) „zu kalten" Gebiete,
b) „zu trockenen" Gebiete und
c) die tropischen Regenwaldgebiete an den einzelnen Kontinenten der Erde aufweisen. (AFB II)

Kontinent	zu kalt (in %)	zu trocken (in %)	tropischer Regenwald (in %)
Nordamerika	35	15	2
Südamerika	0	15	30
Afrika	0	50	10
Australien	0	80	0
Asien	25	30	10
Europa	10	0	0

3 Einzelne Staaten haben an den kalten Gebieten oder an den trockenen Gebieten einen unterschiedlichen Anteil. Lege die Weltkarte aus dem Atlas (Staaten der Erde) neben die Karte 5 und suche Staaten,
a) in denen die „zu kalten" oder „zu trockenen" Gebiete einen großen Anteil haben,

zu kalt: Kanada, Norwegen, Russland, Dänemark (Grönland)

zu trocken: USA, Mexiko, Argentinien, Chile, Marokko, Tunesien, Algerien, Libyen, Ägypten, Jordanien, Syrien, Irak, Saudi-Arabien, Namibia, Botsuana, Somalia, China, Australien u. a.

b) die ganz in den „zu kalten" oder „zu trockenen" Gebieten liegen. (AFB II)

vollständig zu kalt: Grönland (zu Dänemark)

vollständig zu trocken: Kasachstan, Usbekistan, Turkmenistan, Libyen, Mauretanien, Tschad, Saudi-Arabien, Jemen, Oman, Somalia, Afghanistan u. a.

4 Nenne aus den vorangegangenen Seiten Beispiele, die zeigen, wie der Mensch „zu trockene" oder „zu kalte" Gebiete der Erde traditionell bzw. mit moderner Technik für seine Zwecke nutzt. (AFB II)

zu trocken: Bewässerung (Gräben, Tröpfchen), Oasenbewirtschaftung mit Brunnen, Anpassung (Nomaden)

zu kalt: Nutzung spezieller Pflanzenzüchtungen, Spezialisierung (z. B. Forstwirtschaft), Anpassung (Inuit oder Rentiernomaden)

Anwendungsaufgabe

5 Erläutere den Zusammenhang zwischen landwirtschaftlicher Nutzung und Bevölkerungsverteilung der Menschen. (AFB II)

starker Zusammenhang zwischen den für die Landwirtschaft nutzbaren Flächen und den Siedlungsgebieten der Erde

TERRA TRAINING

Wichtige Begriffe

arid, Bewässerungslandwirtschaft, Bodenversalzung, Desertifikation

Lösungen zu den Aufgaben

Sich orientieren

1 Staaten gesucht

a) Nenne fünf Staaten, in denen aride Regionen auftreten. **(AFB I)**

USA, Ägypten, China, Australien, Saudi-Arabien

b) Nenne die Staaten, die an den Persischen Golf grenzen. **(AFB I)**

Kuwait, Saudi-Arabien, Bahrain, Arabische Emirate, Iran

Kennen und verstehen

2 Außenseiter gesucht

Ein Begriff gehört jeweils nicht in die Begriffsreihe. Welcher ist es? Begründe. **(AFB II)**

a) Trockensavanne, Strauchsavanne, Dornsavanne, Feuchtsavanne

Es gibt keine Strauchsavanne.

b) Mali, Niger, Gabun, Tschad

Gabun hat keinen Anteil an der Sahara.

c) Kältegrenze, Landesgrenze, Trockengrenze

Eine Landesgrenze ist keine Lebensraumgrenze.

d) Bewässerungslandwirtschaft, Bodenversalzung, humid, Dürre

„Humid" passt nicht in die Begriffe arider Regionen.

3 Richtig oder falsch?

Korrigiere die falschen Aussagen. **(AFB II)**

a) Viele Massai sprechen Maa, Suaheli und Englisch.
Richtig.

b) Die durch den Menschen verursachte Ausbreitung der Wüste wird Desertion genannt.
Falsch. Die Wüstenausbreitung wird Desertifikation genannt.

c) Bewässerungslandwirtschaft kann in ariden Regionen das Überleben der Bevölkerung sichern.
Richtig.

d) In Norilsk werden hauptsächlich Buntmetalle gefördert.
Falsch. In Norilsk werden viele verschiedene Rohstoffe gefördert.

e) Humide Regionen sind für Menschen zum dauerhaften Leben ungeeignet.
Falsch. Humide Regionen sind gut zum dauerhaften Leben geeignet.

Fachmethoden anwenden

4 Klimadiagramme auswerten und vergleichen

a) Zeichne das Klimadiagramm von Abéché (Tabelle 4). **(AFB I)**

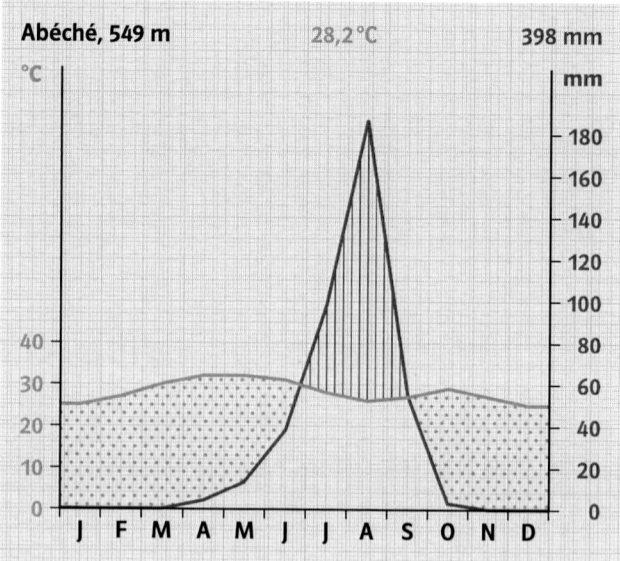

b) Werte das Klimadiagramm aus. **(AFB II)**

nur geringe Temperaturschwankungen (ganzjährig 26–33 °C) und fünf aride Monate. Niederschlagsmaximum im Juli und August. Abéché liegt in der Dornsavanne.

c) Vergleiche die Klimadiagramme 3, 6 und 7. **(AFB II)**

Klimadiagramm 3: vollhumides Klima
Klimadiagramm 6: vollarides Klima
Klimadiagramm 7: semiarides Klima mit einer Regenzeit

d) Ordne den Klimadiagrammen zu: **(AFB II)**

– die Geozone,

– die Lage in Bezug zur Trocken- oder Kältegrenze.

Klimadiagramm 3: Gemäßigte Zone (Nordhalbkugel)
Klimadiagramm 6: Wüste (Nordhalbkugel)
Klimadiagramm 7: Trockensavanne (Nordhalbkugel)

5 Sachtexte auswerten

Werte den Text 5 aus. **(AFB II)**

Russland setzt seit 2004 auf Umweltschutzmaßnahmen. Es wurde in Filter- und Reinigungsanlagen in der metallverarbeitenden Industrie investiert. Durch Aufforstungen will Russland auch international zeigen, dass sich dem Thema Umweltschutz (jetzt) angenommen wird.

Beurteilen und bewerten

6 Desertifikation in Afrika

Wähle aus, welche Aussagen für von Desertifikation betroffene Regionen in Afrika zutreffen. Begründe kurz. **(AFB III)**

Alle Aussagen treffen zu.

a) Wenn die ursprünglich fruchtbare Bodenschicht in der Dornsavanne dauerhaft zerstört wird und die Pflanzenbedeckung immer weiter abnimmt, ist der Boden während der Trockenzeit ungeschützt dem Wind ausgesetzt und wird abgetragen.

Ohne Schutz durch die Vegetation ist der Boden verstärkt der Winderosion und Wassererosion ausgesetzt.

b) Wenn zu viele Tiere auf den Flächen gehalten werden und der Ackerbau ausgeweitet sowie intensiviert wird, werden die Böden übernutzt und können sich nicht erholen.

Bodenverdichtung und Viehfraß bis auf die Wurzeln infolge von Überweidung, zu kurze oder keine Brache bei Ausweitung und Intensivierung des Ackerbaus, sodass sich die Böden nicht mehr regenerieren können.

c) Wenn die Familien Geld brauchen, sammeln die Frauen Brennholz, um es zu verkaufen, sodass ihnen Zeit zur Bewirtschaftung der Felder fehlt und der Boden seinen Schutz gegen Austrocknung und Sandanwehung verliert.

Brennholz als zusätzliche Einnahmequelle erhöht die Rodung, was den Rückgang der Vegetation einschließlich der Folgewirkungen auf Böden und Wasserhaushalt verstärkt. Außerdem geht durch die Suche nach Holz zur Holzkohleherstellung notwendige Zeit und Arbeitskraft zur angepassten Feldnutzung verloren.

d) Wenn in immer mehr Dörfern neue Anbautechniken angewendet werden, durch die sich fruchtbarer Boden erzeugen und Niederschlagswasser sammeln lässt, wird sich die Ernährungssituation der Menschen verbessern.

Durch die Verbesserung des Wasserhaushalts und der Bodenfruchtbarkeit ist wieder Anbau möglich bzw. die Erträge steigen, sodass sich die Ernährungssituation auf dem Land ohne Hilfe von außen verbessert.

7 Umweltprobleme

Arbeite mit den Texten 1, 2 und 5:

a) Beschreibe die Umweltsituation in Norilsk. Nenne Ursachen und Folgen. **(AFB II)**

Durch die Vorherrschaft der Metallindustrie wird die Umwelt stark belastet. Bei der Produktion entstehen Lärm, Staub und neben dem Kohlendioxid weitere schädliche Gase. Dies führt neben der Schädigung der Vegetation und der Böden zu Erkrankungen bei der Bevölkerung.

b) Begründe die Aktivitäten der russischen Regierung, die Situation zu verbessern. **(AFB III)**

Die russische Regierung möchte nicht länger in der internationalen Kritik stehen und investiert nun auch in Umweltschutzmaßnahmen.

Medientipps

Material: Bogen zur Selbsteinschätzung (Online-Code t4k9u2)

TERRA FÜR DICH: Belo Monte

Kompetenzen

Die Schülerinnen und Schüler können …
- das Amazonasgebiet untersuchen und Eingriffe des Menschen mit deren ökologischen, ökonomischen und sozialen Auswirkungen beurteilen;
- ein Ursache-Wirkungs-Gefüge erstellen und dieses reflektieren;
- unterschiedliche Perspektiven wahrnehmen und argumentativ vertreten;
- Handlungsalternativen nach möglichen Konsequenzen für eine zukunftsfähige Entwicklung abwägen.

Grundbegriffe
Nachhaltigkeit

Sachinformationen

Aus Sicht der brasilianischen Regierung trägt das Wasserkraftwerk Belo Monte zur Sicherung der Energieversorgung und zum Wachstum der Wirtschaft bei. Es dient als Beispiel für saubere, nachhaltige und mit modernster Technologie betriebene Energiegewinnung. Aus Gründen der Verfügbarkeit, Kosten und technologischen Machbarkeit steht für Brasilien die Wasserkraft bei der Energiegewinnung an erster Stelle, gefolgt von Windkraft, Biomasse und Erdgas.

Heftig diskutiert wird die kritisch zu bewertende Frage nach der Nachhaltigkeit der Nutzung von Wasserkraft. Brasilien spricht gerne von „green economy" und verweist auf den hohen Anteil der Nutzung von erneuerbarer Energie aus heimischen Quellen. Als nachteilig erweisen sich jedoch die Gefährdung und Zerstörung von Lebensräumen von Menschen, Tieren und Pflanzen, die damit verbundenen Verluste an Wald- und Ackerflächen, die Umsiedlung von Tausenden von Menschen sowie die hohen Kosten für Ausgleichs- und Entschädigungsmaßnahmen.

Hinweise zum Unterricht

Binnendifferenzierung nach Komplexitätsgrad: „Werde sicher" sollten alle Schülerinnen und Schüler als Basis erledigen, schnelle und besonders fitte Schülerinnen und Schüler beschäftigen sich mit „Fordere dich". Alternativ kann man auch die beiden Seiten als Partnerarbeit gestalten. „Fordere Dich" deckt den AFB 3 ab und geht auf die indigene Problematik und den Nachhaltigkeitsaspekt ein. Dazu wird das Nachhaltigkeitsdreieck eingeführt. Die Erstellung des in Aufgabe 3 geforderten Wirkungsgefüges ist durchaus anspruchsvoll, eine Version dazu ist unten aufgezeigt. Es wäre z. B. sinnvoll, zwei verschiedene Gefüge an der Tafel anzeichnen und diskutieren zu lassen, um dann für alle eine gemeinsame Version zu sichern. Die Bewertungsaufgabe 1 bei „Fordere dich" sollte dann auch im Plenum diskutiert werden. Interessant hierzu kann eine Rückbesinnung auf die Klas-

senstufe 5/6 sein, in der im Themenbereich Tropischer Regenwald ebenfalls bereits die Problematik indigener Völker bei der Erschließung aufgegriffen wird.

Hinweise zu den Materialien

Die Erschließungsprojekte laufen weiter, sodass eine Aktualisierung (s. Material und Link) durch die Lehrerin/den Lehrer oder – vorbereitend – auch durch Schülerinnen und Schüler sinnvoll erscheint.

Tafelbild

Wirkungsgefüge (siehe nächste Seite)

Hinweise zu Vorwissen

TERRA Geographie 1, S. 102/103 „Der Regenwald schrumpft"

Lösung der Aufgaben „Werde sicher!"

Belo Monte – Strom für die Zukunft Brasiliens:

1 Benenne die in Tabelle 4 verzeichneten vier Wasserkraftwerke im Amazonasgebiet. Berechne die Gesamtleistung aller neun Wasserkraftwerke und danach den prozentualen Anteil der vier Wasserkraftwerke in Amazonien. (AFB I/II)

Die Namen der Wasserkraftwerke in Amazonien lauten:
Belo Monte, Tucurui, Jirau und Santo Antonio.
Gesamtleistung in MW: 53 320
Leistung der vier Wasserkraftwerke in Amazonien in MW: 26 400
Anteil in Prozent: 49,5
Ergebnis: Die vier Wasserkraftwerke in Amazonien erzeugen die Hälfte der Gesamtleistung der in der Tabelle verzeichneten neun Wasserkraftwerke.

2 Fasse mithilfe von Text 2 die Ziele und Maßnahmen der brasilianischen Energiepolitik zusammen. (AFB II)

Ziele:
- Sicherstellung der Energieversorgung des Landes
- Stromgewinnung aus der im Land reichlich vorhandenen Wasserkraft
- Stromlieferung an energieintensive Industrien: Produktion von Aluminium, Zellulose und Stahl für den Export

Maßnahmen:
- Bau von Wasserkraftwerken (Staudämme, Kraftwerksanlagen)
- Bau von Kanälen
- Umsiedlung der von Überflutung betroffenen Bevölkerung

3 Erstelle aus den in Text 2 enthaltenen Informationen unter Verwendung der Begriffe 3 ein Wirkungsgefüge zum Thema „Wasserkraftwerke in Brasilien". (AFB III)

siehe nächste Seite

Lösung der Aufgaben „Fordere dich!"

Belo Monte in Brasilien – ein Wasserkraftwerk in der Diskussion:

1 Bewerte die Aussagen des Ureinwohners vom Rio Xingu und des Einwohners von São Paulo unter Verwendung des Dreiecks der Nachhaltigkeit. (AFB III)

ein Ureinwohner vom Rio Xingu:

Ökologie: Staudamm und Stausee zerstören Wald und Flusslandschaft.

Ökonomie: Lebensgrundlagen Fischfang, Jagd, Pflanzungen und Verkauf der Produkte auf dem Markt sind gefährdet.

Soziales: Zehntausende Menschen werden umgesiedelt, erhalten kaum eine Entschädigung und verarmen. Dies verstößt gegen die Menschenrechte.

ein Städter aus São Paulo:

Ökologie: Wasserkraft ist im Land reichlich vorhanden. Es handelt sich um saubere „grüne" Energie, die kostengünstig, klimafreundlich und nachhaltig ist.

Ökonomie: Die Nutzung der im Land vorhandenen Wasserkraft vermindert die teure Einfuhr fossiler Brennstoffe, hilft Stromausfälle vermeiden und ist für das Wirtschaftswachstum wichtig.

Soziales: Brasilien ist kein Entwicklungsland mehr. Elektrische Energie kommt Industrie und Haushalten zugute und hebt den Lebensstandard.

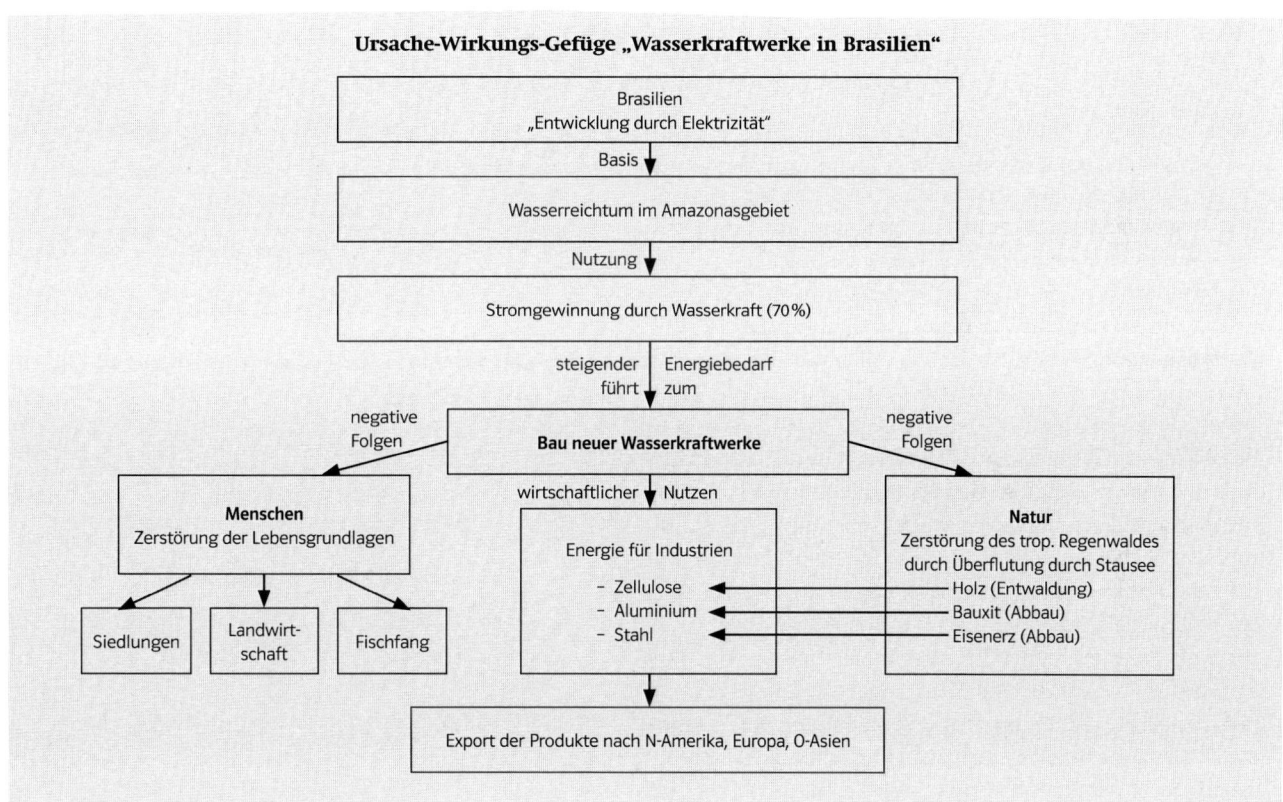

Lösung zu S. 146, Aufgabe 3: Wirkungsgefüge

Welternährung zwischen Überfluss und Mangel

Zum Themenblock

Das Kapitel widmet sich dem wichtigen Thema der Ernährung der Welt. Die Einzelseiten greifen dabei gemäß dem Schülervorwissen die verschiedenen Hungerproblematiken der Erde auf und erläutern dann Ursachen und bereits angewandte und potenziell mögliche Gegenmaßnahmen. Auch die Über- und Mangelernährung werden am Beispiel Deutschlands thematisiert, um ein Überdenken des eigenen Konsumverhaltens anzuregen und somit einen Beitrag zur Bildung für nachhaltige Entwicklung zu leisten.

Zur Auftaktdoppelseite

Kompetenzen

Die Schülerinnen und Schüler können ...
- für das Kapitel „Welternährung zwischen Überfluss und Mangel" motiviert werden;
- bestehende Konflikte in der Ernährungssituation benennen;
- bereits vorhandenes Vorwissen und Vorstellungen mobilisieren.

Das Bild beschreibt exemplarisch das Nebeneinander von Überfluss und Mangel in seiner globalen Ungleichheit: Während in Deutschland fertiges Essen reichhaltig vorhanden ist und bis zur Haustür geliefert wird, möchte die Spendenaktion „Brot für die Welt" mit ihrem drastischen Wortspiel auf Hungersnöte in der Welt hinweisen.

Der Einleitungstext verdeutlicht bereits ansatzweise das Ausmaß des weltweiten Hungers und unterscheidet bereits früh zwischen Über- und Unterernährung als Formen von Mangelernährung. Die aufgeworfenen Fragen beziehen sich dabei auf die im Themenblock behandelten Beispiele. Sie stellen auch für die Lehrerin/den Lehrer eine didaktische Richtschnur durch das Thema dar.

Die Aufnahme von Brot für die Welt stammt aus der Kampagnenwerbung 2015. Lieferando ist ein Dienstleister, der verschiedene lokale Lieferservices koordiniert.

Unterrichtsvorschlag

Als Einstieg in die Unterrichtsreihe kann mit diesem Bild ein Brainstorming erfolgen, die Schülermeldungen werden an der Tafel notiert. U. U. ergibt sich mithilfe der Kapitelüberschrift sogar eine Mindmap, die die Themen der Reihe bereits aufnimmt. Zentral sollte das Nebeneinander von Hunger und Nahrungsmittelüberfluss herausgestellt werden. Eine räumliche Unterscheidung, z. B. Industrie- und Entwicklungsländer (mit der im Verlauf der Reihe auch gerne wieder gebrochen werden kann), der Problematik wäre wünschenswert.

5

Didaktische Struktur

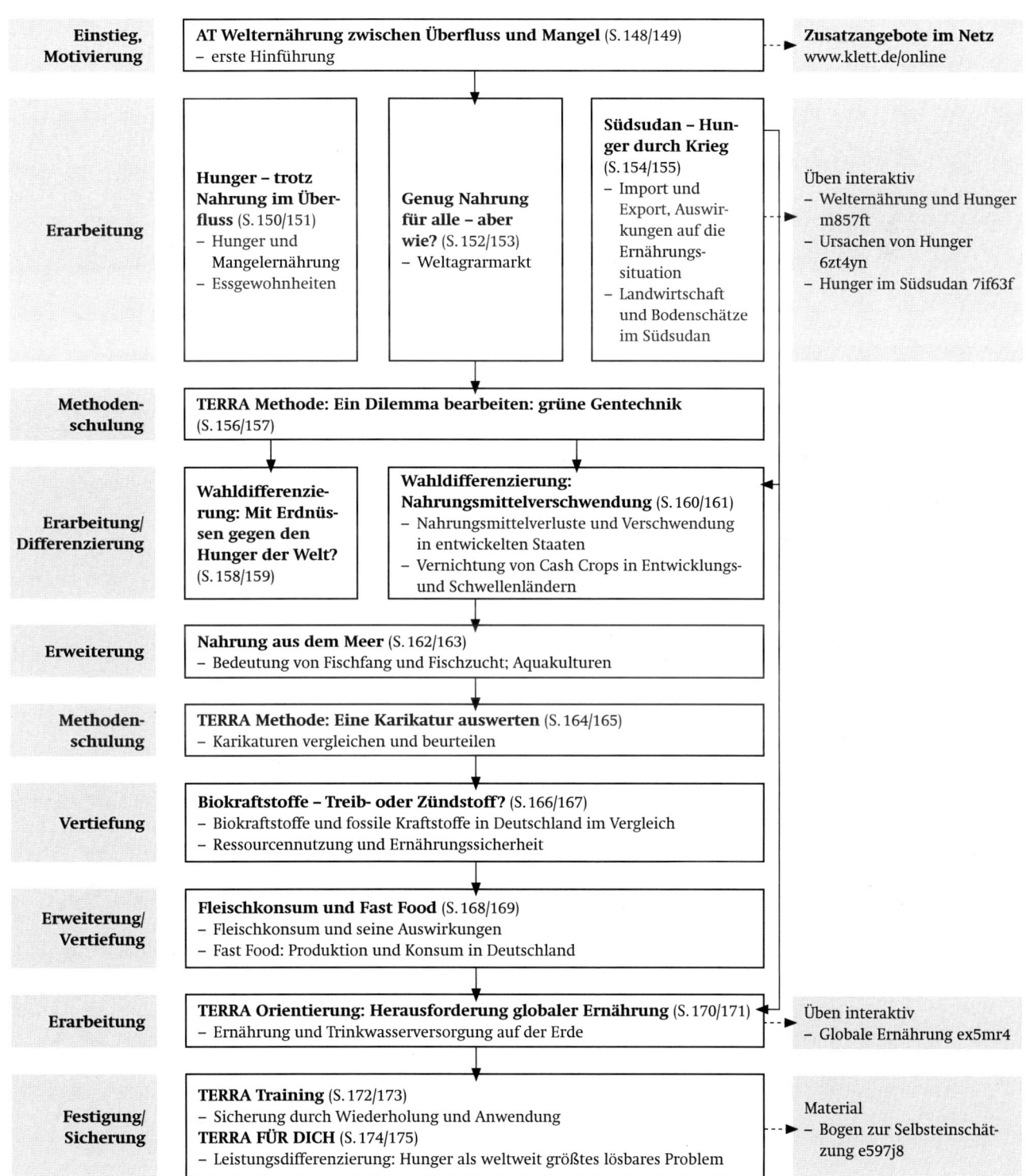

Einstieg, Motivierung
AT Welternährung zwischen Überfluss und Mangel (S.148/149)
– erste Hinführung

Zusatzangebote im Netz
www.klett.de/online

Erarbeitung

Hunger – trotz Nahrung im Überfluss (S.150/151)
– Hunger und Mangelernährung
– Essgewohnheiten

Genug Nahrung für alle – aber wie? (S.152/153)
– Weltagrarmarkt

Südsudan – Hunger durch Krieg (S.154/155)
– Import und Export, Auswirkungen auf die Ernährungssituation
– Landwirtschaft und Bodenschätze im Südsudan

Üben interaktiv
– Welternährung und Hunger m857ft
– Ursachen von Hunger 6zt4yn
– Hunger im Südsudan 7if63f

Methodenschulung
TERRA Methode: Ein Dilemma bearbeiten: grüne Gentechnik (S.156/157)

Erarbeitung/Differenzierung

Wahldifferenzierung: Mit Erdnüssen gegen den Hunger der Welt? (S.158/159)

Wahldifferenzierung: Nahrungsmittelverschwendung (S.160/161)
– Nahrungsmittelverluste und Verschwendung in entwickelten Staaten
– Vernichtung von Cash Crops in Entwicklungs- und Schwellenländern

Erweiterung
Nahrung aus dem Meer (S.162/163)
– Bedeutung von Fischfang und Fischzucht; Aquakulturen

Methodenschulung
TERRA Methode: Eine Karikatur auswerten (S.164/165)
– Karikaturen vergleichen und beurteilen

Vertiefung
Biokraftstoffe – Treib- oder Zündstoff? (S.166/167)
– Biokraftstoffe und fossile Kraftstoffe in Deutschland im Vergleich
– Ressourcennutzung und Ernährungssicherheit

Erweiterung/Vertiefung
Fleischkonsum und Fast Food (S.168/169)
– Fleischkonsum und seine Auswirkungen
– Fast Food: Produktion und Konsum in Deutschland

Erarbeitung
TERRA Orientierung: Herausforderung globaler Ernährung (S.170/171)
– Ernährung und Trinkwasserversorgung auf der Erde

Üben interaktiv
– Globale Ernährung ex5mr4

Festigung/Sicherung
TERRA Training (S.172/173)
– Sicherung durch Wiederholung und Anwendung
TERRA FÜR DICH (S.174/175)
– Leistungsdifferenzierung: Hunger als weltweit größtes lösbares Problem

Material
– Bogen zur Selbsteinschätzung e597j8

Hunger – trotz Nahrung im Überfluss?

Kompetenzen

Die Schülerinnen und Schüler können …
- ihre Ernährungssituation mit anderen vergleichen;
- die wesentlichen Bestandteile der Nahrung in Äthiopien und in Deutschland auswerten und beurteilen;
- die Frage „Hunger – trotz Nahrung im Überfluss?" begründet beantworten;
- ihre eigenen Essgewohnheiten über einen gewissen Zeitraum analysieren.

Grundbegriffe

Hunger, Welternährung, Mangelernährung

Sachinformationen

Ein Blick auf die aktuelle Lage der Welternährung zeigt, wie paradox die Situation momentan ist: Während die einen hungern, essen sich die anderen förmlich zu Tode. Mitten durch die Erde verläuft eine scharfe Trennlinie: Der Äquator teilt unseren Planeten nicht nur in eine Nord- und eine Südhalbkugel, sondern diese fiktive Grenze trennt die wohlhabenden Industrienationen des Nordens von Entwicklungsländern des Südens ab. Die globale Landwirtschaft könnte beim heutigen Stand der Technik zwölf Milliarden Menschen ausreichend ernähren (laut der UN Organisation für Ernährung und Landwirtschaft FAO). Doch die meisten Lebensmittel kommen nicht bei denen an, die sie dringend benötigen. Und so leiden rund 795 Millionen Menschen (im Jahr 2014) weltweit an Hunger. Während die Menschen auf der Südhalbkugel eher an den Folgen der Mangelernährung sterben, sterben die Bürger der Industrienationen eher an den Folgen einer fett- und zuckerhaltigen Ernährung und erliegen Erkrankungen wie Diabetes oder Herz-Kreislauf-Krankheiten. Es hat sich in den letzten Jahren zu wenig im Bereich der Welternährung verbessert, obwohl z. B. Wohlstand und Wachstum in der Welt seit 1990 um 70 % zugelegt haben. Der Kampf gegen den Hunger hat keine ausreichende Priorität – weder in der internationalen Staatengemeinschaft noch in den meisten Entwicklungsländern. Während die Ernährungsindustrie immer neue Produktivitätsrekorde erzielt, geht es den Hungernden gleichwohl nicht substanziell besser. Die Entwicklungshilfe hat weitgehend versagt. Mehr als zwei Billionen Dollar hat der Westen in den vergangenen 50 Jahren für Entwicklungshilfe ausgegeben. Wenig hat es für die Hunger- und Armutsbekämpfung gebracht. Schlimmer noch: Die Hilfe ist vielerorts zur Falle mutiert und hat die Entwicklungsländer in eine verheerende Abhängigkeit getrieben. Die Entwicklungsländer sind Nahrungsmittelimporteure geworden. Sie nutzen ihre großen Anbauflächen nur für den Weltmarkt. Deswegen müssen zum Beispiel Lebensmittel für den Eigenbedarf teuer importiert werden. Ebenso paradox: Drei Viertel der weltweit Hungernden leben von der Landwirtschaft – als Kleinbauern. Kleinbauern machen etwa 85 Prozent der landwirtschaftlichen Betriebe weltweit aus. In den Entwicklungsländern sind sie für einen Großteil der Nahrungsmittelproduktion verantwortlich. Ihr Einkommen genügt aber nicht, um ausreichend Nahrungsmittel zu kaufen.

Andererseits gab es auch bei der Bekämpfung des Hungers seit 1990 durchaus einige Fortschritte, abzulesen am relativen Anteil der Unterernährten an der Weltbevölkerung. Der Kampf gegen den Hunger ist nicht aussichtslos. Die Zahl der Hungernden ist seit 1990 um 216 Millionen zurückgegangen.

Chronische Unterernährung in Deutschland ist heute äußerst selten, doch die Menschenrechtsorganisation FIAN hat beobachtet, dass immer mehr Menschen in Deutschland nicht in der Lage sind, sich „angemessen und in Würde zu ernähren". Besonders betroffen sind Kinder aus Hartz-IV-Haushalten, Rentner und Flüchtlinge. Ungefähr 900 „Tafeln" in Deutschland versuchen diese Situation zu verbessern. Rund 700 000 sozial benachteiligte Menschen in Deutschland werden von den Tafeln und ihren vielen ehrenamtlichen Helfern versorgt. Dabei geht es nicht nur darum, satt zu werden, sondern darum, gesund zu bleiben.

Hinweise zum Unterricht

Diese Doppelseite bietet sich an, das vom Lehrplan geforderte Thema „Welternährung zwischen Überfluss und Mangel" einzuführen. Hunger und Verschwendung, Nahrungsmittelknappheit und Lebensmittelüberschüsse sind komplexe Themen, die daher im Rahmen der Erarbeitung und Festigung immer in Einbeziehung der Doppelseite betrachtet werden sollten.

Lösung der Basisaufgaben

1 Vergleiche deine Situation mit der der beiden Personen auf den Einstiegsbildern. (AFB I)
Individuelle Schülerlösung.

2 Ernährung im Vergleich:
a) Werte die Grafik 4 aus: Welche Nahrungsmittel sind in Deutschland am wichtigsten, welche in Äthiopien? (AFB II)
wichtigste Nahrungsmittel in Äthiopien: Getreide (328 g), Gemüse/Obst (95 g), Zucker (52 g)
wichtigste Nahrungsmittel in Deutschland: Getreide/Kartoffeln (550 g), Milch/Käse (380 g), Fleisch/Fisch/Eier (330 g)
b) Beurteile die Ernährungssituation in beiden Ländern. (AFB III)
Die Ernährungssituation in beiden Ländern ist sehr unterschiedlich:
Äthiopien: Es herrschen bei vielen Menschen Unterernährung (1693 kcal täglich) und eine einseitige Ernährung vor, wichtige Bestandteile der Nahrung (Eiweiße, Minerale, Fette) fehlen, gesundheitliche Probleme sind die Folge.
Deutschland: deutliche Überversorgung mit Nahrungsmitteln (Kalorien), zu hoher Fleischkonsum, hoher Fettkonsum

3 Beantworte die Frage aus der Überschrift dieser Doppelseite „Hunger – trotz Nahrung im Überfluss?" und begründe sie. **(AFB II)**

Individuelle Schülerlösung.

4 Analysiere deine eigenen Essgewohnheiten über den Zeitraum von einer Woche. Fertige dazu eine Tabelle an. **(AFB II)**

Individuelle Schülerlösung. Mögliche Speisen können das Frühstück, das Schulbrot, das Mittagessen, Zwischenmahlzeiten oder das Abendessen sein. Folgende Tabelle kann verwendet werden:

Tageszeit	Speise/Getränk
Frühstück	...
...	...

Medientipps

- Üben interaktiv: Welternährung und Hunger (Online-Code m857ft)
- Le monde diplomatique (Hrsg.): Atlas der Globalisierung, 2015.
- Bundesverband Deutsche Tafel e.V.: www.tafel.de
- www.welthungerhilfe.de
- www.brot-fuer-die-welt.de

Unterrichtsvorschlag

Unterrichtsphase	Inhaltlicher Schwerpunkt	Methodisches Vorgehen / Sozialform	Medien / Materialien
Einstieg	Hunger – trotz Nahrung im Überfluss	im UG beschreiben und Hypothesen aufstellen	SB S. 150/151
Erarbeitung I	Ernährung im Vergleich	EA oder PA	SB S. 150/151, Aufg. 1, 2
Ergebnissicherung I	Zusammenfassung	UG	
Erarbeitung II	Hunger – trotz Nahrung im Überfluss	EA oder PA	SB S. 150/151, Aufg. 3
Ergebnissicherung II/ Diskussion	Zusammenfassung	UG/Diskussion (evtl. Recherche)	
Hausaufgabe	Eigene Essgewohnheiten dokumentieren		SB S. 150/151, Aufg. 4

Genug Nahrung für alle – aber wie?

Kompetenzen

Die Schülerinnen und Schüler können …
- die räumliche Verbreitung von Unterernährung und Hunger weltweit beschreiben;
- wesentliche Ursachen, die zur Mangel- und Unterernährung führen, nennen;
- sinnvolle Lösungsmöglichkeiten, die die Ernährungssicherung verbessern können, formulieren;
- den Spendenaufruf einer Hilfsorganisation beurteilen;
- anhand von verschiedenen Informationsmedien „das Gesicht des Hungers" in den Medien untersuchen.

Grundbegriffe

Weltagrarmarkt, Subsistenzproduktion, Food Crop

Sachinformationen

Ein Leben frei von Hunger zu führen ist ein Menschenrecht, das in der UN-Menschenrechtscharta und dem Pakt für wirtschaftliche und soziale Rechte von der Weltgemeinschaft anerkannt wurde. Trotz weltweit ausreichend vorhandener Nahrungsmittel hungern weiterhin Menschen.

Die Ursachen reichen von verfehlter Regionalpolitik bis hin zu Naturkatastrophen und Klimawandel. Die Regierungen der Entwicklungsländer vernachlässigen häufig die landwirtschaftliche Förderung der Kleinbauern, und auch die Entwicklungshilfe hat in den letzten Jahrzehnten immer weniger in die Landwirtschaft investiert. Die Agrarpolitik von USA und EU subventioniert den Verkauf ihrer Agrarprodukte auf Märkten in ärmeren Ländern. Die dortigen Produzenten können mit den subventionierten Preisen nicht konkurrieren und verlieren ihre Absatzmärkte (Beispiel Hühnchenimporte nach Westafrika, s. auch S. 175). Auch Kriege und Konflikte verschlechtern fast immer die Nahrungssituation in einem Land. Bauern werden zu Flüchtlingen und können ihre Äcker nicht bestellen, Landminen auf den Feldern erschweren die Wiederaufnahme des Anbaus, nachdem ein Krieg beendet wurde (Beispiel Südsudan). Extreme Wetterereignisse haben schwerwiegende ökologische Folgen für die Landwirtschaft: Dürren, Überschwemmungen und andere klimatische Ereignisse haben die Ernährungssicherheit der Menschheit schon immer beeinflusst. Ob dies zu einer Hungersnot führt, hängt jedoch von den Kapazitäten der Gesellschaften ab, mit solchen Phänomenen umzugehen. Eine vielfältige Produktion und politische Strukturen, die in der Lage sind, im Krisenfall effiziente Hilfe zu gewährleisten, können verhindern, dass beispielsweise aus einer Dürre eine Hungersnot wird. Die Klimaerwärmung kann zwar regional durchaus zu höheren Ernteerträgen beitragen, sie führt aber global zu erhöhter Ernährungsunsicherheit. Nicht nur klimatische Veränderungen und Extremereignisse wirken sich auf die ökologischen Grundlagen der Landwirtschaft aus. Auch die alltägliche Praxis der nicht nachhaltigen Landnutzung führt dazu, dass die Fruchtbarkeit der Böden abnimmt.

Viele Maßnahmen, um die Hungerproblematik weltweit zu lösen, sind umstritten. Nicht zuletzt aufgrund entsprechender medialer Darstellung herrscht das Bild vor, dass Hungerbekämpfung in erster Linie darin besteht, Lebensmittel an Bedürftige zu verteilen. Diese klassische Nothilfe ist im Katastrophenfall oft die einzige Möglichkeit, den akuten Hunger zu lindern. Eine wirksame Strategie gegen strukturelle Unterernährung ist sie jedoch nicht. Oftmals wird die Überschussproduktion der Industrieländer als Nothilfe verschenkt. Dies kann dazu führen, dass lokale Bauern ihre Produkte nicht mehr verkaufen können und ebenfalls in die Abhängigkeit der Nothilfen geraten. Um eine Hungerkrise dauerhaft zu überwinden, ist der Wiederaufbau der Existenzgrundlagen entscheidend. Die Landwirtschaft zu fördern ist eine zentrale Aufgabe, um die Weltbevölkerung langfristig zu ernähren. Auch die Organisationen der Entwicklungszusammenarbeit sind hier entscheidende Akteure. In welche Richtung die Förderung gehen soll, entzweit jedoch die Wissenschaftler und Entscheidungsträger (Hochertragssorten und Gentechnik).

Hinweise zum Unterricht

Auch bei dieser Doppelseite muss eine Aktualisierung von Lehrerinnen und Lehrern geleistet werden.

Eine ausführliche Medienanalyse (über die Dauer von einer Woche) kann entweder als Vorbereitung auf die Stunde oder als abschließende Hausaufgabe von den Schülerinnen und Schülern durchgeführt werden. Somit bietet sich ein guter Gesprächsanlass für den Stundenbeginn an.

Lösung der Basisaufgaben

1 Beschreibe die räumliche Verbreitung von Unterernährung und Hunger weltweit. (AFB I)

Die meisten Länder, die unter Unterernährung und Hunger leiden, sind Entwicklungsländer (Bolivien, Niger, Südsudan, Bangladesch, Mongolei etc.). Sie liegen vornehmlich zwischen den beiden Wendekreisen. Ungefähr 511 Millionen Hungernde leben in Asien und der Pazifikregion, 232 Millionen in Afrika. Jedoch ist der Anteil der Hungernden an der Bevölkerung mit 20 % in Afrika am höchsten (Quelle: FAO 2015).

Die Industrieländer wie Deutschland sind davon nicht betroffen.

2 Nenne Ursachen, die zu Mangel- und Unterernährung führen. (AFB I)

Geldmangel, Nahrungsmittelknappheit, zu geringe Anbaufläche, zu hohe Nahrungsmittelpreise, Klimawandel und Naturkatastrophen etc.

3 Formuliere zwei Lösungsmöglichkeiten, die deiner Meinung nach die Ernährungssicherung verbessern. (AFB II)

Individuelle Schülerlösung. Die Auswertung von M2 kann hier helfen.

4 Beurteile den Spendenaufruf 4. **(AFB III)**

Die Schülerinnen und Schüler sollen zu einer eigenen Beurteilung kommen. Gerade kirchliche Hilfswerke werben für Spenden – insbesondere in der Weihnachtszeit – und rufen dazu auf, die Benachteiligten der Welt zu unterstützen. Diese Aktionen sind eigentlich positiv zu bewerten.

Anwendungsaufgabe

5 Untersuche anhand von verschiedenen Informationsmedien (Internet, TV, Tageszeitung), wie „das Gesicht des Hungers" in den Medien vermittelt wird. **(AFB II/III)**

„Das Gesicht des Hungers" wird in den Medien auf unterschiedliche Weise dargestellt und konstruiert. Hier sollen die Schülerinnen und Schüler entdecken, wie und mit welchen Intentionen das Thema in den Medien „in Szene" gesetzt wird. Räume müssen nach WARDENGA auch in der Perspektive ihrer sozialen, technischen und gesellschaftlichen Konstruiertheit aufgefasst werden, indem danach gefragt wird, wer unter welchen Bedingungen und aus welchen Interessen wie über bestimmte Räume kommuniziert und sie durch alltägliches Handeln fortlaufend produziert und reproduziert.

Weitere (Lehrer-)Impulse können sein: Wer, welche Institution oder welche gesellschaftliche Gruppierung hat das Dokument verfasst und gestaltet? Wie wird der Raum und der dafür bedeutsame Sachverhalt in diesen Dokumenten unterschiedlich in Text und Bild dargestellt und kommuniziert? (siehe auch unten)

Medientipps

- Üben interaktiv: Ursachen von Hunger (Online-Code 6zt4yn)
- Le monde diplomatique (Hrsg.): Atlas der Globalisierung, 2015.
- www.welthungerhilfe.de
- www.brot-fuer-die-welt.de
- www.misereor.de

Medium		Datum	
betroffenes Land/ betroffene Länder		Überschrift	
Rubrik		Anlass/Kontext	
Länge des Artikels	lang: mittel: kurz:	Schlüsselwörter/ Metaphorik	
Gestaltung/Bilder		Gesamtbeurteilung	
Bemerkungen:			

Mögliche Medienanalyse zum Thema „Das Gesicht des Hungers" (Aufgabe 5)

Unterrichtsvorschlag

Unterrichtsphase	Inhaltlicher Schwerpunkt	Methodisches Vorgehen / Sozialform	Medien / Materialien
Einstieg	Genug Nahrung für alle – aber wie?	im UG beschreiben und Hypothesen aufstellen	SB S. 152/153, M1
Erarbeitung I	Räumliche Verbreitung von Unterernährung und Hunger Mögliche Ursachen	EA oder PA	SB S. 152/153, Aufg. 1, 2
Ergebnissicherung I	Zusammenfassung	UG	
Erarbeitung II	Lösungsmöglichkeiten	EA oder PA	SB S. 152/153, Aufg. 3, 4
Ergebnissicherung II/ Diskussion	Zusammenfassung	UG/Diskussion (evtl. Recherche)	
Hausaufgabe	Medienanalyse		SB S. 152/153, Aufg. 5

Südsudan – Hunger durch Krieg

Kompetenzen

Die Schülerinnen und Schüler können ...
- die Hauptanbauprodukte sowie die im Südsudan geförderten Bodenschätze nennen;
- wichtige Informationen aus verschiedenen Lernhilfen herausarbeiten und in sinnvolle Zusammenhänge stellen;
- die Wechselwirkungen der Hungerproblematik in einem Land wie Südsudan in einem Wirkungsgefüge darstellen und erläutern.

Grundbegriffe

Dürre, Ölexport, Nahrungsmittelimport, Hunger, Bürgerkrieg

Sachinformationen

Der Südsudan ist das afrikanisches Land, das am längsten leidet; mit wenigen Unterbrechungen herrscht seit über 40 Jahren Bürgerkrieg. Im Juli 2011 erlangte der jüngste Staat der Welt seine Unabhängigkeit. Damals löste sich der arabische Norden vom überwiegend christlich geprägten Süden. Doch schnell erlosch die Hoffnung auf Frieden und einen Neuanfang. Seit über zwei Jahren herrscht wieder Krieg im Südsudan, mehr als 2,2 Millionen Menschen sind bisher vor der Gewalt geflüchtet, Zehntausende wurden getötet. Menschenrechtler berichten über Massaker an Zivilisten und den Einsatz von Kindersoldaten. Im Dezember 2013, nur zwei Jahre nach der Unabhängigkeit, brach ein neuer Konflikt aus. Jetzt wird nicht mehr gegen den Einfluss aus dem Norden gekämpft, sondern um die Vorherrschaft im Süden – und damit um den Zugriff auf die Erdölvorkommen, die zu den größten weltweit zählen. Rivalitäten und Misstrauen zwischen den verschiedenen Volksgruppen sind (wieder) ausgebrochen. Seither kämpfen die beiden Fraktionen entlang der alten ethnischen Konfliktlinien erbittert um die Kontrolle der Ölgebiete, vor allem im Norden.

Im Jahr 2015 drohen erneut Hungerkatastrophen. Das UN-Kinderhilfswerk Unicef schätzt, dass alleine 2015 ca. 50 000 Kinder sterben könnten. Fast acht Millionen Menschen im Land sind von Hunger bedroht. Die internationalen Hilfsorganisationen können viele von ihnen – wenn überhaupt – nur aus der Luft mit Lebensmitteln versorgen und werden selbst immer wieder Opfer gewaltsamer Übergriffe. Die Organisation „Ärzte ohne Grenzen" etwa musste kürzlich ihre Arbeit in der umkämpften Stadt Melut für 16 Tage unterbrechen, und als die Helfer in ihr Camp zurückkehrten, fanden sie es geplündert vor, die Trinkwassertanks für die Versorgung von 20 000 Menschen waren zerschossen.

Der neue Krieg hat alle Entwicklungserfolge der letzten Jahre zerstört. Als Beispiel dient die Verkehrsinfrastruktur: Der Südsudan ist fast doppelt so groß wie Deutschland, verfügt aber außerhalb der Hauptstadt Juba nur über eine asphaltierte Straße. Weitere Probleme sind zum Beispiel das niedrige Ausbildungsniveau. Hohe Kosten für Güter und Dienstleistungen stellen die lokale Wirtschaft außerdem vor große Herausforderungen.

Hinweise zum Unterricht

Häufig sind die Zusammenhänge von Ursache, Folge und Wirkung nicht einfach in Worten auszudrücken. Viele Faktoren und Bedingungen greifen ineinander und beeinflussen sich gegenseitig. Hier hilft das Wirkungsgefüge, Zusammenhänge und Verflechtungen in ihrer Gesamtheit übersichtlich darzustellen. Wichtig ist hier, dass herausgearbeitete Schlüsselbegriffe übersichtlich und sinnvoll (nach Gruppen) angeordnet werden. Die Wirkungszusammenhänge können durch Pfeile dargestellt werden – dabei können verschiedene Formen oder Strichstärken benutzt werden, um die unterschiedliche Bedeutung zu zeigen.

Lösung der Basisaufgaben

1 Nenne die Hauptanbauprodukte sowie die im Südsudan geförderten Bodenschätze. **(AFB I)**
Hauptanbauprodukte: Tabak und Kaffee (im Süden)
Bodenschätze: Erdöl, Gold (im Süden)

Anwendungsaufgabe

2 Erstelle ein Wirkungsgefüge zu den Ursachen des Hungers im Südsudan. **(AFB II/III)**
Individuelle Schülerlösung, siehe nächste Seite.

Medientipps

- Üben interaktiv: Hunger im Südsudan (Online-Code 7if63f)
- Le monde diplomatique (Hrsg.): Atlas der Globalisierung, 2015.
- Arte-Filmdokumentation über Südsudan: www.arte.tv/de/suedsudan-geburt-eines-staates/7561320.html
- www.unicef.de
- www.welthungerhilfe.de

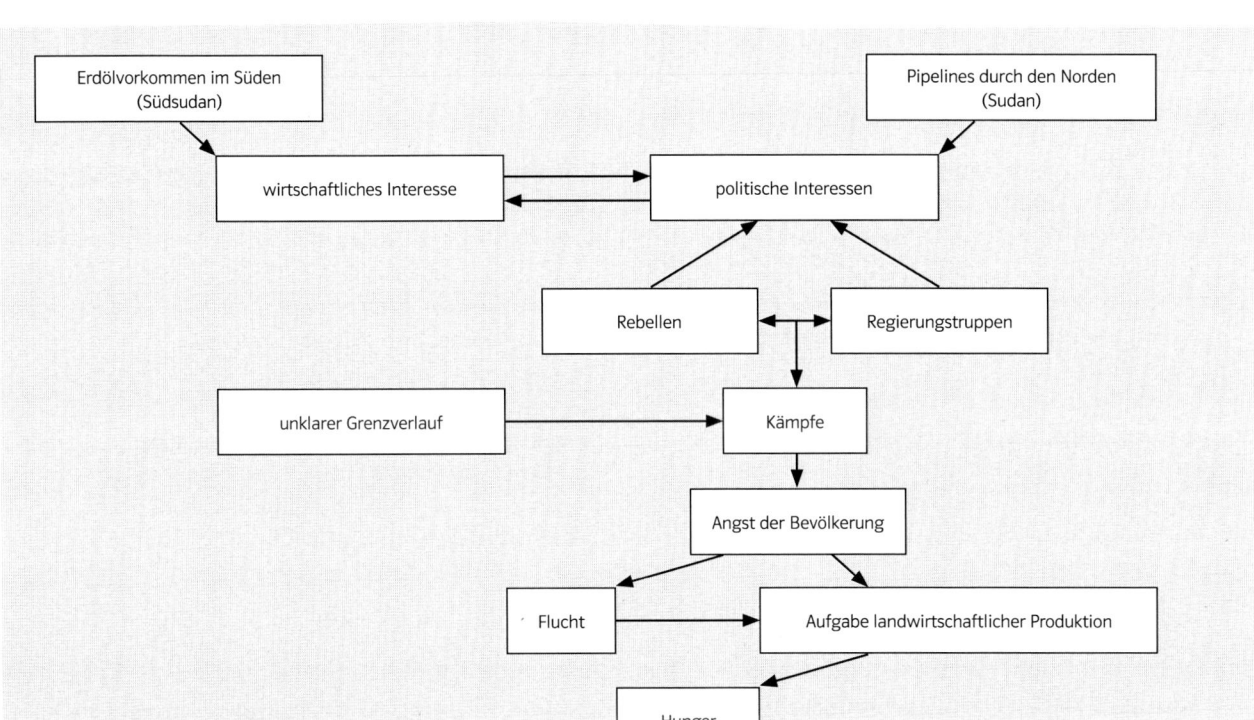

Lösungsvorschlag zu Aufgabe 2: Wirkungsgefüge

Unterrichtsvorschlag

Unterrichtsphase	Inhaltlicher Schwerpunkt	Methodisches Vorgehen / Sozialform	Medien / Materialien
Einstieg	Hunger durch Krieg am Bsp. Südsudan	UG	SB S. 154/155, M3, (Atlas)
Erarbeitung I	Hauptanbauprodukte und Bodenschätze	EA/PA/GA	SB. 154/155, Aufg. 1
Ergebnissicherung I	Zusammenfassung	UG	
Erarbeitung II	Wirkungsgefüge: Ursachen des Hungers	EA/PA/GA (evtl. Recherche)	SB. 154/155, Aufg. 2
Ergebnissicherung II	Präsentation und Ergebnisvergleich	UG/Diskussion	
Hausaufgabe	Aktuelle Recherche zum Land Südsudan		Internet

Ein Dilemma bearbeiten: grüne Gentechnik

Kompetenzen

Die Schülerinnen und Schüler können ...
- die Dilemma-Methode an einem konkreten Beispiel anwenden;
- Vor- und Nachteile der Gentechnologie im Anwendungsbereich der Landwirtschaft nennen und argumentativ ausgestalten;
- einen eigenen Standpunkt zur Frage des Einsatzes transgener Pflanzen entwickeln;
- anhand der im Schülerbuch vertretenen Inhalte Dilemmata erkennen, benennen und bearbeiten.

Sachinformationen

Als „grüne Gentechnik" werden alle gentechnischen Veränderungen an gezüchteten Pflanzen bezeichnet. Das Ergebnis nennt man transgene Pflanzen oder gentechnisch veränderte Organismen (GVO). Teilweise werden also in diesen Pflanzen Gene verändert.

Die erste Herstellung von GVO ist aus dem Jahr 1983 bekannt. Heute entstehen täglich weltweit Tausende neuer GVO, von denen allerdings die wenigsten das Labor verlassen und in der Landwirtschaft wirklich zum Einsatz kommen. 2014 beträgt die weltweit genutzte Anbaufläche für GVO 181 Millionen Hektar. Bezogen auf die weltweit zur Verfügung stehende Anbaufläche von 1,4 Milliarden Hektar stellt dies einen Anteil von 12,9 Prozent dar. Dabei ist aber zu beachten, dass diese Zahlen von der Lobbyagentur ISAAA (International Service for Acquisition of Agri-biotech Applications) herausgegeben werden und ansonsten keine überprüfbaren Quellen vorliegen, da der Anbau gentechnisch veränderter Pflanzen in vielen Ländern nicht separat erfasst wird. Rund 86% aller GVO wachsen in Nord- und Südamerika. Die Produktion und auch die Forschungen in diesem Bereich fokussieren sich auf Soja, Mais, Baumwolle und Raps, also handelt es sich nicht um Grundnahrungsmittel.

In der deutschen und auch europäischen Öffentlichkeit stößt die Gentechnikforschung auf massive Kritik und große Ablehnung. Demzufolge werben heute bereits viele Lebensmittelhersteller mit Slogans, die eine Gentechnikfreiheit versprechen. Nicht bewusst ist vor allem den Verbrauchern, dass laut Schätzungen bereits über 60% der Lebensmittel im Laufe ihrer Produktion mit GVO in Kontakt gekommen sind. Eine Beimischung von gentechnisch veränderten Organismen ist aber erst ab einem Schwellenwert von 0,9% auszuweisen. Auch die Erzeugung von Lebensmitteln mithilfe von GVO muss nicht gekennzeichnet werden. Hier ist besonders die Fleischproduktion zu nennen, da hier besonders transgene Sojapflanzen als Futtermittel eingesetzt werden.

Das hier vorgegebene Dilemma kann nach Oser/Althoff (1992, S. 156) als Fachdilemma eingestuft werden, dem die Schülerinnen und Schüler aber auch in ihrer realen Lebenswelt durch Werbeslogans und die öffentliche Diskussion begegnen können. Die Konfliktstruktur ist hochkomplex und damit nicht aufzulösen. Die Schülerinnen und Schüler können so die Pluralität verschiedener Interessen erkennen und nachvollziehen. Sich selbst innerhalb dieser zu positionieren, stellt hohe Anforderungen an die Jugendlichen. Sie müssen ihre Position nicht nur zunächst einmal finden, sondern diese dann auch argumentativ präzise vertreten. Dabei kann es vorkommen, dass sich die eigene Meinung im Verlauf der Erarbeitung verändert, was eine bewusste Reflexion voraussetzt. Die Dilemma-Methode ist damit in besonderer Weise geeignet, Sachanspruch und Gesellschaftsrelevanz zusammenzuführen.

Hinweise zum Unterricht

Um zu einem eigenen Standpunkt zu finden, ist es wichtig, die Vor- und Nachteile von GVO in einem ausgewogenen Verhältnis zu berücksichtigen. Eine Internetrecherche zur Sammlung umfangreicherer Informationen kann daher sinnvoll sein. Bei einem solchen Vorgehen müssen die Schülerinnen und Schüler im Verlauf der Erarbeitung dafür sensibilisiert werden, dass die Gentechnikdebatte keinesfalls rein sachlich betrieben wird. Die Konstruktion der Informationen, die stets mit einem bestimmten Ziel subjektiv geprägt ist, muss in diesem Zusammenhang thematisiert werden.

Es ist möglich, dass einzelne Schülerinnen und Schüler von Beginn an auf der Suche nach Kompromissen sind, um dem Dilemma auszuweichen. In diesem Fall muss die Einhaltung der Aufgabe, Argumente für eine bestimmte Position zu sammeln und zu hierarchisieren, eingefordert werden. Die Schülerinnen und Schüler sollen den Konflikt aushalten, da sich gerade darin die Realität des Dilemmas manifestiert. Werden die Argumente der einzelnen Gruppen vorgetragen, ist eine direkte Diskussion unbedingt zu vermeiden, da sonst die Zuspitzung der Erarbeitung verschleiert wird. In der abschließenden Diskussion können Alternativen vorgebracht werden, jedoch müssen diese auch hinsichtlich ihrer Umsetzbarkeit kritisch hinterfragt werden.

Hinweise zur Differenzierung

Leistungsstarke Schülerinnen und Schüler können besonders gefordert werden, indem sie mit einer Internetrecherche beauftragt werden. In einem entsprechenden Arbeitsauftrag sollte eine Zusammenfassung der jeweiligen Darstellungen und zudem die kritische Reflexion eingefordert werden. Wichtig ist, dass die Schülerinnen und Schüler deutlich herausstellen, dass die Position des jeweiligen Autors immer eine gewichtige Rolle für die Informationsvermittlung spielt und objektive Informationen somit letztlich nicht existent sind.

Möglicher Arbeitsauftrag:

Recherchiere im Internet Informationen zu den unterschiedlichen Standpunkten zur Gentechnik.

a) Stelle zwei bis vier unterschiedliche Artikel zu gentechnisch veränderten Organismen zusammen und fasse deren Inhalt in eigenen Worten knapp zusammen. Belege deine Aussagen an geeigneten Textstellen.

b) Erarbeite die Position des jeweiligen Autors der Artikel und belege deine Einschätzungen anhand geeigneter Textstellen.

c) Erläutere, inwiefern die jeweilige Position des Autors Auswirkungen auf dessen Informationsdarstellung hat. Reflektiere davon ausgehend die Qualität der von dir ausgewählten Artikel.

d) Bereite eine Präsentation deiner Ergebnisse vor. Überlege dir dazu eine Möglichkeit, deinen Mitschülerinnen und Mitschülern die Teilergebnisse übersichtlich und nachvollziehbar zu veranschaulichen.

Hinweise zum fächerübergreifenden Arbeiten

Die Bearbeitung dieses komplexen Themengebiets kann in besonderem Maße von einer Kooperation mit dem Fach Biologie profitieren.

Lösung der Basisaufgaben

1 Bearbeitet das Dilemma in Text 1. Nutzt dazu auch die Grafik 2. (AFB I–III)

Individuelle Schülerlösung: Wichtig ist die Beachtung eines sachlichen Argumentierens. Dies gilt sowohl für die Vorstellung als auch für die offene Diskussion. Wiederholungen sind unbedingt zu vermeiden, damit keine „Kreisdiskussion" entsteht. Die Bedeutung der Emotionen ist unbedingt als hoch einzuschätzen, da besonders öffentliche Diskussionen nicht selten von Angst und wenig fundiertem Fachwissen geprägt sind. Es gilt, die Schülerinnen und Schüler für diese Sachverhalte zu sensibilisieren.

2 Arbeitet in Gruppen: (AFB I–III)

a) Zeigt ein weiteres Dilemma eines anderen Themas in diesem Schulbuch auf. Formuliert dazu übergeordnete Fragestellungen und stellt Informationen und Materialien zusammen.

b) Tauscht die Dilemmata aus und bearbeitet sie. Stellt eure Ergebnisse anschließend im Plenum vor.

Individuelle Schülerlösung: Mögliche Themen, die ein Dilemma beinhalten, sind:

- Themenblock 1; „Getreide aus der Steppe" (SB S. 40/41): Ökonomie vs. Ökologie;
- Themenblock 2; „Geothermie im Oberrheingraben" (SB S. 78/79): Erdwärmenutzung vs. Gefahrenpotenzial;
- Themenblock 3; „Gefährlicher Rhein" (SB S. 94/95), „Hochwasserlage weiter angespannt" (SB S. 96/97): Ökonomie vs. Ökologie;
- Themenblock 4; „Bei den Massai in der Savanne" (SB S. 126/127), „Die Wüste wächst" (SB S. 128/129): das Leben der Nomaden in der Wüste – Tradition vs. modernes Leben (hier auch die Rolle des Tourismus);
- Themenblock 5; „Nahrung aus dem Meer" (SB S. 162/163): Versorgung mit Fisch vs. Überfischung, Ausbeutung;
- Themenblock 6; „Ein Mystery entschlüsseln" (SB S. 180–183): im Spannungsfeld zwischen Ökonomie, Ökologie und Sozialem.

b) Tauscht die Dilemmata aus und bearbeitet sie. Stellt eure Ergebnisse anschließend im Plenum vor. (AFB I–III)

Individuelle Schülerlösung; vgl. Lösung zu Aufgabe 1.

Unterrichtsvorschlag

Unterrichtsphase	Inhaltlicher Schwerpunkt	Methodisches Vorgehen / Sozialform	Medien / Materialien
Einstieg	Begegnung mit dem Thema	LV: Darbietung der Standpunkte zu GVO, erste Abstimmung	SB S. 156, M1, Tafel, Aufg. 1: 1. und 2. Schritt)
Erarbeitung I	Grüne Gentechnik	aGA (Pro/Kontra)	SB S. 156/157, Aufg. 1: 3. Schritt, ggf. zusätzlich Internetrecherche
Ergebnissicherung I	Grüne Gentechnik: Sammlung von Argumenten	SV: Argumente im Wechsel (Pro/Kontra)	SB S. 156/157, Aufg. 1: 4. Schritt, Ergebnisse, Tafel
Erarbeitung II	Grüne Gentechnik: offene Diskussion und zweite Abstimmung	UG	SB S. 156/157, Aufg. 1: 5. und 6. Schritt, Ergebnisse, Tafel
Vertiefung	Grüne Gentechnik: Abschlussdiskussion, Reflexion	UG	SB S. 156/157, Aufg. 1: 7. Schritt, Ergebnisse, Tafel
ggf. weitere Unterrichtsstunden	weitere Dilemmata	aGA UG	SB S. 157, Aufg. 2

Mit Erdnüssen gegen den Hunger der Welt?

Kompetenzen

Die Schülerinnen und Schüler können …
- Maßnahmen zur Verbesserung der Ernährungssicherung erläutern und kritisch hinterfragen.

Grundbegriffe
Mangelernährung, Unterernährung

Sachinformationen

Mangelernährung im Säuglings- und Kleinkindalter stellt weltweit noch immer die häufigste Todesursache dar. Während man in der Entwicklungshilfe über Jahrzehnte auf die Abgabe und den Export von überschüssig produzierten Nahrungsmitteln (v. a. Getreide) aus Industrie- in Entwicklungsländer gesetzt hat, geht man heute mit Anleitung und Unterstützung zur Selbsthilfe andere Wege. Dennoch sterben jährlich cirka drei Millionen Säuglinge und Kinder an den Folgen von Mangelernährung.

Die Bekämpfung der Kinder- und Säuglingssterblichkeit durch Mangelernährung scheitert oftmals an der mangelnden Verfügbarkeit von sauberem Trinkwasser und der Tatsache, dass die Mütter den langen Weg zu den Krankenhäusern und den oft wochenlangen Aufenthalt dort scheuen. Die 1999 entwickelte Erdnusspaste ermöglicht eine Versorgung moderater Unterernährung im häuslichen Umfeld. Da die Paste direkt verzehrt wird, minimiert sich das Risiko einer Infektion durch bspw. verunreinigtes Trinkwasser.

Kritik an der Erdnusspaste wird vor allem aufgrund der hohen Kosten des patentrechtlich geschützten Mittels und des hohen Anteils an Allergenen geübt.

Hinweise zur Differenzierung

Diese Doppelseite stellt in Verbindung mit den Seiten 160/161 eine Möglichkeit zur Binnendifferenzierung nach Interessenlage dar. Die Schülerinnen und Schüler können dabei selbst entscheiden, welche Thematik sie mehr anspricht. Ein Austausch über die Inhalte der Seiten findet mittels Aufgabe 2 statt. Eine anschließende Plenumsdiskussion über die Wirksamkeit beider Ansätze bei der Verbesserung der Hungerproblematik wird vorentlastet und bietet sich als authentischer Redeanlass an.

Lösung der Basisaufgaben

1 Mit Erdnusspaste gegen den Hunger:

a) Nenne Vor- und Nachteile dieses Produkts. **(AFB I)**

Vorteile:
- einfache Handhabung;
- es wird kein Wasser zur Anwendung benötigt, dies verringert die Gefahr von Krankheiten durch verseuchtes Wasser;
- solange selbstständiges Schlucken möglich ist, kann auf einen stationären Aufenthalt verzichtet werden;
- kein teurer Klinikaufenthalt für Mutter und Kind;
- lange Haltbarkeit des Produkts, gute und schnelle Erfolge.

Nachteile:
- teuer, 60 US-Dollar für eine Zweimonatsration;
- patentrechtlich geschützt und somit nur als Franchisenehmer herstellbar;
- Kind muss noch selbstständig schlucken können.

b) Hilfsorganisationen sind bei der Verteilung der Erdnusspaste auf Spendengelder angewiesen. Beurteile vor diesem Hintergrund die Kampagnenwerbung 1. **(AFB III)**

Individuelle Schülerlösung.

Lösungsvorschlag: Die Kampagnenwerbung zeigt eine Erdnuss auf blauem Hintergrund verbunden mit dem Slogan „Statt hungernder Kinder zeigen wir Ihnen hier die Lösung: … Erdnusspaste kann Leben retten – Sie auch." Damit wird die Erdnusspaste als effizientes Lösungsmittel stark vereinfacht und reduziert dargestellt. Die Darstellung überrascht aufgrund der unerwarteten Präsentation einer Nuss. Die Message „Man kann auch mit einfachsten Mitteln helfen" wird glaubhaft transportiert und regt zum Spenden an. Oder: Die Werbung erhebt die Erdnuss zum Allheilmittel. Dieses kann nur kurzfristig helfen und stellt keine nachhaltige Lösung dar. Auch wird die Realität ausgeblendet.

c) „Mit dem Hunger Geld verdienen." Nimm Stellung zu dieser Aussage. **(AFB III)**

Individuelle Schülerlösung.

Lösungsvorschlag: Die Erdnusspaste ist patentrechtlich geschützt und kann nur im Franchiseverfahren produziert werden. Dadurch kontrolliert der Franchisegeber die Produktion und damit die Preisgestaltung. Aufgrund der bestätigten Wirksamkeit und der überwiegenden Vorteile besteht eine große Nachfrage, die zu einem großen Umsatz führt. Der Hunger der Menschen und die Bilder und Berichte darüber regen bspw. in Deutschland zu Spenden an, die Hilfsorganisationen kaufen bei den Franchiseunternehmen ein und somit wird mit dem Hunger Geld verdient. Andererseits hat das Unternehmen die Paste auf eigene Kosten entwickelt und das unternehmerische Risiko getragen.

Hinweis: Die Entscheidung, ob man dies als ethisch/moralisch falsch empfindet, obliegt jedem Einzelnen.

Gemeinsame Aufgabe

2 Stelle einem Partner, der die nachfolgende Doppelseite bearbeitet hat, deine Ergebnisse vor. Bewertet die Möglichkeiten, mit den vorgestellten Maßnahmen das globale Hungerproblem zu lösen. Bedenkt dabei auch ethische Gesichtspunkte wie Gerechtigkeit und Menschenwürde.
Individuelle Schülerlösung.

Unterrichtsvorschlag

Unterrichtsphase	Inhaltlicher Schwerpunkt	Methodisches Vorgehen / Sozialform	Medien / Materialien
Einstieg	Zwei Wege gegen den Hunger?	Vorstellung beider Thematiken, Auswahl durch die einzelnen SuS	SB S. 158–161
Erarbeitung I	Zwei Wege gegen den Hunger?	EA: eigenständige Erarbeitung der Materialien, Beratung nach Bedarf durch L, evtl. Problematisierung durch Bildbeschreibung, Aktivierung von Vorwissen	SB S. 158/159, Aufg. 1 oder SB S. 160/161, Aufg. 1
Ergebnissicherung I	Vorstellen der Arbeitsergebnisse in Kleingruppen	Gruppenarbeit (alle Mitglieder haben die gleiche Doppelseite bearbeitet)	
Erarbeitung II	Präsentation der Ergebnisse der jeweils anderen Gruppe	UG, Kleingruppen	SB S. 158, Aufg. 2 bzw. SB S. 160, Aufg. 2
Vertiefung	Inwieweit helfen die gezeigten Wege bei der Bekämpfung des Hungers? Wurden andere Problemfelder deutlich?	Abschlussdiskussion	

Nahrungsmittelverschwendung

Grundbegriffe

Cash Crops, Nahrungsmittelverschwendung, Mindesthaltbarkeitsdatum, Verbrauchsdatum

Sachinformationen

Jährlich werden Schätzungen der FAO und des WWF zufolge Mengen an genussfähigen Lebensmitteln in der Größenordnung eines Drittels des jährlichen Nahrungsmittelverbrauchs entlang der Kette Produktion, Groß- und Einzelhandel, Verbraucher weggeworfen. Die Gründe dafür sind vielfältig und reichen von verbotenem und ungewolltem Beifang in der Fischerei bis zu Gemüse, welches aufgrund seines Wachstums nicht den Anforderungen und Standards des Handels entspricht. Auf Verbraucherseite sind es Fehler im Einkaufsverhalten, unsachgemäße Lagerung oder Verunsicherung und Unwissenheit, wie beispielsweise beim Mindesthaltbarkeitsdatum.

Ein solches Handeln ist in jeder Hinsicht nicht nachhaltig. Neben den ökonomischen und sozialen Folgen sind jedoch besonders die ökologischen Folgen zu beachten. Alle produzierten Lebensmittel haben einen ökologischen Fußabdruck, der maßgeblich durch die bei der Produktion emittierten Treibhausgase bestimmt wird. Je später im Verarbeitungsprozess ein Lebensmittel nicht als Nahrungsmittel vernichtet wird, desto größer ist sein ökologischer Fußabdruck. Rechnerisch gesehen verursacht die globale Nahrungsmittelverschwendung eine größere Treibhausgasemission als die Summe der drei größten treibhausgasemittierenden Nationen.

Nahrungsmittelverschwendung ist ein globales Problem, welches an vielen Orten die Hungerproblematik durchaus noch verstärken kann. In vielen Entwicklungsländern erreicht marktfähige Frischware aufgrund von schlechter oder fehlender Infrastruktur die Konsumenten nicht rechtzeitig. Die Vermeidung von Nahrungsmittelverschwendung ist daher im Sinne der Verbesserung der weltweiten Ernährungssituation und bei der Reduktion von Treibhausgasemissionen ein essenzieller Baustein.

Hinweise zur Differenzierung

Diese Doppelseite stellt in Verbindung mit den Seiten 158/159 eine Möglichkeit zur Binnendifferenzierung nach Interessenlage dar. Die Schülerinnen und Schüler können dabei selbst entscheiden, welche Thematik sie mehr anspricht. Ein Austausch über die Inhalte der Seiten findet mittels Aufgabe 2 statt. Eine anschließende Plenumsdiskussion über die Wirksamkeit beider Ansätze bei der Verbesserung der Hungerproblematik wird vorentlastet und bietet sich als authentischer Redeanlass an.

Lösung der Basisaufgaben

1 Nahrungsmittelverschwendung:

a) Erläutere den Unterschied zwischen Mindesthaltbarkeitsdatum und Verbrauchsdatum. **(AFB II)**

Nach dem Ablauf des Verbrauchsdatums dürfen Lebensmittel nicht mehr verkauft werden. Nach diesem Datum sollten die Lebensmittel auch nicht mehr genossen werden. Das Mindesthaltbarkeitsdatum gibt den Zeitpunkt an, bis zu dem das Produkt die vom Hersteller beschriebenen Eigenschaften beibehält. Dieses Datum gibt keinerlei Auskunft darüber, ob das Lebensmittel danach noch genießbar ist.

b) Vergleiche die Anteile der verschiedenen Verluste von Nordamerika und Lateinamerika. Finde mögliche Gründe für die Unterschiede (Diagramm 2). **(AFB II)**

In Nordamerika und Ozeanien werden pro Jahr und Kopf ca. 290 kg Lebensmittel verschwendet. 176 kg davon entfallen auf Verluste in der Produktion beim Handel oder Transport. Die verbleibende Menge wird beim Konsumenten verschwendet. In Lateinamerika werden mit ca. 224 kg/a/Kopf deutlich weniger Lebensmittel verschwendet. Auffällig sind die mit knapp 200 kg/a/Kopf deutlich hohen Verluste bei Produktion, Handel und Transport. Dies ließe sich beispielsweise durch eine mangelhafte Infrastruktur, wie z. B. nicht oder nicht ausreichend eingehaltene Kühlketten, zu lange Transportwege oder dergleichen erklären. Verluste in der Produktion könnten auf einen geringeren Agrarstandard (in Bezug auf technische Ausstattung, Verwendung von teurem, multiresistentem Saatgut, o. Ä.) in Lateinamerika hindeuten. Demgegenüber stehen die mit ca. 24 kg/a/Kopf deutlich geringeren Verluste bei den Verbrauchern. Das könnte durch eine andere Wertschätzung von und einem effizienteren Umgang mit Lebensmitteln in Lateinamerika erklärt werden. Die Gründe dafür sind vielfältig, dennoch spielt wahrscheinlich auch ein knapperes Haushaltsbudget eine entscheidende Rolle bei der Vermeidung von Lebensmittelverschwendung.

c) Erläutere, welche globalen Unterschiede es bei der Nahrungsmittelverschwendung gibt. (AFB II)

Die höchsten Werte bei Nahrungsmittelverlusten oder -verschwendung sind in den Industrieländern in Europa, Nordamerika und im industrialisierten Asien zu finden. Die niedrigsten Werte findet man im subsaharischen Afrika und in Süd- und Südostasien. Letztere verlieren oder verschwenden weniger als die Hälfte des nordamerikanischen Werts. Deutliche Unterschiede gibt es auch in den Verlustorten: Während die Verluste beim Konsumenten in den genannten Industrienationen sehr hoch sind, findet ein solcher Verlust in den oft geringer entwickelten Staaten kaum statt. Hier überwiegen meist die Verluste durch mangelnde Infrastrukturen und fehlerhafte oder ineffiziente Transport- und Lagerungssysteme.

d) Entwickle Kriterien für einen sinnvollen Umgang mit Lebensmitteln. Betrachte einen für dich beispielhaften Tag: Wo verschwendest du Lebensmittel, wo besteht Einsparpotenzial und wie ließe sich die Einsparung umsetzen? (AFB II)

Individuelle Schülerlösung.
Folgende Punkte sollten berücksichtigt werden:
Ein falsches Einkaufsverhalten begünstigt eine eventuelle Verschwendung.
Lebensmittel mit Abweichung von der Norm (Schadstellen, Wuchs etc.) werden als minderwertig angesehen.
Verluste entstehen durch falsche Lagerung (z.B. mangelnde Kühlung, Feuchtigkeit).
Nachfrage von Lebensmitteln, die gerade keine Saison haben, daher lange Transportwege zurücklegen und dadurch eine extrem kurze Haltbarkeit aufweisen.

Gemeinsame Aufgabe

2 Stelle einem Partner, der die vorhergehende Doppelseite bearbeitet hat, deine Ergebnisse vor. Bewertet die Möglichkeiten, mit den vorgestellten Maßnahmen das globale Hungerproblem zu lösen. Bedenkt dabei auch ethische Gesichtspunkte wie Gerechtigkeit und Menschenwürde.

Individuelle Schülerlösung.

Medientipps

Kooperationsprojekt der FAO und der Messe Düsseldorf zur Vermeidung von Nahrungsmittelverschwendung (Englisch): www.fao.org/save-food/en/
WWF: Nahrungsmittelverschwendung in Deutschland: www.wwf.de/themen-projekte/landwirtschaft/ernaehrung-konsum/verschwendung/

Unterrichtsvorschlag

Unterrichtsphase	Inhaltlicher Schwerpunkt	Methodisches Vorgehen/Sozialform	Medien/Materialien
Einstieg	Zwei Wege gegen den Hunger?	Vorstellung beider Thematiken, Auswahl durch die einzelnen SuS	SB S. 158–161
Erarbeitung I	Zwei Wege gegen den Hunger?	EA: eigenständige Erarbeitung der Materialien, Beratung nach Bedarf durch L, evtl. Problematisierung durch Bildbeschreibung, Aktivierung von Vorwissen	SB S. 158/159, Aufg. 1 oder SB S. 160/161, Aufg. 1
Ergebnissicherung I	Vorstellen der Arbeitsergebnisse in Kleingruppen	Gruppenarbeit (alle Mitglieder haben die gleiche Doppelseite bearbeitet)	
Erarbeitung II	Präsentation der Ergebnisse der jeweils anderen Gruppe	UG, Kleingruppen	SB S. 158, Aufg. 2 bzw. SB S. 160, Aufg. 2
Vertiefung	Inwieweit helfen die gezeigten Wege bei der Bekämpfung des Hungers? Wurden andere Problemfelder deutlich?	Abschlussdiskussion	

Nahrung aus dem Meer

Kompetenzen

Die Schülerinnen und Schüler können ...
- Chancen und Risiken der Versorgung aus dem Meer benennen und erklären.

Grundbegriff

Aquakultur

Sachinformationen

Fischeiweiß stellt für Millionen von Menschen eine bedeutende Quelle für tierisches Protein dar. Insbesondere in den Küstengebieten der Entwicklungsländer ist Fisch oft die alleinige Eiweißquelle im Speiseplan. Daneben ist Fischfang weltweit ein bedeutender Wirtschaftsfaktor.

Demgegenüber steht die Tatsache, dass viele Fischbestände durch industrielle Großfischerei und unsachgemäßes Management in weiten Teilen der Welt stark bedroht sind. Aus natürlichen Ressourcen (also als Wildfang) kann der Bedarf an Speisefischen schon seit geraumer Zeit nicht mehr gedeckt werden, was die Intensivhaltung von Fischen in Mastanlagen, sog. Aquakulturen, begünstigte. Bezog Deutschland 1985 nur knapp sechs Prozent der verkauften Speisefische aus Aquakulturen, so war es 2014 schon mehr als die Hälfte des in der Zwischenzeit auch stetig gestiegenen Bedarfs. Die ökologischen Probleme solcher Anlagen wurden lange Zeit durch die ökonomischen Gewinne überlagert.

Moderne Anlagen mit geschlossenen Kreisläufen, wie Aquaponicanlagen, nutzen beispielsweise die Ausscheidungen von Fischen, um mit dem nährstoffangereicherten Wasser Pflanzenzucht zu betreiben. Das dadurch gefilterte Wasser dient den Fischen seinerseits wieder als Lebensraum. Solche kombinierten Anlagen könnten in begrenztem Rahmen eine zukünftige Lösung für die Versorgung mit Speisefischen darstellen.

Hinweise zum Unterricht

Als Einstieg in die Unterrichtseinheit kann zunächst die Nahrungsquelle Meer in Form einer Sammlung thematisiert werden. Fischerei und auch die Überfischung der Wildbestände werden als Antwort vorausgesetzt.

Die Bedeutung von Fisch als Proteinlieferant für viele, insbesondere ärmere Menschen in Entwicklungsländern wird im Text thematisiert und stellt somit einen weiteren Baustein in der Entwicklung eines erweiterten Verständnisses für die globale Ernährungsproblematik dar.

Eine Überleitung zur Abbildung 2 und insbesondere zur Abbildung 3 wirft die Frage auf, inwieweit sich diese Nahrungsquelle effizienter nutzen lässt. Die Abbildung 4 bestätigt die Annahme, dass die Möglichkeiten des Wildfangs bei 90 Millionen Tonnen stagnieren und eine Steigerung nur durch gezielte Zucht in Aquakulturen möglich scheint. Die Schülerinnen und Schüler erarbeiten sich in Aufgabe 3 die ökologischen Schattenseiten dieser Produktionsweise und erkennen, dass eine allheilbringende Lösung auch hiermit nicht gegeben ist. Hier sollte durchaus auch klar herausgestellt werden, dass es sich bei Aquakulturen um eine Form der Massentierhaltung handelt.

Die Seite greift mit Aquaponics und Algen potenzielle zukünftige Nahrungsmittelquellen auf und stellt mit geschlossenen Systemen auch ökologisch schonendere Weisen der Nahrungsmittelproduktion aus dem Meer dar.

Hinweise zum fächerübergreifenden Arbeiten

Insbesondere bei den Problemen der Aquakulturen in offenen Gewässern bietet sich ein fächerverbindender Ansatz zu Biologie (Lebensräume, Anpassung, Ökosysteme) oder Chemie (Überdüngung, Übersäuerung) an.

Lösung der Basisaufgaben

1 Erläutere die Bedeutung von Fischfang oder Fischzucht für die globale Ernährungssicherung. (AFB II)

Fischfang und -zucht kommt weltweit eine große Bedeutung zu, da viele Menschen weltweit ihren Proteinbedarf durch den Verzehr von Fischen decken. Dies gilt insbesondere für Entwicklungsländer. Dort stellt der Fischfang in den Küstenregionen einen wichtigen Ansiedelungsfaktor dar, denn er kann das Überleben sichern. Weltweit sind zwischen 620 und 840 Millionen Menschen direkt oder indirekt wirtschaftlich von Fischfang und -zucht abhängig.

2 Beschreibe mithilfe des Atlas, dem Diagramm 4 und der Tabelle 5 die Verbreitung und Entwicklung von Aquakulturen. (AFB II)

(hier nach Haack-Weltatlas S. 245/3)

Aus Abbildung 4 und 5 geht hervor, dass die weltweite Produktion von Fischereierzeugnissen in den vergangenen Jahrzehnten stetig angestiegen ist und auch in Zukunft weiter ansteigen wird. Die Produktion aus Aquakulturen nimmt dabei eine immer größer werdende Rolle ein, da die Wildfangquoten bei ca. 90 Mio. Tonnen konstant bleiben. Insbesondere Asien (hier v. a. China, Japan, aber auch Süd- und Südostasien) und (Nordwest-)Europa weisen eine hohe Produktion von Fischen aus Aquakulturen auf.

3 Erläutere ökologische Probleme im Zusammenhang mit Aquakulturen. **(AFB II)**

Ökologische Probleme im Zusammenhang mit Aquakulturen treten vor allem bei der Haltung in durchlässigen Netzkäfigen im offenen Meer auf.

Durch das Fehlen von Filteranlagen werden Ausscheidungen der Fische, Medikamente und überschüssiges Futter direkt ins Meer abgegeben. Da die Anlagen meist stationär in Küstennähe sind, treten häufig lokale Überdüngungen bis hin zur drastischen Verschlechterung der Wassergüte auf. Hier verändern sich teilweise empfindliche Ökosysteme. Eine Übertragung von Zuchtkrankheiten der Massentiere auf Wildtiere ist möglich, ebenso wie eine Vermischung von Erbgut von Wildfischen mit entkommenen Zuchtfischen.

Medientipps

Filme zu Aquaponicanlagen in Deutschland in unterschiedlichen Größen finden sich auf den Video-on-Demand-Plattformen im Internet.

Andrea Barthélémy: „Tomatenfisch" – neuer Ansatz zur Welternährung. Die Welt vom 04.04.2014,
auf www.welt.de/wissenschaft/article126571630/Tomatenfisch-neuer-Ansatz-zur-Welternaehrung.html (Okt. 2015)

Aquaponicanlage im Hobbybetrieb (mit Bauanleitung): www.senfberg.de/?p=251

Unterrichtsvorschlag

Unterrichtsphase	Inhaltlicher Schwerpunkt	Methodisches Vorgehen / Sozialform	Medien / Materialien
Einstieg	Meer als Nahrungsquelle?	UG	Brainstorming (Tafelanschrieb)
Erarbeitung I	globale Bedeutung der Meere bei der Ernährungssicherung	EA/PA	SB S. 163, Aufg. 1, 2
Ergebnissicherung I	Präsentation und Besprechung der Ergebnisse im Plenum	zusammenfassendes UG	
Erarbeitung II	ökologische Probleme bei der Zucht von Fisch in Aquakulturen	PA/GA	SB S. 163, Aufg. 3
Vertiefung	neue Ansätze zur Verbesserung der Nahrungsmittelversorgung mit Fisch		

Eine Karikatur auswerten

Grundbegriff
Karikatur

Hinweise zum Unterricht

Karikaturen eignen sich gerade in dieser Jahrgangsstufe hervorragend, um Schülerinnen und Schülern ein Thema in einer ungewohnten Form bzw. aus einer anderen Perspektive vorzustellen. Die Kombination von einer oft übertriebenen Zeichnung mit pointiertem Kurztext provoziert das Nachdenken über die Sache und führt nicht selten – ohne zusätzliche Aufträge der Lehrkraft – zu einer intensiven Diskussion und Auseinandersetzung. Die hier vorgeschlagenen einzelnen Schritte der Bearbeitung haben vor allem die Funktion, Beschreibung und Interpretation sauber zu trennen, um so eine zum Ziel führende Auseinandersetzung zu gewährleisten. Schülerinnen und Schüler neigen dazu, Beschreibung und Interpretation in einem vorzunehmen. Dabei verfehlen sie mitunter die Intention der Karikatur. Die Methode zu lernen ist deshalb wichtige Voraussetzung für eine sehr auf die Schülerinnen und Schüler orientierte Arbeit.

Der Einsatz von Karikaturen bietet sich besonders als stummer Impuls zum Stundeneinstieg an. Natürlich kann auch in allen anderen Phasen des Unterrichts darauf zurückgegriffen werden. Vor allem auch die kritische Reflexion am Ende einer Stunde erscheint sinnvoll.

Eine kreative Hausaufgabe könnte auch die Erstellung eigener Karikaturen sein, die inhaltliche Einzelaspekte behandeln und dann vorgestellt und diskutiert werden.

Hinweise zum fächerübergreifenden Arbeiten

Fächerübergreifender Unterricht mit dem Fach Deutsch, aber auch mit Sozialkunde oder Geschichte bietet sich an.

Lösung der Basisaufgaben

1 Werte die Karikatur 2 nach der vorgegebenen Schrittfolge aus. (AFB I – III)

1. Schritt: Die Karikatur zeigt ein Ehepaar, das in seinem Wohnzimmer auf einem Sessel sitzt und fernsieht. Das TV-Gerät zeigt eine große Menge an Menschen, die mit Koffern bepackt eine brennende Stadt verlassen. Während der rauchende und Bier trinkende Mann dieses Bild relativ regungslos wahrnimmt, wendet sich seine Frau zu ihm und fragt: „Was geht das eigentlich uns an?". Durch die geöffnete Haustür ist allerdings erkennbar, dass die im Fernsehen gezeigte Menschenmenge bereits im Vorgarten des Ehepaars steht.

2. Schritt: Mit der Menschenmenge werden Migranten dargestellt, die aus ihrer offensichtlich zerstörten Heimat in sichere Länder fliehen. Das Ehepaar steht stellvertretend für die Bevölkerung der aufnehmenden Industrieländer bzw. Deutschlands. Den beiden Personen scheint offenkundig nicht bewusst zu sein, dass die Not der Menschen nicht nur ein weit entferntes, abstraktes Phänomen ist, welches im gemütlichen heimischen Wohnzimmer ohne Bedeutung ist. Vielmehr betreffen die hilfsbedürftigen Personen auch hier in Deutschland jeden Einzelnen ganz konkret.

Die Frage in der Bildunterschrift ist somit ganz konkret an den Betrachter gerichtet. Er wird zum Handeln aufgefordert.

3. Schritt: Der Karikaturist greift eine hochaktuelle Problematik auf. Derzeit (Stand September 2015) nimmt u.a. die Zahl der syrischen Bürgerkriegsflüchtlinge stetig zu. Dieses stellt die Gesellschaft im Ganzen, aber auch jeden Einzelnen vor viele Herausforderungen. Wegschauen und sich nicht verantwortlich fühlen, so wie das Ehepaar in der Karikatur, ist nicht mehr möglich. Jeder kann helfen!

Somit ist es dem Karikaturisten gelungen, mit einfachen Mitteln den Betrachter aufzurütteln, ihm möglicherweise einen Spiegel vorzuhalten. Die Karikatur belehrt, verspottet aber gewissermaßen auch die Unbelehrbaren.

2 Suche nach einer deiner Meinung nach gelungenen Karikatur und begründe, was der Zeichner besonders gut dargestellt hat. (AFB II/III)
Individuelle Schülerlösung.

Unterrichtsvorschlag

Unterrichtsphase	Inhaltlicher Schwerpunkt	Methodisches Vorgehen/Sozialform	Medien/Materialien
Einstieg	Karikaturen – eine erste Annäherung	UG	SB S. 164, Karikatur 1
Erarbeitung I	Textlektüre „Eine Karikatur auswerten"	EA	SB S. 164/165, Autorentext
Erarbeitung II	Auswertung der Karikatur 2	EA	SB S. 165, Aufg. 1, Karikatur 2
Ergebnissicherung II	Auswertung der Karikatur 2, Diskussion über Intention	UG	
Vertiefung	Weitere Karikaturen	HA	SB S. 165, Aufg. 2 Internet

Biokraftstoffe – Treib- oder Zündstoff?

Grundbegriffe

Biokraftstoff, Bioethanol, Flächennutzungskonflikt

Sachinformationen

Seit mehr als einem Jahrzehnt werden größere Agrarflächen in vielen Ländern zur Produktion von Bioethanol genutzt. In Deutschland wurde mit Beginn des Jahres 2011 der Kraftstoff E10 (Benzin mit 10 % Bioethanol) eingeführt, in den USA gibt es E85 (Benzin mit 85 % Bioethanol).

Damit möchte man die Abhängigkeit von der Erdölindustrie reduzieren, gleichzeitig aber auch Klimaschutzziele der Regierung und der EU verfolgen: Angeblich führt die Verwendung von Biokraftstoffen zu weniger Treibhausgasen im Vergleich zu den herkömmlichen Kraftstoffen.

Biokraftstoffe, deren Herstellung, Transport und Verwendung stehen aber in der Kritik: Ein hoher Energieverbrauch bei den genannten Punkten, Landnutzungskonflikte und Sorgen um Artenvielfalt sowie die Güte von Böden und Gewässern stellen diese Alternative zunehmend in den Schatten.

Bei der E10-Einführung in Deutschland wurde auch viel diskutiert, am meisten über die Kompatibilität des eigenen Automotors mit dem „neuen" Kraftstoff. Die Diskussion um die moralische Fragwürdigkeit der Verbrennung von Nahrungsmitteln zum umweltfreundlicheren Autofahren ist, wenn überhaupt, nur am Rande geführt worden.

Dabei wird ein Großteil der Energiepflanzen in Ländern angebaut, in denen Hunger ein ernst zu nehmendes Thema ist.

Hinweise zum Unterricht

Für den Unterricht eignet sich besonders eine Konkretisierung auf ein Raumbeispiel. Die „Tortilla-Krise" in Mexiko (NAFTA-Partner der USA) liefert ein gutes Fallbeispiel, was lehrbuchhaft zeigt, dass Spekulationen mit Nahrungsmitteln und auch die stärkere Nachfrage nach Biokraftstoffen zu einer schmerzhaften Verteuerung von Grundnahrungsmitteln, in dem Fall der Tortilla, kommen kann. Mit der Leitfrage „Biokraftstoffe – Treib- oder Zündstoff?" oder auch „Tank oder Teller?" lässt sich eine gute Einzelstunde gestalten.

Für den im Schulbuch gemachten Vorschlag (Gestaltung eines Lernplakats, Karikaturauswertung, Stellungnahmen und Bewertungen) wird etwas mehr Zeit benötigt.

Lösung der Basisaufgaben

1 Erstellt ein Lernplakat zum Thema Biokraftstoffe. **(AFB III)**
Das Lernplakat ist ein individuelles Lernprodukt. Wichtig ist, dass die Thematik möglichst ganzheitlich und objektiv dargestellt wird. Somit wird später auch die Polarisierung, die sich durch die unterschiedlichen Akteure und deren Perspektiven ergibt, klarer. (Siehe auch S. 214 zum Thema „Lernplakat".)

2 Werte die Karikatur 4 aus. **(AFB II)**

1. Beschreibung der Bildelemente
Die Karikatur zeigt eine große und übergewichtige Frau, die einem untergewichtigen, farbigen Kind einen Teller mit Essen wegnimmt. Im Hintergrund sind Flammen zu sehen und die chemische Summenformel für Kohlendioxid, dazu ein Schild mit der Aufschrift „Brandrodung für Biodieselrohstoffanbau. Europa fährt Bio." Die Dame, auf deren Kleid „EU" steht, sagt zu dem Kind „Mensch – das ist Rohstoff für Biotreibstoff!".

2. Deutung der Bildelemente und der Gesamtaussage
Die kräftige Dame steht stellvertretend für die Europäische Union. Diese hat mit ihren Mitgliedstaaten beschlossen, die Produktion von Treibstoff aus Nahrungsmitteln zu intensivieren. Dabei sind zwei Hauptargumente, dass dieser Treibstoff im Gegensatz zu herkömmlichem aus nachwachsenden Ressourcen (Getreide) gewonnen ist und dieser bei seiner Verbrennung weniger Kohlendioxid erzeugt.

3. Beurteilung und Stellungnahme
Die Idee, Treibhausgasemissionen zu mindern, ist prinzipiell sinnvoll, jedoch nicht, wenn dafür zum einen Flächen im In- und Ausland gerodet werden müssen und zum anderen, wenn Energiepflanzen in Gegenden des Hungergürtels angebaut werden und somit Flächen für die eigene Nahrungsmittelversorgung der dort heimischen Bevölkerung nicht mehr zur Verfügung stehen. Dass sich Europa diesen „Luxus" zu leisten versucht, während auf der Südhalbkugel immer noch Millionen Menschen an Hunger leiden, erscheint makaber und absurd. Damit stellt die EU ökologische Ansprüche über das Menschenrecht auf Nahrung.

3 Nimm Stellung zu den Aussagen der Texte 5 und 7. **(AFB III)**
Wichtig ist, dass die Schülerinnen und Schüler an diesen Beispielzitaten die Entgegengesetztheit der Positionen erkennen. Umweltschutz, hier reduziert auf Klimaschutz, (sofern Autos, die mit Biokraftstoffen betrieben werden, tatsächlich so viel weniger Kohlendioxid produzieren) und die Verstärkung von Hunger in Nicht-EU-Ländern stehen sich diametral gegenüber.

4 Bewerte Bioethanol als eine Alternative zu fossilen Kraftstoffen. **(AFB III)**

Biokraftstoffe sind interessant, weil die Grundlage für deren Produktion ein nachwachsender Rohstoff ist. Solange aber bei Anbau, Ernte, Transport und Verarbeitung viel Energie verbraucht wird, man aufgrund von monokulturellem Anbau auf Chemikalieneinsatz zurückgreift und damit Angst um Boden- und Wasserqualität, auch um biologische Vielfalt haben muss, sogar Flächennutzungskonflikte, Landraub, Spekulationen und dadurch bedingte Verteuerungen für Grundnahrungsmittel in Kauf genommen werden, können Biokraftstoffe keine nachhaltige Lösung sein.

5 Stelle die Position der Automobilindustrie (Text 6) heraus und vergleiche sie mit den anderen Ansichten auf dieser Doppelseite. **(AFB III)**

Die Automobilindustrie ist am Verkauf der Fahrzeuge interessiert und in erster Linie an den Wünschen ihrer Kunden orientiert. Fragt der Kunde nach ökonomischeren und ökologischeren Fahrzeugen, so greifen die Konzerne diese Nachfragen im Rahmen von Marktanalysen auf. Gerade der letzte Satz im Zitat zeigt aber den Fokus:

„Sportlichkeit" ist nach wie vor ein Thema und das bedeutet auch, dass ein „Downsizing", also eine Leistungsreduktion bei gängigen Fahrzeugen, nur bedingt vorgesehen ist. Zudem ist die Automobilbranche stark mit den Mineralölkonzernen und der Politik in Verbindung.

Medientipps

Bundesverband der deutschen Bioethanolwirtschaft: www.bdbe.de/bioethanol

Deutsche Welthungerhilfe (Schlagwort „Biokraftstoff" eingeben): www.welthungerhilfe.de

Unterrichtsvorschlag

Unterrichtsphase	Inhaltlicher Schwerpunkt	Methodisches Vorgehen / Sozialform	Medien / Materialien
Einstieg	Widerspruch: Bild Zapfsäule mit E85 in den USA Bild vom Aufstand in Mexiko während der Tortilla-Krise	UG	Zitate/Bilder
Erarbeitung	Biokraftstoffe	PA	SB S. 166/167, Aufg. 1
Ergebnissicherung	Auswertung Lernplakat	SV	Materialien, Plakate
Vertiefung	Klimaschutz geht auch dich was an!	UG	SB S. 167, M4, Aufg. 2
Hausaufgabe	Schriftliche Bewertung oder Position der Automobilindustrie	EA	SB S. 167, Aufg. 4 oder 5

Fleischkonsum und Fast Food

Kompetenzen

Die Schülerinnen und Schüler können …
- sich kritisch mit dem eigenen Lebensstil auseinandersetzen;
- soziale, ökonomische und ökologische Auswirkungen des eigenen Lebensstils auf lokaler und globaler Ebene abschätzen;
- nachhaltiges Handeln durch Vermeidung von Verpackungsmüll verstärken.

Grundbegriffe

Nachhaltigkeit, Fehlernährung, ökologischer Fußabdruck

Sachinformationen

Fast-Food-Ketten stehen symbolisch für unsere Konsumgesellschaft. Jederzeit eine schnelle und günstige – zuweilen zu günstige – Mahlzeit zu erhalten, ist gerade in Städten zur Normalität geworden. Auch wenn man den Begriff „Fast Food" nicht automatisch mit billiger Ware gleichsetzen darf, trifft man ihn bei den Schnellrestaurantketten aktuell leider so an.

Unterscheiden sollte man in diesem Zusammenhang zum einen die Umstände der Warenherstellung und zum anderen die Auswirkungen der Speisen auf den Konsumenten.

Der Bedarf an Fleisch der Großketten ist gigantisch und muss sichergestellt sein. Dies sorgt für eine riesige Produktion an Futtermitteln (Veredelungslandwirtschaft), vor allem in Staaten der Südhalbkugel. In diesen Größenordnungen funktioniert die Fleischherstellung nur in sehr großen Mastbetrieben (Feedlots), wobei gerade hier die medizinische Überwachung der Tiere gewährleistet werden muss. Demzufolge stehen aus ökonomischer Sicht die Qualität des Futtermittels, die medizinische Versorgung und Zuchtbedingungen der Tiere im direkten Zusammenhang zum späteren Verkaufspreis der Tiere. Aus ökologischer Sicht stellt die Fleischproduktion einen Nährwertverlust bezogen auf das Futtermittel dar. Andererseits ist der Wasserverbrauch enorm hoch.

Der Bedarf an Fleisch wächst weltweit, da nun auch in Schwellenländern wie Brasilien und China immer mehr Konsumenten der sogenannten Mittelschicht den Verzehr von Fleisch als neues Statussymbol ansehen.

Im Textabschnitt „Die Dosis macht das Gift" werden die Gefahren beim regelmäßigen Verzehr von Fast-Food-Produkten aufgezeigt. Durch übermäßigen Zuckerkonsum, zu hohen Fettanteil und zu geringen Anteil an Vitaminen und Ballaststoffen kommt es schon in sehr kurzer Zeit zu Fehlernährungen. Übergewicht (vgl. Berechnung BMI), Bluthochdruck und Herzschwächen sind hier die nachgewiesenen Folgen. Studien belegen dies vor allem bei Kindern und Jugendlichen der führenden Industriestaaten.

Kritisch ist auch die Menge an Verpackungsmüll zu sehen. Die Abräumwagen der Tabletts in den Schnellrestaurants quellen über vor Servietten, Papiertüten, Pappschachteln und Pappbechern. Positiv anzumerken ist der Verzicht auf Styroporschachteln, wie sie früher zum besseren Warmhalten der Speisen eingesetzt wurden. Auch auf Kunststoffbesteck wird größtenteils verzichtet.

Sehr negativ allerdings ist der Trend hin zu den „to go"-Produkten. Die mitgenommene Verpackung wird sehr oft nicht in den nahgelegenen Abfallbehältern entsorgt, sondern landet auf der Straße oder in Grünanlagen. Die Reinigungs- und Entsorgungskosten trägt die Kommune, indirekt über die Gewerbesteuer das Restaurant nur zu einem kleinen Teil.

Hinweise zum Unterricht

Keinesfalls sollte man im Unterricht die generelle Meidung von Fleisch und Fisch als die einzig richtige Einstellung zu diesem Thema favorisieren. Auch ist der finanzielle Aspekt des Konsumenten zwar kritisch, jedoch behutsam zu thematisieren, da das Ernährungsverhalten größtenteils immer noch vom Einkommen der Familien abhängig ist.

Fast-Food-Ketten sind demnach nicht allgemein zu „verteufeln", sie dienen aber auch nicht zur Grundversorgung im Sinne einer ausgewogenen Ernährung.

Die BMI-Berechnung und die anschließende Bewertung des Ergebnisses ist eine wichtige Basis zur Selbsteinschätzung der Schülerinnen und Schüler. Hier kann man mit den Fächern Sport und Biologie einen fächerverbindenden Ansatz wählen.

Lösung der Basisaufgaben

Erweiterung

1 Erkläre die Begriffe direkte und indirekte Nahrung (Grafik 2). **(AFB II)**
- direkte Nahrung liefert nahezu verlustfrei den Energieinhalt dem Menschen zu
- indirekte Nahrung liefert beim Verzehr von Fleisch nur einen Anteil der zuvor im Futtermittel enthaltenen Energie

Vertiefung

2 Nenne Gründe für den erhöhten Verzehr an Fast-Food-Produkten. **(AFB I)**
günstig, schnell (kaum Wartezeit), (fast) überall verfügbar, man kennt die Speisen und weiß, wie sie schmecken – auch im Ausland

3 Werte das Diagramm 4 aus. **(AFB II)**
Abb. 4 zeigt den prozentualen Anteil der fettleibigen 15-jährigen Jungen und Mädchen in verschiedenen Staaten. Als Richtwert dient der OECD-Durchschnitt. Die USA und Portugal überschreiten deutlich diesen Durchschnitt. (Ob im Falle Portugals die Ernährung generell fetthaltiger ist und so der Fast-Food-Konsum überlagert wird oder beispielsweise generell weniger Sport getrieben wird, sollte besprochen werden.)

4 Kartiere Fast-Food-Angebote im Umfeld deines Schulorts. **(AFB II)**

Individuelle Schülerlösung.

Anwendungsaufgabe

5 Berechne deinen BMI. Vergleiche das Ergebnis mit Tabelle 3. **(AFB II)**

Individuelle Schülerlösung.

Unterrichtsvorschlag

Unterrichtsphase	Inhaltlicher Schwerpunkt	Methodisches Vorgehen / Sozialform	Medien / Materialien
Einstieg	Fast-Food-Ketten	UG: Was zählt dazu? (Eigenkonsum und Statistik)	Bilder: Fußgängerzone Großstadt (Heimatstadt), SB S. 168 M 1
Erarbeitung I	Fleischerzeugung/Veredelungsverluste	PA	
Ergebnissicherung I	Fleischerzeugung/Veredelungsverluste	UG: Besprechung der Aufgaben	
Erarbeitung II	Fehlernährung und ihre Folgen	EA	SB S. 169, Aufg. 3
Ergebnissicherung II	Fehlernährung und ihre Folgen	UG: Besprechung der Aufg.	
Vertiefung	Fehlernährung und ihre Folgen	HA: Berechnung des BMI	SB S. 169, Aufg. 5

Herausforderungen globaler Ernährung

Kompetenzen

Die Schülerinnen und Schüler können …
- thematische Karten zu Nahrungsmittelproduktion und Ernährungssituation zielgerichtet auswerten;
- Regionen mit Überfluss und solche mit Mangel benennen und miteinander vergleichen;
- Bedrohungen der Ernährungssicherheit durch den Klimawandel an ausgewählten Raumbeispielen erläutern.

Grundbegriffe
globale Ernährung, Nahrungsmenge, Nahrungsqualität

Sachinformationen

Die für die Sicherung der Ernährung einer wachsenden Weltbevölkerung zur Verfügung stehenden Flächen sind begrenzt. Dabei wirken sich mangelnde Bodenqualität oder klimatische Ungunst (zu kalt, zu nass, zu trocken, zu heiß) begrenzend aus. Diese natürlichen Limitationen werden weiterhin durch das Voranschreiten des Klimawandels in vielen Regionen dieser Erde verstärkt. Berechnungen des IPCC zufolge würde beispielsweise ein durch den Klimawandel begünstigter Meeresspiegelanstieg von 45 cm in Bangladesch einen Landflächenverlust von ca. 11% der gesamten Landesfläche bedeuten.

Hinweise zum Unterricht

Die Aufgaben 1, 3 und 5 eignen sich zur Anlage in arbeitsteiligen Verfahren (meist nach Raumbeispielen). Damit dabei keine isolierten Blicke entstehen, sollten die Ergebnisse aller Gruppen festgehalten werden. Aufgabe 4 muss entsprechend der Aussage der Karten generalisiert werden. Leistungsstarke Schülerinnen und Schüler können jeweils die Ausnahmen der Regel für die jeweilige Halbkugel bestimmen.

Lösung der Basisaufgaben

1 Karte 2: Benenne die Zonen der Erde, in denen sich tendenziell die Hauptgebiete
a) des Fischfangs,
   Nordostatlantik, Ochotskisches Meer, Japanisches Meer Aleüten/Nordostpazifik, Südchinesisches Meer, Nordamerikanisches Becken/Karibik, Neufundland; grundsätzlich an allen eisfreien Küstenregionen der Erde
b) der Getreideproduktion,
   USA (Great Plains), Russland (Steppen Zentralasiens), Indien, China, Frankreich, Indonesien (Reisanbau)
c) der Fleischerzeugung befinden.
   USA, Brasilien, China

2 Karte 2: Benenne natürliche Grenzen und durch den Klimawandel bedingte Veränderungen der Anbauflächen.
Natürliche Grenzen der landwirtschaftlichen Nutzung sind vorrangig Trockengrenzen in den Steppen, Hochgebirgen und Wüsten dieser Erde (USA, Anden, Nord- und Südostafrika, Arabische Halbinsel, Zentralasien). Diese Grenzen weiten sich durch eine fortschreitende Erwärmung in den Kontinentallagen aus (s. Gebiete mit Signaturen Desertion und Desertifikation sowie Trockenheit). Dies sind beispielsweise der Mittelmeerraum, Australien, Nordamerika, Zentralasien. Auch die starke Zunahme von Niederschlägen in bspw. Skandinavien, im Baltikum und in Nordostsibirien kann die landwirtschaftliche Nutzung beschränken; ebenso die Zunahme von Wirbelstürmen und Überschwemmungen.

3 Karte 1: Benenne Staaten, deren Ernährungssituation durch
a) Hunger/Mangel,
   Staaten Zentralafrikas (D.R. Kongo, Uganda, Angola, Sambia, Mosambik, Tansania, Kenia, Äthiopien, Somalia), der Sahelzone (z.B. Tschad), aber auch Asiens (Afghanistan, Irak, Indien, Laos, Nordkorea) sowie der Karibik (Haiti, Dom. Rep.) und Südamerikas (Bolivien, Ecuador) weisen eine ausreichende bis unzureichende Nahrungsmenge auf.
b) Überfluss/Überernährung gekennzeichnet ist.
   Nordamerika (Kanada, USA, Mexiko), Europa, China und Südamerika weisen einen deutlichen Überschuss an Nahrungsmenge pro Einwohner auf.

4 Zusammenschau beider Karten: Vergleiche die nördliche mit der südlichen Hemisphäre hinsichtlich Ernährungsqualität und Produktion von Nahrungsmitteln.
Grundsätzlich findet sich aufgrund der Ungleichverteilung der Landmassen eine größere potenzielle Anbaufläche auf der Nordhalbkugel. Dies resultiert laut Karte 2 in einer deutlich erhöhten Nahrungsmittelproduktion (inklusive Rohstoffe für Nahrungs- und Genussmittel). Die Verfügbarkeit von Nahrungsmitteln ist im Allgemeinen (insbesondere in den Industriestaaten) deutlich höher, ebenso der Zugang zu sauberem Trinkwasser. In vielen Staaten der Nordhalbkugel herrscht ein Fettüberschuss bzw. ein hoher Fettüberschuss vor. Allerdings weist die Nordhalbkugel mit ihren großen Kontinentalflächen auch eine größere Beeinträchtigung durch das Voranschreiten von Trockengrenzen und Wüsten auf.
Die Südhalbkugel ist eher durch eine Unterversorgung gekennzeichnet. Ausnahmen bilden hierbei Südamerika, Südafrika, Australien und Neuseeland.

Anwendungsaufgabe

5 Erläutere, wie sich der Klimawandel auf die Ernährungssituation in Somalia, Mosambik, Indien, Großbritannien und
Brasilien auswirken könnte.

Hinweis: Diese Aufgabe arbeitsteilig bearbeiten.

Somalia: Aufgrund der sich ausweitenden Trockenheit ist keine
Verbesserung der schlechten Ernährungssituation zu erwarten.
Ein steigender Meeresspiegel könnte die lange Küstenfront
und damit das Leben der Menschen in den Küstenstädten
verändern.

Mosambik: vergleichbar mit Somalia. Hier kann man den
Ackerbau an der Küste noch in die Argumentation mit ein-
beziehen. Dies führt zu einer Verschärfung des Nahrungs-
mangels.

Indien: In Indien wird v. a. die wachsende Bevölkerung (nicht
aus der Karte zu erkennen) eine Herausforderung für die
Nahrungsmittelversorgung darstellen. Verschärfend kommen
die Bedrohung der Niederungen (v. a. Nordost, Grenze zu Bangladesch) und Küsten durch Überschwemmung und aus Nordwesten eine zunehmende Desertifikation hinzu.

Großbritannien: keine nennenswerte Bedrohung durch
Trockenheit, eher durch Überschwemmung

Brasilien: Die Karte weist hier vorwiegend Überschwemmungs-
gefährdung in den Küstenregionen Nordbrasiliens und der
Deltaregion des Amazonas auf. Aufgrund der im Vergleich
der Beispiele guten Ausgangslage hinsichtlich der Nahrungsmenge und -qualität erscheint die Bedrohung weniger akut.

Medientipps

Üben interaktiv: Globale Ernährung (Online-Code ex5mr4)
Bedrohung von Landfläche durch Meeresspiegelanstiege in unterschiedlichen Szenarien:
http://www.ipcc.ch/ipccreports/tar/wg2/index.php?idp=446

Unterrichtsvorschlag

Unterrichtsphase	Inhaltlicher Schwerpunkt	Methodisches Vorgehen / Sozialform	Medien / Materialien
Einstieg	Problematisierung: Globale Ernährung und Klimawandel?	UG	Tafelanschrieb
Erarbeitung I	Bewusstmachung der Nahrungsmittelpro-duktion und Versorgung der Bevölkerung	PA/EA	SB S. 171, Aufg. 1–3
Ergebnissicherung I	Präsentation und Vergleich der Ergebnisse	UG	
Erarbeitung II	Kontrastierung Nord- und Südhalbkugel		SB S. 171, Aufg. 4
Vertiefung	Bedrohung durch den Klimawandel	GA/UG	SB S. 171, Aufg. 5

5

TERRA TRAINING

Wichtige Begriffe

Cash Crop, Dürre, Export, Fehlernährung, Food Crop, Hunger, Import, Mangelernährung, Subsistenzproduktion, Weltagrarmarkt, Welternährung

Lösung der Aufgaben

Sich orientieren

1 Hunger auf der Erde (AFB I)

a) Nenne mithilfe der Karte auf Seite 153 fünf Staaten der Erde, in denen Mangel an Nahrung besonders groß ist.

Großer Mangel an Nahrung herrscht entsprechend dem Welthungerindex in Niger, Tschad, Sudan, Äthiopien (subsaharische Staaten) sowie in Angola, Sambia, Mosambik und Madagaskar; aber auch in Indien oder Bangladesch.

b) Bestimme die Lage dieser Staaten und benenne die Klimazonen, in denen diese Länder liegen.

Diese Staaten liegen in den Steppen- und Wüstenklimaten der Tropen insbesondere Afrikas (bspw. Sahelzone).

Kennen und verstehen

2 Hungerbekämpfung (AFB I/II)

Benenne Maßnahmen, den Hunger der Welt einzudämmen. Erläutere die deiner Meinung nach erfolgversprechendste Maßnahme genauer.

Je nach behandelten Seiten sind hier individuelle Lösungen möglich. Im Wesentlichen sind dies: wirtschaftliche und politische Stabilität, gerechte Verteilung, Minimierung von Ernteverlusten und -ausfällen, Veränderung von Konsumverhalten, humanitäre Hilfe.

3 Nahrungsmittelverschwendung (AFB II)

Erläutere, inwiefern die Eindämmung der Nahrungsmittelverschwendung ein Beitrag zur Lösung der Hungerproblematik sein kann.

Nahrungsmittelverschwendung kann ein Beitrag zur Lösung der Hungerproblematik sein, wenn damit die produzierten Lebensmittel ihre Verbraucher erreichen und tatsächlich auch verzehrt werden.

In Europa verschwendete Lebensmittel können allerdings nicht als Exportnahrungsmittel andernorts eingesetzt werden. Wichtiger ist die Vermeidung von Nahrungsmittelverschwendung vor dem Hintergrund der im Produktionsprozess aufgewandten Ressourcen. Durch diese Einsparung können Treibhausgase vermieden werden, die im Zuge der Klimaerwärmung mit zu den Hungerproblemen beitragen.

4 Richtig oder falsch? (AFB II)

Korrigiere die falschen Aussagen und schreibe sie richtig auf.

a) Die Länder, in denen viele Menschen an Unterernährung leiden und sterben, sind gleichmäßig auf der Erde verteilt.

Falsch: diese Länder konzentrieren sich vor allem in Afrika und Asien. (s. Karte S. 153)

b) Hunger und Mangelernährung sind ausschließlich Probleme in Entwicklungsländern.

Falsch: Hunger und Mangelernährung treten in fast allen Staaten der Erde auf. (s. Beispiel Deutschland)

c) Subsistenzwirtschaft bezeichnet landwirtschaftliche Produktion für den Eigenverbrauch.

Richtig.

d) Food Crops sind agrarische Produkte, die für den menschlichen Verzehr angebaut werden. Cash Crops müssen hingegen unter Aufwendung finanzieller Mittel zunächst noch veredelt werden.

Food Crops ist korrekt erklärt, Cash Crops (bsp. Kakao) bezeichnet Marktfrüchte, welche ausschließlich zum Verkauf angebaut werden.

e) Fast-Food-Mahlzeiten sind nicht immer automatisch fettig und nährstoffarm.

Fast Food wird in der Regel in kürzester Zeit zubereitet und sofort verzehrt. Die Mehrzahl dieser Speisen enthält oft ungesund hohe Mengen an Fett und Zucker. Hinweis: Hier sollte man auch sachlogisch schlüssig begründete Alternativantworten zulassen.

f) Veredelungsverluste bei der Fleischerzeugung werden als indirekte Nahrung bezeichnet.

Richtig.

5 Begriffe gesucht

Finde die passenden Fachbegriffe: (AFB I)

a) unzureichende Ernährung, bei der der Kalorienbedarf nicht gedeckt ist.

Mangelernährung/Unterernährung/Hunger

b) Nahrungsmittel, die zur Selbstversorgung angebaut werden.

Food Crops, Subsistenzprodukte

c) Maßeinheit für den Energiegehalt von Nahrungsmitteln.

Joule/Kilokalorien

Fachmethoden anwenden

6 Karten interpretieren (AFB II)

Werte die Karte 1 aus.

Die anamorphe Karte (s. Hinweiskasten S. 172) stellt den weltweiten Fleischkonsum dar. Stark aufgebläht und damit einen hohen Fleischkonsum aufweisend erscheinen Nordamerika, Europa sowie China, Japan, Indien sowie Brasilien und Argentinien.

Stark geschrumpft sind die Staaten Afrikas (mit Ausnahme der nordafrikanischen Mittelmeeranrainer und Südafrika), Australien und Kanada.

Der Fleischkonsum kann dabei als Indiz für wirtschaftlichen Wohlstand erkannt werden.

7 Karikaturen auswerten (AFB II)

Werte die Karikatur 2 aus.

Die Karikatur „Restaurant Atlantik" zeigt eine Gruppe von drei übergewichtigen Männern, die mit großen, übervollen Keschern Fische aus einer überdimensionierten Schale ziehen und diese verschlingen. Im Hintergrund streicht der Kellner an einer Speisetafel das Wort Fisch (als Annonce für den kommenden Tag) durch. Dies lässt sich als Indiz deuten, dass die Überfischung des Atlantiks durch die Anrainerstaaten zum Wegfall des Atlantiks als Fischfangstätte führt. Die Karikatur ermahnt zum nachhaltigen Fischfang und -konsum.

Beurteilen und bewerten

8 Mindesthaltbarkeitsdatum versus Verbrauchsdatum (AFB III)

„Das Mindesthaltbarkeitsdatum ist Verbrauchertäuschung und muss daher durch ein Verbrauchsdatum ersetzt werden." Beurteile diese Aussage.

Individuelle Schülerlösung. Nach Meinung der Verbraucherschutzverbände wäre dies ein wirksamer Schritt, um Nahrungsmittelverschwendung zu vermeiden.

9 Hunger in den Medien (AFB I–III)

Vergleiche Foto 3 und Karikatur 4. Beurteile, welche Darstellung stärker auf die Problematik des Hungers aufmerksam macht.

Individuelle Schülerlösung.

Handeln

10 Globales Frühstück (AFB III)

a) Plant und führt gemeinsam ein nachhaltig produziertes, globales Frühstück durch.

b) Hinterfragt diese Mahlzeit hinsichtlich ökonomischer, ökologischer und sozialer Gesichtspunkte kritisch.

Individuelle Schülerlösung.

Hinweise auf eine nachhaltige Produktion der Lebensmittel können Siegel und der Handel geben (bspw. Fairtrade-Kaffee aus einem Eine-Welt-Laden). Zur Vorbereitung (auch Aufgabenteil b) bietet sich eine Aufteilung in Gruppen an.

Medientipp

Material: Bogen zur Selbsteinschätzung (Online-Code e597j8)

TERRA FÜR DICH: Hungersnöte/Hühnerfleisch

Kompetenzen

Die Schülerinnen und Schüler können …
- durch unterschiedliche Lernhilfen mehr Sicherheit für die Wechselwirkungen und Abhängigkeiten der Hungerproblematik weltweit gewinnen;
- ihre Kenntnisse und Fähigkeiten aus ausgewählten Inhalten zum Thema Welternährung (Geflügelimporte nach Westafrika) erweitern und vertiefen.

Grundbegriffe

Weltagrarmarkt, Import, Export

Sachinformationen

Hunger ist die größte Herausforderung unserer Zeit: Jeder neunte Mensch auf der Welt hungert. Neben den unmittelbaren Folgen von Hunger, unter denen täglich Millionen von Menschen leiden, beeinträchtigt Hunger auch den Fortschritt – sei es im Bereich der Gesundheit oder Bildung. Es ist kein wissenschaftlicher Durchbruch notwendig, um das Problem Hunger zu lösen. Hungersnöte nur als Folge von Dürreperioden und Ernteausfällen zu sehen, wird der vielschichtigen Katastrophe Hunger bei Weitem nicht gerecht. Die Ursachen, die in bestimmten Gebieten der Erde zu Nahrungsmittelknappheit und Hungersnöten führen, sind sehr komplex und bedingen sich gegenseitig. Das Wissen, die Mittel und die Strategien, die wir heute haben, würden zusammen mit politischem Willen ausreichen, das Problem zu lösen.

Seit Jahren gibt es Kritik an den billigen Hähnchenfleischexporten der EU nach Afrika. In der Regel sind das Reste aus der heimischen Produktion, die bei den europäischen Kunden, die am liebsten mageres Brustfleisch mögen, nicht gut ankommen. Die Folge der besonderen Vorliebe der Europäer ist, dass große Mengen völlig einwandfreier Hähnchenschenkel in Europa quasi unverkäuflich sind. Bei den exportierten Geflügelteilen handelt es sich um Restprodukte, welche die europäischen Unternehmen anderenfalls als Abfall kostspielig entsorgen. Aus einem Kostenfaktor wird auf diese Weise für die Unternehmen ein lukratives Geschäft. Europas Reste werden dort so billig verkauft, dass die einheimischen Bauern nicht mehr mithalten können und pleitegehen. Das wird schon lange kritisiert. Dennoch haben sich die Exporte von Hähnchenfleisch aus der EU in afrikanische Länder von 2009 bis 2014 fast verdreifacht. In diesem Zeitraum stieg die exportierte Menge von 199 000 Tonnen auf 592 000 Tonnen. Deutschlands Anteil an den Ausfuhren ist relativ klein, aber der Anstieg war hier noch stärker: 2014 gelangten 48 000 Tonnen deutsches Hähnchenfleisch nach Afrika, 2009 waren es noch nicht einmal 7 000 Tonnen. Angaben der Hilfsorganisation Brot für die Welt zufolge ist Westafrika am stärksten von den EU-Billigausfuhren betroffen. Die Bauern dort hätten Produktionskosten von etwa 1,80 Euro je Kilo. Europäisches Hähnchenfleisch aber koste nur die Hälfte. Gerade hat die EU ein Handelsabkommen mit Westafrika unterzeichnet. Es ist zu befürchten, dass der Druck auf die Bauern nun noch mehr zunimmt. Ein Schlüsselfaktor war die Marktöffnung, welche der Internationale Währungsfonds (IWF) dem westafrikanischen Land Anfang der 1990er-Jahre auferlegte – als Gegenleistung für Kredite.

Hinweise zum Unterricht

Der binnendifferenzierte Ansatz dieser Doppelseite geht davon aus, dass Schülerinnen und Schüler sehr unterschiedliches Wissen zum Thema „Welternährung zwischen Überfluss und Mangel" haben. Gemeinsames Ziel ist, dass Schülerinnen und Schüler ihr Wissen darüber am Beispiel „Hunger – das größte lösbare Problem" sichern bzw. am Beispiel „Ein Huhn für Afrika" erweitern und vertiefen.

„Werde sicher": Auf der linken Seite (S. 174) werden die Wechselwirkungen und Abhängigkeiten der Hungerproblematik weltweit aufgezeigt. Die Informationen sind Differenzierungsangebote und Anregungen, um das Thema zu sichern. Diese sollten in Abhängigkeit vom individuellen Leistungsstand der Schülerinnen und Schüler in den Unterricht einbezogen werden.

„Fordere dich": Mit der Unterrichtsidee zum globalen Lernen sollen exemplarisch die Verflechtungen zwischen unserem eigenen Leben in Europa und dem in Afrika dargestellt werden. Die rechte Seite (S. 175) stellt Aufgaben und Materialien für leistungsstärkere Schülerinnen und Schüler bereit, die ihre Kenntnisse rund um das Thema „Ein Huhn für die Welt" erweitern und vertiefen wollen. Die Einbeziehung in den Unterricht kann in Abhängigkeit von der Klassensituation an unterschiedlichen Stellen erfolgen.

Lösung der Aufgaben: „Werde sicher!"

Hunger – das größte lösbare Problem weltweit:
1 Ordne die Aussagen den vorgegebenen Kategorien zu. Du kannst dir weitere Kategorien überlegen.
Individuelle Schülerlösung. Die Aussagen werden den (vorgegebenen) Kategorien zugeordnet. Weitere Kategorien sind zum Beispiel „Wirtschaft", „Umwelt", „Klima", „Kriege und Konflikte" etc.

2 Stelle sinnvolle Verbindungen zwischen den Aussagen her (verstärkend – abschwächend).
Individuelle Schülerlösung. Die Wechselwirkungen und Abhängigkeiten sollen zwischen den einzelnen Aussagen in einen sinnvollen Zusammenhang gebracht werden. Mehrfachzuordnungen sind möglich und sinnvoll. Die einzelnen Verbindungen können auch hervorgehoben werden.

3 Begründe deine Entscheidung.
Individuelle Schülerlösung.

4 Hunger – ein lösbares Problem? Beziehe Stellung.

Individuelle Schülerlösung. Erwartet wird eine kritische Auseinandersetzung entlang dieser Behauptung.

Lösung der Aufgaben: „Fordere dich!"

Ein Huhn für die Welt:

1 Zeigt am Beispiel von Hühnerfleisch die globalen Verflechtungen und deren Folgen anhand eines Wirkungsgefüges auf. Geht dabei auf wirtschaftliche, soziale und ökologische Aspekte ein.

Individuelle Schülerlösung.

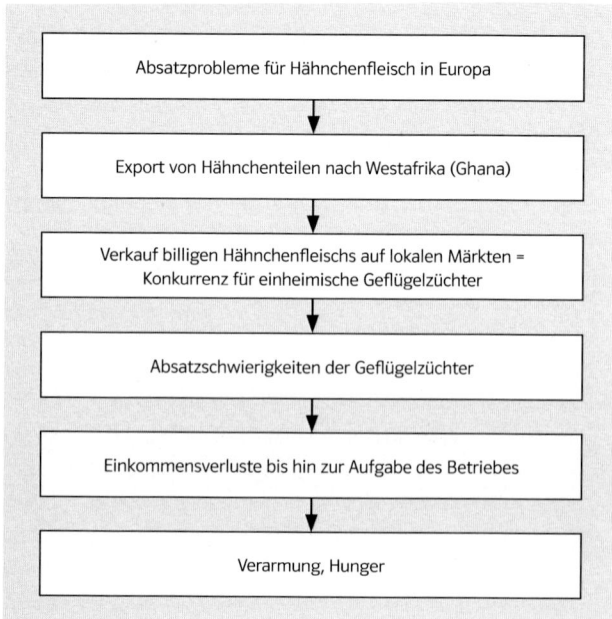

2 Diskutiert Handlungsmöglichkeiten für den deutschen Verbraucher.

Individuelle Schülerlösung. Aspekte: Ernährungsgewohnheiten (weniger Fleischkonsum, nicht nur Brustfilet) ändern, Aufklärung betreiben, Forderungen an die Politik/EU (Handelsabkommen, Vorschriften verschärfen, Einfuhrzölle erhöhen, Exportverbote) etc.

Medientipps:

– Arte-Dokumentation „Hühner für Afrika – Vom Unsinn des globalen Handels":
www.youtube.com/watch?v=oYuUaFo8Pyc
– Evangelischer Entwicklungsdienst e. V.
EED: Keine chicken schicken. Wie Hühnerfleisch aus Europa Kleinbauern in Westafrika ruiniert und eine starke Bürgerbewegung in Kamerun sich erfolgreich wehrt.
Auf https://info.brot-fuer-die-welt.de/sites/default/files/blog-downloads/eed_chicken_10_3aufl_deu.pdf, Okt. 2015
– www.fian.de

Unterrichtsvorschlag

Unterrichtsphase	Inhaltlicher Schwerpunkt	Methodisches Vorgehen / Sozialform	Medien / Materialien
Einstieg	„Hunger – das größte lösbare Problem weltweit"	UG, Hypothesen formulieren	Zitat
Erarbeitung	Sicherung bzw. Vertiefung des Themas „Welternährung zwischen Überfluss und Mangel"	EA: Lernwege nach Können wählen und bearbeiten	SB S. 174/175
Ergebnissicherung	Zusammenfassung	UG/Diskussion	

Herausforderung Nachhaltigkeit

Zum Themenblock

Der Themenblock „Herausforderung Nachhaltigkeit" geht im Wesentlichen folgenden Fragestellungen nach:
- Was kennzeichnet unseren Lebensstil und unser Konsumverhalten?
- Wie wirken sich diese lokal bzw. global aus?
- Welchen nachhaltigen Beitrag können der Einzelne und die Gemeinschaft leisten?

Anhand einer großen Themenfülle mit vielen Beispielen und einer damit verbundenen hohen Anschaulichkeit wird den Fragen im Rahmen des Kapitels nachgegangen:
Zunächst bringt die Doppelseite „Nachhaltigkeit als globale Verpflichtung" (SB S.178/179) einen Einblick in das Konzept der Nachhaltigkeit und ihrer Umsetzung im Rahmen der Agenda 21. Im Anschluss liefert ein Mystery einen methodisch spannenden Zugang auf die Frage „Was haben Elenas Rosen mit Darias Leben zu tun?" (SB S.180 – 183). Das Konzept des virtuellen Wassers und der Wasserfußabdruck werden auf der folgenden Doppelseite eingeführt (SB S.184/185). Ebenfalls im Erweiterungsbereich befinden sich die Thematiken „Ökologischer Fußabdruck" (SB S.186/187) sowie der „touristische Fußabdruck" (SB S. 188/189). Letzterer wird nach Interesse binnendifferenziert dargeboten, indem entweder ein Surftrip oder eine Kreuzfahrt von den Schülerinnen und Schülern untersucht werden sollen.
Der explizite Methodenteil des Kapitels widmet sich der Planung und Präsentation eines eigenen Schülerprojekts (SB S.190 – 195) und soll die Selbsttätigkeit stärken.
Die Doppelseiten zur „Nachhaltigkeit konkret" zeigen interessante Fallbeispiele für umweltfreundliches Verhalten, wie den Popstar & Surfer Jack Johnson (SB S.196/197) sowie Baumpflanzaktionen (SB S.198/199). Beide Doppelseiten bieten die Möglichkeit zur Binnendifferenzierung und zum Aktivwerden der Schülerinnen und Schüler.
Die Doppelseite zum Thema „Recycling" (SB S.200/201) widmet sich zusätzlich den Themen Abfallreduzierung, Wiederverwertung und dem „Upcycling" von Gegenständen.

Zur Auftaktdoppelseite

Die Auftaktdoppelseite soll durch die großformatige Karikatur motivieren. Viele für den Themenblock lohnende Fragestellungen können über diese aufgeworfen werden:
- Ist wirklich genug für alle da?
- Warum wird scheinbar nicht nachhaltig mit den Ressourcen umgegangen?
- Was können Institutionen und Organisationen, aber auch der Einzelne dazu beitragen, um es besser zu machen?

Dabei kann die Karikatur unter Beachtung der methodisch korrekten Ausführung der Karikaturauswertung klassisch als Einstiegsmedium Verwendung finden und können damit eigene Leitfragen für dieses Kapitel entwickelt werden.

Didaktische Struktur

Bezüge zum Lehrplan/Kompetenzübersicht

Die Schülerinnen und Schüler erwerben …

– **Fachkompetenz:** Sie analysieren verschiedene Lebensstile aus der Perspektive der Nachhaltigkeit sowohl lokaler als auch auf globaler Ebene und unterscheiden zukunftsfähige von nicht zukunftsfähigen Handlungsweisen.

– **Methodenkompetenz:** Sie führen zielgerichtet Recherchen zu Nachhaltigkeitsprojekten vor Ort durch, strukturieren die gewonnenen Informationen und präsentieren diese mediengestützt (M2, M4).
Sie reflektieren angeleitet ihre hierbei angewandten Methoden und das eigene methodische Vorgehen (M9).

– **Kommunikationskompetenz:** Sie treffen Absprachen und Entscheidungen für ihr Projekt im Team (K2).

– **Urteilskompetenz:** Sie setzen sich kritisch mit eigenen und fremden Lebensstilen auseinander und ziehen Konsequenzen für ein zukunftsfähiges und global gerechtes Handeln (U5, U6).

Einstieg, Motivierung	**AT Herausforderung Nachhaltigkeit** (S. 176/177) – Wasser, Energie, Natur – ist genug für alle da? Der nicht nachhaltige Umgang mit unserem Planeten	**Zusatzangebote im Netz** www.klett.de/online
Erarbeitung	**Nachhaltigkeit als globale Verpflichtung** (S. 178/179) – UN-Millenniums-Entwicklungsziele – Agenda 21 – unsere Tagesordnung für das 21. Jahrhundert	Üben interaktiv – Nachhaltige Entwicklung s8wz5v
Methode	**TERRA Methode: Ein Mystery entschlüsseln** (S. 180–183) – Die Methode Mystery an einem anschaulichen Beispiel: Zusammenhang zwischen Elenas Rosen und Darias Leben	Material – Mystery-Karten als Kopiervorlage 7em9my
Erweiterung	**Virtuelles Wasser** (S. 184/185) – zur Herstellung eines Produkts benötigte Wassermenge – Wasserfußabdruck **Leben auf großem Fuß!** (S. 186/187) – Ökologischer Fußabdruck und Konzept für nachhaltiges Handeln **Reisen wir auf zu großem Fuß?** (S. 188/189) – Wahldifferenzierung: touristischer Fußabdruck: Surfurlaub mit dem Wohnmobil oder Kreuzfahrt	Üben interaktiv – Virtuelles Wasser ke3v9s
Methode	**Ein Projekt planen** (S. 190/191) **Informationen gewinnen, verarbeiten und dokumentieren** (S. 192/193) **Ein Projekt präsentieren** (S. 194/195) – Beispiel: nachhaltiger Fleischkonsum	
Differenzierung	**Nachhaltigkeit konkret: Künstler engagieren sich** (S. 196/197) **Nachhaltigkeit konkret: Baumpflanzaktion** (S. 198/199) – Wahldifferenzierung Projekte nachhaltigen Handelns: Jack Johnson oder Baumpflanzaktion	Üben interaktiv – Nachhaltiges Handeln wh8883 – Quiz Waldfunktionen 6fq5ec
Erarbeitung	**Recycling** (S. 200/201) – Nachhaltige Holzwirtschaft: Reduce, Reuse, Recycle	
Festigung/ Sicherung	**TERRA Training** (S. 202/203) – Sicherung durch Wiederholung und Anwendung **TERRA FÜR DICH** (S. 204/205) – Lerndifferenzierung: Nachhaltigkeit	Material – Bogen zur Selbsteinschätzung fx746x Üben interaktiv – Quiz Nachhaltigkeit 23i6m4

Nachhaltigkeit als globale Verpflichtung

Kompetenzen

Die Schülerinnen und Schüler können …
- die UN-Millenniumsziele nennen;
- den Begriff der Nachhaltigkeit definieren;
- ein Nachhaltigkeitsprojekt aus der eigenen Region recherchieren, präsentieren und bewerten;
- eine Karikatur auswerten;
- mithilfe des Atlas Handelsrouten auswerten und bewerten.

Grundbegriffe

nachhaltige Entwicklung, Agenda 21 (lokal/global), Millenniums-Entwicklungsziele

Sachinformationen

Nachhaltigkeit ist mittlerweile zu einem Begriff mit inflationärem Gebrauch avanciert.

„Unser Shampoo hilft nachhaltig gegen Schuppen" ist dabei nur eine von vielen Werbefloskeln. Die Doppelseite soll das Erscheinen des Begriffs auf der internationalen politischen Weltbühne aufzeigen sowie klarmachen, wie der Begriff im richtigen Kontext zu verstehen ist.

Dabei wird auch deutlich, dass es keine universale Definition für Nachhaltigkeit gibt. Der aus der deutschen Forstwirtschaft stammende Begriff, mit Urtexten, die noch viel weiter in der Menschheitsgeschichte zurückgehen, wird von den Vereinten Nationen wie folgt definiert: Nachhaltige Entwicklung (engl. Sustainable Development) bezeichnet eine Entwicklung, die der jetzigen Generation dient, ohne die Möglichkeiten künftiger Generationen zu gefährden, ihre eigenen Bedürfnisse zu befriedigen.

Hinweise zum Unterricht

Gerade die Karikaturauswertung führt zu Beginn des Unterrichts zu einer hohen Schülerbeteiligung und sensibilisiert für das Thema. Die Schülerinnen und Schüler kennen den Begriff der Nachhaltigkeit aus ganz verschiedenen Kontexten. Es wäre wünschenswert, wenn auf die einzelnen Erfahrungen der Schülerinnen und Schüler im Rahmen des Themas eingegangen wird.

Materialhinweise

M1 (Bild und Infobox) zeigt einen schulischen Beitrag zur Nachhaltigkeit. M2 führt die acht UN-Millennium-Entwicklungsziele ein. Der Text stellt wichtige Zusammenhänge und historische Ereignisse dar. M3 verdeutlicht die räumlichen Ebenen des Agenda-21-Prozess kartographisch, ganz nach dem Motto „global denken, lokal handeln".

M5 liefert eine schöne Geschichte, aus der heraus sich der Begriff der Nachhaltigkeit gut erschließen lässt. Insgesamt

dient das Material zusammen mit den vielen Aufgaben für eine ganze Unterrichtsreihe. Sie sollten jeweils einen sinnvollen Schwerpunkt legen, z. B.:
1. Probleme und Herausforderungen unserer Zeit.
2. Die UN-Millenniumsziele (Vorhaben und Umsetzung im Vergleich).
3. Nachhaltigkeit als Konzept, den Problemen zu begegnen.
4. Eigene Projektrecherche der Schülerinnen und Schüler & Präsentation.

Tafelbild

Mindmap zum Thema „Nachhaltigkeit" oder „Probleme unserer Zeit"

Lösung der Basisaufgaben

1 Beschreibe die Karikatur der Auftaktdoppelseite 176/177. (AFB II)

1. Beschreibung

Die Abbildung zeigt viele verschiedene Menschen, die auf einem Brett stehen. Ein Teil dieses Brettes liegt auf einer Klippe. Auf dem Brett finden sich ein gedeckter Tisch mit einem Tablett (Landschaft), ein Topf (Natur), ein Kessel (Energie) und ein großes Gefäß (Wasser). Der Teil, auf dem die vielen Menschen stehen, hängt über der Klippe. Sie stehen über dem Abgrund Schlange, um vom Tisch zu nehmen.

2. Interpretation/Deutung

Gerade das Brett auf einer Klippe soll verdeutlichen, dass wir Menschen ein riskantes Spiel mit der Natur durch unseren Ressourcenhunger spielen. Sollte das Verhältnis zu ausbeuterisch sein, könnte das fatale Konsequenzen für viele Menschen haben. Ein nachhaltigeres, angepassteres Verhalten wäre weltweit gesehen wünschenswert. Dabei kann jeder Einzelne seinen Beitrag leisten.

3. Eigene Stellungnahme

Individuelle Schülerlösung, aus der hervorgehen sollte, dass unser Konsumverhalten und der Umgang mit Ressourcen reflektiert werden müssen.

2 Nenne die Hauptprobleme unserer Zeit mithilfe von Text 2 und Karte 4. (AFB I)

- Ungleichheit zwischen Norden und Süden
- Analphabetentum
- Hunger
- Armut
- Krankheit
- Schädigung von Ökosystemen
- ungleiche Lebenserwartung
- unterschiedliche Rolle der Frau

3 Recherchiert Agenda-21-Projekte in eurer Gemeinde oder Stadt. Stellt euer Ergebnis mithilfe einer Präsentation vor. **(AFB III)**
Individuelle Schülerlösung, die von den jeweiligen Projekten vor Ort abhängt. Oft reicht ein Blick auf die Homepage der nächstgelegenen Stadt oder der jeweiligen Gemeinde, um nachhaltige Projekte zu finden.

4 „Es ist nicht deine Schuld, dass die Welt ist, wie sie ist. Es wär nur deine Schuld, wenn sie so bleibt!", so ein Refrain der Band „Die Ärzte". Nimm Stellung zu dieser Aussage. **(AFB III)**
Als Konsument von tropischen Anbauprodukten wie Kaffee, Kakao (Schokolade als Veredelungsprodukt), vielen Obst- und Gemüsesorten oder unserer Kleidung (Baumwolle) haben wir einen Einfluss. Zum Beispiel kann man den Weltladen besuchen, fair gehandelte Produkte kaufen oder bei Aktionen mitmachen und ehrenamtlich in der Gemeinde tätig werden.

5 In seinem Buch „Die Entdeckung der Nachhaltigkeit" schreibt Ulrich Grober (Text 5), dass Afrika ein großer Lehrmeister ist. Beurteile diese Aussage und versuche ausgehend von Text 5 den Begriff der Nachhaltigkeit zu definieren. **(AFB III)**
Ulrich Grober hat mit seiner Aussage recht, denn obwohl der Begriff der Nachhaltigkeit eine deutsche Erfindung ist und von den Vereinten Nationen in New York der Weltöffentlichkeit vorgestellt wurde, leben in Afrika und auf anderen „alten" Kontinenten Menschen, die aufgrund von Ressourcenknappheit gezwungen sind, mit Bedacht und vorausschauend ihr Leben zu bestreiten.

Die Geschichte um das Saatgut ist zur Herleitung einer Definition gut geeignet.
Von der Geschichte ausgehend kann man Nachhaltigkeit definieren als einen sorgsamen, bewussten, sparsamen Umgang mit Ressourcen (hier: Samen) zur Sicherung der eigenen Existenz und der Nachfahren.

Anwendungsaufgabe

6 Entwicklung durch Welthandel?
a) Erstelle mithilfe einer Atlaskarte zu den Welthandelsströmen eine Kartenskizze zu den Handelsverbindungen Afrikas. **(AFB II)**
Individuelle Schülerlösung.
b) Nimm Stellung zu der These: „Afrika liegt im Schatten des Weltmarktes". **(AFB III)**
Afrika ist Rohstofflieferant, aber kein Exporteur von umsatzbringenden Fertigwaren. Von daher ist die These berechtigt.

Medientipps

Üben interaktiv: Nachhaltige Entwicklung (Online-Code s8wz5v)

Ulrich Grober: Die Entdeckung der Nachhaltigkeit – Kulturgeschichte eines Begriffs. München: Kunstmann 2010

Lexikon der Nachhaltigkeit: www.nachhaltigkeit.info

Millenniumkampagne: www.un-kampagne.de

Nachhaltigkeitsschulen (BNE-Schule):
http://nachhaltigkeit.bildung-rp.de

Unterrichtsvorschlag

Unterrichtsphase	Inhaltlicher Schwerpunkt	Methodisches Vorgehen / Sozialform	Medien / Materialien
Einstieg	Probleme unserer Zeit	UG	Vorwissen der SuS, SB S. 176/177, SB S. 179, Aufg. 1
Erarbeitung I	Probleme unserer Zeit	EA/PA	SB S. 179, Aufg. 2, Heft/Tafel
Ergebnissicherung I	Probleme unserer Zeit	Mindmap	Tafel/Heft
Erarbeitung II	Songtextanalyse	PA	Internet, Song & Text von „Die Ärzte": „Deine Schuld"
Ergebnissicherung II	Stellungnahme	UG	SB S. 178/179, Aufg. 4
Hausaufgabe	Definition der Nachhaltigkeit & Recherche	EA	SB S. 179, Aufg. 3, 5

Ein Mystery entschlüsseln:
„Was haben Elenas Rosen mit Darias Leben zu tun?"

Kompetenzen

Die Schülerinnen und Schüler können ...
- Zusammenhänge zwischen scheinbar widersprüchlichen Informationen herausarbeiten;
- irrelevante Informationen erkennen und aussortieren;
- Zusammenhänge zwischen den Arbeitsbedingungen und ökologischen Schäden in Kenia und dem Konsumverhalten in Deutschland aufzeigen;
- schlussfolgerndes und vernetztes Denken anwenden.

Grundbegriffe

Konsumverhalten, nachhaltige Entwicklung

Sachinformationen

Die Rose ist die beliebteste Blume der Deutschen. Ein Großteil der Rosen, die über die Ladentische in die Hände der Käufer gelangen, hat einen weiten Weg hinter sich. Etwa zwei Drittel aller in Deutschland verkauften Rosen stammen aus Kenia. Gerade im Winter, wenn die heimische Blumenproduktion ausfällt, werden die Importe aus Ostafrika besonders wichtig. In Kenia werden die Rosen auf riesigen Blumenfarmen angebaut, die sich rund um den Naivasha-See angesiedelt haben, rund 80 Kilometer nordwestlich der Landeshauptstadt Nairobi im Rift Valley. Für das ostafrikanische Land ist die Rosenproduktion ein blühendes Geschäft, dessen Entwicklung in den 1980er-Jahren begann, als insbesondere von europäischen Firmen die ersten großen Blumenfarmen gegründet wurden. Seitdem wurde die Produktion für den Export beständig gesteigert.

Die Region ist Teil des ostafrikanischen Grabens, im Boden liegt viel Vulkangestein, das ihn fruchtbar macht. Zusammen mit dem Wasser des Sees und der Sonne, die wenige Kilometer südlich des Äquators praktisch ständig scheint, entsteht ein optimales Klima für Blumen und ermöglicht einen ganzjährigen Anbau. Wer die Ausdehnung der Gewächshäuser auf den 70 riesigen Farmen rund um den See sieht, kann erahnen, wie groß die wirtschaftliche Bedeutung dieses Industriezweigs für das von Krisen gebeutelte Kenia ist. Rosen, die morgens geschnitten werden, schaffen es meist am gleichen Tag auf Auktionen in Europa, da die infrastrukturelle Anbindung an den Flughafen Nairobi sehr gut ist. Zudem stellen der einfache Zugang zu Bewässerungswasser und billige Arbeitskräfte günstige Standortfaktoren dar. Blumen gehören neben Tourismus und Tee zu den wichtigsten Wirtschaftsgütern des Entwicklungslandes. Mit einem Jahresumsatz von umgerechnet rund 400 Millionen Euro machen sie fast fünf Prozent des kenianischen Bruttoinlandsproduktes aus und sind nach dem Tourismus der zweitwichtigste Devisenbringer. Die Industrie ernährt rund eine halbe Million Menschen. Und doch: Die Blumenzucht ist auch ein Problem. Zum Beispiel für den Naivasha-See, den einzigen Süßwassersee der Gegend, der Hunderte seltener Tierarten beherbergt und ein beliebtes Ziel für Touristen ist. Die unkontrollierte Wasserentnahme und ungeklärte Abwasserzufuhr führen zu katastrophalen Umweltschäden. Die Rosenzucht ist auch ein Problem für den Volksstamm der Massai, die rund um den See leben. „Die Abwässer der Farmen, belastet mit Pestiziden und Dünger, werden ungefiltert in den See geleitet", klagt Charles Mwake, Sprecher der örtlichen Massai-Gemeinde. Sein Beweis sind seine toten Tiere – 78 Schafe und Ziegen hat er im vergangenen Jahr verloren. Die Beschäftigten berichten von schlechtem Arbeitsschutz, von gesundheitlichen Problemen durch die (hochgiftigen) Pestizide und sehr niedrigen Arbeitslöhnen.

Das Fairtrade-Programm macht seit Jahren auf diese Probleme aufmerksam. Das Faitrade-Siegel garantiert zum Beispiel, dass die importierten Schnittblumen aus menschenwürdiger und umweltschonender Produktion stammen. Blumenfarmen, die den Fairtrade-Standard erfüllen, erhalten das Gütesiegel.

Hinweise zum Unterricht

Häufig bestehen Unterrichtsaufgaben aus der Zusammenfassung und Analyse von wohl organisierten, vorgegebenen Texten zu einem Thema. Im Alltag begegnen uns Probleme meist auf eine andere Weise. Aus unterschiedlichen Quellen nehmen wir Informationsfragmente zu einem Themenkomplex auf, die oft genug auch widersprüchlich sind.

Unter dem Anspruch, dass die Schülerinnen und Schüler im Sinn des zukunftsfähigen Lernens und verantwortlichen Handelns die Fähigkeit erwerben sollen, in vernetzten Zusammenhängen zu denken, bietet es sich an, auf den Ansatz „Thinking Through Geography" (TTG) zurückzugreifen, der sich die Förderung von schlussfolgerndem und vernetztem Denken in Alltagszusammenhängen zum Ziel gesetzt hat. Er wurde Ende der 1990er-Jahre von David Leat in Großbritannien entwickelt. Die Arbeit mit dem Mystery ist eine Lernform dieses Ansatzes.

Mysterys eröffnen eine Möglichkeit, den Prozess des Denkens und der alltagsnahen Wissenskonstruktion im Unterricht aufzugreifen und einer systematischen Reflexion zugänglich zu machen. Sie folgen der Tradition des problemorientierten Unterrichts und bestehen jeweils aus mehreren Grundelementen:
- Leitfrage (hier: „Was haben Elenas Rosen mit Darias Leben zu tun?"),
- Informationskarten mit ungeordneten Informationen zu einem Fallbeispiel (hier 23 Karten),
- mehrere scheinbar zueinander in Widerspruch stehende Erzählstränge, die einen Spannungsbogen bilden.

Inspiriert durch die Leitfrage und den rätselhaften Spannungsbogen entsteht eine große Schülermotivation, das Mystery zu lösen und herauszufinden, welche Zusammenhänge bestehen. Die Schülerinnen und Schüler haben die Aufgabe, die Leitfrage zu beantworten, indem sie die Informationskarten sinnvoll miteinander in Beziehung setzen.

6

Lösung der Basisaufgaben

1 Entschlüsselt das Mystery mithilfe der Mystery-Karten (siehe Seiten 182/183) und des Begleitmaterials im Buch und beantwortet abschließend die Leitfrage.

Beim vorliegenden Mystery ist keine eindeutige Lösung in den Informationskarten vorgezeichnet. Die Antwort auf die Leitfrage kann lauten: Schuld an Darias Elend trägt die internationale Blumenindustrie und die darin eingebundenen Akteure wie die Konsumenten, Produzenten und Arbeiter. Die zunehmende Nachfrage deutscher Konsumenten an billig produzierten Schnittblumen aus Kenia führt zu einer erhöhten Blumenproduktion am Naivasha-See. Die Schattenseiten dabei sind die schlechten Arbeitsbedingungen und gravierende ökologische Folgeschäden in den Blumenfarmen am Naivasha-See.

Medientipps

- Material: Mystery-Karten als Kopiervorlage (Online-Code 7em9my)
- NDR-Dokumentation zur Rosenindustrie in Kenia: www.tagesschau.de/ausland/rosen-kenia-101.html
- Dokumentation über Rosen aus Kenia: www.spiegel.tv/filme/ndr-45min-rosen-story
- Hintergrundinformationen zu Fairtrade-Rosen: www.fairtrade-deutschland.de/fileadmin/user_upload/ueber_fairtrade/fairtrade-themen/fairtrade_statement_wasserverbrauch_bei_rosen.pdf

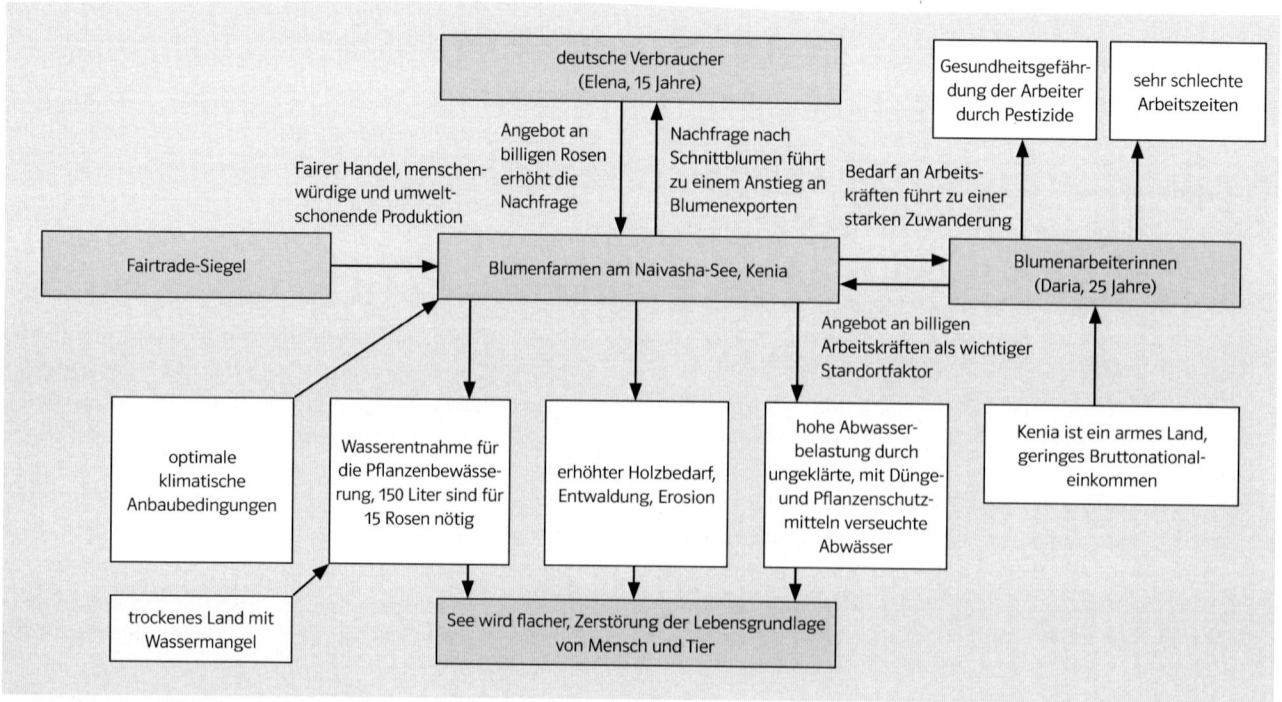

Lösungsvorschlag zu Aufgabe 1

Unterrichtsvorschlag

Unterrichtsphase	Inhaltlicher Schwerpunkt	Methodisches Vorgehen / Sozialform	Medien / Materialien
Einstieg	Ausgangsgeschichte des Mysterys	LV: Formulierung der Leitfrage UG: Schülervermutungen sammeln LV: Arbeitsauftrag und Ziel	SB S. 180/181
Erarbeitung	Was haben Elenas Rosen mit Darias Leben zu tun?	GA: Bearbeitung des Mysterys in Gruppen: Informationen lesen, auswerten, diskutieren, Ordnen der Mystery-Karten, Zusammenhänge mit Bleistift visualisieren	SB S. 180–183, Aufg. 1, Mysterykarten als Kopiervorlage mit Online-Code (7em9my)
Ergebnissicherung	Was haben Elenas Rosen mit Darias Leben zu tun?	Gruppen/Plenum: Präsentation der einzelnen Fakten und der Lösungsstrategie, Beantwortung der Leitfrage Reflexion der Lösungsstrategie der Gruppen	
Sicherung und Überleitung zum weiteren vertiefenden Unterricht	– Thematisierung der Problemstellung – Formulierung von weiteren Fragestellungen/Teilbereichen, die noch unklar sind bzw. die SuS nicht verstehen – Haben wir Einflussmöglichkeiten?	UG; Input: Welche Einflussfaktoren wirken auf das Schicksal von Daria ein? Kann es sinnvoll sein, Blumen in Afrika zu erzeugen und per Flugzeug nach Europa zu transportieren?	

Virtuelles Wasser

Kompetenzen

Die Schülerinnen und Schüler können …
- den Begriff virtuelles Wasser definieren;
- die Zusammensetzung des Wasserfußabdrucks Deutschlands beschreiben;
- das Produktionsschema einer Jeans beschreiben und den virtuellen Wasserverbrauch eines T-Shirts erklären;
- sich mit dem Wasserfußabdruck Deutschlands kritisch auseinandersetzen und das Problem des großen Anteils des importierten virtuellen Wassers erkennen;
- das Rechenbeispiel lösen.

Grundbegriffe

virtuelles Wasser, Wasserfußabdruck

Sachinformationen

Die Diskussion um „virtuelles Wasser" und damit um die eigentliche Wasserbilanz befindet sich erst in Anfängen. Das Konzept des virtuellen Wassers entwickelte der britische Wissenschaftler John Anthony Allan in den 1990er-Jahren. 2008 wurde Allan dafür der renommierte Stockholmer Wasserpreis verliehen.

Die Deutschen gehen immer sparsamer mit ihrem Wasser um: Lag der Durchschnittsverbrauch pro Kopf 1990 noch bei 145 Litern, so fallen inzwischen nur noch 125 Liter für Tätigkeiten wie Duschen, Wäschewaschen und Blumengießen an. Damit verbrauchen die Deutschen weniger von dem wertvollen Nass als die meisten anderen Länder in Europa. Besonders hoch ist jedoch der unsichtbare Wasserverbrauch, zum Beispiel steckt in einem Espresso 280 Mal mehr Wasser als in einem normalen Wasserglas. Als virtuelles Wasser wird jenes Wasser bezeichnet, das zur Erzeugung eines Produktes aufgewendet wird – es geht hierbei um Wasser, das wir nicht sehen, aber im Alltag verbrauchen.

Ziel der Berechnungen des virtuellen Wasseranteils ist es, die Verschwendung von Ressourcen zu veranschaulichen. Vor allem die wasserintensive und exportorientierte Landwirtschaft in Trockenregionen der Erde steht dabei im Fokus.
- Grünes virtuelles Wasser bezieht sich dabei auf die Menge an Regenwasser, die im Boden gespeichert ist und im Laufe des Wachstumsprozesses von Pflanzen aufgenommen wird.
- Blaues virtuelles Wasser steht für das Grundwasser oder Wasser aus Flüssen, Bächen und Seen, das in der Industrieproduktion und in den privaten Haushalten verwendet, aber eben nicht mehr zurückgeleitet werden kann. Blaues virtuelles Wasser ist in der Landwirtschaft auch die Wassermenge, die zur Bewässerung auf die Felder ausgebracht und dort beispielsweise von den Pflanzen aufgenommen wird. Aber auch Wasser, das aus den Bewässerungskanälen oder künstlichen Wasserspeichern einfach verdunstet, zählt dazu.
- Graues virtuelles Wasser steht für die Wassermenge, die während des Herstellungsprozesses eines Produktes direkt verschmutzt wird und anschließend nicht mehr nutzbar ist.

Eine Besonderheit des virtuellen Wassers ist, dass in der Regel die Produkte nicht dort verwendet werden, wo sie erzeugt wurden. Somit wird am Ort der Verwendung Wasser eingespart, dafür werden die Wasserressourcen am Produktionsort beansprucht. Der globale Handel mit Agrar- und Industrieprodukten ist auch ein Handel mit riesigen Mengen virtuellen Wassers. Man geht davon aus, dass von den 50 000 Litern virtuellen Wassers, das wir verbrauchen, die Hälfte importiert wurde.

Der sogenannte „Wasserfußabdruck" ist die Weiterentwicklung des virtuellen Wasserkonzeptes. Der Wasserfußabdruck ist ein Indikator, der den direkten und den indirekten Wasserverbrauch eines Konsumenten oder eines Produzenten aufzeigt. Der Wasserfußabdruck eines Einzelnen, einer Gemeinschaft oder eines Betriebs wird als das Gesamtvolumen von Süßwasser definiert, das ein Einzelner oder eine Gemeinschaft als Konsument, oder ein Betrieb zur Herstellung von Waren und Dienstleistungen, verbraucht. Der Wasserfußabdruck will eine Wasserbilanz zwischen den Ländern herstellen. Die Idee, die dahinter steckt ist, dass Länder, die sowieso schon unter Trockenheit leiden, weniger Wasser exportieren sollen. Aber es sind gerade diese Länder, die Kaffee, Kakao, Reis oder Baumwolle wasserintensiv anbauen.

Hinweise zum Unterricht

Zum Einstieg in die Unterrichtsstunde bietet es sich an, das Foto mit der Bildunterschrift M1 per Folie oder Beamer zu projizieren, beschreiben zu lassen und ein Unterrichtsgespräch über das Thema „virtuelles Wasser" in Gang zu setzen sowie Vermutungen darüber anzustellen, was virtuelles Wasser sein könnte. Das Bild soll weiterhin das Interesse der Schülerinnen und Schüler für das Stundenthema wecken.

Als Hausaufgabe gibt es mehrere Möglichkeiten: die Verwendung des Wasserfußabdruck-Rechners oder die Berechnung der virtuellen Wasserbilanz eines Frühstücks.

Lösung der Basisaufgaben

1 Verfasse einen kurzen Lexikoneintrag zum Begriff virtuelles Wasser. (AFB II)

Unter virtuellem Wasser versteht man die Menge an sauberem Frischwasser, die zur Herstellung eines bestimmten Produktes verbraucht, verdunstet oder verschmutzt wird (vgl. M2).

2 Beschreibe die Zusammensetzung des Wasserfußabdrucks Deutschlands (Grafik 5). (AFB I)

Deutschland exportiert sehr viel weniger „virtuelles Wasser" über hochwertige Industrieprodukte, als es in umgekehrter Richtung mit preisgünstigen Agrar- und Industrieprodukten (61,9 % und 17,6 %) importiert. Es benötigt mehr virtuelles Wasser für die Anfertigung von Agrarprodukten, die es importiert (Kaffee, Kakao etc.). Das virtuelle Wasser ist besonders in diesen hochwertigen Agrarprodukten „versteckt". Die größten Wassermengen werden dafür in Brasilien, (5,7 Mrd. m³),

Elfenbeinküste (4,2 Mrd. m³) und Frankreich (3,5 Mrd. m³) direkt oder indirekt verbraucht. Die deutschen Privathaushalte benötigen lediglich eine geringe Menge davon (5,5 Mrd. m³).

3 Erkläre mithilfe des Schemas 3 den virtuellen Wasserverbrauch eines T-Shirts. (AFB II)

Die Baumwollproduktion benötigt weltweit 50 Mrd. m³ virtuellen Wassers und damit 3,5 % der gesamten für Feldfrüchte benötigten Menge.

Die Herstellung von T-Shirts aus Baumwolle schlägt mit weltweit durchschnittlich 2 000 Litern virtuellem Wasser zu Buche und ist somit sehr wasserintensiv. Das entspricht etwa zehn vollen Badewannen.

Baumwolle ist sehr empfindlich und braucht viel Wasser, die vor allem beim Baumwollanbau anfallen. 85 % der Wassermenge sind für die Herstellung der Baumwolle erforderlich und davon weit mehr als die Hälfte für die Bewässerung der Felder. Die restlichen 15 % sind für alle weiteren Verarbeitungsschritte – besonders für die Färbung – notwendig.

Angebaut wird Baumwolle aber ausgerechnet in sehr trockenen Gebieten, weil Regen die gesamte Ernte vernichten könnte, wenn sich die Knospen mit Wasser vollsaugen und verfaulen. Deshalb müssen – so grotesk das auch klingt – fast zwei Drittel der weltweiten Baumwollanbaufläche künstlich bewässert werden. Das ist rund die Hälfte aller bewässerten Flächen auf der Welt.

4 Diskutiere, inwiefern der große Anteil des importierten virtuellen Wassers ein Problem darstellt. (AFB III)

Die Verlagerung der Agrarproduktion und der industriellen Billigproduktion in Entwicklungs- und Schwellenländer ist unter dem Gesichtspunkt des virtuellen Wasserverbrauchs als nicht nachhaltig zu bewerten, weder im ökologischen noch im sozialen und kulturellen Kontext von Nachhaltigkeit. Die deutsche Volkswirtschaft verbessert damit ihre Wasserbilanz auf Kosten anderer. In den Entwicklungsländern wird viel Wasser für die Herstellung von Waren für den Export in die Industrieländer verbraucht, das den Menschen vor Ort und der heimischen Landwirtschaft fehlt.

Anwendungsaufgabe

5 Ein Schwimmbecken hat die Maße 25 Meter Breite, 50 Meter Länge und 3,50 Meter Tiefe. Berechne, wie viele Tage eure Klasse brauchen würde, um das gesamte Volumen einmal zu erreichen, wenn jeder von euch 5 000 Liter virtuelles Wasser verbraucht. (AFB II)

25 m x 50 m x 3,50 m = 4 375 m³ = 4 375 000 l (1 Kubikmeter Wasser sind 1 000 Liter)

30 Schüler x 5 000 l/pro Tag = 150 000 l

4 375 000 l : 150 000 l/pro Tag = 29,2 Tage = ca. 1 Monat

Medientipps

– Üben interaktiv: Virtuelles Wasser (Online-Code ke3v9s)
– Vereinigung Deutscher Gewässerschutz e.V.: http://virtuelles-wasser.de
– Seite des WWF: www.wwf.de/themen-projekte/fluesse-seen/wasserverbrauch
– Rechner für virtuelles Wasser im Frühstück: www.landschafftressourcen.de/versteckter-wasserverbrauch
– Wasserfußabdruck-Rechner: www.wasserfussabdruck.org
– kostenlose Handreichung der Bundeszentrale für politische Bildung „Was geht!?" zum Thema Umwelt

Unterrichtsvorschlag

Unterrichtsphase	Inhaltlicher Schwerpunkt	Methodisches Vorgehen / Sozialform	Medien / Materialien
Einstieg	Verbrauch virtuellen Wassers in unserem Alltag	UG: Hypothesen bilden	SB S. 184, M1, 2
Erarbeitung I	Virtuelles Wasser und Wasserfußabdruck	EA oder PA	SB S. 184/185, Aufg. 1, 2
Ergebnissicherung I	Zusammenfassung	UG	
Erarbeitung II	Virtueller Wasserverbrauch am Bsp. Jeans und Rechenaufgabe	EA oder PA (evtl. Recherche)	SB S. 184/185, Aufg. 3, 5
Ergebnissicherung II/ Diskussion	Zusammenfassung	UG/Diskussion	SB S. 184/185, Aufg. 4
Hausaufgabe	Berechnung eigener Wasserfußabdruck oder Frühstücksrechner virtuelles Wasser		

6 Herausforderung Nachhaltigkeit

Leben auf großem Fuß!

Kompetenzen

Die Schülerinnen und Schüler können …
- den Begriff „ökologischer Fußabdruck" erläutern;
- Kernaussagen aus den Materialien zusammenfassen und beurteilen;
- den aktuellen Overshoot Day recherchieren und mit zurückliegenden vergleichen;
- eine im Internet recherchierte Karte zum ökologischen Fußabdruck mit der Staatenkarte aus dem Atlas vergleichen;
- mithilfe ihrer Eltern den ökologischen Fußabdruck ihrer Familie ermitteln und bewerten;
- für ihr nachhaltiges Verhalten ein Konzept entwickeln.

Grundbegriffe

Ökologischer Fußabdruck, Biokapazität

Sachinformationen

Mit der wissenschaftlichen Berechnungsmethode zum ökologischen Fußabdruck kann man den Ressourcen- und Flächenverbrauch des Menschen ermitteln. Es kann die ökologische Tragfähigkeit einer Region und die Nachhaltigkeit des Handelns dargestellt werden. Es stellt sich die Frage, wie den Herausforderungen zu begegnen ist und was jeder Einzelne dazu beitragen kann, eine nachhaltige und zukunftsfähige Entwicklung zu ermöglichen.

Hinweise zum Unterricht

Abweichend vom Unterrichtsvorschlag bietet das Thema auch die Möglichkeit, mit der Ermittlung des persönlichen ökologischen Fußabdrucks (Aufgabe 7a) zu beginnen. Hierbei lässt sich der Motivationsschub nutzen, um nach dem Ermitteln die weiteren Aufgaben zu bearbeiten.

Lösung der Basisaufgaben

1 Erläutere mithilfe der Karikatur 2 den Begriff ökologischer Fußabdruck. **(AFB II)**
Im Mittelpunkt der Karikatur steht ein großer Fuß, der auf eine Wiese tritt. Der Fuß trägt eine Stadt mit Hochhäusern, voll ausgebauten Verkehrswegen, Kühlturm und bedrohlichen Wolken. Die Unterschrift verrät, dass der ökologische Fußabdruck dargestellt wird. Der Fuß wird belastet und zerstört die Naturlandschaft. Er hinterlässt einen großen Fußabdruck.
Der Karikaturist zeigt, dass der Mensch in der Stadt in einem hoch verdichteten System lebt. Die von den Menschen einge-

nommene Siedlungs- und Verkehrsfläche nimmt zu. Der Flächenverbrauch steigt. Alle Geofaktoren erfahren durch den urbanen Lebensstil in der Stadt große Veränderungen. Versiegelung von Freiflächen durch Überbauung (Wohnungen, Industrieanlagen, Verkehrsflächen), Emissionen von Feuerungsanlagen, Abwärme von Kraftwerken und Heizungen. Der Karikaturist stellt sehr anschaulich dar, wie der Mensch in der Stadt durch seinen Ressourcenbedarf einen „ökologischen Fußabdruck" hinterlässt.

2 Nenne mithilfe der Grafik 1 Beispiele, wie der Mensch die einzelnen Flächentypen für seine Bedürfnisse nutzt. **(AFB I)**
Waldfläche zur Gewinnung von Forstprodukten (Papier, Bauholz); landwirtschaftliche Fläche (Acker- und Weideland) für pflanzliche Nahrung, Fleisch und Tierprodukte (Milch), Brot; überbaute Fläche für Siedlungen und Verkehrswege; Energie- oder CO_2-Land zur Aufnahme des Kohlendioxids aus dem Fossilienenergieverbrauch.

3 Arbeite mit der Tabelle 3:
a) Fasse die Kernaussagen der Tabelle zusammen und beurteile diese. **(AFB I/III)**
Die Tabelle zeigt einen Ländervergleich zum ökologischen Fußabdruck im Jahr 2012 (ha pro Person). Die Vereinigten Arabischen Emirate weisen mit 9,7 ha pro Person den größten ökologischen Fußabdruck auf. Indien liegt mit 0,9 ha pro Person unter dem weltweiten Durchschnitt von 2,7 ha pro Person. Deutschland hinterließ 2012 einen ökologischen Fußabdruck von 4,6 ha pro Person.
b) Berechne mithilfe der Strukturdaten auf Seite 208 die Fläche, die Deutschland nach dem Modell des ökologischen Fußabdrucks haben müsste, und vergleiche dein Ergebnis mit dem tatsächlichen Wert. **(AFB II)**
80,6 Mio. Personen leben in Deutschland. Die Fläche beträgt $357\,000\,km^2 = 35\,700\,000\,ha$. Der ökologische Fußabdruck beträgt 4,6 ha pro Person.
Rechnung:
80 600 000 Personen x 4,6 ha/Person = 370 760 000 ha
Nach dem Modell des ökologischen Fußabdrucks müsste Deutschland mehr als 10 Mal so viel an Fläche aufweisen.

4 Recherchiere den diesjährigen Overshoot Day und vergleiche ihn mit vergangenen Overshoot Days. **(AFB II)**
2005: 20. Oktober; 2010: 21. August; 2014: 19. August, 2015: 13. August
Der Earth Overshoot Day findet jedes Jahr etwas früher statt.

5 Beurteile die Aktion in Text 5. **(AFB III)**
Individuelle Schülerlösung.

Anwendungsaufgaben

6 Recherchiere im Internet eine Karte zum ökologischen Fußabdruck und vergleiche sie mit der Staatenkarte in deinem Atlas. **(AFB II)**
Karte z. B. von www.worldmapper.org
Individuelle Schülerlösung.

7 Persönlicher ökologischer Fußabdruck:
a) Ermittle mit deinen Eltern den ökologischen Fußabdruck deiner Familie. **(AFB II)**
   Individuelle Schülerlösung.
b) Bewerte dein Ergebnis und entwickle ein Konzept für dein nachhaltiges Verhalten. **(AFB III)**
   Individuelle Schülerlösung.

Medientipps

Rechner zur Ermittlung des ökologischen Fußabdrucks:
- http://klimaohnegrenzen.de/klimawissen/okologischer-fussabdruck
- www.fussabdruck.de
- www.mein-fussabdruck.at

Unterrichtsvorschlag

Unterrichtsphase	Inhaltlicher Schwerpunkt	Methodisches Vorgehen/Sozialform	Medien/Materialien
Einstieg	World Overshoot Day	UG	SB S. 187, M4 Ggf. Aufg. 4
Erarbeitung I	Karikatur: Ökologischer Fußabdruck	EA oder PA	SB S. 186, M1, 2, Aufg. 1, 2
Ergebnissicherung I	Begriffserläuterung	UG	Tafelbild
Erarbeitung II	Vergleiche und Interpretation zum ökologischen Fußabdruck	EA oder PA	SB S. 186, M3, Aufg. 3
Ergebnissicherung II	Zusammenfassung	SV/UG	Tafelbild
Übung/Festigung	Den ökologischen Fußabdruck reduzieren	EA oder PA	SB S. 187, Aufg. 5, 6
Hausaufgabe	Persönlicher ökologischer Fußabdruck	EA	SB S. 187, Aufg. 7, Internet

Reisen wir auf zu großem Fuß?

Kompetenzen

Die Schülerinnen und Schüler können …
- sich auf der Europakarte orientieren;
- CO_2-Verursacher identifizieren und kategorisieren;
- den touristischen Fußabdruck definieren;
- unterschiedliche Reiseformen anhand ausgewählter Kriterien kritisch beurteilen;
- eine klimafreundliche Reise planen und ggf. durchführen.

Grundbegriffe

touristischer Fußabdruck, Reiseverhalten, umweltverträglicher Tourismus, Kreuzfahrttourismus

Sachinformationen

Die Deutschen gehören zu den Weltmeistern in Sachen Reisen. Dabei ist gegen das Reisen auch nichts einzuwenden, denn es „veredelt den Geist". In neueren Tourismusstudien und seitens einiger Umweltorganisationen sind eine Vielzahl von Reisearten, vor allem Flug- und Kreuzfahrtreisen, aufgrund ihrer schlechten CO_2-Bilanz aber massiv in die Kritik geraten. Da der Tourismus meist mit dem Wohlstand einer Gesellschaft zunimmt, ist es an der Zeit, unser Reiseverhalten auf den Prüfstand zu stellen. Dabei soll exemplarisch an zwei Reisen der touristische Fußabdruck vorgestellt werden.

Deutlich einfacher zu verstehen als der ökologische Fußabdruck gliedert er sich in die vier Kategorien „An- und Abreise", „Aktivitäten vor Ort", „Verpflegung", „Unterkunft" auf. Mit dieser einheitlichen Herangehensweise werden Reisen und vor allem ihre Emissionen miteinander gut vergleichbar. Der WWF hat seit 2008 mehrere Kampagnen gestartet und über Berechnungen des Öko-Instituts e.V. touristische Fußabdrücke zu verschiedensten Reisen erstellt.

Die hier vorliegenden Reisebeispiele einer Kreuzfahrt und einer Campingreise/Surftrip sind real. Auf der Grundlage vieler Einzelangaben zu beiden Reisen hat das Öko-Institut e.V. ehrenamtlich und exklusiv für TERRA die vorliegenden Emissionswerte berechnet.

Hinweise zum Unterricht

Es eignet sich besonders, im Einstieg über berühmte Zitate einen Widerspruch mit der WWF-Studie zu provozieren. Dabei sind folgende Zitate hilfreich:

Pro-Reise-Zitate (Reisen bildet)

„Die beste Bildung findet ein gescheiter Mensch auf Reisen. Lernst du nicht fremde Sprachen in den Ländern am besten, wo sie zuhause sind?" (Goethe)

„Reisen veredelt den Geist und räumt mit unseren Vorurteilen auf." (Oscar Wilde)

„Die gefährlichste aller Weltanschauungen ist die Weltanschauung der Leute, welche die Welt nicht angeschaut haben." (Alexander von Humboldt)

Kontra-Reise-Zitat

„Reisen schadet! Das jährliche Reisefieber der Deutschen geht auf Kosten des Klimas."
(aus der Studie des WWF von 2009)

Lösung der Basisaufgaben

1 Der touristische Fußabdruck einer Reise:
a) Arbeite mit dem Atlas und ermittle die jeweilige Reiseroute. (AFB I)
Siehe nächste Seite.
b) Ordne die im Text genannten Ursachen für Kohlendioxidemissionen den jeweiligen Rubriken des touristischen Fußabdrucks tabellarisch zu. (AFB II)

	A Surfurlaub	B Kreuzfahrt
An- und Abreise	Campingmobil	Zug, Flugzeug, Shuttle (Taxi), Kreuzfahrtschiff
Aktivitäten vor Ort	Fahrten zum Supermarkt Fahrten zu ausgesuchten Stränden Surfen (Wellenreiten) an sich benötigt nur Muskelkraft	Stadt- und Inselrundfahrten, Jet-Ski-Ausflug, Shoppingtour
Verpflegung	Abendessen in Frankreich Selbstversorgung (Gaskocher)	Buffet („all inclusive")
Unterkunft	im Campingmobil (LED-Gebrauch, Solargeräte, Solardusche, Autobatterie)	Außenkabine (Klimaanlage), Poolbereich, Wellnessbereich

Gemeinsame Aufgabe

2 Stellt euch gegenseitig eure Beispiele vor und beurteilt diese gemeinsam nach sinnvollen Kriterien wie z.B. Fußabdruck, Zeit, Kosten. (AFB III)

Den SuS sollte auffallen, dass der mit Abstand größte Teil an Kohlendioxidemissionen durch An- und Abreise verursacht wird. Dies gilt für beide Reisen. Der Fußabdruck der Campingreise (obwohl sie eine Woche länger dauert) ist insgesamt nur ein Sechstel so groß wie der der Kreuzfahrt.

Dies liegt vor allem an den sehr hohen Werten für die An- und Abreise, aber auch die Werte für Verpflegung und Unterkunft schlagen hier besonders zu Buche. Demnach ist die Campingreise nicht nur wesentlich günstiger, sie garantiert auch einen längeren und umweltfreundlicheren Urlaub.

An dieser Stelle kann auch vertiefend die Sinnhaftigkeit von CO_2-Offsets in Form von Baumpflanzaktionen oder CO_2-Ausgleichszahlungen (siehe Medientipp Atmosfair) thematisiert werden.

3 Plant eure eigene Klassenfahrt mit kohlendioxidsparenden Maßnahmen. **(AFB II)**

Auf Grundlage der bearbeiteten Materialien sollen die SuS mithilfe der Kategorien „An- und Abreise", „Aktivitäten vor Ort", „Verpflegung", „Unterkunft" selbstständig eine Fahrt planen und nach Möglichkeit auch durchführen.

Medientipps

– Atmosfair ermöglicht die Berechnung eigener Abdrücke, die durch An- und Abreise entstehen: www.atmosfair.de
– WWF (Stichwort „Tourismus" eingeben): www.wwf.de
– Öko-Institut e.V.: www.oeko.de

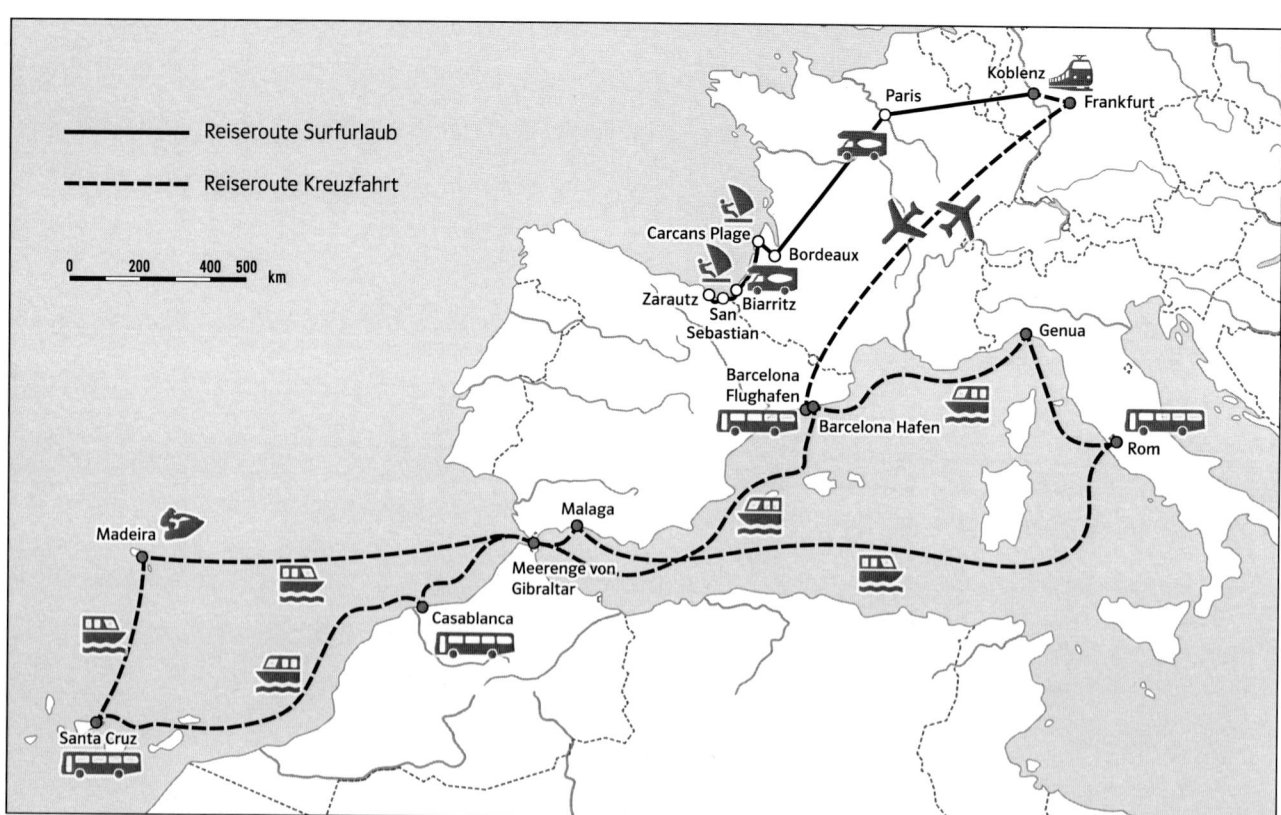

Karte zu Aufgabe 1a: Reiserouten

Unterrichtsvorschlag

Unterrichtsphase	Inhaltlicher Schwerpunkt	Methodisches Vorgehen / Sozialform	Medien / Materialien
Einstieg	Widerspruch: Zitate Pro-Reisen/ Zitat: „Reisen schadet"	UG	Zitate auf Papier an der Tafel
Erarbeitung	Reise A: Surftrip Reise B: Kreuzfahrt	PA (wahldifferenziert)	SB S. 188/189, Aufg. 1, 2, Atlas
Ergebnissicherung	Reiserouten	SV	Atlas, Tafel, Karte, evtl. Folien/OHP
	CO_2-Verursacher	SV	Tabellen
	Vergleich & kritische Beurteilung	UG	Klimafüße beider Reisen in Projektion (SB S. 188/189, M1, 2)
Hausaufgabe	Planung Klassenfahrt oder Wandertag	GA	SB S. 188, Aufg. 3

Ein Projekt planen; Informationen gewinnen, verarbeiten und dokumentieren; ein Projekt präsentieren

Kompetenzen

Die Schülerinnen und Schüler können …
- ein Projekt planen, indem sie in der Gruppe einen Arbeits- und Zeitplan erstellen;
- geographische Informationen gewinnen, verarbeiten und dokumentieren;
- zur Informationsverarbeitung geographische Arbeitstechniken weitgehend selbstständig anwenden;
- ihre Arbeitsergebnisse strukturiert und mit Angabe der verwendeten Quellen mediengestützt präsentieren;
- ein Projekt auswerten.

Sachinformationen

Planung und Durchführung der Projektarbeit

Als Organisationsform bieten sich verschiedene Modelle an. Die Gruppen können sich selbst zusammenfinden und eigenständig für ein Thema entscheiden, wobei die Lehrerin/der Lehrer darauf achten muss, dass die verbindlichen Themenbereiche abgedeckt werden.

Bei der Durchführung besteht die Gefahr, dass sich die Schülerinnen und Schüler für Nebenaspekte interessieren und dabei die grundlegenden Inhalte nicht ausführlich genug bearbeitet werden. Deshalb ist eine genaue zeitliche und thematische Planung der Projektarbeit von zentraler Bedeutung und sollte mit der Lehrerin/dem Lehrer auf Durchführbarkeit geprüft werden. Alternativ dazu könnte die Lehrerin/der Lehrer bereits im Vorfeld lenkend eingreifen, indem sie/er z.B. zentrale Fragestellungen vorgibt. Die Lehrerrolle ändert sich bei dieser Unterrichtsform weg vom Wissensvermittler und hin zum Berater.

Informationen gewinnen, verarbeiten und dokumentieren

Die Schülerinnen und Schüler sollten dazu angehalten werden, ein Portfolio oder eine Themenmappe zu führen, das einen Zeitplan, konkrete End- und Zwischenziele sowie ein Protokoll über die Durchführung des Projektes beinhaltet.

Ein Projekt präsentieren

Die Qualitätskriterien einer guten Präsentation sind im Schulbuch S.195 aufgelistet. Ebenso finden die Schülerinnen und Schüler im 5. Schritt Anhaltspunkte zur eigenständigen Auswertung ihres Projekts.

Bezüglich der Bewertung von Projektarbeit muss im Vorfeld zwischen Lehrkraft und Schülergruppe eindeutig geklärt werden, nach welchen Kriterien am Ende das Ergebnis der Gruppe beurteilt wird und ob es für alle Mitglieder einer Gruppe die gleiche Note gibt oder die Lehrerin/der Lehrer die Leistungen eines jeden einzelnen Schülers bewertet.

Die folgende Tabelle gibt dafür eine mögliche Orientierung:

Mögliche Beurteilungskriterien für eine Präsentation	
Teamarbeit	– gemeinsame Organisation – sinnvolle und gerechte Arbeitsteilung – gegenseitige Information – gegenseitige Hilfestellung
Schriftliche Ausarbeitung	– Themenfindung – Gliederung gut strukturiert – selbstständige Informationsbeschaffung – inhaltliche Richtigkeit – Bilder, Grafiken, Tabellen usw. sinnvoll eingesetzt und in den Text eingebunden – Zitate im Text kenntlich gemacht – Literaturverzeichnis – Kurzfassung für alle Schülerinnen und Schüler
Vortrag	möglichst freie Rede – verständliche Sprechweise – alle Teammitglieder eingebunden – sinnvolle Nutzung von Medien – Beantwortung von Zusatzfragen

Hinweise zum Unterricht

Einerseits werden durch die in hohem Maße offene Unterrichtsform die Schülerinnen und Schüler von Beginn an in wesentliche Entscheidungsprozesse der Unterrichtsplanung eingebunden. Durch die Projektphasen, die nach festen Regeln ablaufen, und durch die organisatorischen Bedingungen ist aber auch ein klarer Rahmen vorgegeben. Die Größe des Freiraumes richtet sich nach den vorhandenen Kompetenzen der Schülerinnen und Schüler, aber auch nach den Fähigkeiten und Erfahrungen der Lehrkraft. Diese initiiert das Projekt und begleitet die Schülerinnen und Schüler in allen Phasen (des Projektes). Nicht die Größe des Freiraumes bestimmt die Qualität des Projektes, sondern die Transparenz der Grenzen.

Nachhaltigkeit konkret: Künstler engagieren sich

Kompetenzen

Die Schülerinnen und Schüler können …
- Merkmale einer nachhaltigen Veranstaltung nennen;
- das Umweltverhalten einer anderen Person kritisch hinterfragen und ihre Aktionen bewerten;
- eine Checkliste für eine klimafreundliche Veranstaltung erstellen und evtl. umsetzen;
- ein Projekt aus dem eigenen Umfeld recherchieren und dessen Inhalte kritisch präsentieren.

Grundbegriffe

Nachhaltigkeitsprojekte, Kohlendioxid-Ausgleichszahlung

Sachinformationen

Der hawaiianische Surfer, Musiker und Filmemacher Jack Johnson ist eine Ausnahmeerscheinung. Der mehrfache Familienvater kann bereits mit dreißig Jahren auf eine einzigartige Karriere zurückblicken: Profisurfer, University of California Alumnus (Film), mehrere Surffilme, Soundtracks und Studioalben hat der Künstler bereits hervorgebracht. Dabei ist seine Musik über dreißig Mal weltweit mit Platin für sehr hohe Verkaufszahlen ausgezeichnet worden. Bei all dem Erfolg engagiert sich der Singer & Songwriter sehr für die Umwelt: Mit seinem „grünen Konzept" definiert er das oft schlechte Image von tourenden Bands neu. Per Vertrag fordert er die Veranstalter dazu auf, seine Konzerte so ökologisch wie möglich zu gestalten. Dazu gehören CO_2-reduzierende Maßnahmen, energiesparsame Bühnentechnik, das Einfordern von Recycling und Müllvermeidung ebenso wie Umweltbildung auf dem Veranstaltungsgelände durch ortsnahe Umweltorganisationen. Damit dies auch vertraglich eingehalten wird, macht er von einem Künstlervertrag Gebrauch, der sich EnviroRider nennt. Neben den umweltfreundlichen Maßnahmen während seiner Tourneen streben er, seine Frau Kim und sein Team allgemeine Verbesserungen in der Musikindustrie an, wie es zum Beispiel sein „grünes" Tonstudio in Kalifornien zeigt. Hier produziert er auch die Alben anderer namhafter Künstler, die durch sein Label „Brushfire Records" vertreten werden.

Hinweise zum Unterricht

Der Künstler ist vielen Schülerinnen und Schülern nicht gleich beim Nennen des Namens bekannt. Spielt man die in Deutschland besonders bekannten Songs „Upside Down" oder „Sitting, Waiting, Wishing" an, erkennen sie ihn wieder. Diese Songs (online abrufbar) eignen sich gut, um den Künstler zu Beginn der Stunde vorzustellen. Ansonsten zielt die Seite darauf ab, moderne Wege nachhaltigen Handelns vorzustellen. Jedes Jahr werden wir alle Zeugen von Megaveranstaltungen weltweit: ob Fußballweltmeisterschaft, Olympiade, Welttournee oder eben die Einzelveranstaltung in unserer Nachbarschaft.Umso wichtiger ist es, sich bewusst zu machen, wie einfach man solche Ereignisse nachhaltiger gestalten kann.

Lösung der Basisaufgaben

1 Der Künstler Jack Johnson mahnt verschiedene Probleme unserer Zeit nicht nur in seinen Songtexten an, er versucht aktiv etwas zu ändern. Erstelle eine Mindmap, die anschaulich die verschiedenen Handlungsebenen des Künstlers (Materialien 1 bis 4) darstellt. (AFB II)
Siehe nächste Seite.

2 Karte 3 zeigt eine vereinfachte Darstellung der Flugroute von Jack Johnsons Welttournee 2013/14. Beurteile das Umweltverhalten des Künstlers. (AFB III)
Der in seinen Texten manchmal mahnende Künstler offenbart sich hier (Karte) als wahrer „Umweltsünder". Zwar wird die Route mit Bedacht festgelegt, vor Ort oft mit dem Bus gereist und auch mal Equipment gemietet. Dennoch ist der CO_2-Fußabdruck, den eine solche Tour hinterlässt, sehr groß und damit kritisch zu hinterfragen. Die vielseitigen Bemühungen des Künstlers (siehe Aufgabe 1) müssen hiergegen abgewogen werden, um zu einer möglichst objektiven Beurteilung zu gelangen.
In diesem Kontext lassen sich auch die Flugreisen von Forschern und Politikern zu oft weit entlegenen Klimagipfeln gut diskutieren.

3 Foto 4 zeigt einen Einblick in das sogenannte „Village Green". Bewerte diese Methode, Fans näher an Umweltthemen heranzuführen. (AFB III)
Hier sollte der kreative Zugang im Vordergrund stehen. Das Village Green bringt Besucher mit einer Vielzahl unterschiedlicher lokaler Umweltorganisationen spielerisch und in angenehmer Atmosphäre in Kontakt. Für die Organisationen ist das eine große Chance, für die Zuschauer eine Möglichkeit selbst aktiv zu werden, Infomaterial zu bekommen oder auch nur mit netten, engagierten Menschen in Kontakt zu gelangen.

4 Ein Schulfest soll nachhaltig gestaltet werden. Erstelle dafür eine Checkliste. (AFB II)
Individuelle Schülerlösung. Der schulische Alltag ist voll von Veranstaltungen (Weihnachtsfest, Sommerfest, Elternsprechtage, etc.). Schülerergebnisse aus solch einer Aufgabe können den Organisationsteams solcher Veranstaltungen sehr nützlich sein und sogar zu einer langfristigen Anwendung in der Schule führen.

Vertiefung

5 „Globale Ziele lassen sich durch interkulturelle Partnerschaften besser erreichen." Bewerte diese Aussage unter besonderer Berücksichtigung von Text 2. (AFB III)
Individuelle Schülerlösung.

Medientipps

- Homepage des Künstlers: http://jackjohnsonmusic.com
- Tourbericht („Greening"): http://jackjohnsonmusic.com/
  greening/2014
- Kokua Hawaii Foundation (Stiftung von Jack Johnson & Part-
  nern): http://kokuahawaiifoundation.org

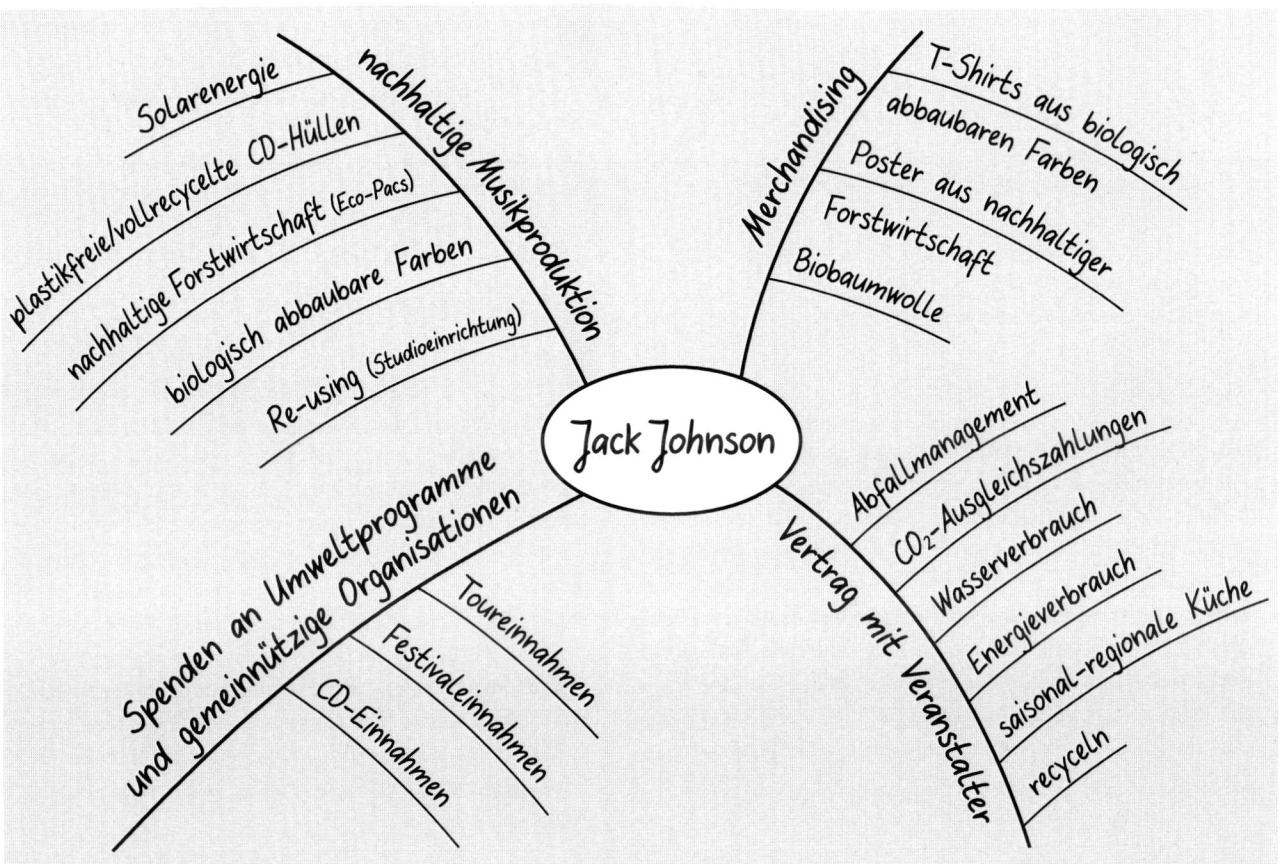

Lösungsvorschlag zu Aufgabe 1: Mindmap

Unterrichtsvorschlag

Unterrichtsphase	Inhaltlicher Schwerpunkt	Methodisches Vorgehen / Sozialform	Medien / Materialien
Einstieg	Songtext „All at once" alternativ: Vorstellung des Künstlers	UG	Songtext „All at once" (Internet, s. Medientipps)
Erarbeitung I	Songtextanalyse	PA	evtl. Wörterbuch
Ergebnissicherung I	Songtextanalyse	SV/LG	Tafel/Heft
Erarbeitung II	Widerspruch provozieren: Umweltschützer vs. CO_2-Fußabdruck	UG	SB S. 196/197, M3, Aufg. 2
Ergebnissicherung II	Umweltschützer vs. CO_2-Fußabdruck	UG	
Erarbeitung III	Auflösung des Widerspruchs	PA	SB S. 196/197, Aufg. 1, 3
Ergebnissicherung III	erneute Bewertung des Umweltverhaltens von Jack Johnson	UG	Mindmap, Tafel, M3
Hausaufgabe	Checkliste erstellen alternativ: Interkulturelle Partnerschaften	EA/PA	SB S. 196, Aufg. 4 SB S. 196, Aufg. 5

Nachhaltigkeit konkret: Baumpflanzaktion

Kompetenzen

Die Schülerinnen und Schüler können …
- die Bedeutung und Funktionen von Wäldern nennen;
- aktiv einen eigenen Beitrag zur Reduzierung von Kohlendioxid leisten;
- ein individuelles Projekt planen, durchführen und beurteilen (Handlungskompetenz);
- lokale, nachhaltige Projekte recherchieren und präsentieren;
- eigenes und nicht eigenes Umweltverhalten beurteilen.

Grundbegriffe

Kohlendioxidsenke, Funktionen der Wälder

Sachinformationen

Der „Stiftung Unternehmen Wald" zufolge übernehmen unsere Wälder eine Vielzahl von Funktionen (Nutzungsfunktion, Schutzfunktion, Erholungsfunktion, Sonderfunktionen). Dabei sind sie auch Wohnort für Lebewesen und Klimaregulativ: Neben den Ozeanen gelten unsere Wälder als wichtigste Kohlendioxidsenken. Dabei wandeln sie nicht nur dieses Gas über die Fotosynthese in Sauerstoff um, sondern binden auch Schadstoffe aus der Luft. Derzeit sind circa 31% der weltweiten Landfläche mit Wald bedeckt. Global gesehen sinkt der Anteil der Wälder aber (in den Tropen drastisch), vor allem weil sie für die Erschließung neuer Agrarflächen vernichtet werden.

Hinweise zum Unterricht

Primäres Ziel dieser Doppelseite ist es, eine Pflanzaktion – von Schülerinnen und Schülern organisiert – durchzuführen. Zunächst sollte im Unterricht auf die Bedeutung der Wälder eingegangen werden, um die Sinnhaftigkeit der Aktion klarzumachen. Die Materiallage ist hierfür hervorragend (siehe auch Medientipps). Bei der Planung ist zu beachten, dass eine größere Pflanzaktion einen Vorlauf von circa einem halben Jahr benötigt. Dazu muss zunächst Kontakt zum jeweiligen Forstamt hergestellt werden. Idealerweise entwickelt sich dann eine Kooperation von Dauer. Ein Kernteam aus verlässlichen Schülern und Lehrern sollte die Organisation übernehmen. Sponsoren, Vertreter der Presse und weitere Unterstützer sind erfahrungsgemäß schnell gefunden.
Eine selbst erstellte Pflanzurkunde bekräftigt das Engagement der Schülerinnen und Schüler. Das Pflanzgebiet lässt sich einfach per GPS-Messung (Handy oder professionellem GPS-Gerät) vermessen, sodass die Schülerinnen und Schüler die Entwicklung ihres Pflanzgebiets auch weit über die Schulzeit hinaus verfolgen können.

Hinweise zu den Materialien

Gerade M1 stellt die Bedeutung der Wälder heraus und kann als Einstieg in die Thematik (Funktionen der Wälder) hilfreich sein. M2 und M3 helfen, eine von Schülerinnen und Schülern entwickelte Kampagne zur Begrünung der Erde vorzustellen. Auf der Homepage der Kampagne (siehe Medientipps) befinden sich gute Präsentationen zum Download, die die Kampagne vorstellen sowie ansprechendes, weiterführendes Material für den Unterricht.
Die Checkliste (M6) basiert auf eigenen Erfahrungen mit schulweiten Baumpflanzaktionen. Sie ist chronologisch zu lesen und soll als Planungshilfe dienen.

Lösung der Basisaufgaben

1 Wälder haben viele verschiedene Funktionen, die nicht nur für unser Leben sehr nützlich sind. Erstelle eine Mindmap, die diese Funktionen übersichtlich darstellt. Benutze auch die Grafik 1. (AFB I/II)
Individuelle Schülerlösung mit mindestens folgenden Inhalten:
Nutzungsfunktion: CO_2-Senke, Arbeitsplatz und Einkommensquelle, Brenn- und Baustoff, Papiergewinnung, Sauerstofflieferant („grüne Lunge"), Filterfunktion (Staub, Ruß), Bäume stellen organisches Material (z. B. Blätter) für die Bodenbildung zur Verfügung, Nahrungslieferant, Landschaftsbild
Schutzfunktion: natürlicher Erosionsschutz (Wurzelsystem), Windschutz, Wohnort für zahlreiche Lebewesen (Artenschutz), Luftqualität, Wasserqualität, Klimaregulativ, Apotheke
Erholungsfunktion: v. a. Naherholung für Mensch und Tier, Tourismus

2 Beurteile den Slogan „Stop Talking. Start Planting". (AFB III)
Der Slogan hat Appell-Charakter. Es soll nicht mehr nur geredet werden (wie es oft auf internationalen Klimakonferenzen der Fall ist), sondern es soll vor Ort und konkret etwas bewegt werden. In diesem Fall soll in Form von Pflanzaktionen gehandelt werden.

3 Die Initiative Plant-for-the-Planet (Text 3) ruft dazu auf, mehr Bäume zu pflanzen. Bewerte deren Einsatz für die Umwelt. (AFB III)
Individuelle Schülerlösung. Dabei ist die Initiative als sehr positiv zu bewerten, denn hier engagieren sich Menschen gemeinsam und ehrenamtlich in ihrer Freizeit für eine bessere Zukunft. Die Aktion verdeutlicht vor allem auch, dass man nicht ohnmächtig zusehen muss und jeder Einzelne in seinem Tun von Bedeutung ist.

4 Ihr möchtet auch Bäume pflanzen? Mit ein wenig Organisationsgeschick lässt sich eine Pflanzaktion schulweit einfach umsetzen. Text 5 gibt euch eine Hilfestellung in Form einer Checkliste. Passt sie auf eure Schule an. **(AFB I – III)**
Individuelle Schülerlösung, die vom Engagement einzelner Personen (SuS, L) sowie den Gegebenheiten vor Ort abhängt.

Vertiefung

5 Beurteile, ob es sich bei der interkulturellen Baumpartnerschaft (Text 2) um ein nachhaltiges Projekt handelt. **(AFB III)**
Individuelle Schülerlösung.

Medientipps

Üben interaktiv:
– Nachhaltiges Handeln (Online-Code wh8883)
– Quiz Waldfunktionen (Online-Code 6fq5ec)
– Bundesministerium für Ernährung, Landwirtschaft und Verbraucherschutz (Hrsg.): Waldbericht der Bundesregierung. Berlin.
– Bundesministerium für Ernährung, Landwirtschaft und Verbraucherschutz (Hrsg.): Waldkulturerbe entdecken. Die Bedeutung des UN-Logos zum Internationalen Jahr der Wälder 2011. Berlin 2010
– Schutzgemeinschaft Deutscher Wald (Hrsg.): Ökosystem Wald. Bonn 2012.

Schülerorganisation von Felix Finkbeiner: www.plant-for-the-planet.org

Unterrichtsvorschlag

Unterrichtsphase	Inhaltlicher Schwerpunkt	Methodisches Vorgehen / Sozialform	Medien / Materialien
Einstieg	Funktionen des Waldes alternativ: Vorstellung der Kampagne „Plant for the Planet"	PA UG	SB S. 198, M1, PC/ Beamer
Erarbeitung I	Funktionen der Wälder	EA/PA	SB S. 198, M1, Aufg. 1, Tipps (Zusatzmaterial)
Ergebnissicherung I	Funktionen der Wälder	UG	Mindmap
Erarbeitung II	Details zur Kampagne „Plant for the Planet"	PA	SB S. 198/199, Aufg. 2, 3, Internet
Ergebnissicherung II	Funktionen der Wälder	Erweiterung des Tafelbildes und Heftübernahme	
Transfer	Planung einer eigenen Pflanzaktion	GA	SB S. 198/199, Aufg. 4, Checkliste

Recycling

Kompetenzen

Die Schülerinnen und Schüler können …
- die vier Grundbegriffe „Recycling, Reusing, Reducing, Upcycling" erklären und Beispiele nennen;
- ihren eigenen Papierverbrauch reflektieren und Optimierungen nennen;
- Unterschiede zwischen normalem und recyceltem Papier nennen und bewerten.

Grundbegriffe

Recycling, Reusing, Reducing, Upcycling

Sachinformationen

Während der Holzeinschlag in Deutschland recht geordnet und kontrolliert abläuft, sieht es in anderen Erdteilen ganz anders aus: Jährlich verschwinden global gesehen enorme Waldflächen. Ungefähr jeder fünfte Baum wird zur Papierherstellung benötigt. Dabei stammt auch für die Herstellung von unserem Papier ein beachtlicher Anteil aus Urwäldern. Somit hat die Papierherstellung einen bitteren Beigeschmack, denn der Verlust von Waldfläche geht auch immer mit Biodiversitätsverlust einher. Weitere wichtige Funktionen, die unsere Wälder erfüllen, gehen zudem verloren (siehe auch S. 198/199 zur Funktion der Wälder). Pro Kopf verbrauchen wir in Deutschland im Jahr durchschnittlich 240 kg Papier (Toilettenpapier miteinbezogen). Als Konsumenten müssen wir unseren Konsum also auch kritisch hinterfragen.

Hinweise zum Unterricht

Erfahrungsgemäß haben Schülerinnen und Schüler eigene Erlebnisse vor allem im Bereich des Upcycling (Basteln von Ketten und Armbändern aus Dosenverschlüssen etc.). Hier können Sie das kreative Potenzial Ihrer Schülerinnen und Schüler zur Entfaltung bringen.

Hinweise zu den Materialien

Die Bilder 1 A und B sollen für das Thema des Papierrecycling sensibilisieren. Der Text stellt die Problematik genauer dar und liefert nationale und globale Daten zum Holzeinschlag für Papier. Die Tabelle (M2) liefert einen Vergleich zur Herstellung von Recyclingpapier. Das Interview sowie die kleine Tabelle (M4) zeigen, dass auch Schülerinnen und Schüler nicht nur zusehen müssen, sondern den Einsatz von Recyclingprodukten in ihrem Alltag mitgestalten können. Die Infobox (M5) dient Ihnen und den Schülern als „Wörterbuch" für weitere Begriffe in ähnlichem Kontext.

Tafelbild

Zum Beispiel eine Mindmap zum Thema „Die drei Rs" (und das U). Hauptarme sind dabei: Reduce, Reuse, Recycle, Upcycle. Es folgen die Einzelbeispiele der SuS (Aufgabe 2).

Lösung der Basisaufgaben

1 Werte die Tabelle 2 mithilfe der anderen Materialien der Doppelseite aus und bewerte die unterschiedlichen Zahlen, die sich aus dem Vergleich zwischen „herkömmlichem Papier" und „Recyclingpapier" ergeben. **(AFB II/III)**

Pro herkömmliches Papier:
- günstiger
- kräftigere, weiße Farbe
- gute Archivierbarkeit

Pro Recyclingpapier:
- nachhaltiger
- verbraucht zur Herstellung weniger Frischwasser, Energie und Rohstoffe
- verursacht weniger Abwasser
- verringert Waldverluste
- stärkt den Artenschutz

Die Zahlen zeigen, dass Recyclingpapier als sehr positiv zu bewerten ist, denn es benötigt weniger Ressourcen zur Herstellung und fabriziert weniger Abwässer als herkömmliches Papier. Zudem schont es die Wälder und vermeidet das Fällen neuer Bäume.

2 Benenne für die Kategorien der Infobox 5 passende Beispiele. **(AFB I)**

Reusing: Rückseiten beschriften, Notizzettel aus alten, einseitig beschrifteten Blättern herstellen, Kleidung der Geschwister nachnutzen, Brottüten vom Bäcker nochmal gebrauchen etc.
Reducing: sparsamer und schonender Umgang mit Ressourcen, Heftseiten ganz beschreiben, Verzicht auf Werbeprospekte etc.
Recycling: Plastik, Grüner Punkt, Glascontainer, Recyclingprodukte, Recyclingtoilettenpapier etc.
Upcycling: alte Schultische oder Stühle aufwerten, aus Müll Kunst machen, aus Holzpaletten einen Fernsehtisch bauen, aus alten Musikkassetten (MCs) eine Lampe gestalten, aus einem alten Backblech eine magnetische Pinnwand basteln etc.

3 Nenne Möglichkeiten, wie du deinen eigenen Papierverbrauch reduzieren kannst. **(AFB I)**

- bewusster mit der Ressource Papier umgehen
- Rückseiten nutzen
- im Heft keine zu großen Lücken lassen
- Arbeitsblätter nicht ganz, sondern nur am Rand einkleben.
  So können die Rückseite und die dahinter liegende Seite
  genutzt werden.
- auf unnötige Verpackungen verzichten. Will man z.B. beim
  Bäcker direkt etwas auf die Hand haben, kann man die Tüte
  dankend ablehnen.
- Lehrer dazu auffordern beidseitig zu kopieren.
- etc.

Tipps

Gerade zum Thema Upcycling lassen sich sehr kreativ tolle
Ideen entwickeln. Lassen Sie Ihren Schülern freien Lauf und
veranstalten Sie einen Wettbewerb. Sie werden begeistert sein!

Der Song zum Thema „Reduce, Reuse, Recycle" (The 3's), neu
interpretiert von Jack Johnson, eignet sich hervorragend als
Einstieg in die Stunde.

Medientipps

OroVerde – die Tropenwaldstiftung:
www.regenwald-schuetzen.org/regenwald-wissen

Unterrichtsvorschlag

Unterrichtsphase	Inhaltlicher Schwerpunkt	Methodisches Vorgehen/Sozialform	Medien/Materialien
Einstieg	Begriffssensibilisierung alternativ: Papierverbrauch	LV PA UG	Lied Jack Johnson „The 3's",Songtext, Beamer SB S. 200/201, OroVerde (Medientipps)
Erarbeitung I	Begriffe & Beispiele	EA/PA	SB S. 200/201, Aufg. 2
Ergebnissicherung I	Begriffe & Beispiele	Mindmap	Tafel/Heft
Erarbeitung II	Papiervergleich	PA	SB S. 200/201, Aufg. 1
Ergebnissicherung II	Papier im Vergleich	Erweiterung des Tafelbildes und Heftübernahme	
Hausaufgabe	Eigener Papierverbrauch	EA	SB S. 200/201, Aufg. 3

6

TERRA TRAINING

Wichtige Begriffe

Agenda 21, Fairer Handel, global, lokal, nachhaltige Entwicklung

Lösung der Aufgaben

Kennen und verstehen

1 Lokale Agenda 21:

a) Beschreibe den Inhalt des Plakats 1. **(AFB I)**

b) Erläutere den Aussagewert des Plakats. **(AFB II)**

Handeln statt Hoffen – die Agenda 21 appelliert an uns, aktiv zu werden und nicht auf fremde Hilfe zu warten. Wir sind verantwortlich für den Erhalt und Schutz unserer Umwelt und müssen selbst lernen, nachhaltig mit ihr umzugehen.

2 Finde die Begriffe: **(AFB II)**

a) Begriff, der ausdrückt, dass man in seinem Handeln keine Schäden für nachfolgende Generationen hinterlässt.
Nachhaltigkeit

b) Weltweites Aktionsprogramm zur Zukunftssicherung. Ziel ist eine nachhaltige Entwicklung, d.h., nicht nur die Bedürfnisse der heutigen Generation sollen erfüllt werden, sondern auch die unserer Nachkommen, z. B. Rohstoffe einsparen.
Agenda 21

c) Begriff, der für einen gerechten und nicht ausschließlich gewinnorientierten Austausch in der Welt steht. Garantierte Mindestpreise reduzieren die Abhängigkeit von den starken Schwankungen der Weltmarktpreise.
Fairer Handel

Fachmethoden anwenden

3 Bilder beschreiben **(AFB II)**

a) Beschreibe das Foto 5 (Methode Bildbeschreibung siehe Seite 213).
Individuelle Schülerlösung.

b) Gib dem Foto einen Titel.
Individuelle Schülerlösung.

4 Tabellen lesen **(AFB II)**

Werte die Tabelle 3 aus (siehe Seite 212).
Individuelle Schülerlösung. Dargestellt ist die Bruttostromerzeugung nach Energieträgern in Deutschland 2013 in Prozent. Es ist abzulesen, welcher Energieträger wie viel Anteil an der Stromerzeugung hat. Braunkohle und Steinkohle haben damit mit zusammen 45,5 % den größten Anteil – mit ihnen wurde 2013 fast die Hälfte des gesamten Stroms in Deutschland erzeugt! Kernenergie und Erdgas machen zusammen noch einmal ungefähr ein Viertel aus. Es folgen die alternativen/ erneuerbaren Energieträger mit einem Anteil von ebenfalls fast einem Viertel.

Beurteilen und bewerten

5 Beurteile folgende Aussagen: **(AFB III)**

a) „Ich pflanze mich frei."
Individuelle Schülerlösung. Diese Aussage knüpft an die Schulbuchseite 198/199 an und bezieht sich auf sogenannte Pflanzaktionen, welche von der Initiative „Plant for the planet" unterstützt werden.

b) „Aquakultur entspricht Massentierhaltung unter Wasser."
Individuelle Schülerlösung. Diese Aussage knüpft an die Schulbuchseite 162/163 an. Der negativ behaftete Begriff der Massentierhaltung ist aufgrund der kontrollierten Aufzucht in Käfignetzen berechtigt. Zu erwähnen bleibt jedoch auch der positive Aspekt, dass durch Aquakulturen gegen die Überfischung der Weltmeere vorgegangen wird.

c) „Anscheinend braucht die Menschheit ein Rezept für einen gesunden Umgang miteinander und mit der Natur."
Individuelle Schülerlösung. Diese Aussage knüpft an die Schulbuchseite 178/179 an.

6 Lokale Agenda 21 **(AFB III)**

In einer Gemeinde werden nachstehende Maßnahmen durchgeführt. Schreibe diejenigen heraus, die sich an dem Leitbild der nachhaltigen Entwicklung orientieren.
Begründe bei den anderen Maßnahmen, weshalb sie nicht zum Leitbild der Agenda 21 passen.

a) Im Ortszentrum werden Straßen verkehrsberuhigt und neue Bäume werden gepflanzt.

b) An einer Sportanlage wird der Autoparkplatz erweitert. Dafür planiert man ein anliegendes Wiesengelände und versieht es mit einer Teerdecke.

c) Das Dach einer Sporthalle erhält Solarkollektoren zur Brauchwassererwärmung.

d) Ein neues Nahverkehrszentrum mit guten Busverbindungen zu den umliegenden Orten und zum nächstgelegenen Bahnhof wird eingerichtet.

e) In einem Naherholungsgebiet an einem großen See in der Umgebung wird ein Teil des Schilfgürtels entfernt, um eine Badestelle zu vergrößern.

An dem Leitbild der nachhaltigen Entwicklung orientieren sich die Maßnahmen a, c und d.
Maßnahme b passt nicht ins Leitbild der Agenda 21, da hier weitere Fläche versiegelt wird.
Maßnahme e passt nicht ins Leitbild der Agenda 21, da durch die Entfernung von Teilen des Schilfgürtels das Naherholungsgebiet verkleinert wird.

7 Mit einer Karikatur arbeiten (AFB III)

a) Beschreibe die Karikatur 4. Was will uns der Zeichner verdeutlichen?

Ein schon gealtertes Baby mit Sorgenfalten im Kinderwagen hält eine zerstörte Weltkugel in der Hand. Der Schnuller liegt am Boden. Merkmale der Umweltzerstörung: Risse und Löcher in der Erdoberfläche, mit Stoffresten notdürftig verstopfte Öffnungen, Totenschädel, Fischskelette, abgestorbene Wälder, rauchende Industrieanlage. Zwei plakative und provokative Aussagen: „Wir haben die Erde von unseren Kindern nur geliehen" und „Mit bestem Dank zurück".

Es soll durch die Karikatur verdeutlicht werden, dass die jeweiligen Generationen auf Kosten der Folgegenerationen leben und wirtschaften. Die Belastungen der Umwelt und die Umweltzerstörungen sind deutlich festzustellen und in vielen Bereichen sind die Grenzen der Belastbarkeit überschritten. Die Folgen werden immer spürbarer und wir gefährden das zukünftige Leben auf unserem Planeten. Wenn man etwas ausleiht, hat man die Verantwortung für eine unversehrte Rückgabe. Durch das eigene Handeln übernimmt man die Verantwortung für die eigene Lebenszeit und die der Folgegenerationen. Man muss an die Zukunft denken und kann nicht den Folgegenerationen die Probleme überlassen. Jeder trägt eine Verantwortung für die Zukunft der Menschheit.

b) Diskutiere die aktuelle Bedeutung der Karikatur.

Die Aussagekraft der Karikatur aus dem Jahre 1988 hat nichts an Bedeutung verloren. Sie ist weiterhin topaktuell und ruft uns zum konsequenten Handeln für die Zukunft auf. Unsere Kinder und Enkelkinder werden uns an unserem Handeln messen.

8 Dreieck der Nachhaltigkeit (AFB III)

Erläutere, in welchem Spannungsverhältnis die Bereiche Ökologie, Ökonomie und Soziales stehen (Grafik 2).

Das gleichseitige Dreieck unterstreicht die gleichberechtigte Beachtung von sozialen, wirtschaftlichen und ökologischen Nachhaltigkeitsaspekten. Kritiker sind allerdings der Meinung, dass das Ziel der ökologischen Nachhaltigkeit Vorrang genießen müsste. Denn nur durch den Schutz der natürlichen Lebensbedingungen sei die Grundvoraussetzung für ökonomische und soziale Stabilität gegeben.

Handeln

9 Nachhaltigkeit konkret

Erörtere mit deinen Mitschülerinnen und Mitschülern, wie ihr persönlich auch außerhalb der Schule einen Beitrag zur Nachhaltigkeit leisten könnt.

a) Informiere dich in der Stadtverwaltung, welche Maßnahmen deine Heimatstadt ergreift.

b) Überlegt, welche Projekte für eure Schule interessant wären.

Individuelle Schülerlösung.

Medientipps

Material: Bogen zur Selbsteinschätzung (Online-Code fx746x)
Üben interaktiv: Quiz Nachhaltigkeit (Online-Code 23i6m4)

6

TERRA FÜR DICH: Umwelthandeln

Kompetenzen

Die Schülerinnen und Schüler können …
- durch unterschiedliche Lernhilfen mehr Sicherheit für die Themen Umweltwissen und -handeln gewinnen;
- ihre Kenntnisse und Fähigkeiten aus ausgewählten Inhalten zum Thema Nachhaltigkeit (Zusammenhänge Umweltwissen und Umwelthandeln) erweitern und vertiefen.

Grundbegriffe

Nachhaltige Entwicklung

Sachinformationen

Das Umweltverhalten hält mit dem vorhandenen Umweltwissen in keiner Weise Schritt. „Bildung ist eine unerlässliche Voraussetzung für die Förderung einer nachhaltigen Entwicklung (…)". Dieser fundamentale Satz steht in Kapitel 36 der Agenda 21 (BMU (Hrsg.) 1994, S.9). Er verweist auf die Notwendigkeit, über Bildungsprozesse Menschen in die Lage zu versetzen, sich mit Umwelt- und Entwicklungsfragen auseinandersetzen zu können. Ohne entsprechende Kompetenzen wird es, so die Einschätzung der sich auf die Inhalte der Agenda 21 verpflichtenden Staaten, nachhaltige Entwicklung geben.

Was ist unter einer nachhaltigen Entwicklung zu verstehen? Angestrebt werden soll eine Entwicklung, bei der „den Entwicklungs- und Umweltbedürfnissen heutiger und zukünftiger Generationen in gerechter Weise entsprochen wird" (BMU (Hrsg.) 1994, S.41). Neben der genannten Kompetenz, der Fähigkeit sich mit den relevanten Fragestellungen auseinandersetzen zu können, sollen die Menschen u.a. dazu befähigt werden, ihre Anliegen in Bezug auf eine nachhaltige Entwicklung abschätzen und angehen zu können und so zu handeln, dass dies mit einer nachhaltigen Entwicklung vereinbar ist.

Die Bildung für nachhaltige Entwicklung (BNE) soll Kindern, Jugendlichen und Erwachsenen nachhaltiges Denken und Handeln ermöglichen. Die Lernenden werden in die Lage versetzt, sinnvolle Handlungsentscheidungen zu treffen, indem sie die Konsequenzen für künftige Generationen oder das Leben in anderen Weltregionen berücksichtigen. Der Einzelne erkennt durch BNE: Mein Handeln hat Konsequenzen. Nicht nur für mich und mein Umfeld, sondern auch für andere. Ich kann etwas dazu beitragen, die Welt ein Stück zu verbessern. Dieses Denken ist dringend notwendig, um Veränderungen anzustoßen und drängende globale Probleme wie den Raubbau an der Natur oder die ungleiche Verteilung von Reichtum anzugehen. Auch Regierungen, Organisationen und Unternehmen müssen Nachhaltigkeit lernen und aktiv umsetzen.

Hinweise zum Unterricht

Im Zentrum dieser Doppelseite steht bewusst nicht die bloße Aufforderung, umweltbewusst zu handeln, sondern die Frage nach der Kluft zwischen Umweltwissen und Umwelthandeln. Aktuelle Umfragebefunde weisen darauf hin, dass das Interesse von Mädchen und Jungen für Umweltthemen abgenommen habe. Genau dies möchte diese Doppelseite aufgreifen und das Schülerinteresse für das Thema Nachhaltigkeit wecken.

Der binnendifferenzierte Ansatz dieser Doppelseite geht davon aus, dass Schülerinnen und Schüler sehr unterschiedliches Wissen zum Thema haben. Gemeinsames Ziel ist, dass Schülerinnen und Schüler das Problem zwischen Umweltwissen und Umwelthandeln kennen.

„Werde sicher!": Die Informationen der linken Seite (S.204) sind Differenzierungsangebote und Anregungen, um das Thema Nachhaltigkeit zu sichern. Diese sollten in Abhängigkeit vom individuellen Leistungsstand der Schülerinnen und Schüler in den Unterricht einbezogen werden.

„Fordere dich!": Die rechte Seite (S.205) stellt Aufgaben und Materialien für leistungsstärkere Schülerinnen und Schüler dar, die ihre Kenntnisse rund um das Thema Nachhaltigkeit erweitern und vertiefen wollen. Die Einbeziehung in den Unterricht kann in Abhängigkeit von der Klassensituation an unterschiedlichen Stellen erfolgen.

Lösung der Aufgaben „Werde sicher!"

1 Schaue dir Jonas' Verhalten genau an. Finde heraus, was davon nachhaltig beziehungsweise weniger nachhaltig ist. (AFB I)

nachhaltiges Verhalten:
„Meine Schreibblöcke sind aus Recyclingpapier."

nicht nachhaltiges Verhalten:
„Urlaub im Ausland finde ich klasse."
„Ich esse einfach gerne Fleisch."
„Ich will den ganzen Tag online sein, deshalb ist mein PC den ganzen Tag an."
„Es ist cooler gefahren zu werden. Das geht schneller und spart Zeit."
„Ich bade lieber als zu duschen."
„Zu Hause trage ich am liebsten T-Shirts, deshalb ist bei mir zu Hause im Winter immer die Heizung voll aufgedreht."

2 In welchen Situationen würdest du dich anders verhalten als Jonas? Begründe deine Entscheidungen. (AFB II)
Individuelle Schülerlösung.

3 Gib an, wie Jonas in diesen Situationen nachhaltig handeln könnte. (AFB II)
„Urlaub im Ausland finde ich klasse."
- auch mal Urlaub in Deutschland machen.
- den Zug für die Hin- und Rückreise nutzen

„Ich esse einfach gerne Fleisch."
- auf Fleisch- und Wurstwaren mal verzichten.
- andere Produkte verzehren (Käse, Aufstriche etc.)

„Ich will den ganzen Tag online sein, deshalb ist mein PC den ganzen Tag an."
- PC und Fernsehen nur kurze Zeit am Tag anschalten

„Es ist cooler gefahren zu werden. Das geht schneller und spart Zeit."
- öffentliche Verkehrsmittel oder Mitfahrgelegenheiten nutzen
- kurze Distanzen auch mal zu Fuß oder mit dem Fahrrad erledigen

„Ich bade lieber als zu duschen."
- häufiger und kürzer duschen

„Zu Hause trage ich am liebsten T-Shirts, deshalb ist bei mir zu Hause im Winter immer die Heizung voll aufgedreht."
- im Winter lieber mal einen dicken Pulli anziehen
- Heizung runterdrehen, wenn niemand zu Hause ist.

4 Erstelle eine Checkliste für nachhaltiges Handeln in den Bereichen Wohnen, Ernähren, Einkaufen, Verkehr und Urlaub. **(AFB II)**

	trifft zu	trifft teilweise zu	trifft nicht zu
Wohnen – Ich schalte Elektrogeräte nach der Nutzung aus. – Ich lösche das Licht, wenn ich das Zimmer für längere Zeit verlasse. – Zu Hause teilen wir uns bestimmte Geräte (Rasenmäher etc.) mit unseren Nachbarn. – …			
Ernähren – Ich verzichte bei den Mahlzeiten weitestgehend auf Fleisch- und Wurstwaren. – Ich trinke eher Leitungswasser als Mineralwasser. – Ich bevorzuge Lebensmittel, die keine langen Transportwege zurückgelegt haben. – …			
Einkaufen – Ich nutze mein Handy/Smartphone mehrere Jahre lang. – Ich kaufe Second-Hand-Kleidung. – Ich verwende nur wenig Kosmetikartikel wie Schminke, Haargel oder Parfüm. – …			

	trifft zu	trifft teilweise zu	trifft nicht zu
Verkehr – Ich fahre lieber mit öffentlichen Verkehrsmitteln (Zug, Bus) zur Schule. – …			
Urlaub – Ich reise gerne mit der Bahn. – …			

Lösung der Aufgaben „Fordere dich!"

1 Beschreibe die Karikaturen und gib ihnen einen treffenden Titel. Begründe. **(AFB II)**

Individuelle Schülerlösung. Der Unterschied zwischen Fahrer X und Y muss deutlich werden. Der umweltbewusste Herr Y fährt bekümmert, aber leider nicht umweltbewusst. Das Problem zwischen Umweltwissen und Umwelthandeln muss anhand der Karikatur herausgestellt werden.

2 Diskutiere mit einem Mitschüler, warum viele Menschen nichts für den Umweltschutz tun. Nutze dazu die Karikaturen. **(AFB III)**

Individuelle Schülerlösung. Aspekte: höhere Kosten, Bequemlichkeit, Egoismus, Aufwand, Unwissen etc.

3 Formuliere auf Basis deines Vorwissens Handlungsempfehlungen, an denen sich ein nachhaltiges Umweltkonzept orientieren kann. **(AFB II)**

Das Drei-Säulen-Modell der nachhaltigen Entwicklung sollte die Grundlage zur Beantwortung dieser Aufgabe sein. Nachhaltige Entwicklung kann nur durch das gleichzeitige und gleichberechtigte Umsetzen von umweltbezogenen, wirtschaftlichen und sozialen Zielen erreicht werden.

4 Wähle eines der Zitate aus und beziehe dazu Stellung. **(AFB III)**

Individuelle Schülerlösung.

Medientipps

- privat geführte Homepage mit vielen Informationen rund um die Agenda 21: www.agenda21-treffpunkt.de
- Homepage von Prof. Dr. U. Kuckartz, Universität Marburg zur gesellschaftlichen Wahrnehmung des Klimawandels: www.klimabewusstsein.de
- Landeszentrale für Umweltaufklärung Rheinland-Pfalz: www.umdenken.de